启蒙与颓废

世纪末时期柏林和维也纳的地下世界

[美] 斯科特·斯佩克特 著　沈辰成 译

Scott Spector

Violent Sensations

Sex, Crime, and Utopia in Vienna and Berlin, 1860-1914

上海三联书店

本书献给

迈克尔·史蒂文·博伊斯(Michael Steven Boyce)

1982—2015

目录

导言 边界上 001

第一章 黑暗的城市，光明的未来 025
1900 年前后的乌托邦和反乌托邦的城市类型

第二章 相同的起源 107
1860 年代的（同）性主体和暴力幻想

第三章 感官和感情 175
专家、丑闻和主体

第四章 乌托邦式的尸体 251
性感女人和性欲杀手

第五章 血腥的谎言 309
有关现代祭祀杀人的指控和辩护的真相

结论 乌托邦 373

致谢 387
参考文献 393
索引 411

导言｜边界上

当我们把1900年前后的时代称为“世纪末”（fin de siècle）或者用“颓废”形容当时的文化思潮时，我们就是在对19世纪末20世纪初的欧洲大都市做出一种苛刻但令人着迷的评价。当时的一系列人们耳熟能详又耸人听闻的图景可以证实这些词汇激发的情绪：危险的美女、轰动的故事、贫困的城市、危险的街道、暴力的犯罪以及泛滥的色情。同时，在强烈本能的驱使下，我们也把世纪之交的欧洲都市与另外一些事物挂钩：对科学理性将会高奏凯歌的信念、方兴未艾的专业知识以及当时人们对于“进步”的自信甚至自负的态度。上述两种精神图景——感官的图景和科学的图景——同时出现在了中欧国家众多都市居民对于他们当时生活的自我印象中，产生了巨大的作用。上述两种截然相反的图景相互勾连，成为当时人们看待世界、看待自身在世上所处位置的途径的组成部分之一，这是如何实现的呢？现代性有着许多的层面，它们时而彼此共存，时而相互矛盾，除此以外，整体而言，这些层面和这些层面之间的张力普遍具有一种神话特质：这是看待他者和自身的一种方式，通过装载符号的图像和叙事系统，揭示起源、本质以及命运。

此项研究的舞台是当时人们对“新兴”都市的所思所想——当时人们认为，大型城市是一种前所未有的生活体验。本著作的重点是
2 维也纳和柏林这两座大都市。[1]虽然这两座城市截然不同，但它们均既是现代社会有关性与性别的思想观念发展演变的关键地点，也是激发这些有关性与性别的思想观念的政治运动、解放运动发生、发展的关键地点。在这里我们仅需列举一些例子：性学研究的诞生、同性恋身份认同的初次实践、反对迫害性少数群体的运动以及世纪之交女权主义的“第一次浪潮”。同时，维也纳和柏林也成为大量所谓的边缘、极限或者“边界”的暴力幻想的温床，这里我们同样只需列举一些例子：红颜祸水的形象、色情谋杀的报道、地下卖淫的小说、令人瞠目结舌的血祭诽谤的强势再现，以及具有同性恋取向的公众人物、同性恋小圈子或同性恋秘密社团的种种丑闻。当时，色情幻想出人意料地在许多领域中占据突出的位置，包括：高雅文化（包括文学和哲学）、学术研究（特别是性学、城市社会学以及犯罪学）以及大众文化（包括小说和大众媒体对离奇案件的新闻报道）。在本著作中，笔者试图归纳分析上述貌似分散实则相关的文本。

通常，“暴力猛料”（violent sensations）这一术语最直接的指代对象是诸多文化幻想。这些幻想的载体是戏剧性的审判、丑闻以及

1 当时的学者对于大都市问题的权威论证是格奥尔格·齐美尔（Georg Simmel）的一篇论文《大都市和精神生活》（The Metropolis and Mental Life）——其实这是1902年齐美尔的一篇发言，后来这篇发言稿被辑入托马斯·彼得曼（Thomas Petermann）编纂《大都市：关于城市建设的讲座和论文》（*Die Großstadt: Vorträge und Aufsätze zur Städteaustellung*, Dresden: Gehe-Stiftung, 1903, 185-206）。在本书第一章，笔者会重新解读这篇论文，试图挖掘比当时学者的分析更加复杂的东西。（编者按：若无特殊说明，本书脚注均为原注。）

某些流传广泛的故事等（其内容是连环谋杀、色情谋杀以及仪式谋杀等）。同时，这意味着一种新型的忧虑，一种内在而无意识的自我，这种自我受暴力冲动的支配——这是一种隐秘、强大，甚至难以克制的性冲动或者犯罪冲动。在后文中，原初自我的诸多幻想将以各种形态登场。与此同时，我们可以找到：幻想的制造者和幻想的消费者在不同的文本中、不同类型的文本中以及不同时代的文本中，以不同的方式，在不同程度上介入上述暴力的自我的形象。

本书试图另辟蹊径看待上述事物，整合千差万别且自相矛盾的具体现象，把它们视为一场复杂的文化运动的组成部分，当然，这种思路可能带来许多复杂的问题。首先，我们遇到了一个违反直觉的问题：上述文本和实践可以产生哪些正面的作用。创造极端人物、制造极端人物遭遇的极端暴力的幻想可能产生哪些正向的，甚至乌托邦式的潜在影响。对于极端人物发挥的作用，人们有着更加直观的看法，作为边缘人物，他们的功能是验证和授权“已取得中心地位的”身份认同——正常的人、值得尊敬的人、有用的人以及遵守纪律的 3
人。[1]这种论点可以轻易解释此类现象，即人们不断刻意为此类他者贴上标签——特别是涉及性问题的他者，例如同性恋者、妓女以及犹太人。根据这种观点，这些人物与各种极端暴力幻想的关联不但是贴标签过程的特征之一，而且是所有此类文化作品的潜在目标的凶

1　理查德·J. 埃文斯（Richard J. Evans）的著作是此类解释中的一个有力案例，许多著作均支持这一观点，参见Richard J. Evans, *The German Underworld: Deviants and Outcasts in German History* (London: Routledge, 1988) and *Tales from the German Underworld*。

险表征之一。显然我们不能证伪这种解读，在摧毁父权社会滋生的性别歧视幻想和反同性恋幻想上，这种观点确实具有一定价值。不过，这种功能主义的观点——我们可以称之为“边缘化理论”——遮蔽了下文将要分析的历史现象的最突出、最惊人的特征。

本书的全部篇幅旨在说服读者，边缘化理论对于上述暴力幻想的文化意义或具体功能的解释难以令人信服。我们需要更加清晰明确地描述、分析和论证上述现象与当时的启蒙式的社会进程之间的紧密纽带。本书前言篇幅有限，不可能完成这一论证任务。后文的每个章节计划分别理清一种复杂的情况，包括其中的联系、矛盾以及相互影响等。为此，我们首先简要罗列主要论题。

边界位置

在本书中，笔者认为，这样一种双重的分析具有重要作用：它涉及中欧社会的现代性的自我印象，它涵盖了那些“启蒙的”（enlightened）与“颓废的”（decadent）的实践和表征。此等分析的前提是对迥然不同的文本类型的深层信息进行比较研究，这些文本包括：法学、医学以及社会科学等学科的学术文献和其他文本；警察、法官以及侦探的专门记录和专业手册，乃至法庭记录；哲学和文学等以受过教育的群众为受众的高雅文化文本；低俗小说和讽刺杂文等大众文化作品；报刊报道和新兴的犯罪和侦探小说等寻求感官刺激的罪案报道；政治解放运动的文献和档案；最后，一些罕见的记载了性犯罪者个人经历的档案，例如法庭审判记录、警方审讯笔录、
4 私人笔记文件以及给友人、医生或者报刊编辑的书信等。当然，这不

是说所有这些不同的文本具有同等的意义或者甚至学者应该以同样的方式审读这些不同的文本。恰恰相反，我们需要针对特定的类型，进入其相应的语境，使用特定的方法，诠释不同的文本，正确处理文本之间的关系——识别各种极端身份的形式和贯穿不同文本的暴力——由此，我们可以另辟蹊径地揭示目前人们尚未深究过的历史背景。

在下文中，我们会关注一系列凸显了上述复杂关系的位置、地点或者时刻。首先，在第一章“黑暗的城市，光明的未来”中，我们探索在世纪之交时期，人们围绕城市和犯罪的讨论，找出这些讨论中预先设置的现代性的二元语境：一方面，相关的大众讨论和社会科学讨论大量涌现，这反映出人们对于城市空间的焦虑（退化理论、返祖理论以及暴力理论），另一方面，启蒙式的积极乐观植根于犯罪科学和那具有“建构性的”性与性别的身份认同中。“大都市”（Großstadt）——或者现代大型城市——的功能是充当这些相互冲突的思想观点的舞台。本章的目标之一是根据1900年前后的文本（事实上，多数文本的产生时间是1893—1903年），解释为何那些被人们视为小说式的大都市现代性体验大幅增加（不但相关文本的数量大幅增加，而且文本种类也显著增加）。其中不但包含主题为城市和城市生活体验本身的文本，而且包括主题为进入城市的新人群的民族志。此外，还有大量有关犯罪学（特别是犯罪人类学）中的犯罪“类型”的争论。犯罪的来源是内在因素，还是外在环境？不过，城市犯罪的起源是生物因素，还是社会因素，这个问题本身可能在某种程度上掩盖了一个更加深刻的历史问题：犯罪起源这个问题本身是如何产生的，特别是有罪或者无罪的概念本身是如何产生的。

在第二章中，我们通过一场早期的同性恋运动和同性恋者身份认同的初步建构的复杂关系，探索边缘性的身份认同的起源及其与暴力的关系的议题。我们回溯了19世纪60年代的汉诺威律师卡尔·海因里希·乌尔利克斯（Karl Heinrich Ulrichs）和他的同志奥地利帝国的卡尔·玛利亚·科特布尼（Karl Maria Kertbeny）撰写的关于同性恋者的身份认同和解放运动的早期文本。以性为主题的医学讨论发源于法医学和犯罪学，学者把社会生活的退化和性经验的堕落联系在一起，他们拐弯抹角，通过对反常者下定义，从而对正常者——小资产阶级的主体——下定义。这些作者的论文、书信以及著作，连同一起最高法院审理的同性恋谋杀案的笔录，都标志着一种众人共享的关于身份认同的语言已经形成，早期性学家和犯罪学家的著作使
5 用这种语言，早期同性恋权利活动家的著作也使用这种语言。虽然19世纪60年代似乎距离本书试图描述的所谓"世纪之交"时期过于遥远，但是这一段确立所谓"男性同性恋者"身份认同的过程已然预示、影响并且揭露了此后四分之一世纪大行其道的思想的原型。"相同的起源"这一章的内容包括：异常的性取向和性这一概念本身的关联；人们对新的性取向的探索及其与暴力幻想的密切联系。

在第三章"感官和感情"中，我们研究另一组二元对象，该研究对象既有世纪之交的同性恋探索活动和同性恋解放运动，也有同一时期公众人物涉足其中的一系列著名性丑闻。[1]维也纳作家卡尔·克

1　笔者已经根据这一章节的材料发表过两篇论文，参见Specter, "Personal Fate"; "Wrath of the Countess Merviola"。

劳斯（Karl Kraus）为分析这些具有高度轰动性的事件提供了理论基础。[1]我们没有强调转化性、灾难性或者救赎性的暴力，而是关注在性学的学术研究、新兴的身份政治以及轰动的报纸报道的交叉路口所涌现的故事，这些故事攸关边界，一边是性所在的内在场域，另一边是社会和政治热点所在的外在世界。当时人们刚刚给出了性的领域的定义（按照定义，性的领域属于私人领域），这一领域为何被人们视为可以揭开公共领域乃至政治世界和社会世界之秘密的钥匙？在本章中，笔者罗列相关材料，梳理以下三个领域之间的复杂关系：同性恋解放运动中的男性同性恋者体验的性身份认同；医生、法官以及警察对于性别错乱的定义；同性恋阴谋论的文化幻想。性的敏感性和感官性的幻想，这两个新概念之间的另一种联系是在某些20世纪早期最著名的丑闻中，性学的学术共同体和同性恋解放运动赋予专家学者的角色。

另一条主要轴心是所谓的“女性问题”的时代背景。沿着这条线索，人们可以找到许多相似问题的相关信息。在第四章中，我们介绍奥地利女性主义活动家罗莎·梅雷德尔（Rosa Mayreder）、格雷塔·梅塞尔–海斯（Grete Meisel-Hess）以及海伦娜·斯托克（Helene Stöcker）的一些思想，她们反对奥托·魏宁格（Otto Weininger）那部著名的诋毁女性的著作《性与性格》（*Sex and Character*）；同时，我们还会介绍许多医学著作、社会科学著作以及新闻报道作品，这些文本宣称，性别问题处于现代“危机”中的心地位。同时，我们亦将探

---

1 Karl Kraus, *Sittlichkeit und Kriminalität.*

索卖淫者和性犯罪者等相互对应的犯罪“类型”。在这“乌托邦式的尸体”一章中，笔者对新闻报道、警察档案以及法庭记录中涉及奸杀
6 卖淫者的内容进行文本分析。此外，笔者将会结合这些案件，解读罗伯特·穆齐尔（Robert Musil）和奥托·魏宁格的一些文本，从而探索人们如何把刺激感官、耸人听闻的暴力幻想同针对欧洲文明的批判联系起来。

这一时期，一种离奇的指控死灰复燃：犹太人绑架并残杀基督教徒的子女，将其用于祭祀仪式——在中欧洲国家，此等谣言的具体形式是数量可观的诉讼，有些甚至形成了判例——这是第五章的重点。通常的观点主张：19世纪后期，犹太少数民族再次遭到口诛笔伐，谣言死灰复燃的基础是犹太人和现代化的联系，如果确实如此，那么在文化幻想中，为什么人们会借助原始而野蛮的过去，建构犹太人的身份认同。在第五章“血腥的谎言”中，我们把对犹太民族杀人献祭的指控和由此产生的那些引发轰动的案例，进一步与其他议题联系起来，议题包括：现代化和启蒙运动、颓废堕落和社会进步、种族和性别，它们贯穿前文各个章节中的围绕性和暴力的讨论。在这些案例中，专业知识的特殊作用和一种不稳定的有关犯罪主体的话语构成了争论的中心，耸人听闻的祭祀杀人案件和淫欲杀人案件殊途同归，与此同时，这些案件和前文提到的其他犯罪幻想和性幻想产生了共振。如果近代欧洲中部的文化想象和所谓的“内在他者”的共同体存在矛盾关系，那么这种现象可能指向的是一种自我反思。人们在解释这一时期的反犹主义时，上述自我反思往往遭到了忽视，此外，在这些解释中，原始的自我也被视为现代的他者，没有受到追问。

边界人物

在上述的不同场所或者所谓的“边界位置”处，一些角色反复出现：它们有些是演员，有些是形象，有些是主张。例如，在本书每一章中，居于核心的都是专门学科的人员和专门知识的概念。这些知识的具体形式千差万别，甚至相互竞争：通常医学知识占据中心地位，当耸人听闻的案件招致司法审判时，在此情况下，法学知识成为医学知识的主要竞争对手。人们对异常的身体、性格以及罪行等特定知识的研究探索也会产生各种各样的专门知识。警察、侦探以及预审法官掌握这些专门知识，或者说，他们乐于支持这些专门技术。在警察调查犯罪的领域，我们可以找到具有这种特点的知识，既包括警察生产的以普通群众为受众的文献，也包括日益增加的以训练警察实施犯罪调查为目标的专业文献。事实上，大多数的文本属于不同种类的专业文献的一部分。我们可以从档案中挑出许多这类文本，它们的意图从来不是普通群众的消费。不过，随着这些文献产生，人们已经意
识到，潜在的色情趣味潜伏在所有这些认知现代主体的新兴知识模 7
型中。这种意识的显著证据是：学者和教授每次在进行相关讨论时，不是避开公众，就是使用密码，不是限制普通群众阅读这些材料，就是减少这些文本被用于背离本意和未经许可的娱乐活动的可能。相反，其他文本只对其二元化的功能稍加掩饰，它们不但服务于专家学者，而且把这些专业纳入了市场，使得这些文本成为纽带，连接性的世界、犯罪的世界以及暴力的世界。上述这些文本背离了专家对色情威胁的强烈警惕，彰显了另外一种期待：这些信息本身可能会向外泄

露，成为引起轰动的猛料。

猛料式的文本自身情况如何？如果专业文本、学术文本以及职业训练文本的目标不是普通群众的消费，那么相关知识何以四处传播，走进通俗文化？答案是通过这样一种类型的事物，即猛料（sensation）——无论它是一桩丑闻、一场道德恐慌还是其他一些媒体（此类媒体的目标是挖掘边缘角色和暴力角色可能会吸引的密切关注、可能会激发的强烈刺激的潜能）。[1]这些媒体的主流是各种涉及大众传媒的类型，包括：报纸，既有大量低价小报，也有有口皆碑的新闻机构，不一而足；其他类型的出版物，既有短小的手册，也有正规的书籍，后者极力描写了各种犯罪、性以及暴力的细节。“同性恋”、“虐待狂”、商业色情小说、侦探犯罪小说以及有关堕落灵魂的夸张故事等作品涌入了群众的思想，其影响超过其他知识生产和传播模式。本书试图考察这些作品所呈现的尚未得到探究的专门知识的基本模式。这种知识模式同其他一些身处边缘的知识模式展开了自觉的相互竞争——正如它们也相互依托、相互支持一样。

正如下文所述，另外还有一种知识，即关于自我的知识或者主体的自我知识，这种知识同上述的更规范化的知识并非没有关联。对于那些卑贱的类别（abject categories），这些世纪之交的文本既提出了批评亦有所赞扬，在这个过程中，主体开始认清他们自己，他们也会把这些身份认同用作解放的平台。这也是为什么各种解放运动也都

1　对“猛料”的历史和解释均出自乔伊·维滕伯格（Joy Wiltenburg）的《真正的犯罪》（True Crime）。20世纪70年代中期后，许多社会学文献开始讨论道德恐慌，这些讨论提出了一种解释本书各章讨论的现象的途径，特别参见Cohen, *Folk Devils*。

是本书将会探究的话语机制，例如：激烈的妇女运动、同性恋除罪化斗争、资产阶级抵制有关犹太人和（相对欧洲文明而言的）其他异族的迷信的启蒙斗争。这不是在暗示，在压制性的身份话语的机制中， 8
任何进步话语至多只是站在某一立场上对下列问题做出了回答：当人们把主体排挤到正常现象的范畴以外时，有关身份认同的学术研究的最终作用是否是将这些主体边缘化，或是否是将其解放。这些元素截然不同，经常互相冲突，为了深刻理解这些元素的互相影响和共同轨迹，我们需要开始去理解一个分歧丛生且自相矛盾的文化项目。这个文化项目在奥地利和德国占据这一个显著的中心位置。

在许多文化传统中，边界拥有强烈而复杂的修辞学的含义，在中欧地区，边界的修辞学含义尤其具有复杂性。19世纪后期是绘制边界的时代（特别是德意志帝国的统一）和竞争边界的时代（南方的哈布斯堡帝国的民族自治权斗争）；前述的边界的修辞学含义的某些部分的确和这些历史事实有关。[1]这两个中欧帝国的边疆容纳了大量多元民族的群众。北方的德意志帝国和南方的奥地利采用截然不同的方式应对这一事实。德国的术语是边界（Grenze），这个术语包含内在的矛盾，因为这个词的含义是联系和交往（它的动词形式是“grenzen an”，接壤），同时这个词显而易见还有隔开、划界和保护（begrenzen）这层内涵。黑格尔便充分利用了边界这一概念的隐含矛盾，认为这例示了一种主导了身份认同进程的辩证对

1　后者是笔者另一本书的主题：Spector, *Prague Territories*。

立，及其在自我和他者的关系之中划定的诸多界限（limits）。[1]在本书考察的大多数案例中，更加确切地说，人们与一种暗示性的、处于中心地位的、规范性的自我——这种自我不是专业化的观察者，就是规范性的主体（对规范的违背是参照此等主体来衡量的）——的关系以一种辩证的而非区别的方式同“边界人物”或“他者”联系在一起。无论在何种情况下，人们对边界人物的痴迷和关注可能会背离自我反思；不过，这里研究的每个案例的一致特点是，存在一种强烈而矛盾的认同那些权威话语——无论这种权威话语是医学话语、法学话语、新闻媒体话语还是刑事调查话语——控制下的边缘人物和暴力场景的冲动。

根据我们已经提到的内容，一种很吸引人的做法是，把这项调查放在“现代性研究”的研究领域，但是，一个值得注意的重要观点是，这部著作不是关于现代性的体验本身的历史研究的新成果，也不
9 是有关物质条件的变化对人们的意识活动的影响的看法；并且从另一方面来看，中欧社会对自身不断演化的状态的反思是下文讨论的案例的重要特征。“现代性”的近义词比“启蒙”（Aufklärung）或者那些对各种类型的“文明”的指示词更少体现这种自我反思的特征。几十年后，德国法西斯主义开始投下现代性的阴影，诺贝特·埃利亚斯（Nobert Elias）有一个“非常易于理解的发现”：作为一个整体的文

1 这种说法的出处是黑格尔的《精神现象学》。诚然，这种见解是齐泽克用拉康学说过滤过的黑格尔的思想，参见Zizek, *For They Know Not What They Do*, esp. 109-112。有关边界（Grenze）和界限（Schranke）之间的区别的明确定义，参见“limit, restriction and finitude” in Michael Inwood, ed., *A Hegel Dictionary* (Oxford: Blackwell, 1992)。

明的概念不过是“西方的自我意识”的一种表达——这是一种区别性的概念，这个概念通过指责西方的边界以外的、没有文明开化的外围地区，从而对西方本身下定义。[1]

在德语的语境下，“文明”的概念（技术的文明、浅薄的文明、西方的文明、现代的文明）和“文化”的概念之间的对立，以不同的方式塑造了这种概念的复合体。埃利亚斯对这些问题进行过大量阐述。就我们的目标而言，德语的“文化”（Kultur）和“文明”（Zivilisation）之间的区别（第一次世界大战期间，这种区别取得了立足之地）不太明显，人们理解中的广义上的文明——无论它指的是“文化”，还是“启蒙”——和野蛮（脱离文明束缚的野性而自然的状态）之间的区别更加明显。诚然，人们可以把这种形象视为社会的外来者或者界限成员，或认为他们来自文明自身的野蛮过去。持续存在的野蛮之残余的外在表现是不可预测的返祖现象——回到过去，恢复被抑制的、未进化的（或进化前的）遗传缺陷——这种返祖现象潜藏于现代社会内部。此外，野蛮的过去还可能以碎片的形式，在个人意识中持续存在，与其说这些意识的碎片会被唤醒，不如说它们会自然浮现，当清醒的个体受到“恍惚状态”（Dämmerzustand）干扰时，它们就会浮现。医生把意志和反射、有意识和无意识之间的一系列现象称为“边界状态”（Grenzzustand）。梦游症、癫痫发作、健忘症和勃然大怒是许多边界状态中的一些案例。当时人们对于这些现象特别关注。在文化史研究中，以边缘状态和有时受到边缘状态支

1 Elias, *The Civilizing Process*, 5.

配的边界人物为主题的文化作品是尚未得到深入调查的研究对象之一。后文的各个章节的主题就是这些文化作品。

边界上的穆齐尔

罗伯特·穆齐尔的《没有个性的人》(*The Man without Qualities*)是一部未完成的杰作。这部小说的主题是欧洲的现代性。对于上述问题,作者表达了特殊的立场,但是他的立场存在问题。这部小说是间战时期的欧洲的产物,人们可能认为这部小说的主要内容是间战时期的社会环境——一个第一次世界大战那毫无意义的血腥杀戮的产物,一个内在于间战时期的意识形态中的、即将上台的纳粹政权的极端暴力的预兆——而不是世纪末时期的社会环境。不过,穆齐尔小说的故事背景是世纪末时期的维也纳,他是第一位着手处理本书所要阐述的论题的评论家,这项论题就是:我们对世纪末的人们的幻想的观察穿过魏玛共和国时代和紧随其后的纳粹德国时代的透镜产生了折射,在此情况下,阅读他们自身所处时代的人们的幻想的深层结构。因此,《没有个性的人》是可以利用的资料,是独特的史料来源,它既是一手史料,又是二手资料;穆齐尔似乎是小说家兼哲学家,他和他的同时代奥地利人——例如厌恶女性的心理学家、哲学家奥托·魏宁格和刑事侦查学大师汉斯·格罗斯(Hans Gross)等——他们都是本书研究的典型人物。此外,穆齐尔也是本著作的研究对象对"暴力猛料"(Violent Sensations)有着最清楚见解的人。

在第四章,我们将有机会仔细观察穆齐尔小说中的角色莫斯布鲁格尔（Moosbrugger）。他是一个专门杀戮妓女的连环杀手。他的一个人物原型是奥地利杀人犯克里斯蒂安·福格特（Christian Voigt）。福格特行凶的时间和作者撰写小说的时间非常接近。另一个人物原型是魏玛的杀人犯弗里茨·哈尔曼（Fritz Haarmann），就是在穆齐尔撰写小说的时期，人们发现了他的罪行。莫斯布鲁格尔不是小说主角，而是小说的一个人物——特别是在小说第一卷中——他是中心人物。乌尔里希是“没有个性的人”，这个角色出场的意图是继续实施那个杀人犯的行动，他幻想杀人犯应当假释或释放，幻想莫斯布鲁格尔的精神错乱是一种夸张的正义感，甚至“不过是我们自己的生存元素的扭曲，在他的这些幻想中，其他主要角色都被逐一除掉了。虽然这些东西破碎而模糊，但是乌尔里希不知何故想到，如果人们可以作为一个整体做梦，那么这个梦会是莫斯布鲁格尔”。[1]

穆齐尔的小说可以在本书中发挥双重作用，原因是他的这些陈述的初衷是复活一种乌托邦的、建构性的幻想。现在人们只把这些幻想视为堕落而具有破坏性的现象；与此同时，人们试图诊断产生这些迷梦的文化的病理。在其他地方，穆齐尔把世纪末视为中欧“最后的伟大的希望时刻”和一个非凡的足具前景的时刻（只不过它被“堕落的外表”掩盖了）。[2]根据穆齐尔的看法，此等前景恰恰是和开放包容、脱离形式，甚至是和遗留在这些罕见的迷失方向、处于意识形态休止期（ideological interregna）的时代中的空

1 Robert Musil, *Man without Qualities* (hearafter MwQ), 76-77.

2 Robert Musil, “Der Deutsche Mensch als Syptom” [1923], *Gesammelte Werke*, 1353.

11 白联系在一起的。[1]因而穆齐尔认识到，莫斯布鲁格尔那几近救世主式、病态的乌托邦幻想和其他类似梦想是危险的，在战争熔炉迫使"没有个性"的时代中的那些没有固定形态的事物变成其他更坚实的东西的时刻，在绝不手下留情的野蛮迫使优雅的可能性屈服的地方，穆齐尔试图重新唤醒这些幻想和梦想中的人们已经遗失的美好期望的意义。尽管如此，这是一个充满希望的文明，这个文明的梦想是杀人犯必然走向自我毁灭。

尽管乌尔里希起初激情澎湃，但他并不是小说中受莫斯布鲁格尔影响最大的人物。[2]热情的克拉丽瑟具有尼采一般的灵魂，她痴迷于拯救莫斯布鲁格尔，看望莫斯布鲁格尔，痴迷莫斯布鲁格尔代表的一切，她越来越深地陷入了这种迷恋。她访问关押莫斯布鲁格尔的精神病院，这场探视把她逼到了疯狂的边缘。确实，作者在小说中熟练玩弄这种"边界"境况。在后来的一个场景中，她发现自己置身精神病院，她和一组精神病学专家对话，后者正在观察莫斯布鲁格尔并由此判断他能为自己的行为承担责任的程度（第一章及后续章节讨论的重要概念，"刑事责任能力"［Zurechnungsfähigkeit］）。这位病人的表现明显是"半疯的"，至少他会在特定时刻崩溃，进入痴

1　帕特里奇亚·麦克布赖德（Patrizia McBride）研究了这种空白；参见McBride, *Void of Ethics: Robert Musil and the Experience of Modernity* (Evanson, III.: Northwestern UP 2006), 3-12。文化史学者大卫·S. 鲁夫特（David S. Luft）的研究主题是穆齐尔和作为其时代背景之症状的穆齐尔（Luft, *Eros and Inwardness*）。

2　根据斯特凡·杨森（Stefan Jonsson）的精彩解读，莫斯布鲁格尔被"另一只怪兽"取代了，在小说最后一章，乌尔里希的姐妹阿加特（阿加特被塑造为乌尔里希的孪生姐妹）。乌尔里希和阿加莎的乱伦关系为想象中的莫斯布鲁格尔的凶残暴怒的"朦胧状态"提供了赎罪时刻。

呆或者妄想症发作的状态，这就是所谓的“边缘人格”（Grenzfall）。克拉丽瑟越来越热情地主张，人们必须判定莫斯布鲁格尔没有刑事责任能力，她越来越像内科医生了（她突然注意到“高度神经质的痕迹”，“但是现在的人们不会展现出这种痕迹”！），她自己成了需要入精神病院治疗的病人。当人们指控她精神错乱发作时，她自行宣告自己需要勇气和行动，人们不清楚这些勇气和行动的对象是谁，具体行为又是什么——医生需要采取行动的对象是克拉丽瑟自己的疯狂，还是莫斯布鲁格尔的疯狂：“如果一个人想让世界恢复正常，那么他不得不鼓起勇气做这件事！有时人类中必须出现一个人，这个人拒绝盲从那些谎言！”[1]

在穆齐尔对小说中的这一章的注释中，我们可以看到他对残酷暴力的人物的投入，对这种人物克服没有希望的现状的期望。在那些以“所有的‘跨越边界’”为标题，以“暴力-暴行”为凭据的注释中，我们可以找到**电报式的线索**——“价值统一的最终途径是暴力 12
［……］通过暴力实现报复”；可以找到可追溯至克拉丽瑟的性格的根据——“和暴行的关系指向的是尼采［……］第一次参观精神病院的事［……］克拉丽瑟的悲观主义［……］尼采的提议：强者有没有悲观主义？［……］疯狂是否并非必然的退化？这是疯狂的吸引力发生转化的基础”；以及，在后面一点的文段中，在这个角色自己的一段话中，找到“不要厌恶暴力”的字眼。[2]

看起来，这里的穆齐尔显然是在间战时期的各种互相竞争的话

1 Musil, *Der Mann ohne Eigenschaften* (hereafter MoE), 2:1369.

2 参阅MoE, 1:196; Musil, *Der literalrische Nachlass*, 1:128。

语——为暴力辩护并最终为暴力欢呼的话语——的边界上翩翩起舞。[1]与此同时，穆齐尔的立场也是一种批判的立场，尽管正如这里的简要讨论所示，这是一种模棱两可的带有同情式的支持的立场。对暴力的再现和暴力的行为存在同谋关系，但这种结论并不必然会引来人们探究这些对暴力的再现。《启蒙与颓废》的起点是这样一种假设：如果人们搁置那种批判立场——那种要求人们否定或者不加区别地谴责对暴力的再现的立场，然后——正如穆齐尔指出的那样——严肃对待对暴力的再现，探索对暴力的再现如何运作于文化和历史的层面，那么人们会有所收获。

历史学的议程

最近的学术研究将自身归于一些发展中的集体性的学术研究项目。其中最宏观的是对中欧国家的社会文化史和思想史的研究。近年以来，相关领域的专家学者开始关注本书各个章节分别探索的诸多问题，其中包括：身份认同和社会批判、现代的主体性以及这些问题同性别和性的关系。笔者在本书中使用的一手材料——医学和法学的小册子，报纸报道的丑闻，警局和法院的记录，当时的大众小说和高雅文化，所有涉及这些人物、地点和幻想的东西——实际塑造了下文的分析。虽然作者耗费了十几年时间收集这些材料，但是灵感在此之前早已产生，其来源是各种截然不同的文本交汇的十字路口，这些文本包括：穆齐尔的小说《没有个性的人》和《学生特尔莱斯的

1　比如拉卡普拉讨论过的那些话语，参见Dominick LaCapra, “Toward a Critique of Violence,” in LaCapra, *History and Its Limits*, 90-112。更多内容见下文。

困惑》(*Young Törless*),奥托·魏宁格的著作《性与性格》以及约翰斯霍普金斯大学一门常设历史课程的讲座草稿,该讲座的主题是一份特殊且耸人听闻的揭露了维多利亚时代伦敦的儿童娼妓现象的报道,《派尔麦尔新闻》(*The Pall Mall Gazette*)的编辑威廉·斯蒂德 13
(William Stead)为这份报道拟的标题为《现代巴比伦的少女贡品》(The Maiden Tribute of Modern Babylon)。这份文件是朱迪斯·沃尔克维茨(Judith Walkowitz)的历史著作《恐怖娱乐的城市》(*City of Dreadful Delight*)的重要史料之一。[1]沃尔克维茨的书是一部非凡的历史著作。沃尔克维茨的写作如此深刻地建立在一个充斥着"新的社会行动者"的冲突的、面临诸多新政治挑战的社会空间的历史语境的基础上,以至于人们很容易忽视沃尔克维茨其实更加倾向使用文学理论。不过,就后面一点而言,人们要求这位历史学家提供**话语**(discourse)这一外语术语的定义,并找到引入文学理论的重要概念的合理依据(沃尔克维茨毫不慌乱地满足了他们的要求)。本书对历史文本的处理方法和风格不同于《恐怖娱乐的城市》,本书的关注点是相较而言不受重视的社会空间;不过,社会文化史的新观点使魏宁格的著作和穆齐尔的小说呈现出了新的维度。与此同时,"新历史主义"和文化研究的支持者(人们通常可以在文学研究学系找到这些学者)开始对历史材料——包括非文学文本、片段式文本和其他种种文本——进行微妙的"文学"解读。他们对历史记录的研究是高度选择性的,而且他们难以在维持解释性实践的严密度的同时顾及文

1 Walkowitz, *City of Dreadful Delight*.

化性实践的广度。不过所有这些方法论的先驱都为本书提供了信息来源。

本书研究范围广泛，其内容自然而然涉及了一些其他学者用整部学术著作或者整个学术生涯来研究的领域。其中一些领域的参考文献数量众多，例如精神病学的历史、犯罪学的历史和性学研究的历史等领域，其他一些领域的学术讨论则相对较少，例如性侵杀人事件或者献祭杀人谎言。在每个领域中，笔者书写的历史都和各个领域的专家研究的历史有所不同。尽管如此，这些参考文献对于实现不同的研究目标，仍然具有参考性价值，当笔者在讨论这些历史研究的课题时，引用了其他学者的参考文献，不过我们在相关章节中再讨论这些参考文献会比我们在全书开篇处讨论它们更有意义。

虽然下文讨论的研究课题的信息来源包括不计其数的中欧国家的文化历史的学术研究，不过在这些学术研究的整体形态中，有一个特殊的问题对其形成发挥了重要作用。在这两种历史编纂学的图像之间似乎存在一条鸿沟："颓废"（decadence）或者世纪之交那种超然的审美（1900年的维也纳是这种形象的重要元素）；间战时期猖獗的暴力活动和公开的性行为（魏玛共和国时期的柏林是这种形
14 象的典型要素）。虽然人们已经广泛接受克劳斯·斯维莱特（Claus Theweleit）那部以魏玛共和国时期的暴力想象为主题的开创性的学术著作《男性的幻想》（*Male Fantasies*），但是作者并未论及这种范式在世纪末的根源的来龙去脉。[1]事实上，虽然《男性的幻想》是笔者

1 Theweleit, *Männerphantasien.*

研究后文讨论的世纪末的历史资料的早期灵感来源，但是讽刺的是，这部著作大体的作用是将人们的注意力从19世纪和20世纪早期的文本处转开，将文化史学者的注意力集中到第一次世界大战的暴力场面。[1]根据传统说法，中欧各国人民列队走入战争，他们天真无邪、积极乐观，“战争狂热”是他们参战的动力。他们想当然地认为自己将会轻易取胜，从来没有预见第一次世界大战的灾难性的暴力。[2]暴力幻想是第一次世界大战的血腥后果的**产物**（我们从斯维莱特的研究中得知，20世纪20年代的极右翼组织“自由军团”的准军事幻想是具有性意味的幻想），随着魏玛共和国的“危机”不断发展，这些曾经部分隐藏起来的暴力幻想，此时已经做好再次浮出水面的准备。[3]

不过，如果说第一次世界大战前几十年，灾难性、报复性和潜伏性的暴力幻想已经出现，我们又应该如何看待这种因果关系的轨迹？这些暴力幻想是否可能并非那些不知疲惫的运动分子对“堕落”想象的过度操练的副产品。这些暴力幻想是否可能本就是那些我们没有注意到的人群——他们坐在烟雾缭绕的咖啡馆里，思考让陷入无

1　在这种意义上，人们可以把战争视为历史编纂学中的时代边界和帝国边界：一方面，它是美学家和色情狂的“花园”，参见Schorske, *Fin-de-Siècle Vienna*；另一方面，它是间战时期无处不在的政治上的性暴力想象，就像斯韦莱特（Theweleit）和玛利亚·塔塔尔（Maria Tatar）的作品探讨的那样。有关第二种看法，最近的一份必成经典的研究是Anton Kaes, *Shell Shock Cinema: Weimar Culture and the Wounds of War* (Princeton, NJ: Princeton University Press, 2011)。

2　对这种历史编纂学的陈词滥调（其他作者把它称为神话）的研究，参见Verhey, *Spirit of 1914*.

3　历史学家卡罗琳·迪恩（Carolyn Dean）的大量研究的主题是世纪末时期到间战时期的法国的暴力修辞的转型。她承认，间战时期的表征实际上是世纪末的创新，但是由于第一次世界大战的经验，这种表征发生了转化。第四章会详细讨论这一点。

聊的公众大吃一惊的方法——的积极议程的中心？这些人可能包括受启蒙运动思想影响的改革者和科学家，以及那些正在争取公民权利的边缘群体——而且他们也可能包括穆齐尔和魏宁格等人。换句话说，是否存在一种可能，第一次世界大战不是暴力幻想的起因，而是暴力幻想的症状——甚至是暴力幻想的后果呢？

在本书对边界人物和暴力幻想之间的联系的学术研究中，核心问题是在19世纪以全新的形式出现的自我的概念化，而锚定这一过
15 程的一个关键领域是性和犯罪的历史。米歇尔·福柯的著作对这两大议题的学术研究有不可估量的影响。福柯的最后一部主要著作是《性经验史》（*History of Sexuality*），他在书中坚持主张：性主体或者自我理解、解放运动以及具有潜在压迫性和权威性的医学话语和法学话语之间存在联系，但是福柯的实际分析的重点几乎只是关于权威性的话语。[1]许多学者讨论过“医学和道德话语”的某些方面，但是这些专家没有用实证研究论证福柯那具有启发性的见解——

1 Foucault, *History of Sexuality*, individually published as *The Will to Knowledge*, (or, in the American edition, *The History of Sexuality I: An Introduction*), *The Use of Pleasure*, and *The Care of the Self* between 1976 and 1984. 有趣的是，作者在后两本书中讨论性的主体性问题，重点在古希腊和古罗马；作者在第一本书中提到性的主体性的运作是独特的现代的性观念的一部分，但是他没有进行详细论证。第一本书的具体政治语境是遗漏上述论证并把主要重点放在“规训论证”的可能基础之一。福柯另一本影响深远的、以杀手皮埃尔·里维耶为主题的著作探讨了人们对这种针对主体性的特别调查的道德抵制的缘由，该著作收录了被告的法医学病理档案，以及这位主体自己的一份重要叙述。在前言中，福柯解释道，研究小组有意不去解释那份关于自我的文本，为的是避免复制那份文件其他部分中的所有专家话语的规训姿态，参见 Foucault, I, *Pierre Riviere*, xiii。

这些话语和性主体的联系。[1]迄今为止，仍然没有任何语言的对性学学科以及性学学科和整体社会的关系的综合考察成果问世，尽管如此，人们普遍对各种具体的性学研究领域的德语文献有所了解。[2]学者尚未开始对性和暴力的复合体在世纪之交的中欧地区的文化想象中的核心作用进行系统研究。此外，相关领域的专家不是关注大众话语，就是关注普遍公认的艺术再现和文学再现。本书将大众文化中那些刺激感官的猛料文本置于学术话语、政治话语和哲学话语的对立面，这样也许能让人们采用不同的方式认识横跨19世纪晚期到20世纪早期那些令人百思不得其解的思想执念，并如此看待这种复杂的机制：它作为一种文化项目或一种关于现代性的、属于现代性的自我批判话语发挥作用。

多米尼克·拉卡普拉（Dominick LaCapra）在《历史及其界限》（*History and Its Limits*）中明确提出了思考我们这里探讨的问题的一些角度。他清醒地意识到了如下问题：当代精神分析话语中所谓 16
的享乐（jouissance）同此等体验以及文化–历史作品对此等体验的再生产有关——他认为问题在于深刻理解这些联系，避免强制性地、低效地重复这些联系。[3]有些学者支持这种过剩，这种处于界限的事物中的愉悦或享乐，这种态度在某种程度上将感官刺激乃至暴力合

1 例如参见Mort, *Dangerous Sexualities*，学者试图关注此前人们不太重视的福柯后期著作的观点，参见Spector, Puff, and Herzog, eds., *After the History of Sexuality*。

2 最近人们开始着手进行这种调查，并不出人意料的是，德国性学家沃克马·希古什（Volkmar Sigush）在德国文化领域进行了这种研究，参见Sigusch and Grau, *Geschichte der Sexualwissenschaft*。

3 LaCapra, *History and Its Limits*, esp. 1-12.

理化了。拉卡普拉积极批判任何此类观点。[1]目前的文化史研究的重点在一定程度上有所不同，其研究对象已经不再限于高雅文化的文本（它是这种“界限逻辑”的共谋），而涉及那些高雅文化的话语（哲学话语或批判话语、美学话语或文学话语、科学话语或社会科学话语）和发生“在地面上”的主体的理论化进程之间的历史联系。这些“地面上的理论化进程”包括：警察的实践、激进分子的实践、罪犯的实践和“普通人”的实践，他们是那些正在参与、寻求或者避免性行为的人，他们是那些正在参与、再生产或企图遏制那种涉及人们认定的边界人物的越轨行为的文化幻想的人。为了复原这一饱和的历史时刻，人们需要理解各种线索和其他事物之间的共谋关系——换句话说，启蒙运动同内在于它自身的那种灾难性的对立面共舞，人们不可能“选边站”在理性的启蒙运动一边，清除这种危险的关系。即使我们小心翼翼地讲述这段历史，也可能会唤醒这头野兽。不过，正如拉卡普拉根据弗洛伊德的学说所表明的那样，潜在的、破坏性的重复强迫（付诸行动）和分析式、批判式的参与（消解）是不同的。人们只能希望自己在面对下文将要谈到的那些刺激感官的暴力幻想的诱人景象时，能够保持足够的警觉，从而维持分析层面的精确。

1 特别参见LaCapra, “Toward a Critique of Violence,” in ibid., 90-122。

1

第一章

黑暗的城市，光明的未来

1900年前后的乌托邦和反乌托邦的城市类型

近现代大都市的生活和此前的一切生活形式是否截然不同？这 17
种区别是如何形成的？这种差异是何时成形的？人们不可能回答这些问题。上述问题遮蔽了一个真正的历史问题，一个更加引人入胜、更加复杂难解的问题：认为“近现代大都市的生活和此前一切生活形式截然不同”的这种思维方式本身是如何产生的？这种思维方式发挥了哪些作用？当代城市世界是完全的创新、空前的希望、隐蔽的极端危险，如果这些假设至少在一定的程度上是虚构的，那么这些想象的影响却是真实而显著的。人们在中欧德语国家和其他地方都围绕这一议题创作了数量众多的文化作品，从新的视觉艺术作品和建筑，到文学体裁、新兴学科、专业机构以及研究领域。

即使人们为世纪末下严格的定义——世纪末指从19世纪90年代前期到大约1905年的这一短暂时期，他们仍然难以限制那些在人们看来也许对上述问题具有重要意义的再现和实践的数量；我们需要辨识相关文化内容的主题。这些文化内容中的一个概念是近代城市的形象，或者所谓的“大都市”（Großstadt）。大都市是人们思考现代性的体验的前所未有的特点的中心范畴。一方面，人们自我肯定，对文明和进步充满自信，另一方面，人们对衰退、疾病和危险充满恐惧，感到焦虑。在大城市里，人们可以找到积极的看法和消极的观点的根据。社会对“全新的”大都市带来的威胁和给人的期盼（黑暗和光明）的文化想象凸显出一系列对立关系——城镇和农村、文明和自然，等等——有些对立被遮蔽，有些对立被揭露。犯罪和城市具有如此密切的关系，犯罪的形象就是在这种关系中发展起来的，以至于人
们有时认为犯罪和城市似乎是互相依附的关系；人们对犯罪之本质 18

的反思经久不衰，争论不断，这便是黑暗和光明相互交织的城市景象的镜像。[1]

我们准备了一个实用的工具箱，这些工具的用途是分析这些迥异的事物。我们会利用这些工具处理一些不同的现象。在很多时候，这些现象似乎催生了那些最有创造力的时刻，那些在人们眼中必然会被视作一个革命性的文化产物的时刻。我们的调查指向下列对象：**地点**（location），这是指犯罪在城市中的地理分布和对犯罪源头的搜寻；**认同**（identification）和身份问题，这和地点的概念有关；在修辞的层次上，我们关注**讽刺**（irony），这是指悖论或对立的双方的联合；**体裁**（genre），这是指小说创作，其诞生是为回应各种新鲜的情况；**程序**（procedure），这是一种对方法和体系的关注，同时一种要扬弃此前的传统程序的冲动。

大都市的悖论

黑暗和光明的对立是1904年汉斯·奥斯瓦尔德（Hans Oswald）的《柏林的黑暗角落》（*Dark Corners of Berlin*）的重要内容，不过，作者为那些黑暗的角落涂满了色彩。“柏林最黑暗的角落之一是奥拉宁堡门周围，那里有着最明亮的彩灯和最多彩的活动”。[2]作者提出了一种深刻的洞见，“黑暗的行径并不总是避开灯光的照明”，这

---

1 参阅Williams, *Country and the City*; 特别参见“Cities of Darkness and of Light” and “The Figure in the City,” 215-247。另一份重要的史料是Schivelbusch, *Disenchanted Night*, esp. 81-134。

2 Hans Oswald, *Dunkle Winkel in Berlin*, Großstadt-Dokumente 1 (Berlin: Seemann, 1904), 31. 英文文本为笔者自行翻译，其他译本另行注明。

是用灯光照亮街道的原因，也是他期望中的他的著作的目标。“我们的现代科学，”奥斯瓦尔德指出，“我们的现代前景方兴未艾，人们不能自信地放任自己直视那些至今仍被我们视为禁忌的事物。”[1]人们对“黑暗的城市”的痴迷所包含的部分矛盾与启蒙思想对“包括知识和未来在内的现代性的胜利”的自信有关，因此，人们无法冷静地看待此前的某些事物，它们过于丑陋，人们无法直视。这本著作（图1）是后来出版的一系列被统称为“大都市档案集”（*Großstadt-Dokumente*）的学术著作（共51部）中的第一部。根据奥斯瓦尔德的说法，这些学术著作的作者和编辑的目标是“阐明”这些黑暗的角落，提供“走出大都市迷宫的向导”。在这些著作中，各种各样的专家学者引导好奇的读者走进近代特大城市的混沌。不过，这是一种前所未有的无法言说的混沌状态——卖淫和嫖娼、变态行为和性别错 19
乱、赌博、猥亵行径、玩世不恭这些事物。人们在那些巨型城市里找到了这些黑暗角落。上述的禁忌不是一种古代的禁令——禁止人们说出永远不可言说的事物，而是另外一种禁令——禁止人们说出文明的另外一半，这种禁令既是现代文化的产物，又是科学和艺术的产物。该系列丛书的另一位作者如此看待这样的现象：“罗马不是一天建成的，柏林不是一夜建成大都市。”[2]如果巴黎是19世纪的光明之城，那么人们达成的世界共识就是，没有一个城市的夜晚比柏林的夜晚更有魅力。除了这些文章中常见的巴黎和伦敦的比较，作者还回

---

1 Oswald, *Dunkle Winkel*, “Vorwort,” [4].

2 Satyr [Richard Dietrich], *Lebeweltnächte der Friedrichstadt*, Großstadt-Dokumente 30 (Berlin: Seemann, 1906), 7.

图 1 “大都市档案集”丛书第一部的封面，奥斯瓦尔德的《柏林的黑暗角落》，封面为青年风格（Jungendstil），设计师是招贴画艺术家保罗·哈塞（Paul Hasse）

顾了古代罗马和人类历史上的一切名城，不过在这些作为世界文化之明灯散发无限光明的高光时刻，柏林带给人的“感官快感”仍超过了它们。[1]如果近现代大都市是文明的最高点，那么它亦是世界历史的恐怖小说的场景。 20

人们对文明进步感到骄傲，对城市的地下世界这一特定空间感到厌恶（可能还感到错位的亢奋），这两种情绪的并存并不是一个人们闻所未闻的现象。德意志的霍亨索伦王朝时期和奥地利的哈布斯堡王朝后期——在英国和美国等英语世界国家，人们把该时期称为“维多利亚时代”——这两种情绪的并存是当时人们的刻板印象之一，人们显然不认为这是一种矛盾的现象。不过，值得注意的问题是复原和审视这种可能自相矛盾的怪象：乐观主义者主张我们的文明已经进步到一定的程度，文明已经开始面对文明自身的退化状态了。与日俱增的图片和文字是以近代城市为具身体现的衰退时代的证据，该时代的伴生现象是一系列对“现代性能够治愈现代性造成的伤害”充满信心的其他体裁、仪器、学科和机构。[2]这些冲力（impulses）之间密切而复杂的关系意味着人们不能通过分开或拆散这些冲力，从而区别每一种冲力。奥斯瓦尔德利用表面上具有科学性的冲力来理解城市生活柔软的腹部，在这个过程中，我们也可以看到隐蔽的对轰动效应的追求。

---

1 Satyr, *Lebeweltnächte*, 7-8.

2 这是一份长篇的学术论文汇编，主题是关于城市的讨论，其中一个分册的议题是此类话语的性别维度，人们对城市的女性化身份的想象（包括秘密、性爱和犯罪，等等），以及作为“科学主宰一切的男性幻想”的反面的犯罪，例如参见Ankum, *Women in the Metropolis*; Felski, *Gender of Modernity*。

如果人们试图把城市故事视为严肃的事物，而不只是病态的父权家长制文化的症状，那么他们可以从对城市故事中的淫乱活动的
21 文化意义的分析中发现些什么呢？这些文本和实践可能产生哪些积极的影响？人们可以把它们视为规范性的管制机制和边缘化手段的全新形式吗？如果把这些现象的功能视为社会控制，那么就会存在低估这些现象的风险，正如我们第一次在这些文本中读到这些城市本身时低估了它们一样。例如，一种解释认为：这些文本的主要作用是将"他者"污名化，但具有讽刺意味的是，这种解释只会导致人们重复和这些文本及其作者一样的粗糙的污名化。

破解关于犯罪、性爱和大都市的文本系统的复杂性，其最重大的方法论问题之一是研究者难以在避免简单重组这些文本的情况下分析这些文本。不难想到，我们很难不在关于中欧的大城市的讨论的章节开头首先讲述19世纪后期的物质条件的变化。这些物质条件的变化造成柏林、汉堡、维也纳和布达佩斯等城市成为近现代大都市：国内人口的城市化；大城市的人口增长；电气化进程、通讯革命和交通革命；报纸媒体的爆发，等等。有关大城市的话语的历史似乎在结构上和此种说法的再生产绑定在一起：突然之间，生活真的不同了，当代人的生活和此前历代人体验的生活方式不同了。[1]

1　对学者对于现代性这一范畴的学术应用的一种批判，参见Cooper, *Colonialism in Question*, 113-152。在一系列以有关现代性的学术讨论为主题的著作中，以"物质条件的变化推动了现代性"的讨论为起点的学术著作的数量多到令人咋舌。一个不同寻常且值得一提的例子是德特里夫·普尔科特（Detlev Peukert）的关于魏玛共和国的经典著作《魏玛共和国》（*Weimer Republic*），这部别具匠心的著作用现代性理论阐述了两次世界大战之间的德国社会的波动，不过作者不得不用三页文字来详细罗列这些变化（参见Detlev Peukert, *Weimer Republic*, pp. 81-85）。

在当时的讨论中，人们引用最多的文本一定是柏林的社会学家格奥尔格·齐美尔（Georg Simmel）的长篇讲座《大都市和精神生活》（The Metropolis and Mental Life）。[1]齐美尔确信无疑、洞若观火地主张：显而易见，近代城市生活不同于此前的生活方式。他的论文中满是名言警句，这些名句似乎证明了一条因果链条：

大都市是全新的物质条件的产物，全新的物质条件形成全新的生活方式，全新的生活方式造成独特的感官体验，独特的感官体验对主体带来空前的影响。齐美尔有一句令人难忘的话："大都市的个性的心理基础由**神经刺激的激化**（intensification of nervous 22
stimulation）组成，这种激化是外在和内在刺激（stimuli）的快速而持续的变化的结果"。[2]但是当人们把这场讲座的因果链条抽取出来时，他们注意到了暴力在修辞学上的力量和影响。[3]人们认为这篇文章不是社会学的学术研究，或者至少后来的社会学家认为这篇文章的论证"不成体系"，因为齐美尔排斥方法论的主张和他的观点明显前后不一致。[4]文章的二分法的核心是近现代大都市的生活和

1　齐美尔在德累斯顿的一次大都会展览上发表了这篇演讲，他修改并增补了演讲稿，然后将其公开发表，参见"Die Großstädte und das Geistesleben," in Bücher, *Die Großstadt*, 185-206。英语译本参见Wolff, *Sociology of Georg Simmer*, 409-424。

2　Bücher, *Die Großstadt*, 3; Wolff, *Sociology of Georg Simmer*, 409-410.

3　齐美尔提出的城市的物质基础的一个具体例子参见Remy, *Georg Simmel*, esp. Remy's introduction, 7-15; Stephane Jonas, "La 'Groszstadt' Métropole européene, dans la sociologie des père foundateurs allemands" and "La métropolisation de la société dans l'oeuvre de Georg Simmel," 19-36, 51-66。

4　海因里希·里克特（Heinrich Rickert）在其著作中为这种不成体系的特点作出了辩护（Rickert, *Die Philosopie des Lebens*, 26）。参阅Jazbinsek, "Metropolis and the Mental Life of Georg Simmel", 104-106。

文中所谓的城镇或者农村的生活（他把二者混为一谈）。但是二元的范畴是不稳定的，各种因素都会带来变化，包括：古代城市和现代城市、前大都市的大型城市、自然条件，等等。并且大都市的特性（从劳动分工到便捷的通信）通常是广义上的现代事物，许多地方的居民也能共享这些现代事物，它们包括但不限于相对极少数的特大城市。人们认定这些城市是大都市。[1]在这篇文章中，城市既是原因，也是结果，既是产品，也是生产者，既是现代文明的产品，也是造成城市居民发生变化的压力来源。这种环形结构的中心不是城市，而是现代的主体。这种环形结构的地位高于作者似乎在各种各样的论点上提出的因果观点和线性观点。虽然该文的英语译者通过编辑段落，把这篇讲稿改编成了一篇论文，但是最初的文本的内容是一系列论点或格言，分号和破折号隔开了从句的链条。人们宣称，这篇讲稿的内容是受到过度刺激的、注意力分散的理智主义思想（intellectualism），作者把这种理智主义描述为现代城市主体的条件。显然，这种诊断并没有超出齐美尔自己的洞见和意图。虽然这篇文章存在自相矛盾和讽刺之处，但是无论如何，作者提到了个体的"基本动机"，这与马克思和尼采的观点相同，即"社会-技术机制（socio-technical mechanism）中的主体的抵抗逐渐下降，消耗殆尽"。[2]

1　这篇文章在这一方面的主要根据是滕尼斯（Tönnes）的二分法：共同体和社会；参见Tönnes, *Gemeinschaft und Gesellschaft*。德语术语"Großstadt"（大都市）理论上的定义是任何人口达到至少100,000的居民点，但是外来词"metropolis"（大都市）是更合适的用法，齐美尔、奥斯瓦尔德和其他许多同时代学者都使用这个术语。

2　Simmel, "Die Großstädte," 185.

人们用“对立统一”的比喻来描述齐美尔的特大城市悖论。人们对中世纪神学和哲学的心理学分析拯救了这个概念。[1]齐美尔认为，启蒙运动发生以后，普遍主义和个人主义双双走向极端化和公开化，城市是普遍主义和极端主义之间的更加宏大的冲突的场域。起初，大都市本身是全新类型的主体聚居区的物质体现。众多相互冲突和彼此共存的冲力是一种全新的种类的主体的发明创造的产物。 23

我们可能会认为，齐美尔的观点是对米歇尔·德·塞托（Michel de Certeau）的说法的提前修正。米歇尔·德·塞托认为，城市是互相对立的观点和体验的具身体现：其中一种体验是自上而下，以客观、抽象而科学姿态俯瞰城市；另外一种体验是人们漫步街道的所见所闻的丰富性和迥异的城市的和谐统一性。[2]“概念城市”这个人们创造的理论概念在技术进步使人们得以亲眼见证它之前便已得到了可视化处理（这种可视化凭借由数字计算推动的启蒙运动视角而得以实现）；“概念城市”不但是一个不同的地方，而且是一类不同的地方，其来源是人们漫步城市之中时的体验到的不规则性、和谐统一性和多元性等现象。这些现象似乎不但是不同的知识的组成元素，而且是对立种类的知识的构成要素。我们在阅读齐美尔对大都市的论述时，通过提出一个不同的问题，来批判这种对立：如果在我们所研究的那个时代，这两种观点完全意识到了对方的

1 雅宾切克（Jazbinsek）使用了“对立统一”的术语；Jazbinsek, *Metropolis and the Mental Life of Georg Simmel*, 106。

2 Certeau, *Practice of Everyday Life*, esp. 91-114.

存在，会怎么样？如果“概念城市”和“街头体验”、规划严整的城市和所谓的“黑暗”城市原本就是一体，会怎么样？

类型化的城市：书写大都市

城市的地下世界有着引人注目的风景，这是一个严格区分了对世纪之交的大都市的正面评价和负面评价的问题之一。描绘城市时撇开罪犯、娼妓和堕落者就像描述农村时撇开土地。这种两难的案例可见于《柏林生活每周评论画报》（*Illustrrite Wochenrundschau über das Berliner Leben*）。这是一本发行于柏林的周刊，其目标是报道德意志帝国的全新首都的资产阶级生活的积极图景。杂志的第三期刊登了A. 冯·泽布斯特（A. von Zerbst）的关于城市犯罪活动的文章，作者对于城市犯罪的解读不是理性思考的产物，而是自信情绪的产物。[1]第一，泽布斯特主张，实际的犯罪没有像人们想象
24 的那样大幅增长，因为城市犯罪的增加和城市人口的膨胀是成正比的。第二，他引用了一位学者的说法论证如下观点：自然经济的循环证明，犯罪活动的增长实际上是德国统一所促成的经济繁荣的结果（因此犯罪是国家成功的一种标志）。最后，作者转而用大量文字以描述一种日益发展的大众文学体裁：“后梯小说”（backstairs novel），这种廉价的小说的本质是一种刺激感官的猛料，期间“充满最疯狂、精密和可怕的犯罪活动”，作者通常是通过连载的方式在号外刊上读到这些故事的。杂志编辑宣称，一些不道德的作者和

1 A. v. Zerbst, “Beliner Verbrecher,” *Illustrirte Wohenrundschau über das Berliner Leben* 1, no.3 (1894): 20-22.

出版者的动机是牟利，他们的作品的主题总是关于城市的犯罪案件，编辑们对此颇有微词："人们的幻想被激发了"。泽布斯特从人们的幻想跳跃到社会现实，他隐藏了自己对他描述这种新型的追求感官刺激的猛料式体裁的立场。不过他这两个行动都没能成功。

描写城市黑暗面的感官猛料式的文本大幅增加了，这一点普遍为人所承认，并且人们承认的方式往往是那些又再生产了他们所报道的感官猛料式的文本的色情趣味（就像泽布斯特的文章那样）。人们在各种地方看到这种趋势，从低俗小说到犯罪报纸，从警方通告到主流媒体。正规报纸对猛料的报道比大众媒体更加敏锐。报纸使用的《谋杀？柏林最黑暗的角落的一起神秘事件》等标题与犯罪小说产生了共鸣。[1]文章作者制作有问题的城区的地图，引导读者穿行于特殊的黑暗角落。这些文章中的地下世界丰富而多元。潜在的暴力活动带有混沌的随机性，但是包含有层次和有规律的细节。泽布斯特在他的文章中暗示，柏林的犯罪活动是近现代的大都市本身的反映。柏林是前所未有的人类活动和生产活动的领域："所有的犯罪活动都在巧妙地扩大犯罪的体系，这种扩张对公众而言既是有趣的，又是危险的，因为个别罪犯难以实现扩大犯罪体系的目标，它必须依靠许多帮凶的支持"。[2]后来同一画报的另外一期的一则报道提供了一份柏林的各种监禁机构和监狱囚犯的全面报道。

1　记者用戏剧化的手法描写卷入犯罪事件的皮条客和妓女，他们是"危险的犯罪者"，"他们经常在柏林的杀人案的审判中扮演重要角色"。*Berliner Morgenpost* no. 242 (October 16, 1900)；此案的档案见Landesarchiv, formerly BBLHA, rep 30 bln c tit 198B no.37, p.242。

2　Zerbst, "Berlin Verbrecher," 20-22.

25

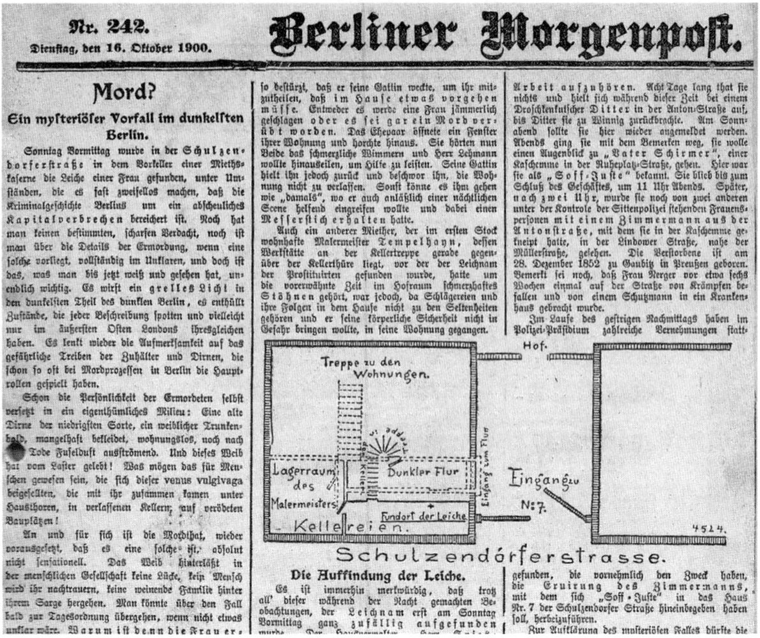

Nr. 242.

Dienstag, den 16. Oktober 1900.

Berliner Morgenpost.

Mord?

Ein mysteriöser Vorfall im dunkelsten Berlin.

Sonntag Vormittag wurde in der Schulzendorferstraße in dem Vorkeller einer Miethskaserne die Leiche einer Frau gefunden, unter Umständen, die es fast zweifellos machen, daß die Kriminalgeschichte Berlins um ein abscheuliches Kapitalverbrechen bereichert ist. Noch hat man keinen bestimmten, scharfen Verdacht, noch ist man über die Details der Ermordung, wenn eine solche vorliegt, vollständig im Unklaren, und doch ist das, was man bis jetzt weiß und gesehen hat, unendlich wichtig. Es wirft ein grelles Licht in den dunkelsten Theil des dunklen Berlin, es enthüllt Zustände, die jeder Beschreibung spotten und vielleicht nur im äußersten Osten Londons ihresgleichen haben. Es lenkt wieder die Aufmerksamkeit auf das gefährliche Treiben der Zuhälter und Dirnen, die schon so oft bei Mordprozessen in Berlin die Hauptrollen gespielt haben.

Schon die Persönlichkeit der Ermordeten selbst versetzt in ein eigenthümliches Milieu: Eine alte Dirne der niedrigsten Sorte, ein weiblicher Trunkenbold, mangelhaft bekleidet, wohnungslos, noch nach [illegible] Tode Fuseldust ausströmend. Und dieses Weib hat vom Laster gelebt! Was mögen das für Menschen gewesen sein, die sich dieser venus vulgivaga beigesellten, die mit ihr zusammen kamen unter Hausthoren, in verlassenen Kellern, auf verödeten Bauplätzen!

An und für sich ist die Mordthat, wieder vorausgesetzt, daß es eine solche ist, absolut nicht sensationell. Das Weib hinterläßt in der menschlichen Gesellschaft keine Lücke, kein Mensch wird ihr nachtrauern, keine weinende Familie hinter ihrem Sarge hergehen. Man könnte über den Fall bald zur Tagesordnung übergehen, wenn nicht etwas unklar wäre. Warum ist denn die Frau er-

[...] so bestürzt, daß er seine Gattin weckte, um ihr mitzutheilen, daß im Hause etwas vorgehen müsse. Entweder es werde eine Frau jämmerlich geschlagen oder es sei gar ein Mord verübt worden. Das Ehepaar öffnete ein Fenster ihrer Wohnung und horchte hinaus. Sie hörten nun Beide das schmerzliche Wimmern und Herr Lehmann wollte hinauseilen, um Hilfe zu leisten. Seine Gattin hielt ihn jedoch zurück und beschwor ihn, die Wohnung nicht zu verlassen. Sonst könne es ihm gehen wie „damals", wo er auch anläßlich einer nächtlichen Scene helfend eingreifen wollte und dabei einen Messerstich erhalten hatte.

Auch ein anderer Miether, der im ersten Stock wohnhafte Malermeister Tempelhayn, dessen Werkstätte an der Kellertreppe gerade gegenüber der Kellerthüre liegt, vor der der Leichnam der Prostituirten gefunden wurde, hatte um die vorerwähnte Zeit im Hofraum schmerzhaftes Stöhnen gehört, war jedoch, da Schlägereien und ihre Folgen in dem Hause nicht zu den Seltenheiten gehören und er seine körperliche Sicherheit nicht in Gefahr bringen wollte, in seine Wohnung gegangen.

[...] Arbeit aufzuhören. Acht Tage lang that sie nichts und hielt sich während dieser Zeit bei einem Droschkenkutscher Ditter in der Anton-Straße auf, bis Ditter sie zu Winnig zurückbrachte. Am Sonnabend sollte sie hier wieder angemeldet werden. Abends ging sie mit dem Bemerken weg, sie wolle einen Augenblick zu „Vater Schirmer", einer Kaschemme in der Ruheplatz-Straße, gehen. Hier war sie als „Soff-Juste" bekannt. Sie blieb bis zum Schluß des Geschäftes, um 11 Uhr Abends. Später, nach zwei Uhr, wurde sie noch von zwei anderen unter der Kontrole der Sittenpolizei stehenden Frauenspersonen mit einem Zimmermann aus der Antonstraße, mit dem sie in der Kaschemme gekneipt hatte, in der Lindower Straße, nahe der Müllerstraße, gesehen. Die Verstorbene ist am 28. Dezember 1852 zu Gaubitz in Preußen geboren. Bemerkt sei noch, daß Frau Nerger vor etwa sechs Wochen einmal auf der Straße von Krämpfen befallen und von einem Schutzmann in ein Krankenhaus gebracht wurde.

Im Laufe des gestrigen Nachmittags haben im Polizei-Präsidium zahlreiche Vernehmungen stattgefunden, die vornehmlich den Zweck haben, die Eruirung des Zimmermanns, mit dem sich „Soff-Juste" in das Haus Nr. 7 der Schulzendorfer Straße hineinbegeben haben soll, herbeizuführen.

Zur Aufklärung des mysteriösen Falles dürfte die [...]

Die Auffindung der Leiche.

Es ist immerhin merkwürdig, daß trotz all' dieser während der Nacht gemachten Beobachtungen, der Leichnam erst am Sonntag Vormittag ganz zufällig aufgefunden wurde. [...]

图 2　《柏林早报》的报道《柏林最黑暗的地方》及其犯罪现场示意图

这些监狱的高墙之下的社会体系让人们联想到百万人口的特大城市的森严等级：每个社会机构都有自己的代表，各种职业对应各种犯罪，各种囚犯受到各种惩罚。[1]邮差和法官对应挪用公款；教师对应强奸和禁锢；商人对应诈骗；屠夫对应伤人；面包师对应赌博；仆人对应盗窃；最后，侍者对应那些勾结群众的犯罪者。监狱巡礼是窥探城市阴暗面的典型文本。报道既展现不为人知的世界，也揭露已知世界的秘不示人的本质：官僚和经济生活的腐败，教育系统的虐

1　A.v. Zerbst, "Ein Blick in die Berliner Gefängnisse," *Illustrirte Wochenrundschau über das Berliner Leben* [1], no.6 (1894): 43-44.

待；世界的卑鄙、淫乱和贪婪。这是读者已知的世界的特点，也是读者未知的世界的特点。

在当时对犯罪活动的地下世界的描述中，常见的观点是那是资产阶级社会的镜像，正如职业骗子的形象是受人尊敬的资产阶 26
级市民的反转镜像。[1]显而易见，这种叙事结构发挥了作用，当时的作者和读者似乎也注意到了这一点。不过，这种观察没有论证这一点，即人们低估了这些文本的重要意义，把它们视为道德教育（这种道德教育的施加者是规训权威，目的是塑造一种服从性的或高效率的公民身份）。有价值的问题是：读者如何推行建立身份认同的进程和瓦解身份认同的进程，哪些因素是这些重复和复杂的幻想的动机。常规的简单的回答不能解决这些问题。它们要求人们更仔细地阅读多种多样的文化产品，首先便是那些全新的都市文学的体裁。[2]

本章的开头提到过汉斯·奥斯瓦尔德编纂的一系列研究，那些研究揭露城市地下世界的感官猛料的最广阔的新空间。[3]奥斯瓦尔德出身工人阶级，自学成才，从流浪的手工业者转职成为

---

1 例如参见Evans, *Tales from the German Underworld*; Becker, *Verderbnis und Entarung*, esp. 177-248。

2 犯罪小说、侦探小说和惊悚小说等文学体裁同此处及下文的讨论对象有密切关系。一份1978年以前的典型的标准文学的文献目录，例如参见Hügel, *Untersuchungsrichter, Diebsfänger, Detektive*, 340-353；一项最近的关于这些体裁及其对于文学的影响的精彩研究参见Herzog, "Crime Stories", 34-61。

3 这一章的部分内容已译成德语：Scott Spector, "Die Großstadt schreiben: Zur literarischen Unterwelt der Städte um 1900," in *Kriminalliteratur und Wissengeschichte: Genres-Techniken-Medien*, ed. C. Peck and F. Sedlmeier, 115-127 (Bielefield: Transcript, 2015)。

记者，他进行了一系列研究，为这个不可见的禁忌世界打上了一道亮光。[1]1904—1908年，他开始出版51卷的丛书“大都市档案集”（*Großstadt-Dokumente*），业内专家向好奇的读者提供他们对柏林和维也纳等城市的看法，这些看法既是私人的亦是科学的。对于现代城市的道德平衡，这套丛书的正统立场是模糊的：

> 最近几十年间，人们创造了那些壮观的人类聚居区，我们把这些城市命名为“大都市”。即使有些人认定大都市中有令人厌恶的错误，对此表示鄙夷，但他们也不能否认大都市的某些文化价值。同时，任何赞赏大都市的文化价值的人，也都无法无视大都市的错误。[2]

1905年以前，这套丛书的前十卷的已经出版，前十卷的内容包括：奥斯瓦尔德的就职演说的小册子，主题是柏林的黑暗角落，前文已经提过这篇文章；接着是剧院顾问和戏剧评论家尤里乌斯·巴布（Julius Bab）对柏林的波西米亚式的生活的研究；随后是性学专家马格努斯·赫希菲尔德（Magnus Hirschfield）开创性的对柏林的
27 “第三性”（爱同性别的男人）的民族志研究。在这后面是奥斯瓦尔德对歌舞厅和皮条客的个案研究。其余部分是对宗教教派、咖啡

1 参见Peter Fritzsche, “Vagabond in the Fugitive City: Hans Ostwald, Imperial Berlin and the Grossstadt-Dokumente,” *Journal of Contemporary History* 29, no. 3 (1994): 385-402; Thies, *Enthnograph des dunklen Berlin*。

2 Ostwald, *Dunkle Winkel*, “Vorwort,”[3].

馆、地下世界的无政府状态及体育运动的研究。该丛书后半部分的舞台是维也纳，主题也是灯红酒绿的资产阶级城市的地下世界，特别是那里的犯罪活动和性生活，也包括上层阶级的多种体验。主题的交替突出了新兴的中欧特大城市的大量自我描写中的内在张力。个别城市特有的特点和大都市共同的特点存在冲突。因此，柏林是柏林历史的独特产物，但同时又和典型的大都市伦敦日趋相似；维也纳受到更加传统的等级制度的阻碍，但同时维也纳正在变成一个新的柏林。第20卷是一份1906年的报告，主题是柏林的女同性恋的生活，这一卷遭到了出版审查，并因此受到法庭审判，最后第20卷的主题改为柏林的教育者。除此以外，奥斯瓦尔德及其出版商似乎比较谨慎，他们会避开官方的禁区，正如他们开拓了读者寻找的畅销书籍的新领域那样。[1]1905—1907年，奥斯瓦尔德还出版了一部十卷的丛书（计划是二十卷），丛书主题是柏林的卖淫。如果不能说这一系列丛书和"大都市档案集"完全一样，那么至少也得说它们风格相似。[2]

奥斯瓦尔德出版"自传体小说"，赢得评论家的赞赏和商业上的成功。这部小说的标题是《流浪者》（*Vagabonds*），内容是作者漂泊和务工的经历。[3]此后他编著了"大都市档案集"（或者说它转而把这套丛书推销给了编辑）。这部小说出版于1900年，文字生动活泼、平易近人。人们这本书充满兴趣，部分原因是作者用民族志的方式再现了无家可归者和一贫如洗者的社会、他们的自成体系

1 Thies, *Ethnograph des dunklen Berlin*, 129-131.

2 丛书标题是"柏林娼妓"（*Das Berliner Dirnentum*）。

3 Klaus Bergmann, introduction to Oswald, *Vagabunden*, 5-33.

的交流和互动习惯的世界以及他们自己维持生计的模式。因此他的角色是一位观察者和参与者，既是他描写的奇异的世界的局内人，也是局外人。[1]显然“大都市档案集”中的各卷书本不属于纯文学（belles-lettres）的范畴，而属于混合体裁：没有艺术作品可以“运用暴力的材料”，“一些事情总是没有答案”，因此作者的想法是用短小简明的文字再现材料，避开艺术加工。[2]有时作者似乎希望只报道
28 城市的地下世界的“原始材料”，把实际的学术分析交给接受过更加正式训练的专家。所谓的原始材料基本上并不原始——尽管第一卷的内容由城市中不同的黑暗角落的情节组成，在这些黑暗角落，人们想象中的道听途说的对话（大多数对话是风格鲜明、容易理解的柏林方言对话，有一则对话是意第绪语对话）变成了文学化的小插曲，主题是无家可归者、犯罪、卖淫和拉皮条。另一方面，整体而言，作者收集的这些文本提供了关于当时城市的最完整的民族志式的著作。这部丛书是一种人们可以将其历史追溯到更久远的过去的传统的一部分，这部丛书是对这种体裁的新发展，不仅更加广泛，而且更加深刻的新发展。如果今天的人们阅读这部丛书的简短的分册中的任何一部，那么他们可以注意到无处不在和显而易见的奇怪的色情狂和家长式的文本套路。但是这些套路终究是当时此类书籍的惯例，这些套路推动人们把这些书籍视为至少18世纪首次出现和

1　就大都市这个主题而言，人们认为他可能扮演了一个混合的角色，既是局外人，又是局内人，他出身柏林北部的工人阶级家庭，青年时代搬家到西波美拉尼亚的梅克伦堡的一个农村小镇。

2　Ostwald, Dunkle Winkel, “Vorwort,” [3].

19世纪不断发展的一种体裁。[1]如果我们考虑到观察者的局内人状态（尤利乌斯·巴布、马格努斯·赫希菲尔德和其他学者）和观察者使用的街头巷尾的报道、道听途说的对话、被采访的主体或记者的大量语录以及其他第一人称的文摘，等等，那么这部丛书中那些公共知识分子的著作更类似后来的文化人类学和城市社会学文本。碎片化的材料，再加上其他一些从剪报到名片的文本，产生了蒙太奇式的效果，这样的效果似乎属于一种独特但尚未成型的方法论，一种处于自然主义文学、新闻报道和城市民族志之间的方法论。《档案集》的观念正是记录档案——如同丛书其中一卷的导言所述，它主张用原始材料来呈现作为一名移民劳工一个被定罪者的回忆录。奥斯瓦尔德“故意避免”进行分析，他把分析交给专家及其反对者，让他们去“剥开果壳，掏出果肉”。[2]在这方面，丛书各卷的处理方式各有不同，奥斯瓦尔德即使在自己担当作者时，通常也没能避免道德说教和分门别类。他描写柏林的男性娼妓的评论文章收录了七封对同性恋娼妓的威胁信的抄本，还附有一段简短的性格学（characterology）学说——“最普遍的男性娼妓类型：智慧和精力充沛型、体贴和奉献自我型、长期无家可归型、不断进行恐吓型、追求地位型、谨慎小 29

1 大多数相关讨论的研究对象是伦敦。Mayhew, *London Labour*; Mearns, *Bitter Cry*; Charles Booth, *Life and Labour of the People in London* (London: Macmillan, 1889-1897); William Booth, *In Darkest England and the Way Out* (New York: Funk and Wagnalls, 1890). Gareth Stedman Jones, *Outcast London: A Study in the Relationship between Classes in Victorian Society* (Oxford: Clarendon, 1971); Williams, *Country and the City*, 221-222; Walkowitz, *City of Dreadful Delight*, 24-39.

2 Oswald in Schuchardt, *Sechs Monate Arbeitshaus*, translated in Jazbinsek, “Metropolis and the Mental Life of Georg Simmel,” 116.

心型［……］以及与同伙一起工作型”。[1]没有人不同意彼得·弗里施（Peter Frische）的洞见，奥斯瓦尔德笔下的大都市具有一系列特点，它们是“破碎的”、“临时的”、“狂欢的”、“万花筒般的”以及“易变的”，这些特点让大都市成为一种经典的现代主义的生产进程。[2]然而，这套丛书对城市的再现始终回归分门别类的系统：柏林咖啡店的功能分类；柏林警察的规训监控系统对妓女性格的分类，分类的依据是她们的生活轨迹；维也纳慈善组织的受助者的现实生活遭遇；维也纳的女孩和妇女的14种类型；帝国首都分门别类的犯罪活动以及犯罪分子的民族和国籍分布。[3]丛书作者追求系统性的冲动和他们对城市生活体验的多元性和个体性的认可似乎有所冲突（换句话说，这套丛书的态度既不严苛也不赞同，这可能会让现代读者感到惊讶）。不过，这两股冲动既是这套丛书的研究项目的中心，又都具有副刊小品文的风格。[4]

1　丛书作者之一马格努斯·赫希菲尔德向科学人道主义委员会（该委员会的目标是同性恋除罪化）提供了这些信件。Hans Oswald, *Männliche Prostitution*, Das Berliner Diernentum, vol. 5 (Leipizig: Spohr, 1906), repr. Ostwald, *Männliche Prostitution in kaiserlichen Berlin*, 55.

2　Fritsche, “Vagabond,” 385, 391, 394-395, 397-398.

3　Ostwald, *Großstadt-Dokumente* (GD), vol.7; Willhelm Hammer, *Zehn Lebensläufe Berliner Kontrollmädchen und zehn Beiträge zur Behandlung der geschechtlichen Frage*, GD 23; Max Winter, *Das goldene Wiener Herz*, GD 22; Alfred Deutsch-German, *Wiener Mädel*, GD 17; Emil Bader, *Wiener Verbrecher*, GD 16.

4　一套有趣且相似的竞品是汉斯·兰斯贝格（Hans Landsberg）编辑、Pan出版社（Pan-Verlag）于1904年开始出版的丛书“现代的问题”（*Moderne Zeitfragen*）。类似奥斯瓦尔德的丛书，这套丛书至少出了10册，探索了涉及现代世界的一系列主题——城市工程、刑法、教育和教会、卖淫、公会、无产阶级、堕落、时尚、性生活以及性别。虽然一些分册的作者是相关领域的顶尖学者，其内容具有重要意义，但是这套丛书没有做到《大都市档案集》那样的项目整合，其方法和用词都不统一，尽管人们可以把这套丛书视为一种进行相似的归纳整合的工作的迹象。

长期以来，人们对奥斯瓦尔德缺乏研究，不过现在的一些学者已经指出，“大都市档案集”的研究项目是城市社会学中的芝加哥学派的直系先驱，或至少是旁系近亲。威尔斯（Wirth）在他的论文《城市共同体的参考书目》（Bibliography of the Urban Community）中特别承认了这种亲缘关系，尽管奥斯瓦尔德的丛书对芝加哥学派的直接影响难以认定。[1]但是，学术界的研究者会对 30
丛书作者这种理解城市生活的模式作出评价，这并不出人意料。这部丛书是学术期刊评论和仔细观察的对象，这些期刊既包括性学和犯罪学等新兴的领域的学术期刊，又包括精神病学和监狱管理学等既有学科的学术期刊。有人宣称，在中欧刑法研究的顶级学者弗朗茨·冯·李斯特（Franz von Liszt）的推举下，奥斯瓦尔德取得了荣誉学位和学术职位。[2]没有证据支持这种说法，不过，德意志帝国社会痴迷于专业认证，人们编造这种说法的可能性本身便证明了

---

1 参见Louis Wirth, *A Bibliography of the Urban Community*, University of Chicago Studies in Urban Sociology, vol. 1 (Chicago: University of Chicago Press, 1925)。弗里施认为这种亲缘关系比查尔斯·布斯（Charles Booth）提出的那种更疏远、自以为高人一等的观点更加重要；参见Fritzsche, *Reading Berlin 1900*, “Vagabond in the Fugitive City”, 396, and 401-2n37; Ralf Thies and Dietmar Jazbinsek, “The Berlin ‘Großstadt-Dokumente’: A Forgotten Precursor of the Chicago School of Sociology,” Wissenschaftzentrum Berlin für Sozialforschung, Discussion Paper FSII 01-502 (Berlin, 2001); “Berlin: Das europäische Chicago: Über ein Leitmotiv der Amerikanisierungsdebatte zu Beginn des 20. Jahrhunderts,” in Yimmermann and Reulecke, *Die Stadt als Moloch*, 53-94; R. Thies, *Ethnograph des dunklen Berlin*, 210-213。蒂斯（Thies）和雅宾切克的著作缺乏对从奥斯瓦尔德到帕克（Park）和威尔斯这条确切的谱系的讨论。

2 Thies, *Ethnograph des dunklen Berlin*, 114n.当时最有声望的学术期刊发表了奥斯瓦尔德的丛书的书评文章。

这个研究领域的力量已足以动摇既有知识的边界。

人们无法区分“大都市档案集”丛书的学术价值和色情成分，因此，判断这部丛书是属于大众作品还是学术著作并不是要紧事。这套丛书引入了双重焦点，一个是城市的地下世界是一种环境——街头和妓院的生活、同性恋者的社会世界和他们之间的私密空间、犯罪的语言和诈骗的行为——另一个是大都市聚集了各种各样的人员、角色或类型：妓女、皮条客、骗子、诈骗犯、随便的女孩、流浪者以及玩家，等等。人们可以把这种双重的焦点视为已经存在了一段时间的众多城市文学体裁的一种延续或者一段高潮，这些体裁的发展趋势不断加剧，以至于人们不得不将之视为一种新鲜事物。不过，无论其焦点是环境，还是组成环境的诸多类型，“大都市档案集”记录的对象都是实地的生活。这套丛书以大城市的生活为主题，丛书作者持续将目光投向城市生活的主体。就此而言，这套丛书中的分析的各种模式——感官猛料或学术研究、自然主义或性格研究——在更多的情况下不是互相排斥的，而是彼此和谐的。对这套丛书的作者来说，书写大都市就是书写大都市的居民。

31 犯罪活动的主体

到“大都市档案集”出版之时，学者不仅对犯罪学研究领域进行了局部改革，而且对其进行了全面改造，尽管在这一点上仍存在一定程度争论。虽然人们可以采取不同的方式，对犯罪学的转型进行时代划分，但是大多数普遍同意，实证主义者或者犯罪学的“实证主义”学派是近代西方的涉及犯罪活动及对其的干预的纷繁复杂的学术讨论的革命的领导者。推动了犯罪学的革命的学者，他们关于犯罪的复杂讨论催生了犯罪学这门学科。实证学派的起源于重新统一不久的意大利，实证学派领袖是切萨雷·朗布罗索（Cesare Lombroso）。他接受过医学专业的训练。人们很难估计实证学派及其建立的学科“犯罪人类学”的影响，部分原因在于参与讨论的许多学者往往坚定而激烈地反对朗布罗索，排斥他的学术观点。不过，进入学术讨论的竞技场的学者之间的区别并不如这些学者自己标榜的和后世历史学家评价的那么显著。

一些学者自称“实证学派”，自觉反对所谓的古典学派。古典学派是一群理论家，他们占据众多学术职位并且对欧洲各国的刑事政策施加巨大影响。这个早期学派奉行的原则的起源是启蒙运动的刑罚思想的原则，其中最著名的是贝卡利亚（Beccaria）的思想——犯罪行为和刑事处罚之间的关系应该是量化的、理性的、一致的，反之亦然。[1]朗布罗索及其支持者则坚持应把注意力从抽象的罪名和基于理论的法律转到男女罪犯本人身上。这是犯罪学研究的医学化进程的关键转折，[2]当然——正如福柯的观点所示——医学化进程的一部分是人们把犯罪活动和病理学研究绑定在一起。[3]不过另

---

1 埃曼努尔·鲍曼（Imanuel Baumann）指出了这一研究领域最新的典型案例，与实证主义者起初的主张相反，他们也采用了生物学的思想模型；参见Baumann, *Dem Verbrechen auf der Spur*, 32.

2 德国学者加拉西（Galassi）在犯罪学的研究领域里探索了虽然存在联系，但是联系并不密切的马克斯·韦伯提出的概念“科学化”（Verwissenschaftlichung），参见Galassi, *Kriminologie im Deutschen Kaiserreich*。

3 Michel Foucault et al., *Abnormal*, esp. 92-108. 与福柯其他的年代分期一样，对他来说，医学转向不在于方向的剧烈转变，而在于病理学化进程的强化，在对犯罪活动的法学诠释和道德诠释中这种进程已经出现。

一种不同的看法认为，这种转折也是人们在有关个体罪犯的实际知识和刑事法律的理论改革之间建立桥梁的进程的缩影。它代表一场转向，转向的目标是犯罪活动的主体——罪犯——虽然这种进程把
32 罪犯客体化了，进而把罪犯打造成由身体测量和统计数据组成的客体。[1]在当时，多种多样的城市危情文学的体裁同时并存（例如“大都市档案集”），在此背景下，朗布罗索的学术研究及其对手的学术研究看上去十分相似，正如这些体裁和感官猛料体裁本身的距离并不遥远一样。

现在人们把朗布罗索的犯罪人类学理解为生物决定论的极端形式、夸张的伪科学案例、伪装成客观知识的权力体系。[2]阅读朗布罗索出版的著作《犯罪的男人》（*Criminal Man*）和《犯罪的女人》（*Criminal Woman*）犹如跨进了一个新世界，一个不但是极端而夸张的世界（朗布罗索的批评者的惯常观点），而且是错乱而充满幻想的世界。[3]在这个世界里，罪犯的外表“几乎总是”具有“某种奇

1　这种观点和彼得·贝克（Peter Becker）的观点并不像看上去那样矛盾，彼得·贝克认为，由于这种偏离正题的转向，罪犯“失去了他们的主体性”。Peter Becker, “Criminological Language and Prose from the Late Eighteen to the Early Twentieth Centuries,” in Srebnick and Levy, *Crime and Culture*, 27-30.事实上，我们在这里试图论证，这种双重过程——客体化的进程和人们把注意力转移到作为主体的罪犯身上的过程——是一种辩证的过程。

2　特别是玛丽·S.吉布森的著作提供了一种关于朗布罗索的研究的更加不同的观点；例如参见Mary S. Gibson, *Born to Crime*; “Cesare Lombroso and Italian Criminology: Theory and Politics,” in Becher and Wetzell, *Criminals and Their Scientists*, 137-158。

3　Lombroso’s *L’uomo delinquent*, with further editions in 1878, 1884, 1891, and 1896-97; Lombroso and Ferrero, *La donna delinquent*.

怪之处”，犯下特殊类型的罪行的罪犯无一例外都存在生理上或者其他方面的异常之处——肿胀的嘴唇（强奸犯）；浓密并且连在一起的眉毛（盗窃犯）；鹰钩鼻和浑浊的眼睛（杀人犯）；不自然的柔软的皮肤（纵火犯）——而且几乎所有罪犯普遍共有这些家族相似的标志，“招风耳、浓密的头发、稀薄的胡须、作响的鼻窦、突出的下巴以及宽大的颧骨”。[1]不过，我们在阅读这些带有异域想象色彩的叙述时，可能很容易就会陷入为其增添异域想象的陷阱，我们可能会过早拒斥这种毫不遮掩的家长式的说法，并且为此沾沾自喜。[2]

当现代读者阅读朗布罗索的特定著作和犯罪学历史的整体过程的兴起和衰落时，他们无法不去注意的一条主要故事线索是先天遗传和后天环境的解释之间的斗争。确实，这场转折对任何试图追溯先天遗传和后天环境之间的激烈对立的发展脉络的学者来说都意义重大。虽然这种遗传和环境的矛盾在绝大多数历史文化和历史时期中闻所未闻，但是在当时人们的观念中，这是基础。朗布罗索和他的同僚们提出了一种他们引以为荣的观点，即存在与生俱来的犯罪行为——所谓的“天生罪犯”——这一类型，这一观点成了激 33
烈争论的对象。在实证学派争夺犯罪科学的理论主导地位的时期，这场争论愈演愈烈，以至于朗布罗索本人创建的犯罪人类学国际大会（International Congresses on Criminal Anthropology）的记录回顾的他们的主要活动就是辩论，辩论的一方是以意大利学者为主

1　均引自布罗索这部著作的第一版Lombroso, *L'uomo delinquent* and Lombroso, *Criminal Man*, 51-53。

2　Gould, *Mismeasure of Man*, 173-175.

的生物学决定论的支持者，另一方是以法国学者为主的社会学决定论或者环境决定论的支持者。[1]

不过，如果我们暂时撇开上述争论，那么我们似乎可以更加明确地看清可供学习的东西。人们看待世纪之交的关于犯罪活动的学术研究的整体情况的传统方式可能过于程式化了——原因不仅在于，哪怕人们搁置了先天理论，社会环境理论占据上风的说法也明显是不正确的。[2]进一步的分析表明，双方展现出比我们想象的更多的共识。把朗布罗索的观点视为我们想象的那种生物学决定论的概念也过于简单了。朗布罗索并不痴迷于生理指标的决定性的力量，即所谓的圣痕（Stigmata），例如前额的形状，他更加关注其他圣痕，例如文身的图案，他同样痴迷于收集各种文身的图案。[3]标示堕落的生理指标的范畴何以充分囊括我们设想中的先天遗传的特征和不可改变的特征（例如头盖骨的形状）？这些生理指标又是如何为我们精心设计的身体打上标记的？朗布罗索讨论过一系列特殊的案例，他同时诉诸这两种解释的情况并不罕见：其中一种是社

1　参见*Acts du premier Congres international d'anthropologie criminelle: Biologie et sociologie (Rome, novembre 1885)* (Turin: Bocca, 1887)；参阅*Actes du troisieme Congres international d'anthropologie criminelle tenu a Bruxelles en aout 1893 sous le haut patronage du gouvernement: Biologie et sociologie* (Brusells: Hayez, 1893)。这里描述的故事出处参见Robert A. Nye, "Heredity or Milieu," 334-355。

2　Gould, Mismeasure of Man, 173-175, and Horn, *Criminal Body.*

3　文身和身体异常的图案出自*L'uomo delinquent*; cf. Casare Lombroso, "The Savage Origin of Tattooing," *Popular Science Monthly 48* (1896), 793-803, cited in Horn, *Criminal Body*, 48-51。

会和环境的影响，另外一种是遗传性的堕落和彻底的种族主义。[1]虽然人们通常认为：生理学或者生物学的“人类学”的内涵和民族志或者文化学的“人类学”的内涵相去甚远，甚至彼此对立，但是朗布罗索本人是一位有所造诣的民俗学研究者，他的犯罪学研究方法毫无疑问带有殖民主义色彩，倾向于民族志的方法。[2]关于这一点的明确证据是他对监狱囚犯的诸如涂鸦和文身、绘画和文字等事物的深入研究，在研究这些问题时，犯罪人类学家成了某种考 34
古学家。这是朗布罗索的明确隐喻。他把他对“监狱写本”的研究同考古学家对古典时代和史前时代的研究相提并论。他自己研究的是“抄本”的合集，抄本的内容是这些异邦来客——生活在我们中间，但我们和他们之间的差异并未得到充分认识的人类——的铭文题词。[3]实证派是犯罪学研究的新方向。实证派学者保证，他们会根据定量的数据（罪犯统计学）进行研究，但是他们仍然依赖定性的描述实施分析。研究重点是所谓的圣痕，这提醒我们，这种研究不是病原学的研究，而是症状学的研究（因此是诠释性的研究）。[4]根

1　吉布森使用了一系列术语，包括不明确性、不一致性和矛盾性等，同时她也承认这种做法可能会“使读者感到困惑”；参见Mary S. Gibson, “Science and Narrative in Italian Criminology, 1880-1920,” in Srebnick and Levy, *Crime and Culture*, 42。

2　学者布罗克曼（Broekmann）探索了殖民主义的欧洲国家的语境、作为学科的人类学和作为学科的犯罪人类学之间的联系，参见Broekmann, “Visual Economy of Individuals”。一项相关讨论的主题是野蛮和文明的形象与维多利亚时代报纸报道的暴力的关系，参见Judith Rowbotham and Stevenson, *Criminal Conversation*, 91-105。

3　Lombroso, *Kerker-Palimpseste*, iii-iv.

4　这种看法显然和卡洛·金茨堡（Carlo Ginzburg）的著名术语“推测的范式”（paradigma indiziario）有关；参见Ginzburg, *Clues*。

本而言，学者更多研究的不是犯罪的根源，而是症状的意义。

不过，一场冲突随即爆发了。冲突的一方的大多数学者是意大利人，他们自诩为实证派学者，坚持用形态学（morpholgy）解释罪犯，这种形态学是生物演化的返祖现象的一个明确标志；另一方的大多数学者是法国人，他们质疑实证派的数据前后不一并且低估了社会环境的影响。两大所谓的“学派”相继举办了三次国际会议，不断进行学术争论，但是两大学派在罪犯问题上有基本共识——犯罪的个人是一个问题，人们可以把犯罪的原因、答案和解决都归纳到犯罪的个人身上。[1]作为一个系统的犯罪学出现了，其产品是文本化和图像化的问题和回答，其目的是定位罪犯个人和犯罪行为。解释（阅读各种指标）和导航（认定罪犯、犯罪的区域和犯罪的问题），这两种重要的过程就像一对双胞胎，它们遍布于那些所谓的在先天后天问题上有分歧的正反双方的文本。

早在实证学派出现以前，人们（不是犯罪学专家，而是不同学科的学者）在讨论犯罪时，就曾经有过上述讨论中的争论。长期以来，法学的专家在刑事实践的许多方面摇摆不定，而且曾经参与关
35 于犯罪活动之本质的讨论的人中，声望最高、最前沿的发言人是全

1　这种陈述支持一种经过改进的福柯式的论点，这是一种研究对象的相对转移，从以刑法体系为主体，到以犯罪活动为主体。皮尔斯·拜尔纳（Piers Beirne）解读了关于犯罪和刑法的早期文本，包括最早的贝卡利亚的经典文章和后来的阿道夫·凯特莱（Adolphe Quételet）的社会统计学的重要著作，拜尔纳指出，这些作品中的犯罪者（homo criminalis）的概念是不明确的；Beirne, *Inventing Criminaology*。虽然这位学者没有明确解释主体，但是有些证据可以支持这一种解释，即主体是19世纪的一些学者提出的新重点，此外，人们对以主体为重点的认可与人们对社会控制的论点的拒斥并不冲突。

36

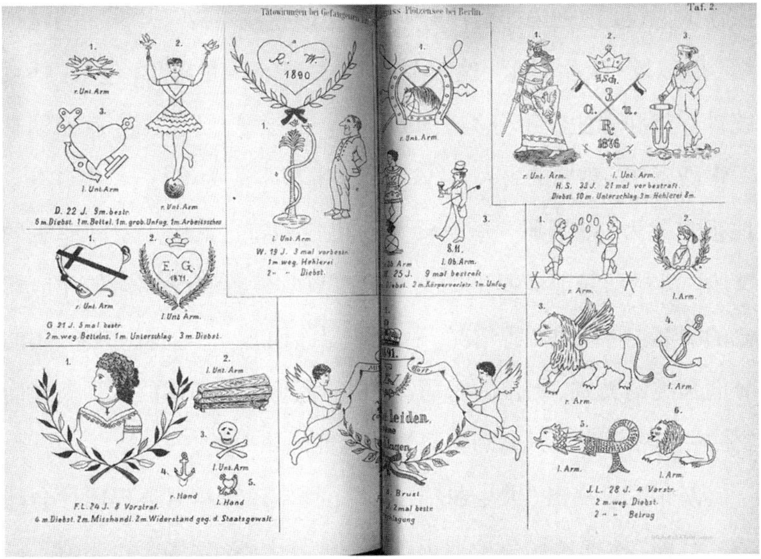

图 3 阿道夫·拜尔，《人类学视角下的罪犯》（*Der Verbrecher in anthropologischer Beziehung* [Leipzig: Thieme, 1893]）

科医学、精神病学或者人类学的学者。在德国的学术文献中，对这一争论最重要的回应之一是柏林附近的普罗岑湖监狱的主任医师阿道夫·拜尔（Adolf Baer）的见解。[1]拜尔是一位权威的医学专家（他的职务是国家官方的公共卫生顾问），他引用了大量罪犯主体的实际案例，评估了朗布罗索的观点，他认为后者的观点大多是错误的——根据他的专业意见，不存在“天生罪犯”。不过，他的著作本身和他的批判对象极为相似，包括结构、修辞以及作者对于罪犯

1 Baer, *Der Verbrecher*. 亚伯拉罕·阿道夫·拜尔（Abraham Adolf Baer，生于1834年），1879年他被任命为内科医生，负责公共卫生（Geheimer Sanitätsrat），他在酗酒和犯罪等研究领域做出了特殊贡献。

主体的假设。他把他的著作分为“罪犯的生理结构”、“罪犯的精神结构”以及“天生罪犯”这三个章节，并带有大量附录，包括：插页统计表格和罪犯文身分类（图3），有些插图是彩色插图。就像朗布罗索的著作《犯罪的男人》（该书后来的版本改为单行本，作者有意地把它称为“地图册”）一样，拜尔也按照特定的顺序罗列罪犯的文身，其根据是罪犯身上的文身的位置和经过交叉比对的相应罪犯的罪名、刑罚和再犯情况。就学科层面而言——仅就它们采用的分门别类的类别、提出的问题、罗列的证据以及使用的概括模型而言——朗布罗索和拜尔的犯罪学的研究同属一类。

朗布罗索提出“天生罪犯”理论，拜尔针锋相对地提出社会环境的解释，他把这场争论视为自己著作的中心。这场争论当然不是不值一提的事件。但是人们如果回顾两位学者的立论基础，就应该会看到他们共享的立场。在拜尔的结论中，他回应了朗布罗索的合作者费里（Ferri），[1]费里提出：“罪犯是三种因素的结果，个体原因（例如人类学的原因）、身体原因和社会本质这三种因素同时产生影响。”[2]拜尔认为，费里的三种因素是一种原因的不同表现，这种原因就是社会环境，拜尔坚持认为费里本人也承认这种看法。这场争论似乎可以被视为启蒙运动的斗争的延续，即内在的解释同超验的解释的斗争（人们把这里所谓的“内在”理解为环境的产物，“内在”是先天的返祖现象的对立面）。法国学派的代表人物是阿

1 恩里克·费里（Enrico Ferri，1856—1929）律师出身，后来从政，他提出了术语“**天生罪犯**”。当时他和朗布罗索一样是一位社会主义者，但是后来他转为法西斯主义者。

2 Baer, *Der Verbrecher*, 410.

道夫·普林斯（Adolphe Prins），他指出："犯罪活动由人类社会本身的各种元素组成［……］人们可以在犯罪活动中看到社会有机体的某种退化［……］罪犯和诚实的人的起源都是他所处的环境。"[1]根据拜尔的理解，他对这场争论的重大贡献在于展现了朗布罗索在方法论上的错误，朗布罗索没有认识到，他辨认那些生理的圣痕不是罪犯群体中的普遍现象——这些退化的标志是监狱罪犯出身的社会阶级的成员中的普遍现象。[2]精神病学专家保罗·奈克（Paul Näcke）猛烈批评了朗布罗索的数据，他认为用先天特征识别被定义为文化现象的犯罪是荒谬的，但是他的反驳是一种糅合了退化、精神疾病和犯罪活动的解释。[3]有了这样的反对者，朗布罗索一方几乎不需要什么发言人了。这场争论确实激烈，但是双方提出的这些范 37
畴可能并不是后来的观察者投射在他们身上的那些范畴。[4]

1 Adolphe Prins, "Criminalite et repression: Essai de science penale," cited in Baer, *Der Verbrecher*, 410.

2 参见Baer, *Der Verbrecher*,186-193；参阅 Wetzell, *Inventing the Criminal*, 50。

3 Paul Näcke, *Verbrechen und Whnsinn beim Weibe: Mit Ausblicken auf die Criminal-Anthropologie überhaupt* (Vienna: Braunmüller, 1894), and "Degeneration, Degenerationszeichen und Atavismus," Archiv für Kriminal-Anthropologz und Kriminalistik 1 (1899), 200-221. 邦迪奥(Bondio)指出，这场争论是在日内瓦的第四次犯罪人类学大会上爆发的；参见Mariacarla Gadebusch Bondio, "The Impact of Lombrosian Theory in Germany," in Becker and Wetzell, *Criminals and Their Scientists*, 192n50。

4 通常人们认为，1913年，查尔斯·戈林（Charles Goring）出版著作《英国囚犯：一项统计学的研究》（*The English Convict: A Statistical Study*），此后朗布罗索和他的追随者们彻底分道扬镳了，但这是对这种误解的延续。因此人们发现自己同意恩里克·费里的观点："实证学派的观点被那些自称实证学派反对者的人所证实。"参见Enrico Ferri and Robert Ferri, "The Present Movement in Criminal Anthropology," 224-227。

汉斯·库雷拉（Hans Kurella，1858—1916）是朗布罗索在德语国家最忠实、最重要的追随者。他是西里西亚省立精神病院的首席精神病学家，也是朗布罗索许多学术著作的德语译者和编者。[1]1893年，他发表著作《罪犯的自然历史：犯罪人类学和犯罪心理学提纲》（*Naturgeschichte des Verbrechers: Grundzüge der criminellen Anthropologie und Criminalpsychologie*），他重申了返祖理论和形态学等朗布罗索学派的正统学术见解，尽管此前朗布罗索的追随者们已经修正了他们对这些理论的应用，意大利犯罪人类学学者已经在某种程度上修正了犯罪人类学这个学科本身。[2]虽然库雷拉试图维护犯罪人类学的正统，但是他在定义难以理解的罪犯的“性情”（Anlage）的起源时摇摆不定。它既可能是自身退化的产物，也可能是环境条件——特别是现代的贫民窟——的产物。库雷拉和奈克之间（或人们设想的天生罪犯理论和社会制造罪犯理论这两个极端之间）的犯罪心理学家的主流的看法是罪犯主体属于始终一致的范畴——罪犯是一个脆弱的主体，他们不是屈从于人类天生的退化的体质，就是屈从于社会环境造成的道德沦丧，要么酗

1　他还编辑了一本重要的期刊《神经病学和精神病学期刊》（*Centralblatt für Nervenheilkunde und Psychiatrie*）并发表了一系列有趣的小册子《神经和精神生活的边缘问题：面向各阶级受教育者的个案》（*Grenzfragen des Nerven und Seelenleben: Einzel-Darstellung für Gebildete aller Stände*）。这部小册子的目标是面向受过教育的普通读者介绍各种有关心智的现代学术研究的主题，特别是性生活和性别、犯罪、艺术、“神经状况”如何与现代城市生活联系在一起。人们可以比较这部丛书和更加社会学导向的“大都市档案集”。

2　Hans Kurella, *Naturgeschichte des Verbrechers.*

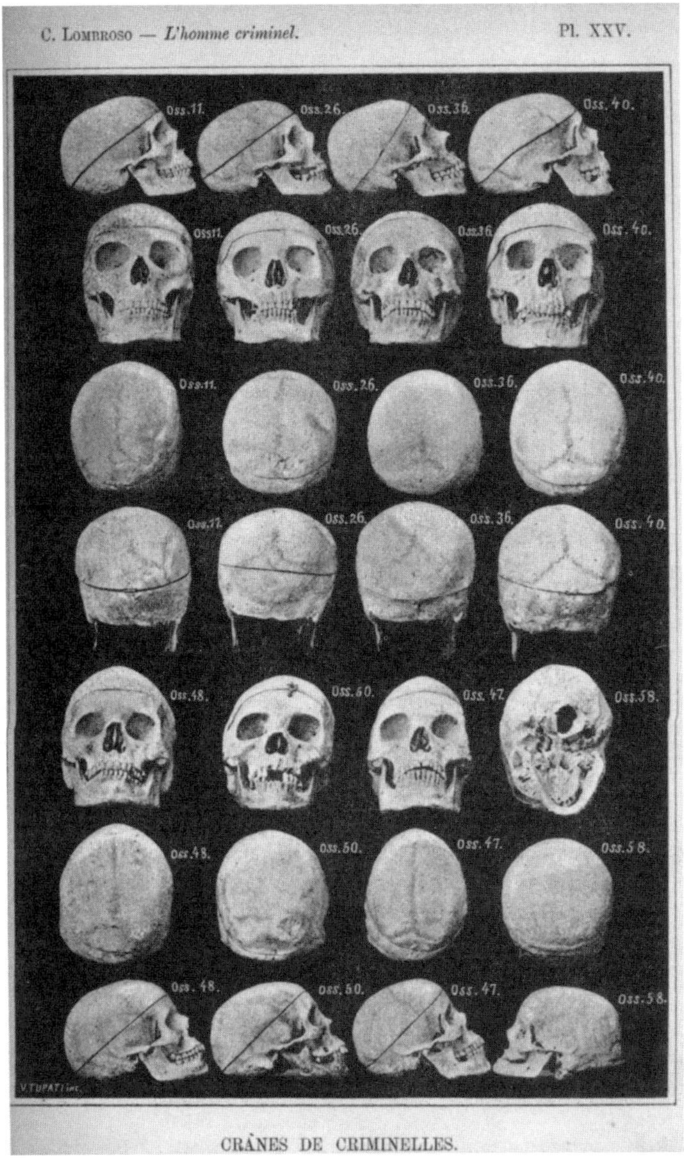

图 4 朗布罗索的《图册》（Atlas）中的意大利罪犯的颅骨图像，《犯罪的男人》晚期版本的插图附录。摘自法语版的朗布罗索著作：Cesare Lombroso, ed. Felix Alcan, L'homme criminal: Atlas (Paris: Ancienne Librairie Germer Bailliere, 1887), plate 26

40

图 5 朗布罗索的《图册》(Atlas)中的意大利罪犯的颅骨图像,《犯罪的男人》晚期版本的插图附录。摘自法语版的朗布罗索著作: Cesare Lombroso, ed. Felix Alcan, L'homme criminal: Atlas (Paris: Ancienne Librairie Germer Bailliere, 1887), plate 10

酒，要么癫痫发作。[1]

当学者们用科学史的方法研究犯罪学文本时，其研究重点 38
是犯罪学领域的讨论的参与者之间的分歧的特殊性。人们倾向于低估这些参与者共享的基础假设，但是他们还忽视了一些更重要的东西——新的犯罪科学研究是一种全新的令人惊诧的**媒体**（medium）。学者调查和呈现犯罪的权威来源是什么；专家调查和呈现犯罪的目的是什么；人们可以接受哪些附属的目标，学者们在这些问题上达成的共识和他们在犯罪和罪犯的起源及原因问题上的分歧同样重要。就此而言，这一点非常说明问题：朗布罗索的《犯罪的男人》第一版的第一章的标题是“罪犯的头盖骨”（六十六个头骨）。[2]朗布罗索不断扩充罪犯头骨的收藏、制作罪犯的脸的表格和罪犯的文身的图表，等等，这些做法贯穿了犯罪学的学术讨论的历史。学者把罪犯的身体当作展品加以呈现，这种做法具有感官猛料的价值（图4、5）。

统计数据应该是学者研究的根据，尽管数据可能存在数量不足和质量缺陷，但是专家们还是用连篇累牍的图表罗列这些数据。这种做法迎合了人们心中可能存在但不被承认的窥私癖。学者们在罗马召开了第一次犯罪人类学国际大会，这场大会不但是意大利实证学派和法国社会环境学派爆发激烈学术冲突的地方，而且是一场盛

1 维策尔（Wetzell）讨论了例如罗伯特·索梅尔（Robert Sommer）、尤里乌斯·科赫(Julius Koch)和欧根·布劳勒(Eugen Bleuler)等人，参见Wetzell, *Inventing the Criminal*, 53-60。不过，维策尔似乎通常关注这些作者对罪犯的性格起源的见解之间的区别，同时他也经常揭露他们共有的性格学观点，甚至固有的生物论思想。

2 Lombroso, *Criminal Man*, 45.

大展览的现场，展品包括：300多件头骨标本和解剖标本，成百上千的癫痫患者和犯罪分子的照片和画像，用明胶保存的大脑标本、大脑截面以及身体器官。犯罪学家们一边召开学术会议，一边将上述展品精心陈列在罗马艺术宫（Roman Palace of Fine Arts）。[1]其中有多少人是朗布罗索的支持者，全盘接受他的发现？他们花了多长时间接受他的发现？如果人们使用这些指标来衡量朗布罗索在中欧的影响，那么他们必然会认定，朗布罗索不是一位重要学者。事实上，人们无法估量朗布罗索所代表的那种思考犯罪活动的方式的重要意义。当朗布罗索教导人们“犯罪是一个物种”时，他使用的不是林奈式的语言，而是一种福柯式的语言。[2]

41 追究罪犯的责任

秘密是指那些人们需要克服困难才能破解，但是人们一定可以知道的东西。如果人们在罪犯的身上找到了犯罪的秘密，那么使犯罪的秘密成为秘密的东西就是责任的原则。在德语中，一些术语与责任问题之间的联系逐渐增加，其中两个常常处于竞争状态的术语就是“刑事责任”（Zurechnung）和“**具备刑事责任能力**”（Zurechnungsfähigkeit）（其反义词是“**不具备刑事责任能力**”

---

1 A. Broekmann, “Visual Economy of Individuals”; Morrison, “Lombroso,” in Ferrell ed al., Cultural Criminology Unleashed, 67-80. 莫里森认为实证学派是“文化生产”，其信息来源是国际范围的信息流动。这里描述的犯罪学的展览和殖民主义的展览有密切的关系。

2 “Moral insanity is a genus of which crime is a species”; Lombroso, *Criminal Man*, 217 (from the third edition of *L'uomo deliquente*).

［Unzurechnungsfähigkeit］）。这些术语的起源是算数的比喻（源于《圣经》）——追究人类犯下原罪或亚当犯下原罪的责任。[1]有争议的问题是刑法中的罪犯的责任概念。在英国传统中，这一概念的名称是刑事责任，它以更受限制的形式为人所知，而且刑事责任在一切情况下都涉及责任主体的问题，推而广之，它还涉及自由意志的问题。[2]虽然在德语世界的经典法学思想中，这些范畴似乎已经占据了一席之地，但是在整个19世纪，这些范畴的重要性日益增加。[3]格奥尔格·齐美尔认为，“刑事责任”是把行为、行动者和原因捆绑在一起的要素，因为它建立了一些条件，人们可以在这些条件下把意志和犯罪行为追溯到相同的“地址”——因此，因果关系是定位犯罪和罪犯的关键概念。[4]

自由意志问题在这一时期的德国和奥地利实际生效的法律中有明确规定，《德意志帝国刑法典》第51条对自由意志的定义如下：“如果行为人在实施行为时发现自己处于无意识状态、受控制状态或心智错乱状态，以至于他的自由意志受到妨碍，那么其行为不构

1 Jacob Grimm and Wilhelm Grimm, Deutsches Wörterbuch, 32 vols. (Leipizig: Hirzel: 1854-1960), s.v. “Zurechnung,” “Zurechnungsfähig,” “Zurechnungsfähigkeit.”

2 参见S. J. Hucher and K. DeFreitas, “Criminal responsibility,” in *Encyclopedia of Forensic and Legal Medicine* (Amsterdam: Elsevier Academic, 2005)。

3 参阅康德的定义，即作为其行动之施动者（创造者/自因［Urheber/causa libera］）的个人，他的根据是克里斯蒂安·沃尔夫（Christian Wolf）对“causa libera”的定义，参见Eisler, *Wörterbuch*, 841-843。1803年的字典收录了“Zurechnung”一词，未收录“Zurechnungsfähigkeit”及其诸多变体。

4 Georg Simmel, *Einleitung in die Moralwissenschaft*, vol. 2, chap. 6, “Die Freiheit,” 131-306; 参见 210-211.

成犯罪。”[1]19世纪以前，或者18世纪后期以前，法律没有规定个体具备刑事责任能力或者不具备刑事责任能力的条款，但是当时的法律已经规定了行为人实施特定的行为时需要满足的条件。因此，当时人们开始讨论行为人的成熟状态、认识和激情等问题，但是讨论的
42 重点不是个人对其行为负责或者个人有能力承担责任。19世纪前期的法医手册作者强调，医学专家无法认定某人是否具备刑事责任能力，这是法官和陪审团的权责范围以内的事情，但是医学专家需要认定，被告在实施犯罪行为时，是否精神失常或者患有精神疾病。法医需要详细记录被告的遗传疾病、身体发育和精神发展的情况，要对其进行全面的**身体测量**（physical examination），检查范围应该包括所有器官。法医要特别关注各种畸形缺陷，例如头骨、耳朵和牙齿等部位的缺陷。医学检查的记录重点是那些可能涉及刑事责任的因素，例如：癫痫发作、酗酒行为和戒断症状。[2]学者对刑事责任的讨论迅速增加，这与司法官员和医学专家争夺权威的斗争形

1 《德意志帝国刑法典》（Reichsstrafgesetzbuch）是德意志帝国的各个邦国的成文刑法典。《奥匈帝国刑法》第56条更宽松：“如果实施行为的个体发现自己处于无意识的状态、被控制的状态或者心智错乱的状态，无法根据自己的自由意志实施行为，或者无法理解自身行为的过失，那么该个体的行为不是犯罪行为。”

2 “这是一种过分的要求。有人要求法庭的医生学习刑法课本，从而学习有关罪犯的责任和刑罚的责任（Zurechnung und Zurechnungsfähigkeit）的基础知识，而这些知识的基础是不断变化中的各种最新犯罪学理论流派”；参见Albrecht Meckel, Lehrbuch der gerichtlichen Medizin, quoted in Heidelberger Jahrbücher der Literatur 50, n.s. 2, no.2 (July-December 1882): 664-676；参见666。这仍然是1880年代的看法，参见Mendel, “Zurechnungsfähigkeit,” in Albert Eulenburg, *Real-Encyclopädie der gesammten Heilkunde*, 15: 302-326。

成对应。[1]新兴的犯罪学的支持者认为，“实证”学派取代“古典”学派是一种进步，旧的做法是根据道德和法律的范畴，判断行为者具备的刑事责任能力，新的做法是按照所谓生物学方法的各种具体标准，根据精神病学的范畴，判断行为者的“不具备刑事责任能力”的条件。[2]不过，当时的生理学专家和法学专家在刑事责任能力和刑事责任能力主体的定义上存在分歧——的确，在这几十年间，刑事责任能力的各种定义正在转变，这些定义甚至经常是自相矛盾的。

法学话语中的刑事责任能力问题的两难困境是穆齐尔那部经典的讽刺小说《没有个性的人》中充满尖刻讽刺的章节的主题。强奸杀人犯莫斯布鲁格尔的案件是这部小说的第一卷的重要情节之一。这位罪犯是作者刻画许多角色的起因，其中包括没有个性的人，乌尔里希。乌尔里希的父亲是一位著名的法学家，当时出席了旨在修改刑事法典的帝国委员会。问题是法律专家的思想不能容 43
纳一种对于同一个个人，甚至在同一段时间中既可能适用也可能不适用的疯狂类型（“对法学家来说，不存在半疯的人”，新版的翻译是“疯狂是一件要么完全疯了要么一点没疯的事情”）。[3]通过与委

1 有关这场冲突的详细记录参见Ylva Greve, “Richter und Sachverständige: Der Kompetenzstreit über die Beurteilung der Unzurrechnungsfähigkeit im Strafprozeß des 19. Jahrhunderts,” in Berding, Kippel, and Lottes, *Kriminalität und abweichendes Verhalten*, 69-104.

2 H. Gross, “Besprechung: Die geisteskranken Verbrecher im Strafverhren und Strafwollzuge: Referat von Prof. Dr. Ad. Lenz in Freiburg (In den Verhandlungen des schweizerischen Juristenvereins 1899),” *GKA*, 1:351.

3 Musil, *MoE*, 1:534-539; *MwQ*, 583-588.

员会的辩论的联动，小说的这一章提出了尖锐的讽刺。作者讽刺人们忙于细枝末节的语义辨析和逻辑争辩，试图创造刑事责任的法律模型，试图应用这种模型处理真实的个人和行为，但这些个人和行为是在控制、判断、理性以及它们的对立面之间不断转折变化的。而且这个旨在改革的委员会的重要成员的行为开始向委员会试图规范的主体靠拢：由于委员会成员没有对刑事责任的定义达成一致，他们立即开始丧失底线，陷入不加节制、不合逻辑、故意曲解和违背规范的事情。委员会分裂成了几大派系，大派系又分裂为几个小团体："和"派和"或"派，还有两个各自为营的相互竞争的"具备刑事责任能力"和"刑事责任"派，不断妥协的理论变化催生出司法主体本身的五花八门的派系势力，从而推动了刑事责任这一范畴成为合法条文，即使这一范畴不适用于实际的行为人。

面对这个难以解答的问题和这个走向分裂的委员会，乌尔里希的父亲表示：

> 他把他的行动称为社会思想的感官转折。社会的观点是犯下罪行的"退化的"个体必然会被判定为是不道德的，但只有当他可能危害社会整体时，这种判断才能成立。因此他的危险程度越高，他对自己的行为承担的责任就越大，附带的不可推卸的逻辑后果就是对于那些貌似最无辜的罪犯——精神病人——人们必须施加最严厉的刑事处罚以威胁他们，这些处罚比施加在发疯的人们身上的处罚更加严厉，由此，惩罚的震慑效果才会是人人平等的。[1]

---

1 *MwQ*, 587.

这一时期许多讨论的主题是法学专家和医学专家在法庭上对权威的竞争。在这些讨论中，人们经常忽视社会大众对刑事责任范畴的感知和新闻媒体在传播这些感知上发挥的作用。这些关系将是后文的主题，但是当前我们需要提及一个具体案例，当时的一个多少有些耸人听闻的杀人案件。1877年，火车站站长卡尔·施佩克（Karl Schippek）在维也纳郊区被捅死。[1]人们指控鲁道夫·纳格尔（Rudolf Nagel）是杀人犯，一位被解雇的火车站职员的儿子。他也许认为火车站站长是父亲遭到解雇，家庭陷入苦难的罪魁祸首。那些标准的媒体报道制造了一种戏剧化的叙事，在19世纪后期的新闻传媒中，这种戏剧化的叙事日益普遍。[2]不过，在那些新闻媒体对案件的报道中，并且随着司法机构对罪犯的调查和审判的推进，罪犯的刑事责任这一概念的重要性日益凸显。预审法官和警长意识到了一系列可能影响罪犯的刑事责任的问题的具体情况：**受害者死亡前，人们要求他证明施暴者的身份和精神状况，特别是他是否醉酒**（他处于清醒状态）；人们对被告也提了这些问题。施暴者起初的证词表达出想方设法摆脱指控的意识，特别是自我辩护（被攻击者没有携带武器，但是纳格尔表示，受害者跳到了他身上），他没有"诉诸暴力"，也没有这样做的动机，而且，当他犯下罪行时，他处于"极度焦虑"的状态。不过，在调查过程中，专家证人精神病学家 44

1　1892年凯撒-埃伯斯多夫（Kaiser-Ebersdorf）并入维也纳，现在是第11区席梅林（Simmerring）的一部分。

2　例如参见"Gerichtshalle: Wien, 8, März," *Volksblatt für Stadt und Land* 17, no. 10 (1886): 3。

的专业意见是被告受癫痫困扰，“我们如果考虑到被告是癫痫患者的事实，就可以合理假设，被告在实施犯罪行为时，不能充分地意识到自己的行为”。[1]记者们轻车熟路地把这些元素纳入了他们最别出心裁、最哗众取宠的报道中，这些报道向读者重点介绍了医学术语（例如癫痫［epilepsy］和神经衰弱［neurasthenia］），以及“不具备刑事责任能力”的范畴。法学和医学的戏剧性的结论和有关逮捕嫌犯的夸张报道相互交织，结果社会陷入了两难的困境：

> 绞刑似乎是被告的必然结局。最后时刻，法庭传唤了精神病医生，他们的解释是：根据他们在法庭的医院的观察，人们应该把杀人者纳格尔视为受癫痫和神经衰弱折磨的个体。因此情况发生了变化。癫痫患者——医生同意这一诊断——可以被排除完全的刑事责任，这一点是没有疑问的。按照我们的法律，不具备刑事责任能力的个体不会受到刑事处罚，法官发现他们显然处于
> 45 不利的位置，被迫释放了一位证据确凿且已经招供的杀人者——放任这种个体返回社会。[2]

这段文字出自插图的侦探犯罪报纸，一种欧洲的新兴的追求感官刺激的报道体裁。它引起了那些重新思考罪犯的刑事责任能力的范畴的专家学者的兴趣，当时的一位博士本尼迪克特先生在一次法

---

1 “Der Mord,” *Wiener illustrirte Kriminal-Zeitung* 2, no.11 (March 12, 1886): 4-7

2 “Der Meuchelmörder Rudolf Nagel aus Kaiser-Ebersdorf,” *Wiener illustrirte Kriminal-Zeitung* 2, no.11 (March 12, 1886): 1.

学学会的非公开讲座中引用了这段文字。[1]这是一个简单的案例，我们可以借之一窥大众媒体对刑事责任能力问题的报道和专家学者对刑事责任能力问题的讨论之间的互相影响，以及学者对这一问题的调查研究的情况。

德国的朗布罗索理论的支持者汉斯·库雷拉在一本书中明确把刑事责任能力、退化现象和犯罪人类学联系在一起，他指出，处于中心的是法医精神病学家，他们是科学的精确性、规律性和必然性的代表，同时也是确保人类能够自由地行使意志的保护者。[2]就像在其他地方一样，我们把专家视为英雄，视为他们的研究对象的镜像。他的角色取决于他捕捉他的研究对象的想法的能力，这些研究对象的形象是没有理性和控制力、无法行使自由意志的人。齐美尔敏锐地翻转了人们凝视犯罪的主体的责任能力的方向：显然催生刑事责任能力的概念的东西是惩罚，无论这种惩罚的目的是报复还是矫正。这些没有能力改过自新，或受到惩罚的主体，人们在事后的追溯中断定他们是无法承担责任的。因此，自由的个体是由其回应规训的能力所定义的。[3]

---

1 莫里茨·本尼迪克特（Moriz Benedikt, 1835—1920）是维也纳的一位神经学教授，他当时十分活跃，提出了一种温和版的朗布罗索理论。例如参见Benedikt, *Anatomische Studien*。类似拜尔，本尼迪克特认为自己是自由思考者，他提出一种修正主义的理论，认为大脑中某个特定区域的功能是“道德疯狂”，这一理论与犯罪人类学的探索不谋而合。参见Jan Verplaetse, “Localization of Morality”, 305-328。

2 “（法医精神病学家）的思维过程完全相同，他们是严格呈现合法性和必要性的代表，同时，他们也是自由意志研究的代表。他——人类行为的理论家——应该同时把行为视为因果的产物和自主的产物”；Kurella, *Die Grenzen der Zurechnungsfähigkeit*, 2-3。

3 Simmer, *Einleitung in die Moralwissenschaft*, 213-215.

正如在各种体裁的城市文学中那样，刑事责任能力的问题不可避免地将法学理论专家的注意力引向了罪犯、娼妓和变态等边缘角色的极端状态。每个关于刑事责任能力的问题的观点的根据都是犯罪和性生活的案例。我们将在后文更多地讨论这种联系。现在我们
46 需要在特定的一类人身上去探明这种联系的源头，即医生——但也不只是医生——口中的术语**退化**（degeneration）所指示的现象。

成为他者：有关堕落的话语

库雷拉、魏宁格、朗布罗索和克拉夫特–埃宾（Krafft-Ebing）等学者在提到退化时，他们不是在用一种连贯而科学的、人们有共识的解释去描述一种具体的、定义明确的自然进程。在19世纪后期，这一术语无处不在，但是这一术语既引人入胜又模糊不清。在德语和英语中，这个术语都指代一种变化，暗示某种事物脱离所属种类或者某些个体脱离自身同类，转向某种他者（德语中的“Entartung”，前缀“ent-”暗示撤销，词根“Art”表示种类）。卡尔·比恩鲍姆（Karl Birnbaum）在他对精神病人罪犯的讨论中承认了退化的概念在所有领域都十分流行，并且提出了精神病学上的退化的定义，一种他认为的更加狭窄而精确的定义：退化是指“那些**脱离正常类型的有害偏离**，该偏离的实质性的原因是**反常的、容易生病的体质**”。[1]一份后来的更长的定义也有着类似的同义反复

1　这种定义在技术上确实不够精确，并在某种程度上存在同义反复，参见Karl Birnbaum, *Die psychopathischen Verbrecher*, 12（强调为引文作者所加）。作为一种相对后期的干预，这篇文章把自身视为一种更加具体、更加医学化（精神病学化）的定义。

的问题，不过它强调精神病学意义上的精神退化总是体质性的，其基础是一种不正常的容易生病的体质，这种体质是遗传性的或由遗传性的污染造成，往往（但不必然）伴有一些退化的生理迹象。[1]各个领域的专家在给出退化的诊断时，使用的是一种源自进化论的语言——成千上万年间，生物适应环境，物种不断进步，其他的畸变是倒退和返祖的表现。因此，文化历史学家指出，一个其愿景是无尽的进步的文明，但在一个头顶悲观之名“世纪末”，身穿消极的艺术“颓废”的时代，这种愿景被这个文明自己竖立的烟囱吞吐的乌云遮蔽了，这种文明无法抵抗退化的隐喻。[2]当时的使用者已经批评过退化这一术语的模糊而不系统的本质了，他们甚至指出退化不是一个“真正的”医学理论，这种理论不是一种严格意义上的分析的结论。

退化不只是一个生物学术语，因为这个词具有巨大的象征潜力，所以其他许多的研究领域的学者也广泛使用退化一词。医学、进化论生物学、人类学以及社会批评等领域的专家互相借用这个词，他们对这个词的使用形成了一张稠密的网络，以至于人们很难 47
确定在哪些情况下，人们使用的不是它的象征性含义。这是一张从神秘的达尔文进化论那里起源，不断蔓延到人类科学的所有科学理论和医学实践的网络吗？一个令人精疲力竭的世纪，其含义是否不仅是一种退化这一概念的有力传播媒介呢（如果这样一个世纪

1 Birnbaum, *Die psychopathischen Verbrecher*, 14.

2 例如参见Daniel Pick, *Faces of Degeneration*, and Chamberlin and Gilman, Degeneration。

的确是退化的传播媒介的话)?马克斯·诺尔多(Marx Nordau, 1849—1923)是一位著名的医生,生于布达佩斯,他把退化的问题引入了文化批评的领域。诺尔多猛烈抨击现代文化,1892年,他发表的第一本著作,书名就是《退化》。他用几页篇幅称赞了朗布罗索,忠实地引用了这位伟大的犯罪人类学家对当时的文化和艺术的展望和研究方法。[1]诺尔多后来成为一名犹太复国主义者,因推行"肌肉犹太主义"(muscle Judaism),以逆转大离散中犹太民族那种过度的读书人化和知识分子化的刻板印象和现实情况的事迹而为人所知。[2]当时他还没有倒向犹太复国主义,但已经声名鹊起,麻烦缠身,因为他试图涉足文化批评和政治批评的领域,特别是他在那本出版的小册子《我们文明的常见谎言》(*The Conventional Lies of Our Civilization*)中分析了各种过时的机构所造成的现代政治生活和社会生活的每个面向的固有虚伪。[3]因此他从来不是一个严格的传统主义者,而是倾向于有计划地改造,尽管他也指责当时的文化先锋摒弃了长期以来的美学价值和道德价值。

在发表了反对各种形式的现代主义的檄文以后,诺尔多以一个

1 Nordau, *Entartung*. 如果犯罪人类学的辩护者可能指责朗布罗索夸大其词的说法导致这个学科失去信誉,那么朗布罗索的辩护者可能会指责诺尔多扭曲了大师朗布罗索的思想。虽然人们经常攻击诺尔多的理论是顽固守旧的陈词滥调,但是对诺尔多的推论进行修辞分析在这里是有效的,参见Kaiser, Rhetorik der Entartung, 21-49。

2 Hans-Peter Söder, "A Tale of Dr. Jekyll and Mr. Hyde? Max Nordau and the Problem of Degeneration," in Käser and Pohland, *Disease and Medicine*, 56-69; Söder, "Disease and Health," 473-487.

3 Nordau, *Die conventionellen Lügen*.

内科医生的身份出场，并且对他的诊断更加确信了：退化——一种“影响现代社会的精神错乱”——已经吞噬了所有文明开化的人类（例如受过教育的上层阶级），并且利用各种谬论的思想趋势吞噬他们，包括非理性、极端利己和一种虚假的现实主义，这种现实主义只是悲观主义和肆无忌惮的掩护；利用所有这些大脑的病症吞噬他们，包括：不能正常运转、意志孱弱、不能集中注意、行动受情绪支配以及缺乏同情心——“医学层面上讲”，这些现象都是一种整体的**精神枯竭**（exhaustion）的病症，在**抑郁症**（melancholia）这一类别中，这是中枢神经系统枯竭的精神病学表现。作为医生，诺尔多必然得推断这种情况的病因，因而他提到了大都市的历史。他把一位上一代的受过教育的旅行者的物质条件和一位同时代的受
过教育的旅行者的物质条件进行了比较；他测量了1841年和1891年 48
欧洲的铁路里程、旅行者的数量、平均每人邮寄信件的数量和出版发行的报纸书籍的数量等——简单来说，他开创了一些我们很难不在上文反复述说的新鲜经历。由此，他提出的论点和那些对格奥尔格·齐美尔有关大都市的论文一知半解的读者得出的结论相似——这些情况已经影响了人们的神经系统（就像齐美尔的论文一样，诺尔多没有把论证从城市扩大到所有现代个体的已发生变化的体验）。退化和歇斯底里是这些情况的后果，这些症状反过来又遍及现代文化的每个角落，这些症状不是他们宣称的“一个新时代的预兆”，而是类似朗布罗索的返祖现象，“指向过去的时代”。[1]

1 Nordau, *Entartung*. 1:63-81; *Degeneration*, 34-44.

在该书后来的版本中，诺尔多否认他曾经主张过退化和歇斯底里是现代时期的产物。反之，他主张这些现象一直存在，但是只是偶尔发生，对共同体的集体生活没有重要影响。就像在人群中存活了几代人时间的细菌，条件成熟时，它就会造成传染病的大爆发。文明的成功本身已经创造了文明毁灭的条件：某一代人突然开始无穷无尽地发现新事物、创新，这已然“创造了让这些弊病大举爆发甚至危急文明的有利条件”。[1]接着他提出了一幅反乌托邦的未来图景，在这幅图景中，所有的反常情况都成了正常现象，包括药物泛滥、行为异常泛滥、暴力活动泛滥，而且神经亢奋和神经过敏无处不在；不过，描述了这种古怪的幻想后，作者又保证，人们不可能沦落到这种幻想的结局，因为退化者没有能力适应环境。这个种族拥有的那些更好的元素将适应环境，并且具备克服不断增加的困难（交通运输、通讯、社会交往和过度拥挤，等等）的能力，如果爆发的文明压倒了人们适应环境的潜力，那么人类还会有其他选择。这就是朗布罗索提出的所谓“守旧主义”（misoneism），或者说内在的对创新和变化的抵制。[2]因此，厌恶进步是文明的“遗传”特征，
49 这种特征将会从文明自己的手中拯救文明：“今天的人类比过去的

1 Nordau, *Entartung.* 2:522-523; *Degeneration*, 536-537. 对有关19世纪的文明自身造成的精神退化的诸多理论的一份准确调查，参见Volker Reolcke, "'Desund ist der moderne Culturmensch keinswegs ...': Natur, Kultur und die Entstehung der Kategorie 'Zivilsationskrankheit' im psychiatrischen Diskurs des 19. Jahrhunderts," in Barsch and Hejl, *Menschenbilder*, 215-236。

2 朗布罗索在许多场合使用这个新词，他有时指正常个体的某种特点，而罪犯通常缺乏这种特点；参见Lombroso, *Criminal Man*, 300-315, and esp. 396n13. 但他又把这种特点描述为退化者和天才身上的一种异常品质——诺尔多更喜欢使用朗布罗索那本关于天才的著作中的用法；参见Lombroso, Man of Genius, 17-18。

人类具有更加强大的排斥一切人类不能消化的东西的倾向。”[1]

对于守旧主义思想来说，天才是特别容易受到攻击的对象。他们有能力推出他们自己本来可能会排斥的激进创新。朗布罗索认为天才是这种情况的根源，但是许多学者普遍同意的看法和广泛讨论的情况是，对天才的处理是退化进程的一个积极结果。[2]为了把握这种把天才和罪犯的疯狂视为同根生的退化现象的有趣而重要的现象，我们需要回顾这种理论的作者——朗布罗索、诺尔多以及以一种非常自觉的方式成为厌女者的精神病学家和哲学家奥托·魏宁格，他们都认为自己属于天才群体。不只是人们对天才的推测，还有退化这一范畴本身，都必须被视为一种以许多方式进行的自我诊断的论述。

在进步取得最巨大成功的时刻，人们总是会意识到进步的单薄性和脆弱性。罗伯特·奈（Robert Nye）在更狭义的语境下把这种现象称为“进步的讽刺”，而我们正在开始目睹“进步的讽刺”的许多形式。[3]奈提出的例子是社会学，拉马克学说的遗产（人们经常故意忽视或者无意遗忘拉马克的思想，拉马克的学说是法国社会科学中最强大的潮流）使人们很容易把维多利亚时代的卫生学理论（工人阶级的懒惰和放纵）同退化理论和城市退化的思想（城市贫困的情

---

1 Nordau, *Entartung*. 2:530-531; *Degeneration*, 542.

2 参见Lombroso, *Entartung und Genie*; Otto Weininger, *Geschlecht und Charakter*, 131-144, 212-238; for a rebuttal see Hirsch, *Genius and Degeneration*。

3 R. Nye, “Sociology and Degeneration: The Irony of Progress,” in Chamberlin and Gilman, *Degeneration*, 49-71.

况造成了懒惰和短视等问题）联系在一起。当时的读者想贬低诺尔多和痴迷退化的文化，对退化的痴迷造成了悲观主义文化，悲观主义又造成了后来的20世纪的边缘化现象和排除异己的行为。当人们进行这种简单化的解读时，他们遗忘了进步这种特殊的观点和启蒙运动的乐观主义分支之间的联系，他们遗忘了进步观点和文明叙事的关系（在这种文明叙事中，当时社会处于世纪之交）。另一方面，文明进步的历史叙述和具有乌托邦色彩的暴力幻想之间的联系不是偶然的。

例如，1899年，人们出版了一本关于妓女的“社会医学”的小册子。格拉茨的一位重要的犯罪学家汉斯·格罗斯（Hanns Gross）（后来他把自己的基督教教名改写为了现代的拼写形式“Hans”）对此作出了回应。他对小册子中呈现的证据非常满意，它们“充分证明了关于退化、犯罪和娼妓之间的联系的朗布
50 罗索学说的价值”。[1]格罗斯不像一个犯罪学理论家，而像一个侦探技术的创新者。正如我们即将看到的那样，他的贡献恰恰在于打破了这种特殊的理论和实践的区别。不过格罗斯在城市文明的背景下对退化的规律进行了精密的构想。不仅自然和文化的本质彼此对立，而且自然和文化的影响相互冲突：虽然自然选择推动种族的进化，但是文明选择保存并养育各种族中不能适应环境的退化者：“自然创造适应者，文明创造退化的个体”。[2]1906

1 Gross, *GKA*, 1:352.

2 Gross, “Die Degeneration und das Strafrecht,” *GKA*, 2:1-11, p.4; “Kriminalpsychologie und Strafpolitik,” *Archiv für Kriminal-Anthropologie und Kriminalistik* 26 (1903), 67.

年，他在维也纳的精神病学和神经学协会举办讲座，讨论的问题是“打断”神经病患者和精神病患者的怀孕过程的医学和法律层面的合适时机，他主张：“让我们不要忘记，我们的文化正在助长退化的现象，因为我们的文化激烈地抵制由自然界所推动的自然选择的进程。”[1]简单来说，退化是自然选择的逆向运动，它是自然界的完美法则的完美的逆过程。作为一位犯罪学学者，格罗斯对这种理论的学术兴趣点在于先天性的犯罪者和退化性的犯罪者的问题（虽然他提醒读者，不是所有犯罪者都是退化者，不是所有退化者都是犯罪者）。[2]如果正是现代文明和现行刑法共同造成退化者的犯罪活动的大幅增加，那么解决方案就是把退化者从社会中隔离出来：格罗斯主张把遗传性的犯罪者从健康的人群众中孤立出来，并且将他们终身强制流放到流放地。[3]

没有像犯罪一样的地方

人们可以利用空间位置的术语思考犯罪活动的起源的问题：哪里是人们发现犯罪活动的地方？这个地方是天生罪犯的身体吗？这个地方是城市本身吗？是不是城市破败街区那样的特殊条件实际正在滋生犯罪行为？一方面，人们把专家学者对城市的犯罪活动的讨论视为现代读者耳熟能详的广义的“先天还是后天”的争论不断

---

1 Gross, *GKA*, 2:64; Lamott, *Die vermessene Frau*, 208-209.

2 Gross, *GKA*, 2:71.

3 Gross, “Degeneration und Deportation,” *GKA*, 1:70-77. 卡夫卡的《在流放地》引用了这篇文章作为参考，因为卡夫卡曾经在布拉格查理大学的德语校区的法学系学习，汉斯·格罗斯是卡夫卡最喜欢的教师——他每周选修汉斯·格罗斯的课程的时间长达16小时；参见Binder, Kafka-Handbuch, 1:291。

51 激化的标志，另一方面，人们同样对此现象深感震惊：专家在这些新的范畴之间是如此左右摇摆不定，或者学者们如此轻易地划分彼此的阵营。

我们可以在这样一个有趣的案例中一窥上述趋势：1894—1910年的一些法医学文献研究了思乡和犯罪的问题。如果现代读者认为思乡和犯罪是一对奇怪的组合，那么这种奇怪现象本身可能有助于人们思考下列问题：专家们在思考犯罪的起源时，首先想到的是哪些因素？他们更加重视社会条件还是先天天赋？19世纪90年代中期，人们已经敏锐地意识到了，诊断犯罪的因果关系这件事已经发生了重大转折。在当时人们的记忆中，已经有了对癫痫和酗酒等衰退症状的意识，也对这些社会病态行为的影响有所知晓，并且人们推测，必然还存在更多前人没有辨认出来的衰退情况。人们认为思乡（Heimweh）就是这样一种情况。但是人们把思乡视为犯罪的起源，这并没有解决思乡到底是什么样的因果因素的问题。思乡之情的影响对象是哪些人？思乡是不是先天性的病态的触发物？思乡是不是先天性病态创造者？如果思乡之情是某个人犯罪的原因，那么这位故意犯罪的个体是否需要为自己的行为承担刑事责任？对于当时的听众来说，他们难以忽视上述问题中的一种循环：人们采用一种特殊的现代的形式推进一种异化的进程，把犯罪者认为自己流离失所的感受视为他们的犯罪行为的借口。

1898年，汉斯·格罗斯出版了将近700页的研究著作《犯罪心理学》（*Criminalpsychologie*），书中他得出的结论是，人们已经对怀旧和犯罪之间的联系进行了详尽的研究。[1]根据他对这些文献的阅读，大多数情况下产生思乡之情的人是儿童和像儿童一样的人，例如精神受损者。思乡之情是他们陷入犯罪境地（特别是纵火）的主要原因。[2]特别容易受到思乡之情影响的是没有受过教育的、来自偏远地区的人，在他的定义中，这些偏僻地区是山区、平原或者沿海之类的地区。受过良好教育的人对思乡之情免疫的原因有二：第 52
一，现代大都市有着相对相似的地形，这使得他们更加容易从一个城市迁移到另一个城市；第二，格罗斯猜测社会地位本身为社会地位的所有者提供了平息思念家乡的抑郁情绪的解药。因为获得社会地位所需的教育本身在某种程度上就是"家园"的一部分，社会地位的持有者可以把一部分的家园带到他乡。[3]

---

1 Gross, *Criminalpsychologie*, 95-97; 参阅 Gross, *Kriminal-psychologie*, 2nd ed. (Leipizig: Vogel, 1905), 91-93. 1898年版和1905年版几乎相同，后者只新增了两种参考文献，其一是更新颖的二手资料，其二是当时对纵火案件的新闻报道。虽然格罗斯在第一版中只引用了一种学术材料，但是他宣称"人们可以简单地得出结论"并且表达他对后文的结论的确定。格罗斯的著作的第一版之前的唯一经得起考验的法医学的学术研究是费迪南·马克的著作《思乡和犯罪：一份刑法典研究》（Ferdinand Maack, *Heimweh und Verbrechen: Ein Beitrag zum Strafgesetzbuch*, Leipizig: 1894），但是格罗斯在自己著作的第二版中才开始引用这部著作。1898年格罗斯引用了默克尔（Meckel）的著作《法医心理学研究》（Meckel, *Beiträge zur gerichtlichen Psychologie*, Halle, 1820）。

2 格罗斯的第二版增加了"愚蠢和虚弱的人们"，他们是易受影响的人。默克尔引用了恩斯特·普拉特纳（Ernst Platner）的著作《医学和法医学调查》（Ernst Platner, *Quaestiones medicinae forensis*,Leipizig: 1797-1817），作者认为，疾病的潜在受害者是"儿童，有时包括傻瓜和疯子"，他们可能感觉"不可抑制地受到强烈的感官刺激的影响，例如点燃一场大火带来的刺激"。Meckel, *Beiträge*, 112.

3 Gross, *Criminalpsychologie*, 96.

从乡村迁入城市的受害者，他们的思乡之情中的空间错位是返祖现象（朗布罗索和实证学派使用的术语，退化性的返祖现象）的时间错位的镜像。不过使得未开化的人口以外来者的形象出现的正是文明本身——这里文明的具体形式是城市化，城市化导致农村人成为无根之木。格罗斯在他以思乡和犯罪为主题的原创条目中提到了一份1894年的材料，即费迪南·马克（Ferdinand Maack）博士的著作《思乡和犯罪：刑法典研究》（*Heimweh und Verbrechen: Ein Beitrag zum Strafgesetzbuch*）。马克深入挖掘了19世纪20年代以来的案件及相关解释，他论证了思乡的状态是一种自我暗示的病态形式，认为对思乡病患者的合理待遇不是刑事审判，而是医学治疗。[1]不过，人们不该认为思乡的人深陷其中的催眠状态是超历史的（transhistorical）：马克在他的论著的导言中回顾了衡量不同的因果要素的问题，他注意到人们可以把当时，即“我们生活的19世纪下半叶”,称为“暗示性的时代”（the Age of Suggestibility）。[2]

在当时的医学和法医学的文献中，对思乡和犯罪的最全面的论述出自26岁的卡尔·雅斯贝尔斯（Karl Jaspers，1883—1969）在汉斯·格罗斯创办的期刊上发表的文章。虽然人们熟知的雅斯贝尔斯的学术成就是20世纪晚些时候的他的哲学研究，但是他的学术生涯早期的主要方向是心理学，他的博士论文是1909年出版的《思乡

---

1 Maack, *Heimweh und Verbrechen,* 26-28.

2 Ibid., 3-5. 马克明确地拒绝意大利学派（生理学的病因学）和社会学的解释，反之，他倾向认为一种“个体–心理”模型是犯罪活动的决定性因素。

和犯罪》(Heimweh und Verbrechen)。[1]格罗斯在《犯罪心理学》的第二版中对雅斯贝尔斯的论文做了简要评价;格罗斯尊重这位精神病学家的看法——“每当人们怀疑思乡是犯罪的原因时,他们就应该咨询内科医生的意见”——雅斯贝尔斯详细解释了这种诊断不是一个简单的任务。例如,重要的问题是我们难以区别思乡引起的犯罪和工作上的不满激发的犯罪。这种类型的动机(人们试图逃避不适的就业情况或者生活境遇)引起的暴力行为是罪犯需要承担刑事责任的犯罪,不过,在罪犯没有这种犯罪动机的情况下,精神疾病才可能是犯罪者施暴的动力,这种罪犯不具备刑事责任能力:“如果思乡是一个在实施犯罪以前精神和道德上都没有问题的人实施犯罪的唯一原因,那么此等犯罪行为极有可能不是罪犯的自由意志的结果。”[2]雅斯贝尔斯认为这种“纯洁”的案件可能是罕见的现象,但是这种情况显然是犯罪和思乡之间的联系的理想类型。这是法医学文献中反复出现的模式——学者恰好认定那些罪犯似乎完全没有作案动机的案件是纯粹的、真实的且典范的案件,即使这些案件极为罕见。在思乡的案例中,缺乏动机的案件是专家认定案件性质的重要依据,由此,他们揭开了这种疾病的本质,甚至建立了对这一问题的判断——这种疾病事实上是否是一种自成一类的精神疾病?

53

1 Jaspers, “Heimweh und Verbrechen.”

2 “Wenn als einziger Grund eines Verbrechens bei intellekuell und moralisch bis dahin intakten Individuen Heimweh vorliegt, so sit die Tat mit überwiegender Wahrscheinlichkeit unfrei”; Jaspers, “Heimweh,” 111.

1905年，精神病学家卡尔·威尔曼斯（Karl Wilmanns，1873—1945）发表论文《思乡还是冲动性的疯狂？》（Heimweh oder impulsives Irresein?），这是一篇关于思乡问题的关键文本。[1]威尔曼斯是雅斯贝尔斯的博士论文的重要资料来源和导师。威尔曼斯和其他一些学者一样，认为引发了这项研究的问题和制造出这个问题的异常行为是一系列案件中的犯罪者的精神发展程度和犯罪的极端程度之间的显著落差。威尔曼斯研究的个案的主要情节如下：一个女孩来自一个拥有十个孩子的家庭，她在14岁前被送走，当上了一位医生的保姆，移居到了距离她的家乡几个小时路程的地方。她一开始多次小偷小摸，后来人们发现她两次试图掐死她照顾的孩子，几乎快把一个孩子弄死。

引导威尔曼斯提出这些犯罪病理学的问题的逻辑十分说明问题。他解释道，“法医精神病学的基础命题”是，人们只要抓住一个或者两个因素，就能解释每一个犯罪案件：不是第一种因素施暴者本人——人们把犯罪者理解为犯罪者的体质、教育和环境——就是第二种因素潜在的动机。如果精神病学和犯罪心理学的调查不能解开足以解释犯罪者作案动机的特征，并且犯罪学对相关犯罪事实的研究不能揭露犯罪发生的充分理由，那么这一场犯罪就是不符合行
54 为人的本性的，也不能从犯罪心理学的角度得到理解。调查者会认为这一个案件是一个**谜题**（puzzle）。任何人们不可理解的单一的或连续的犯罪行为必然会令调查人员产生怀疑——“行凶的犯罪

1 Karl Wilmanns, “Heimweh oder impulsives Irresein?” *Monatsschrift für Kriminalpszchologie und Strafrechsreform* 3 (1905): 136-155.

者的精神能力陷入了反常错乱的状态”。[1]正如我们所见，这种谜题是医学和法医学的学术文献中的一种修辞——这些词汇反复出现在有关同性恋的文本中。和其他地方一样，这种修辞把一个个人转化成了犯罪调查员的谜题，一个相似的情况是，这些谜题的出现为这样一种理论的产生提供了时机：犯罪的本质脱离人的个性。例如人们对怀旧情绪激发的纵火案和杀人案的争论，这个争论并没有消除人们的问题：思乡是不是犯罪的起因（专家打算同意这个结论）；思乡的状态在多大程度上同罪犯的精神状况存在实际关联。在威尔曼斯详细调查的那桩案件中，存在两极化的争论：一方面，格罗斯提出一种观点，他认为如果犯罪者不是可疑的人，而是正常的人，那么这种犯罪只可能是思乡引起的病态反应；另一方面，一位先锋的精神病学家埃米尔·克拉普林（Emil Kraepelin，1856—1925）认为，这些犯罪行为是内在病态的冲动的表达——“冲动性的疯狂”。威尔曼斯没有采信上述两种见解，而是对下列结论表示满意：在一切犯罪事件中，这种犯罪是一些病态表现（这种病态表现排除了犯罪者的自由意志在这些犯罪中发挥决定作用的可能——的一个案例。法庭显然采信了这种意见，被告故意杀人的指控不成立。

人们可以把威尔曼斯对思乡之情、精神疾病以及犯罪活动的研究兴趣视为他当时那部开创先河的、以流浪者为主题的学术著作的

1 Wilmanns, “Heimweh oder impulsives Irresein?,” 144. 威尔海姆·尼科里尼通过精神分析解释这个案件的论文是“Verbrechen aus Heimweh und ihre psycho-analytische Erklärung,” *Imago* 22 (1936): 91-120. 比较研究，参见Boym, *Future of Nostalgia, Bronfen, Knotted Subject*, esp. 271-276.

扩展（这部著作中隐含的有关无家可归者的精神病理学的内容也是
55 威尔曼斯正在撰写一篇广受引用的论文的主题）。[1]他在这本著作中案例研究的分析表明颠沛流离和早发性痴呆症有关联，根据埃米尔·克拉普林的研究，学者的一般讨论认为，早发性痴呆症的病因可能是器质性的，症状似乎是永久性的。但是法医学专家的任务是论证刑事责任能力，这项任务一如既往的困难。[2]人们不但可以找到威尔曼斯痴迷于认定“颠沛流离是早发型痴呆症的原因”的思想来源（例如，威尔曼斯自己的人生经历就颠沛流离，他出生于墨西哥，他的父母是德国商人），还可以重点关注他发现的哪些引起读者兴趣的东西对我们的论证是有用的。精神病学家根据精神病理学和犯罪学观点，观察思乡和无家可归者的形象，他们重点识别的时刻不是那些把精神状态、心灵结构和罪犯及其犯罪环境分割成碎片的时刻，而是将其捆绑成一体的时刻。学者利用这些案例，详细说明了纯洁犯罪的起源（这些纯洁犯罪起源于同时发生的地理层面的流离失所和精神的错位）的轨迹。这些著作的受众是严格意义上的专家学者，但是威尔曼斯所描述的“时刻”是一种特殊的事物，专家学者和大众读者都会对其产生想象和痴迷。这种时刻是纯粹的犯罪时刻，不受动机、罪犯的疯狂、阴谋或者腐败所阻碍。

---

1 Wilmanns, *Psychopathologie des Landstrreichers*, “Die Psychosen der Landstreicher,” Zentralblatt der Nervenheilkunde und Psychiatrie 25 (1902), 729-746. 威尔曼斯是海德堡大学的讲师，他对流浪者研究基于对52名犯罪的流浪者的临床研究、案件卷宗、他们的诊断、处方，以及对判决的跟踪调查。

2 参见Wilmanns, Psychopathologie des Landstrechers, 368-369。当时学者对“早发性痴呆”和精神分裂症的看法，参见Emil Kraepelin, *Psychiatrie*。

犯罪学知识：针对不良行为的实际操作

如果你参观现在的格拉茨卡尔–弗朗茨大学精心布置的收藏室，那么你可以找到一尊有着大理石底座的汉斯·格罗斯的铜制胸像（图6）。汉斯·格罗斯曾经在格拉茨大学的刑法学系担任教职并且短暂出任系主任，不过胸像上的题词相当简短，“犯罪学的奠基人”。这种说法并不准确。研究犯罪学的历史学家通常认为，这个学科最晚在19世纪的最后30年间便诞生了。启蒙时代的刑法改革的努力和“犯罪人类学”的科学研究相互交汇。[1]格罗斯自认为是奥地利学者弗朗茨·冯·李斯特（Franz von List，1851—1919）创建的刑法研究的“现代学派”的追随者之一。李斯特生于维也纳，曾在维也纳大学和格拉茨大学学习，后来在德意志帝国的许多大学担任教职，最后任教于柏林大学。[2]但是正如思想史学者威廉·约翰斯顿（William Johnston）指出的那样，汉斯·格罗斯才是影响最大的奥地利社会思考者，即使他的名字鲜为人知。[3]人们低估了格罗斯的思 56

---

1 维策尔指出，这门科学的起源是学者争论的对象，有人指向“道德统计学”的发展或启蒙运动中关于刑法改革的讨论（这些现象被认为是现代的学科的先驱）。参见Wetzell, *Inventing the Criminal*, 15-38；参阅Pasquale Pasquino, “Criminology: The Birth of a Special Knowledge,” in Burchell, Gordon; Miller, *Foucault Effects*, 235-250, Piers Beirne, *Inventing Criminology*。

2 参见Wetzell, *Inventing the Criminal*, 33-38.

3 Johnston, *Austrian Mind*, 94-95. 虽然很长时间以来，人们一直低估了约翰斯顿的观点，但后来格罗斯的研究曾经引起小范围的关注，主要关注点是汉斯·格罗斯和奥托·格罗斯（Otto Gross）之间著名的决裂，奥托·格罗斯是一位无政府主义者，一位重要的精神分析学专家，他是弗洛伊德的精神分析的对象。参见Dienes and Rother, *Gesetze des Vaters*, Dienes, *Gross gengen Gross*; Vyleta, *Crime, Jews and News*, 20-22。

图 6 汉斯·格罗斯半身像，位于格拉茨卡尔·弗朗茨大学的大礼堂（Aula）

想的影响，忽视格罗斯的思想家身份，这种趋势的原因是格罗斯的主要贡献是“现代刑事侦破技术的创造者”，他的角色是现实生活中的福尔摩斯。福尔摩斯是柯南道尔小说中的著名人物，格罗斯和福尔摩斯相似，也相信侦破案件的侦探是另一种思考者，他和坐而
57 论道的刑法学理论家截然不同。他对现代世界的广泛而通用的知识——包括学术研究的最基本的分支和各个人群最普遍的习惯、技能和信仰——若不是运用自如，也称得上耳熟能详。他自己的知识是理论化的、实践性的，最重要的是，是综合性的。

格罗斯有时不主张转变所有的犯罪学思想，而主张改革有关犯罪的学术研究和对专职人员的专业训练，其目标是推动刑法和**刑事侦查学**（Kriminalistik）的融合——1890年，他新造了刑事侦查学这一术语，它的用途是指代对“真正的事实”（实体［Realien］、现实、事实以及“精确的科学”）的研究。关于法律的学术研究的主流是理论层面的法律研究和对法典的字面意思的解释。刑事侦查学是上述两种做法的对立面。[1]在1904年的著作《手册》(*Handbuch*)的第四版前言中,他把刑事侦查学视为犯罪现象学的若干分支之一,把犯罪现象学视为犯罪学的三大分支之一。狭义的犯罪学研究由两大部分组成:一部分是犯罪现象学,另一部分是刑事调查的技术。[2]在离开犯罪学田野进入学界以前,格罗斯在施蒂利亚农村地区担任了十年以上的预审法官(Untersuchungsrichter)。预审法官是奥地利的国家官员,其职责是刑事调查、定罪以及量刑。因此他的学术成果总是试图调和学术研究理论和课程与实际经验中对罪犯、犯罪活动的调查和评估。

1914年,美国的大众杂志《麦克卢尔》(*McClure's*)发表了一篇具有娱乐色彩的有关汉斯·格罗斯的图像报道,题目是《探案大师以及他如何工作》(The Crime-Master and How He Works)。记者利用既有的侦探神话和超自然侦探能力把格罗斯塑造成了一位探案大师。当他们把格罗斯称为"犯罪学家中的涅斯托尔(Nestor)",他们的恭维可能是言不由衷的——事实上,他收藏的犯罪资料的质量已经称得上是百科全书了,这是一种学究行为,正如其他体裁的作品一样,这种行为通过学术研究的形式为人们提供了进入地下世界

---

1 例如参见1901年2月15日格罗斯在《德国法学报》(*Deutsche Juristen-Zeitung*)发表的文章:Deutsche Juristen-Zeitung of February 15, 1901, "Kriminalistik," *GKA*, 1:89-93。参阅Christian Bachhiesl, "Hans Gross und die Anfänge einer naturwissenschaftlich ausgerichteten Kriminologie," Archiv für Kriminologie 219, no.1/2 (2007): 46-53。

2 H. Gross, *Handbuch für Untersuchungsrichter als System de Kriminalistik*. 4th ed. (Munich: Schweitzer, 1904), 1:xii.

的幻想宇宙的道路。报道的作者聪明地指出，汉斯·格罗斯的学术著作提供的具有原创性的贡献和这位教授兼顾学术训练和探案实践的经历不无关系：“一位接受了大学教育的专业律师，从事罪犯猎人的工
58 作，最后离开一线工作，以求把自己的专业提升到科学研究的层次。”[1]

1896年，格罗斯试图用他的犯罪学著作申请教职，取得大学教授资格（Habilitation）。他提交了论文《法庭调查科学（刑事侦查学）限制下的刑法》（Penal Law Limited to Court Investigation Science [Criminalistics]），不过，大学没有批准他的教职申请。虽然格罗斯从来没有取得教授资格，但是1899年，哈布斯堡王朝奥匈帝国的东部省份布科维纳（Bukovina）的切尔诺维茨大学（University of Czernowitz）聘请他担任固定的教授职位，他的教席是刑法和刑事诉讼法。1902年布拉格的德意志大学邀请他任教。1905年，格罗斯时年57岁，格拉茨大学邀请他回到家乡担任教职，他在格拉茨大学一直任教直到学术生涯结束。[2]不过，他的学术合法性的问题从来没有得到令人满意的解决方案。他的一位重量级的支持者是柏林的进步人士、法学家弗朗茨·冯·李斯特。李斯特希望柏林大学设立“辅助学科”刑事侦查学的教职，李斯特所在学系决定聘请格罗斯，但是大学没有同意为他设立教职。[3]此外，多

1 Waldemar Kaempffert, “The Crime-Master and How He Works,” McClure’s 14, no.2 (1914):99-111, 144 (quote on 102).

2 Gross, Hans, Jurist (Personalakt Hans Gross geb. 26. 12. 1847), UAG.

3 Karlhenz Probst, Geschichte der Rechtzwissenschaftlichen Fakultät der Universität Graz: Teil 3, Strafrecht, Strafprozessrecht, Kriminologie. Publikationen aus dem Archiv der Universität Graz, vol.9/3 (Graz: Akademische Druch-u. Verlagsanstalt, 1987), 54.

年以来格罗斯还试图以他的学术成就为基础取得贵族头衔，但这些努力也都徒劳无功，让他大失所望。[1]最后，在其职业生涯的尾声，他确实成功取得了他发明的这个学科的皇冠上的宝石：一个刑事侦查学的大学研究所，该研究所计划包括下列机构：学术研究部门；刑事侦查学“博物馆”，或者用于专业教学的文物收藏；刑事侦查学的研究站，研究站配备有最先进的研究犯罪科学的工具；此外，建立刑事侦查学这一学科的学术期刊，即他编辑的《犯罪人类学和刑事侦查学档案》（*Archiv für Kriminal-Anthropologie und Kriminalistik*）。[2]格罗斯在他的整个学术生涯期间都努力建立刑事侦查学的学术合法性，刑事侦查学研究所是他最努力的尝试，但是刑事侦查学研究所的历史也是他一直耿耿于怀的历史——他得到的房间的空间和质量不佳，他被迫栖身潮湿寒冷的地下室，他不停要求获得更多物理空间，足以匹配他在犯罪研究的学术实践中的学 59
术成就的空间，直到他死于由此产生的压力。[3]在格罗斯争取研究所的斗争中，最能说明问题的一幕发生在他成功获得大学对自己的领域的支持之后：刑事侦查学院系和系主任（阿道夫·伦茨［Adolf

---

1　这些工作的档案藏于施泰尔马克州档案馆（StLA）；部分资料的出处是犯罪学博物馆的展品。

2　H. Gross, “Kriminalistische Unversität-Institute: Vortrag von Prof. Dr. Hans Groß (Graz) auf der zweiten Tagung der ‘Gesellschaft für Hochschulpädagogik’ zu München 19. Oktober 1911,” 3, no 1/2 (April 1912): 34-44；参阅StLA C 31 3-3259/1909。

3　Akten betr. des Krim. Instituts Studienjahr 1913/14, Jur. Fak, Akten des kriminol, Inst. 1909/10 37/38, and Akten betr. Des krim. Instituts Studienjahr 1909/1910 1910/1911 1912/1913, Jur. Fak, Akten des kriminol. Inst. 1909/10 37/38, UAG; C31 e-3259/1909, StLA.

Lenz, 1868—1959］，他是格罗斯的年轻同事，不久以后接替格罗斯，成为刑事侦查学研究所的第二任所长）反对格罗斯提出的研究所的章程。格罗斯在章程中正式提出了刑事侦查学和刑法学的其他分支的地位问题。伦茨和他的支持者全力支持通过更改研究所的名称，建立恰当的学科分级体系（通过改名强调刑事侦查学的辅助功能或实践功能）。[1]他去世后，研究所名称维持不变，至今仍为“格拉茨大学犯罪学研究所”。

1893年，格罗斯抓住机会发表了刑事侦查技术信息的目录，他根据自己担任预审法官、州检察官和法官的实践经验，编辑了这份目录。第一版目录的标题全称是《预审法官、警官、宪兵等从业人员手册》（Manual of Investigating Magistrates, Police Officers, Gendarmes, etc.），尽管英文版的简化书名是《刑事调查》（*Criminal Investigation*）。1899年，格罗斯进行的明显修改是在简化的主标题《预审法官手册》（Manual of Investigating Magistrates）的基

1 要么改为“Erscheinslehre”（对犯罪的生理指标的研究），要么改为刑法研究的辅助学科（Hilfswissenschaften）。根据格罗斯草拟的规章制度，刑法研究的院系将会成为研究所的下属机构。参见Jur. Dek, Juridisches Dekanats-Protokoll Studienjahr 1914/15, Nr. 1677, UAG。根据伦茨的指示，研究所彻底转向“犯罪生物学”，这是正在向纳粹党的优生学方向发展的朗布罗索学派的研究领域的继承者。参见Sig 6/1.2 Konvolut: Kriminologisches Universitätinstitut in Graz (1913-1977), Nr. 76-78, AGSÖ。伦茨的“犯罪生物学检查”表格的复本更加明显地体现了这种联系，参见Sig 6/1.2 Konvolut: Kriminologisches Universitätinstitut in Graz (1913-1977), Nr. 57-137, AGSÖ。也可参见Sig 6/1.2 Konvolut: Kriminologisches Universitätinstitut in Graz (1913-1977), Nr. 76-78, AGSÖ; S.J.Holmes, “Review of Lenz’s *Grundriss der Kriminalbiologie*,” *Journal of the American Institute of Criminal Law and Criminology* 18, no.4 (1928): 611-612。

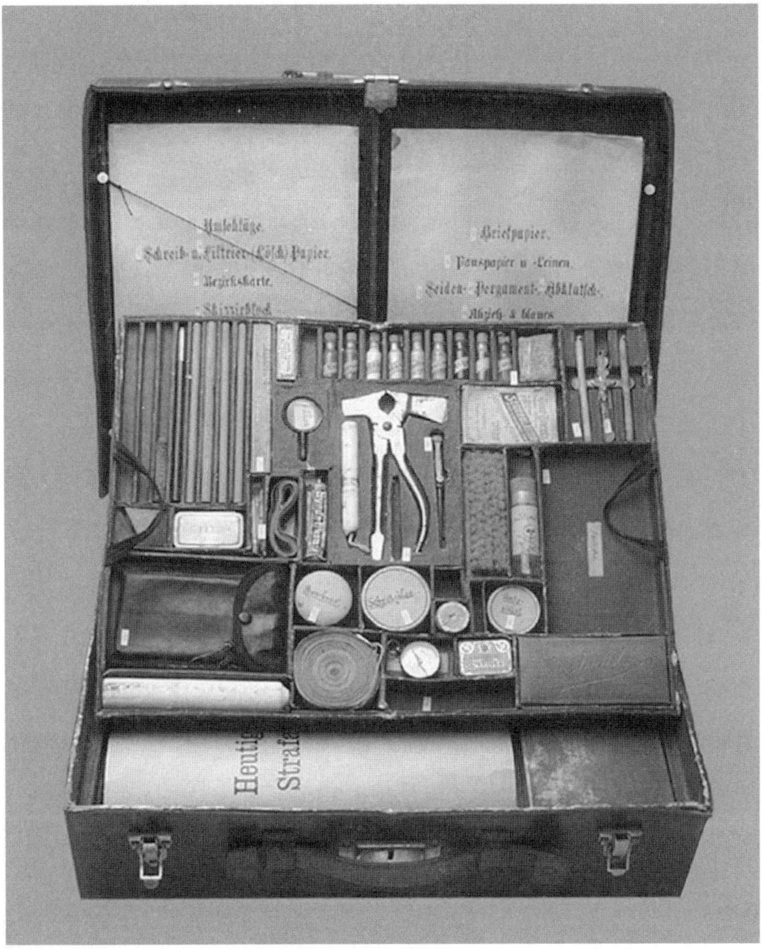

图 7　预审法官根据汉斯·格罗斯的建议整理的工具箱，用于勘察犯罪现场

础上新增了副标题《作为一种刑事侦查学体系》（as a System of Criminalistics）。一方面，他的目标是实践者的特殊实践中的实用功能，另一方面，他的目标是刑事侦查学的知识体系的整体结构，这两方面的交汇表明了这本著作的复杂性，但是人们并不承认这种复杂性。人们更多记住的是，这本著作中的引人注目的、影响深远的内容是大量刑事调查的细节。人们阅读这本著作的任意版本，都会轻易发现，大量各种各样的刑事调查的特殊细节给读者留下了深刻的印象，即使人们并没有意识到这些犯罪调查的原创价值。这些爱好者对罪犯的犯罪行为和犯罪学家的调查程序的每一个有想象空间的方面都表现出巨大的兴趣。格罗斯建构的预审法官的英雄形象让读者想起英国侦探小说中的夏洛克·福尔摩斯——重视方法、程序严谨、观察细节、逻辑推理和凭借直觉寻找线索等因素都让人们联想到柯南道尔笔下的故事主角的评价，即刑事侦破的方法“建立在观察细节的基础上”。[1]

柯南道尔的每一位读者都知道，福尔摩斯的一位宿敌是莫里
61 亚蒂。出于先天的退化趋势，这位教授拥有的数学天赋同时转变成了犯罪天才。[2]在格罗斯的刑事侦查学学术著作中，侦探的角色和罪犯的角色正面对决，侦探和罪犯既相似又对立，就像犯罪小说一

1　出自“Bocombe Valley Mystery,” cited in Wagner, Science of Sherlock, 89 (or Just as apt, “The world is full of obvious things which nobody by any chance ever observers,” 98)。

2　参见Arthur Conan Doyle, “The Adventure of the Final Problem,” first published in 1893: “但是这个男人有着最恶劣的遗传趋势。他的血液中流淌着犯罪的冲动，这种冲动没有得到修正，他的极端精神力量不断增加，不断激化了犯罪的冲动，这使他变得更加危险。” *Strand Magazine* 6 (July-December 1893):560.

样，而且他文本中的这种特点比其同时代的任何其他犯罪学文本更加鲜明。比起建构的对象，罪犯首先是调查者的调查对象，而格罗斯著作的结构背弃了这一点：第一章是导论（General），作者把预审法官的角色定义为一种理想类型；第二章的内容是预审法官的知识；第三章的内容是预审法官的技能；“特殊罪行”是著作后三分之一的内容。虽然该书许多章节的主题是预审法官需要掌握的知识和技能，但是其大量讨论的内容却是数量众多的、各式各样的犯罪活动的具体情况。今天的许多读者可能会认为，其大部分内容是民族志式的知识：作者重点关注犯罪行为，包括罪犯用来通信的信号体系，特别是他们伪装和掩护的措施；罪犯的语言，作者撰写了专门的章节讨论这一点；罪犯普遍的迷信活动；以及一个自觉的带有人类学色彩章节《吉普赛人》。[1]

首先，这种新型的知识是综合的知识，我们可能会形容这种知识是跨越学科的知识。犯罪心理学是这门新学科的支柱之一。犯罪心理学本身就是大量多元的专业知识的合成产物。整体而言，这种全新法学知识的模式出自诸多自然科学，特别是医学。犯罪学专家学者对法律的见解应该遵循自然科学的方法论：观察、收集和把事

---

1 H. Gross, *Handbuch für Unterscuchungsrichter, Polizeibeamte, Gendarmen u.s.w*, 2nd ed. (Graz: Leuschner und Lebenskz, 1894), 328-349.当格罗斯在施蒂利亚的农村实地考察时，他的主要职责是“Zigeunerbekämpfung”，这是指反对吉普赛人的斗争；参见Bachhiesl, Zwischen Indizienparadigma und Pseudowissenschaft, 161-13。P. 贝克（P. Bekcher）主张格罗斯通过“替代策略”把早期有关道德失败的司法概念种族化了；参见Bekcher, “The Criminologiests‘ Gaze at the Underworld: Toward an Archeology of Criminological Writing,” in Becker and Wetzell, *Criminals and Their Scientists*, 113-124。

实组织起来。[1]

起初，人们把犯罪心理学的研究对象狭义地理解为犯罪行为中体现出来的心理疾病和极限的精神状态。[2]因此犯罪心理学学科
62 和证明罪犯具备刑事责任能力具有密切关系。在19、20世纪的世纪之交，上述认定罪犯具备刑事责任能力的工作已经转而成为精神病学家的专业知识和法医精神病学家的研究领域。格罗斯对“具备刑事责任能力”这个术语的采纳是这位犯罪学家对“通用心理学”最宽泛的经验的自觉借用，这也表明他把这些可能有用的经验应用到了与犯罪有关的每一个问题。这里的要点是，犯罪心理学不是一种特殊的有关罪犯的心理学——事实上格罗斯明确指出过他的理解，心理学不认为罪犯的头脑具有什么特殊的性质。心理学是犯罪学家的实用工具，它不但有利于理解心理的能力和罪犯的动机，而且有助于预测和解释目击者、法官、陪审团和专家提供的证词。1898年，他在格拉茨出版长篇著作《犯罪心理学》（*Criminal Psychology*）。这部著作最初由一家小型大学书店的出版机构出版，不久这部著作便多次再版并被译成多种语言。许多读者认为这部著作出人意料，书的内容和他们根据书名产生的期待截然不同。事实上，作者并不重视罪犯独特的、先天的精神病理学，而且作者没有提到刑事责任能力的法医学范畴，尽管人们期待的书的重点是刑事责任能力问

1 H. Gross, “Kriminalpsychologische Aufgaben,” *Wiener Zeitung*, May 30, 1900, reprinted in GKA, 1: 156-163; 参见158-159。

2 Ibid., 159-160.

题。[1]格罗斯观察的重点包括：如何挖掘人们说过的话和人们没说的话的意思；记忆和遗忘的把戏；说谎者以假乱真的话术；甚至口误也比人们通常认识的更加接近关于无意识的心理分析的洞见。[2]这部著作最惊人的地方是其内容被分成了两大部分：第一部分题为《主观》，副标题是《调查者的精神能力》，第二部分题为《客观》，副标题是《受审者的心理活动》。两大部分的比重截然不同，后者的篇幅几乎是前者的两倍；而且两个部分明显存在重叠的内容。[3]在最后分析中，犯罪的主体几乎在方方面面都是不可靠的；调查 63
员的任务是证明那些出于本性遮遮掩掩的人和事——犯罪和犯罪者—有罪。

法国发明家阿尔方斯·贝蒂永（Alphonse Bertillon）提出了一种设想，建立统一的体系记录罪犯身份，贝蒂永的这种体系是一种乌托邦愿景的组成部分，即通过建立系统化、官僚化的体系，解决

---

1 参阅德国心理学学会的官方期刊的评论：*Zeitschrift für Psychologie und Physiologie des Sinnesorgane* 18, no.4 (September 1898): 285-295, esp.284, 291。

2 这篇文章提到许多案例。学者早已指出与心理分析的亲缘关系，参见Ellenberger, *Discovery of the Unconscious*, 495。《犯罪心理学》的第一版确实出版于学者发现无意识之前，严格而言，弗洛伊德曾经引用《犯罪心理学》，参见Freud, *Psychopathology of Everyday life*; Freud, Gesammelte Werke, 4:164n1。

3 当他的定义变化时，1901年2月15日格罗斯在《德国法学报》上的描述如下：

> "客观的刑事侦查学"指一般的刑事侦查学，"主观的刑事侦查学"是指犯罪心理学。后者完全是消极的，它确定了感知和重现的缺陷和不可靠性；前者是积极的知识，是挖掘犯罪现实（Realien）的能力：罪犯的语言、符号、实践、迷信、工具或者武器、身份识别（贝蒂永人体测量法）、笔记、法医摄影术、专家证人和所有可能的犯罪学家的辅助手段。

当时国际范围内的匿名犯罪活动造成的问题；格罗斯在推广贝蒂永的体系这件事上发挥了积极作用。[1]贝蒂永的计划是建立一个体系，记录一系列固定的身体部位的特定骨骼的物理测量数据（因此，也要追踪记录测量结果），在任意两个个体那里，这些数据不可能完全一致（图8）。贝蒂永的人体测量学体系和新兴的研究指纹鉴定的科学处于相互竞争的状态，后者又称指纹学，是英国的主流学派。格罗斯高度评价贝蒂永有关人体测量体系的著作，并且建议警察部门统一采用贝蒂永的体系。他指出，虽然人们起初嘲笑他的建议，但是警方却同时广泛地建立起人体测量学的卡片系统。罪犯再也不能在他们的名字和世界中找到更多的安全感。在当时的世界中，罪犯的形象日益模糊，他们改名换姓、乔装打扮甚至大幅改变他们的身体外貌，罪犯的身份问题日益凸显。[2]格罗斯自豪地报告，从1899年11月1日到1901年11月1日，维也纳的身份管理局已完成23 930人的"人体测量学记录"，对977名国际罪犯进行了调查，并且对222名身份不明或伪造身份的个人进行了辨认。档案显示，同时代的柏林警察局已经完成约21 000人的人体测量学记录，1903年，这个数据跃升到50 000。[3]格罗斯认为，到1902年为止，如果哪个地区没有

---

1 Bertillon, *Identification anthropometrique*, reviewed by Hans Gross in *Allgemeine österreichische Gerichtszeitung* 49 (1894); GKA, 1:124-132.

2 Caplan and Torpey, *Documenting Individual Identity*, and the seminal article by Allan Sekula, "Body and the Archive."

3 I.Rep. 77CCXXXV, Nr. 1, Bd. 13, "Acta betr. Die Verwaltung der Kriminal-Polizei, sowie der allgemeinen Sicherheitspolizei in der Stadt Berlin," memorandum from Polizei-Präsident to the Minister of the Interior; 参见document 7297, "Verwaltungsbericht der IV. Abteilung für die Jahre 1901-1903." GSPK。到1903年年底，柏林共有48786张注册的人体测量卡，此外还有指示要求柏林仿照其（转第96页）

64

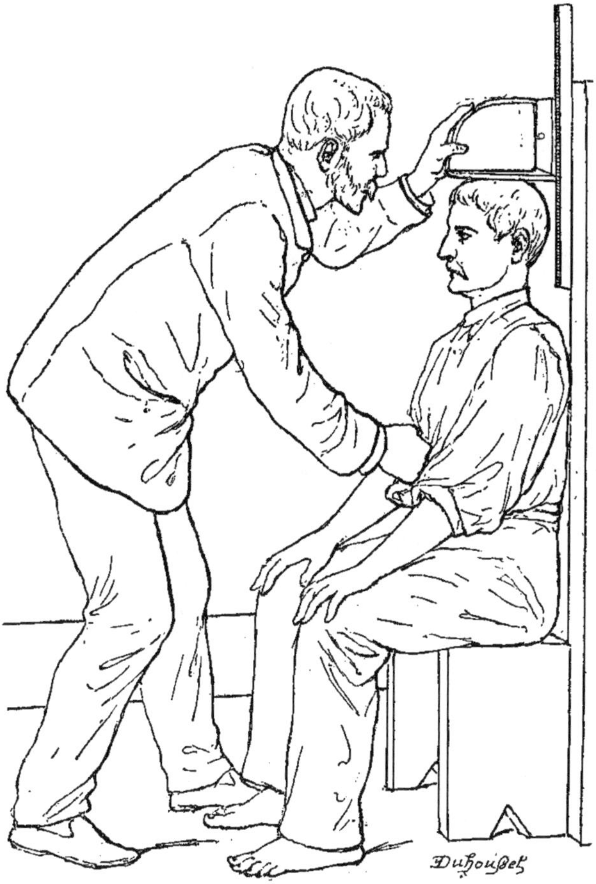

图 8　阿尔方斯·贝蒂永的人体测量记录系统。这张图示意使用者如何恰当地测量身体

65 采用贝蒂永体系，那么这个地区的人们的生活就处在野蛮状态——在这份报告中，他把文明开化的世界和“贝蒂永化的”世界视为可以互相替换的同义词。[1]

事实上，20世纪初的短短几年以内，中欧国家的警察系统不但采用了贝蒂永体系，而且全盘吸收了汉斯·格罗斯的侦破犯罪的操作方式，甚至他推荐的技术已经成为有抱负的调查员的某种圣经。[2]1903年，格罗斯撰写了一篇面向更广大公众的论文，他在文中反思了现代犯罪活动的本质。[3]随着时代改变——他在《现代罪犯》中指出，现代世界的时代变化非常快——行凶者也在适应环境；事实上，相对来说，恶棍及其犯罪的手法、禀赋、知识和技术都在以最快的速度现代化。就在犯罪学研究者掌握科学的工具和理解罪犯的行动的同时，一切都在变化；现代社会的技术创造了新的犯罪场景

（接第94页）他城市——例如巴黎、伦敦、维也纳以及布达佩斯——增加对小拇指和脚的测量，但是贝蒂永的体系的主导地位不再稳固，因为伦敦警方在考虑转向指纹的单项测量，以此作为更简单、更可靠的系统。高尔顿（Galton）对指纹的研究——1892年他出版了《指纹》（*Fingerprints*）——和贝蒂永对人体测量学的研究是同时代的；英国人接受欧洲大陆以贝蒂永之名命名的人体测量体系的速度较慢，也更早放弃这一系统。

1 “Die Erkennungsdienst der Wiener Polizei,” *GKA*, 1:132-138.

2 重要的案例是上述德意志帝国内政部致柏林警察局长的系列报告。这些报告指名道姓地引用了格罗斯的手册，但更加令人印象深刻的是，作者严格遵循格罗斯的《档案》的手册和文章，精确描述了书中推荐的警察办案程序。例如参见“Dienstanweisung für das Verhalten des Kriminal-Kommissars vom Dienst bei Kapitaverbrechen” (pp.31-32), “Anleitung für die Bearbeitung von Kapitalverbrechen” (pp.33-41), and passim, I.Rep. 77CCXXXV, Nr. 1, Bd. 13, “Acta betr. Die Verwaltung der Kriminal-Polizei, sowie der allgemeinen Sicherheitspolizei in der Stadt Berlin,” GSPK.

3 Gross, “Moderne Verbrecher,” Umschau 12 (March 14, 1903), reprinted in GKA, 1:342-352.

和犯罪类型，先锋的罪犯会利用综合的知识和技术手段，正如模范预审法官所做的那样。在这篇论调悲观的论文中，恶棍是格罗斯自己的镜像，而恶棍和格罗斯本人又都是某种现代性的图像。

犯罪展览

犯罪学研究略带耸人听闻的特点也许会影响该领域这些工作的学术声望。格罗斯的刑事侦查学和犯罪心理学的学术研究是推理风格的体现，但是人们在他的学术研究中无法把色情、间接的欲望和感官的刺激从学者对罪犯的客观研究和作为调查员或科学家的专家的主观自我反思中孤立出来。正如“大都市档案集”中的案例一样，企图割裂科学研究和文学创作，或者企图割裂严肃调查和 66
猎奇展示的行为都是事倍功半的。新的学科不但凭借其广泛的议题，而且凭借其激进的方法论途径，对受保护的犯罪学调查的研究领域造成了威胁。正如上述讨论重点表明的那样，格罗斯的核心主张、明确主张以及暗示的主张都坚持要消除理论知识和实践经验之间的距离，或犯罪学专家和犯罪学客体之间的距离。犯罪学家已经从理论的麻木中苏醒，在犯罪这件事本身中找到了自我——他必须把自己放在犯罪场景中，他必须用罪犯的思路思考，必须用罪犯的语言说话。从这个角度看，人们不难想象，格罗斯如何轻易陷入了这样一种设想——把犯罪的元素从社会中排斥出去，甚至通过激进的手段实现社会清明，包括驱逐出境和优生学措施，例如强制避孕和强制堕胎。

1908年，保罗·朗格希特（Paul Langenscheidt）发表了一系列刑事侦查学著作——类似《大都市档案集》和其他的上文提到的作品，这些作品的定位处于科学研究和大众八卦之间——丛书书名是“现代刑事侦查学百科全书”（*Enzykopädie der modernen Kriminalistik*）。[1]在这部丛书中，有趣的文本之一是1901年出版的汉斯·格罗斯编纂的百科全书。[2]这是一本参考手册，篇幅不到100页，内容是按字母表顺序排列的专业术语目录。这份列表在某种程度上具有字典功能，内容既包含对专业术语（从罪犯的暗语到犯罪学家的语言）的简短翻译，也包括对相关主题的长篇解释，有些主题的广泛和随机程度出乎读者意料（狗、弹壳、误解、硫黄）。值得一提的是，作者精心撰写了一些细节丰富的文章，例如《血迹处理》（Blutspurenbehandlung）。在人们的预期中，作者会通过描写大量血迹处理的细节，从而说明这是一种新兴的、高度技术化的法医学

1 这套丛书的出版贯穿了从第一次世界大战到1920年代这一时期，内容涉及法医学的所有分支，兼及性学。这套丛书包括：(1/2) Staatsanwalt Dr. Erich Wulffen, *Psychologie des Verbrechers*; (3) Prof. Fr. A. Niceforo und Reg. -Rat Dr. H. Lindenau, *Die Kriminalpolizei und ihre Hilfswissenchaften*; (4-6) Prof. Dr. Bruno Meyer, *Sexualgeschichte der Menschheit unter besonderer Berücksichtigung der Kriminalität*; (7) Dr. Franz Helbing, *Die Totur: Geschichte der Folter in Kriminalverfahren aller Völker und Zeiten*; (8) Staatanwalt Dr. Erich Wulffen, *Der Sexualverbrecher*; (9) Geh. Med.-Rat Prof. Dr. F. Straussmann, Med.-Rat H. Hoffmann und Dr. H. Marx, *Gerichtsärtzte, Medizin und Strafrecht*; (10) Rechtanwalt Dr. Max Alsberg, *Justizirrtum und Wiederaufnahme*; (11) Dr. Med. Karl Birnbaum, Anstaltarzt in der Berlinder Städtischen Irrenanstalt Buch, *Die psychopathischen Verbrecher. Die Grenzzustände zwischen geistiger Gesundheit und Krankheit in ihren Beziehungen zu Verbrechen und Strafwesen*.

2 Hans Gross, *Encyclopädie der Kriminalistik* (Leipizig: Vogel, 1901). 展品是血液、水蛭（置于阴道，用于流产）、血液病（参见血友病）、血液衍生的结晶、将血迹处理为证据的手法、清除血迹、保存血迹、血滴、血液检测。

方法，但是作者撰写的一系列描写血液处理的文字，其关注重点是一众令人侧目的血迹类型，展现出色情的价值："血液、水蛭（放在女性阴道，用于流产）、血液病（参见血友病）、血液结晶、处理血迹证据、清除血迹、保存血迹、血滴、血液检测。"[1] 67

《刑警及其辅助学科》（*Die Kriminalpolizei und ihre Hilfswissenschaften*）是该丛书中的另一本书。这本书的内容是格罗斯的《手册》的大纲，但是这本书的形式是图册（包括根据照片原件绘制的300张插图）。[2]这份文本沉迷于此等愉悦——用完美精确的科学手法处理犯罪现场、罪犯身份的辨认、犯罪证据的发现与处理，以及格罗斯的手册和《档案》中的论文提到的各种细节。不过，作者明确指出了格罗斯的故事叙述展现出的他利用了那些噱头的方面，因为这300张图片包括人们在犯罪现场发现的赤裸尸体、被肢解的尸体等大量色情的画面。

这本书还详细介绍了一个有趣的机构，柏林犯罪博物馆（Berlin Crime Museum），并且配有图片。[3]柏林市的警察部门用了十几年的

---

1 Gross, *Encyclopädie*, 13-14.

2 A. Niceforo, *Die Kriminalpolizei und ihre Hilfswissenschaften* (Groß-Lichterfelde-Ost: Langescheidt, 1910). 阿尔弗雷多·尼斯弗洛（Alfredo Niceforo, 1876—1960），他是一位意大利犯罪学家，朗布罗索学派的合作者，他在那不勒斯大学和布鲁塞尔新大学积极推动当时的出版工作，提供了大量犯罪学研究的文本，德国政府顾问H.林登瑙（H. Lindenau）为这些文本撰写了导言病补充了内容（大量案例出自柏林，其数量和出自巴黎的案例一样多）。

3 参见Niceforo, *Kriminalpolizei*, 394-396。柏林警察局报告指出，1907年秋天他们终于找到足够的空间来展览、使用这些藏品；参见Acta betr. die Verwaltung der Kriminal-Polizei, sowie der allgemeinen Sicherheitspolizei in der Stadt Berlin [Verwaltungsberichte], Verwaltungsbericht der Abteilung IV für die Jahre 1904-1907, 31/204, GSPK。

时间，收集了大量犯罪相关的藏品；事实上，一份介绍1899年的一场犯罪展览的报告的作者坚持表示，犯罪展览不单单是一个那些带有色情价值的奇怪物品的陈列柜（Raritäte-nkabinett），还是一个以培训有抱负的调查员为目标的教育机构。确实，汉斯·格罗斯建议在任何训练调查员的地方举办犯罪展览，他的目标确实是调查员的教育。[1]他建立了格拉茨大学的犯罪博物馆，而且为此撰写了一份掉书袋的声明，他在这份声明中清楚地陈明了犯罪展览的功能：
68 第二条，目标。博物馆的整体目标是为刑法领域的初学者提供刑事侦查学的实际情况的概述，由此，他们在取得法官或预审法官的职位以前，可以明确了解犯罪活动的方式方法；犯罪行为的客观后果；司法官员打击犯罪的辅助手段。”[2]起初，这些藏品的规模较小，人们把藏品陈列在格拉茨法院走廊大厅的玻璃柜中，尽管格罗斯最后实现了他的雄心，把这些展品转移到格拉茨大学，使之成为刑事侦查学研究所的一个组成部分，他把这些展品同高等教育和对职业犯罪调查人员的训练联系在一起。格罗斯坚持不懈、事无巨细地向大学行政部门提出要求，把这些藏品移交给未来的格拉茨大学

---

1 参见H. Gross, “Das Kriminal-Museum in Graz,” *Zeitschrift für die gesamte Strafwissenschaften* 16 (1901), reprinted in GKA, 1:97-113。

2 Vorschrift für das Criminal-Museum in Graz, May 3, 1895；原件藏于格拉茨卡尔-弗朗茨大学犯罪博物馆，展品和读物都囊括了下列文本：

> 第二条：目标。博物馆的整体目标是为刑法领域的初学者提供刑事侦查学的实际情况的概述，由此，他们在取得法官或预审法官的职位以前，可以明确了解一下问题：什么是犯罪活动的方式方法；什么是犯罪行为的客观后果；什么是司法官员打击犯罪的辅助手段。

刑事侦查学研究所，提供陈列（1910年的）22箱材料的空间，保证保存展品的条件，以及提供整理收藏和维护展品所需的人力。在他眼中，这与研究所的其他事务相关联，它们是“**不可分割的整体**”。[1]

虽然格拉茨大学刑事侦查学研究所正式成立之前人们就已经收集了犯罪学博物馆的藏品了，但是他们总是把研究所和博物馆联系在一起。[2]格罗斯在《犯罪调查》的初版和历次再版中都提到了建立犯罪博物馆的想法，而且他在《犯罪调查》出版后的两年以内便已收集了一些早期藏品。博物馆的主要功能是刑事侦查教学，因此他需要收集和展示那些足以让刑事侦查学的学生熟悉刑事侦查学
基础知识的藏品，他把展品分为32个种类，例如：法医医学（受损 69
的骨头和造成损伤的凶器；保存的皮肤和皮肤上的勒痕）；各种类型的标本，包括血液、精液和头发，等等；毒物、药物和死胎，等等；犯罪的武器和凶器；弹药，包括每个种类的子弹和弹壳；专门复原的血液样本；通过特殊方法采集的血液样本；脚印；罪犯迷信的工艺品；吉普赛人的工艺品；罪犯语言示例，等等。[3]格罗斯频繁引用刑事侦查学的医学模型的行为表露出这样一种思想的起源：整个19

---

1 特别参见C 31 e-3259/1909, “Bericht über den gegenwärtigen Stand der Frage eines Kriminalistischen Institus” (letter to the Dean’s office of the Faculty of Law), June 26, 1910, stLA.

2 H. Gross, “Kriminalistische Universitäts-Institute: Vortrag von Prof. Dr. Hans Groß (Graz) auf der zweiten Tagung der ‘Gesellschaft für Hochschulpädagogik’ zu München 19. Oktober 1911,” *Zeitshrift für Hochschulpädagogik* 3, no. 1/2 (1912): 34-44 (see 38); 参阅“Das Kriminal-Museum in Graz,” *Zeitschrift für die gesamte Strafwissenschaften* 16 (1901/2): 74ff.; 重印于GKA, 1:97-113; *Zeitschrift für die gesamte Strafwissenschaften* 14 (1894): 13ff.。

3 “Kriminal-Museum,” GKA, 1:99-102.

世纪，欧洲各地的医学生普遍借助病理学和解剖学的收藏品，观察各种各样的解剖学特征和身体的临床表现的范例和模式。[1]人们每一次参观这些收藏（其中某些藏品至今仍在展览），都证实了这些展览具有的感官刺激的特点，即使其中部分藏品的制作时间更为晚近。[2]病理学和解剖学收藏是刑事侦查学收藏的先驱，它们的教育功能与其作为奇珍异宝展示柜的特征之间的关系是一个至关重要的问题。格罗斯坚持认为，有志于从事刑事侦查的调查员或者法学家（他们是这些收藏展览的理想参观者类型）应该像医生一样，客观冷静地检查这些受伤的尸体、残疾的肢体、色情的照片，根据这种观点，任何感官刺激效果，此等副作用若不是不恰当的，就是不可避免的；格罗斯的这种观点和其他这些展览陈列的支持者产生了共鸣。刑事侦查学的专家学者必须面对犯罪的现实，面对犯罪现实则必然会产生这些副作用。格罗斯在格拉茨的同事和朋友理查德·冯·克拉夫特–埃宾（Richard von Krafft-Ebing）出版的那部著名的关于性病理学的目录时，在某种程度上也遭遇了类似的两难情

1　最完好的收藏之一是1796年建立的维也纳病理学和解剖学研究所博物馆。

2　柏林亦有一批重要藏品。这些藏品的搜集者是开创性的科学家鲁道夫·菲尔绍（Rudolf Virchow），所有者是著名的夏里特医院，按照医学史的线索排列，尽管人们无疑感觉这批藏品宛若珍奇陈列柜。参见Krietsch and Dietel, *Pathologisch Anatomisches Cabinet*; 其他重要收藏——例如德累斯顿卫生博物馆——的重点则在于主体的多元，包括启蒙运动的医学进步、政治对医学知识和医学政策的操纵。维也纳的收藏（现在是病理学和解剖学联邦博物馆，位于旧维也纳总医院校区中那座造型奇特俯瞰校园的“女士塔”）不但特别丰富，而且毫不遮掩其刺激感官的特点，尽管比起维也纳的其他类似场所（例如维也纳的犯罪博物馆和令人惊奇的葬礼博物馆），这里的展品的病态特征似乎较少受到改动和操纵，更加自觉——更加“原汁原味”。一份有关维也纳的病态展览的自我主题化的概述，参见Viegl, *Mobides Wien*。

70

图 9　格拉茨的汉斯·格罗斯犯罪学博物馆收藏的颅骨和标签

况——他的著作列举、叙述了那些难以启齿的事物，尽管他尽可能使用拉丁文，隐去敏感名词，但无论如何这些事物总是带有刺激潜在读者的危险。[1]人们对这部著作讨论的许多全新的知识系统的典型忧虑之一就是读者会把这些知识视为挑动情欲、刺激感官或者淫荡色情的事物。这就是格罗斯争取学术合法性的背景，在这样的背景下，格罗斯的案例并不是一个例外，而是典型。格罗斯坚持的系统性没有消除他著作感官刺激的特点。学者测量、记录、归类、编目的对象越可怕，他们处理这些对象的客观性本身就越是会成为这种可怕特点的固有组成部分。当代格拉茨犯罪博物馆藏品的目录卡片和

1　Krafft-Ebing, *Psychopathia sexuals*, chap. 2, 4.

格罗斯的著作中那些冗长的分门别类的博物馆藏品目录都证明了这些收藏兼收并蓄科学研究和感官刺激的特点，而非证明了这个两个特点互不相容。

这些收藏的一个范例是一批极好的受损的头骨和骨头的藏品，学者不仅收集、展览的事物不仅有这些受损的头骨和骨头，还有相应的凶器（图9）。因此，这种展览是一种教育工具，专家有意如此布置展品，以帮助学生学习“阅读”各类骨性损伤，把损伤的症状同可能的凶器和潜在的凶手联系在一起。格罗斯强烈否认展览的猎
71 奇性质，他坚持认为：“我们展览这些命案受害者的头骨，并不是因为这些头骨是那些遭人遗忘的刺杀事件留下的稀奇恐怖的纪念品。”[1]这些收藏展览看似奇珍异货的展示柜，但实际上并非如此。他指出，只要人们仔细观察，他们就可以找到这些受损的头骨和骨头之间的细微差异……就像调查员在犯罪现场进行勘察一样，只有沉着冷静和训练有素的调查员的眼睛，才能看到感官刺激背后的线索。就像同时代的柯南道尔的小说主角福尔摩斯，只有黑暗的城市的“重重疑障和人们对恐怖的迷恋”，才创设了启蒙侦探出现的可能条件。[2]启蒙法律包裹在最黑暗的犯罪活动的怀抱之中。[3]

在有关黑暗城市和犯罪活动的思想、著作和实践与日俱增的几十年前，卡尔·马克思用风趣的态度论述了犯罪的生产力。这种见解

---

1 Waldemar Kaempffert, “The Crime- Master and How He Works,” *McClure’s* 14, no. 2(1914): 108；参阅Gross, “Kriminal- Museum,” GKA, 1:106。

2 引自Williams, *Country and City*, 227, cf. 229。

3 根据卡夫卡的精彩论证，权威不是在寻找群众的罪责，而是在引诱群众犯罪。*Der Process,* “Verhaftung”.

出人意料地具有先见之明（尽管人们往往倾向于无视这种见解的明智之处），他写道：

> 哲学家生产观念，诗人生产诗，牧师生产说教，教授生产讲授提纲，等等。罪犯生产罪行。如果我们仔细考察一下最后这个生产部门同整个社会的联系，那就可以摆脱许多偏见。罪犯不仅生产罪行，而且还生产刑法，因而还生产讲授刑法的教授，以及这个教授用来把自己的讲课作为"商品"投到一般商品市场上去的必不可少的讲授提纲［……］其次，罪犯生产全体警察和全部刑事司法、侦探、法官、刽子手、陪审官等等，而在所有这些不同职业中，每一种职业都是社会分工中的一定部门，这些不同职业发展着不同的人类精神能力，创造新的需要和满足新需要的新方式。单是刑讯一项就推动了最巧妙的机械的发明，并保证使大量从事刑具生产的可敬的手工业者有工可做［……］罪犯打破了资产阶级生活的单调和日常的太平景况。这样，他就防止了资产阶级生活的停滞，造成了令人不安的紧张和动荡，而没有这些东西，连竞争的刺激都会减弱。因此，他就推动了生产力。[1]

这是马克思给出的最严厉的讽刺，他批评了资产阶级的资本主

---

1 Karl Marx, *Theories of Surplus Value*, 4 vols. (London: Lawrence and Wishart, 1964.), 1:365.（译按：中译参考卡尔·马克思、弗里德里希·恩格斯，《马克思恩格斯全集》［第二十六卷：第一册］，中共中央马克思恩格斯列宁斯大林著作编译局译，北京：人民出版社，1972年，译文有所改动。）

72 义的无穷生产力的辩护者。当代的犯罪学学术著作尽管有时也引用这段文字，但它们往往会忽视这种讽刺。人们无法想象，怎么可能会出现一个监狱取代工厂、监控比路灯更常见的世界呢?[1]马克思在这段文字及其他文本中发出的呼声不但演奏出刺痛的和声，而且流露出惊叹的感觉，甚至是对奇迹的惊叹，即使最严厉的嘲讽也不能掩盖这种惊叹。上一代政治经济学家留下的这种惊叹之声可能正是启蒙运动遗留的强烈的矛盾情绪的标志。

1　一份格外富有创造性和有见的在当代文献中对马克思格言的运用，参见Michael Zinganel, *Real Crime: Architektur, Stadt und Verbrechen* (Vienna: Selene, 2003)。

2

第二章

相同的起源

1860年代的(同)性主体和暴力幻想

我们从一则丑闻谈起——有人主张，在1960年代的，中欧德语 73
地区，现代意义上的性主体出现了。为了论证这一点，人们必须重新回到米歇尔·福柯的那个著名——如果称不上臭名昭著的话——前提，他在一段令人感到遗憾但适于引用的文字中指出：

> 19世纪的同性恋者成为一种角色、一种过去、一个个案以及一种童年［……］没有一个进入他的总体成分的东西没有受到他的性取向的影响［……］它和他是同质的，不是习惯的过失，而是单数的本质［……］一类人。[1]

这个主张是一种丑闻，原因不仅在于许多人不断地挑战这个观点，这些人把（与同性恋行为相对的）同性恋的身份认同的“诸多起源”追溯到19世纪以前的时代，或追溯到18世纪中期、中世纪时期、古典时期，甚至表明这种身份认同是普遍存在的。福柯假设这二者之间存在关联：他那些不够充分的注释（他引用了一篇论文，表明以性变态现象为主题的生物学和医学话语的存在）体现的规训话语；出于自身病态化的身份而发起抵抗的（不具名的）同性恋行动者的主观身份认同。

同性恋解放运动的发起者卡尔·海因里希·乌尔利克斯（1825—1895，图10）对同性恋行为的辩护同时构成了一种性的理论、一种对性的起源的解释和一份明确的政治解放宣言。1869—

1 Foucault, *History of Sexuality*, 1:43.

1870年，卡尔·威斯特法尔（Carl Westphal，1833—1890，图11）发表了一篇论文，福柯称这篇论文是同性恋的现代精神病学模型“诞生”的标志。这篇论文是一篇法医学（培训医生，让他们用他们的知识帮助法庭处理刑事案件的学科）文献，这种演变同这项研究相关。另一位重要人物是奥地利帝国的文学批评家卡尔·玛利

74

图10　卡尔·海因里希·乌尔利克斯

亚·本科特，或称卡洛尔·玛利亚·科特布尼（Karl Maria Benkert/Karoly Mari Kerstbeny，1824—1882，图12）（他不像乌尔利克斯一样是位自觉的解放活动家），人们认为是他创造了“**同性恋**”（homosexual）这个当代术语的直系祖先。

所有这些人物以及其他人物都不知不觉参与促成了一组复杂

75

图 11　卡尔·威斯特法尔

的、有时自我矛盾的事情的产生，人们可以将这些事情构想为“性行为”的概念。其产生过程涉及一种专家话语，即专家学者认定某些人，特别是吸引同性的男性，属于异常人群；它涉及监视实践、警察话语以及法律话语；它亦涉及一种人们借以认知、诠释他们自己

76

图 12　卡尔·玛利亚·科特布尼

的感觉和他们作为性存在、作为具有性取向的人、作为被性取向定义的人的存在的方式。这种过程还涉及一种几乎同时产生的文化幻想，人们通过具有感官刺激特性的媒体报道传播这种文化幻想，并且通过这样的文化幻想把同性恋身份和血腥的暴力联系在一起。

人们应该把这些明述同性恋的本质的诸多的话语视为整体的一部分，但不同的见解互相之间会存在差异，它们分别被指定为**规训话语**（disciplinary）、**解放话语**（emancipatory）和**刺激感官的话语**（sensational）。本章将证明这些性取向的身份认同表达本身，和个人身份认同的表达，它们不是互相竞争的，而是同一个进程的组 77
成部分。这是我意图通过本章标题“相同的起源”表达的几种意义中的第一种。第二，“相同的起源”这个词组指在这一进程中产生的事物并不是同性恋的身份认同，而是涉及性取向本身——规范性的人类性取向——的身份认同。每一份其内容为临床表现的病理描写的文本背后都是一张如法炮制的性取向本身的图像。第三，“相同的起源”进一步指向身份认同的历史和对寻找起源的认同——而这一探寻的“答案”暗示人们，讲述的性取向身份认同之起源的故事能告诉我们的东西不会超过这个问题的建构本身。因此，这个故事的起点不是起源，起源问题是在1960年代才成为一个问题的。在起源问题之前的是本质问题。

第二天性

哲学家阿图尔·叔本华（Arthur Schopenhauer, 1788—1860）——有些人可能会对叔本华被视为“同性恋理论家”感到惊讶——对这种转化的进程做出了极其重要的贡献。[1]让他取得这种地位的基础工作是他去世前一年（1859年）出版的著作《作为意志和表象的世界》（*World as Will and Idea*）第三版中的一篇六页长的附录。[2]这篇附录中的涉及同性恋的注释是第三层级的评论：增补的第二卷的具体形式是对第一卷的评论，然后叔本华在第三版中增加了附录，作为对增补的第三版的前两个版本部分顺带提及的鸡奸（Pederasty）现象的解释。[3]叔本华在早期的参考文献中指出：鸡奸是一种背离繁殖欲望的现象，鸡奸是人类相对软弱的本能的案例，与人类过度发展的大脑有关；因此，他暗示我们同动物本能——我们的文明、文明的精神的过度发展——之间距离是同性恋本能的来源。（他在这里把人类背离繁殖的本能和肉蝇迷路相提并论，腐烂的肉食吸引了肉蝇，肉蝇把腐肉作为幼虫的产房，有时这种习性可能会使肉蝇迷失方向，落入恶臭的龙百合。）[4]

人们很容易就会把叔本华附录的主张视为简单的恐同和同性
78 恋病理化的现象，但这是错误的解释。这种观点始于一种就其本身而言十分明确的陈述：鸡奸行为不但是非自然的，而且是令人厌恶

1　例如参见Prätorius, “Die Bibliographie der Homosexualität,” 345-455。术语“**同性恋理论家**”（theorists of homosexuality）的出处是Feray and Herzer, “Homosexual Studies,” 24；他们列出了我们讨论的所有主要人物。

2　参见Arthur Schopenhauer, “Anhang zum vorstehenden Kapitel,” in Die Welt als Wille und Vorstellung, 8th ed., vol. 2 Leipizig: Brochakhaus, 1891), 643-651。

3　叔本华《作为意志与表象的世界》第一版出版于1818年，共一卷，第二版对先前版本进行了增补，共两卷，出版于1844年，1959年出版的第三版再次对前两版的内容进行了扩充。——译者注

4　Schopenhauer, *Welt als Wille*, 2:620.

的、格格不入的暴行；这种观点终于一种带有讽刺意味的预期，即他的学术对手将会沾沾自喜地把其原因归结为作者为鸡奸辩护的立场明显是站不住脚的。[1]因此，这份附录既是作者否认的开始，又是作者否认的结束，后者承认了他可能会为人所指摘。仅仅根据这一观察，我们就可以得出结论：同性恋行为令人反感、违背本性，用哲学为鸡奸辩护是可笑的行为，这些论点不是叔本华的基本立场，而是叔本华撰写文章的背景。**鸡奸**是法律对“非自然”，或者更确切地说，对“反自然”的性行为的统称（正如人们普遍指出的那样，这是用词不当）。[2]这种结论过于简单，以至于人们可能忘记了叔本华的总体结论“这种事物的完全的普遍性和顽固的不可根除性表明，这种现象在某种程度上出自人类的天性”，而且叔本华引用了贺拉斯（Horace）的话，鸡奸现象就像所有天性一样不可避免（Naturam expelles furca, tamen usque recurret——你试图用干草叉赶走天性，但是它还会回来）。[3]

---

1 Ibid., 643-644, 651.

2 在叔本华时代的普鲁士，《刑法》第143条对这一行为的规定是：“男性人类之间或者人类和动物之间实施的不自然的猥亵行为”；《奥匈帝国刑法》第129条使用的术语是“违背自然的猥亵行为”（a款，人类和动物；b款，人类和同性别者），这个词的指意是变化而不稳定的，“鸡奸”是一个包罗万象的词汇（不只是指“男性之爱”［Knabenliebe］），在各种不同资料中鸡奸的意思不尽相同，且含混模糊，它包括任何性别、任何性取向的伴侣之间的肛交，包括已婚夫妇（例如参见W. Pichler and L. G. Kraus, Compendium der Hygiene: Sanitätspolizei und gerichtlichen Medicin [Stuttgart: Enke, 1875], 344）和任何物种的同性性交。

3 Schopenhauer, *Welt als Wille*, 2:645. 主要的观点是马格努斯·希斯菲尔德的科学人道主义委员会的主张引用的观点。委员会的主张是废除《德意志帝国刑法典》第175条（这个法条的前身是《普鲁士刑法》第143条）。这份著名的请愿书（转下页）

当时阅读叔本华这篇六页的附录的读者要么倾向于关注这种
79 表面上的对同性情欲的厌恶，要么倾向于注意这种奇怪的“同性恋和天性有关”的解释。叔本华指出，人类天性中的同性恋冲动几乎只会影响非常年轻的人和非常年迈的人，这种冲动通过筛选繁殖能力衰弱和衰退的个体以保护整个物种。这种见解和达尔文进化论的关系似乎是显而易见的，人们不出十年便已注意到了这种巧合。[1]当时年满71岁的叔本华认定同性恋的非自然的性冲动是老年人的天性（他在自己去世前一年写道：“这是一种垂死本能的现象”），这种观点显然有一定意义。不过，这种微妙的自白只是他的整体思路——借显然非自然的表现来建构自然的概念——的一个组成部分。这种不得体的冲动是自然天性的标志——这个标志为观察者提供了它的定义。

人们应该回到更宽泛的叔本华关于性爱的章节的语境中去（这一部分是作者草拟的对第一卷的重要章节“意志的肯定和否定”的评论），他论述鸡奸的文字是这个章节的附录。叔本华的读者应该记得，他认为意志和智力是脱离的，意志和智力是对立的。正是因为人类的智力过度发育，所以产生了偏差（Irrwege）。在与性的结

（接上页）的签名者向叔本华归纳的观点是，同性之爱在地域和历史上普遍存在，这证明同性之爱是自然产物，参见Wissenschaftlich-humanitäres Komitee, petition “An die gesetzgebenden Körperschaften des Deutschen Reiches” [1901], “Hirschfeld Scrapbook” carton 1, sec.2, p.9 (a-d), Kirsgr。到人们草拟这份请愿书时，有关“退化”的病理学的理论仍然允许其支持者把“先天的”事物从“自然的”事物中区分出来，甚至指出将二者混为一谈是“可笑的”。参见Schrenck-Notzing, “Beiträge zur forensischen Beurteilung,” 7-8。

1 参见David Asher, “Schopenhauer and Darwinism,” 312-332, 329。

合中，我们发现了由个体意志驱动的结合的冲动和由物种的需求驱动的结合的冲动之间的冲突。通过对包办婚姻和爱情伴侣的讨论，作者巧妙地为这种冲突找到了例证。叔本华一反常识，认为包办婚姻符合个体利益，因为它们和现实的真实需求相关（家族的忠诚，商业的利益或者金钱）。追求爱情的婚姻的动机是虚无的意志的力量，这是在执行物种的需求。有鉴于此，他主张，追求爱情的婚姻总是不幸福的，比较而言，包办婚姻的运作更加省力。在追求爱情的婚姻中，一个人向自己短暂的幸福投降，而非为了未来后代的成功让步。[1]

根据这种观点，人们应该深入思考鸡奸的“空前矛盾”或者非自然本质。鸡奸者那不可抑制的强烈欲望怎么可能成为一个预示人类未来征兆？正如纪德对叔本华的解读所示，问题不在于人们承认欲望法则存在一个例外。[2]正如爱的结合本身所表达的那样，社会自身的利益和现实及智力自身的利益和现实体现并揭示了这种意志，最邪恶的行为是自然为了实现最崇高的目标而创造的产物：维持和保存这个物种。因此叔本华探询邪恶的行为如何服务于崇高的目标，他没有找到达尔文的思想（在他撰写这篇附录的同一年，达 80
尔文刚刚出版《物种起源》），他找到的是亚里士多德的思想。[3]尚未成熟的人和年老体衰的人（根据亚里士多德的说法，即55岁以上

1 Schopenhauer, *Welt als Wille*, 2: 607-651.

2 In *Corydon*, quoted in Patrick Pollard, *Andre Gide: Homosexual Moralist* (New Haven CT: Yale University Press, 1991), 45.

3 In book 7 of the Politics, Schopenhauer, *Welt als Wille*, 2:646.

的人）只能生出不够优秀的后代。叔本华在《作为意志和表象的世界》的早期版本中提到，鸡奸不仅是偏离自然的本能。鸡奸是自然本能的最纯洁的形式。哲学家认为，鸡奸具有特殊的力量：它揭露了自然之手。

从身体到灵魂：法医医学需求以外的性的主体

我们可以通过哪些方式宣称一种所谓的“性主体”在19世纪60年代出现了？显然——正如福柯的批评者不厌其烦地指出的那样——只要存在（“同性恋”或者“鸡奸”）性行为，那么必然存在实施这些行为的人，他们知道他们已经实施了这些行为，有时他们也知道他们即将实施这些行为，而且他们因这些行为受到惩罚，甚至因这些行为被称为同性恋。[1]不过，**主体**（subject）这个术语的意味不止于此。对使用德语的思想家来说，例如康德和黑格尔，包括他们之后的其他思想家，这个名词的意思是一种理性的人、思考的人和有认识潜能的人；一个人不是天生的主体，这个术语和成为一个完全自觉的人的持续进行的过程及目标有关。不过，**主体**这个术语同样指受到某种事物主宰的东西，一种权威、一个政权或者任何一种形式的观察、规训或监视。人们开始把性行为理解为和一种偏离常态的精神病学特征有关的现象——在这一历史语境中使用的主体一词耐人寻味。同性恋是规训的医学、法学和刑事等知识模型的主宰对象（subjected），与此同时，同性恋者亦开始明确表达具有主

1　例如参见Graham Robb, *Strangers: Homosexual Love in the Nineteenth Century* (London: Picador, 2003)。

体性的（subjective）自我身份认同和亚文化；在这一历史进程中，**主体**这个术语的两层含义都是有效的。这种显然自相矛盾的双重运动进程便是福柯的理论术语“主体化”（subjectivation）所表示的那些现象。[1]

在德意志各邦国和奥地利，对同性恋行为的证据的认定是法医的职权范围（这些法医是司法系统雇员，职责是帮助司法部门进行刑事诉讼）。人们对以法医学学生、学徒为目标读者的手册 81
进行了调查，调查结果显示，人们最初小心翼翼地谈论兽奸和鸡奸，但到19世纪中期，这种讨论开始变得普遍常见。腓特烈大帝（Frederick the Great）把普鲁士的普通法（common law）编成了《普鲁士法典》（*Preußisches Allgemeines Landrecht*），法典提到：“兽奸和其他类似的非自然的罪行，由于这些罪行十恶不赦，这里不能逐一列举”，“需要把”这些罪行“从人们的记忆中完全清除”，但是法学家和医学家把这些罪行理解为“非自然状态的人类和动物的性关系、人类和尸体的性关系以及人类和同性别人类的性关系（男人和男人的性关系和女人和女人的性关系）”。[2]由于人们认为同性性行为内涵一种隐秘的本质，同性的非自然交媾的庭审

---

1 更详细的讨论参见S. Spector, “After the History of Sexuality: Periodicities, Subjective, Ethics,” in Spector, Puff, and Herzog, *After the History of Sexuality*, 1-14。

2 G. H. Nicolai, *Handbuch der gerichtlichen Medicin nach dem gegewärtigen Standpunkte dieser Wissenschaft für Aetzte und Criminalisten* (Berlin: Hirschwald, 1841), 167. 罗伯特·比奇（Robert Beachy）认为这种禁令具有重要地位，参见Robert Beachy, “The German Invention of Homosexuality,” 801-838。

案件非常罕见。人们在文献中把同性的性交同人类和动物的性交、人类对尸体的侵犯联系在一起，不仅如此，人们还特别地热衷于把它同暴力的强奸和骚扰行为联系在一起。[1]人们的看法是鸡奸和强奸是既相互联系，又有所区别的禁忌的交媾行为——那些违背法律的性交（强奸）和违背自然的性交（同性的性交）——的具体形式。[2]这种早期的把同性性行为和暴力的性侵犯合二为一的做法值得注意，它是这一做法的征兆，即19世纪60年代晚期以后，人们用耸人听闻的夸张手法把暴力和同性恋结合在一。

法医学的学术讨论提到的兽奸和鸡奸的身体痕迹的具体细节是重复的，因此这些讨论的基础显然不是学者对主体的观察（或者，是否如这些手册的副标题所示，其基础是个人“根据自身经验”的观察），而是既有的法医学手册。我们的关注点从行为转到了认同上，这与我们的思考是一致的，这些文本的目标是识别那些习惯性地做出鸡奸行为的个体，但是鸡奸者这个范畴完全被性行为本身——具体来说，插入肛门——的概念所吸收了。[3]这些手册是当地罪犯的身体指标目录，其中包括鸡奸行为留下的直接痕迹（对应
82 强奸刚发生后留下的痕迹）和人们眼中的习惯性的被鸡奸者或鸡奸

1 例如，请注意1863年这份介绍法医学在确定强奸、辱尸、鸡奸和侮辱动物等行为方面的状况的书中的单一叙述的一致性：Ritter, *Zur Geschichte*。另一位学者也阐明过同样的联系，参见Casper, *Klinische Novellen*, 44-45。

2 “Gesetz-und naturwideigen Beischlaf”；例如参见Berhard Brach, *Lehrbuch der gerichtlichen Medicin* (Colone: Eisen, 1846), 629-640。

3 虽然众所周知，鸡奸一个其定义不稳定的术语，而且在19世纪这个术语的范围扩充了，但是人们也用鸡奸特指肛交——“一个人（通常是年轻人）的肛门，把肛门当作阴道”，参见Brach, *Lehrbuch*, 639。

者的标志。早期史料不断提到这些指标，特别是有人主张被鸡奸者的肛门明显呈漏斗形，鸡奸者的阴茎呈锥形。另外一个人们反复提及的典型内容是鸡奸活动的整体后果，包括暴食、消瘦和关节肿胀等。[1]医生逐渐扩展了鸡奸的身体指标目录，他们合并了各种类型的体征，包括身体创伤的即时残留物、他们所想象的必然会伴着习惯性的肛门插入行为出现的体征和那些他们可以解释为肛交这种异常行为的起源的东西。细小的阴茎是鸡奸者的标志，既因为这样人们就可能将其插入肛门，也因为其拥有者受女人的嘲笑和回避。身体特征既可以是肛交行为的原因，也可以是肛交行为的症状。什么是原因，什么是结果，这个问题似乎无人在意，而且对法医来说，这个问题就好像先有鸡还是先蛋的问题——这是一个无关紧要的问题。国家雇佣医生辅助法庭审判，他们的工作重点不是这些犯罪的精神起源，而是嫌疑犯的身体上的犯罪痕迹。人们对犯罪起源的兴趣和对犯罪痕迹的兴趣出于同样的缘由：二者都指向犯罪事件的确证的事实。

从1840到1850年代，法医学文献为人们提供了一种即使不是完全一致，但也是整合统一的有关鸡奸的图像或身份认同。鸡奸是一种背德之举、一种令人厌恶的事物；鸡奸是一个秘密；鸡奸是一种具体的暴力的形式；鸡奸还不是一道**谜题**，但即将成为一道**谜题**。

正是在这种语境下，1852年柏林医学权威约翰·路德维希·卡斯帕（Johann Ludwig Casper, 1796—1864）发表了一篇划时代的学

---

1 一份重要资料是Adolph Henke, *Lehrbuch der gerichtlichen Medicin* (Berlin: Dümmler, 1841), 139.

术论文，但是我们对这篇论文的重要性的看法和作者的看法不同，重要的事情是不要忘记我们和作者的看法之间的区别。卡斯帕的论文标题是《论强奸和鸡奸，兼论法医的判定，基于原创观察》（On Rape and Pederasty and Their Determination on the Part of the Forensic Physician, Based on Original Observations），他继续使用了既有文献的既有范式：作者在暴力强奸和同性性交之间建立联系；坚持同性性交是违背自然的、令人厌恶的行为；重点关注被鸡奸者和鸡奸者身体上的泄露真相的标记。[1]卡斯帕认为，他的论文的基础数据出自他实际测量的七个确证的鸡奸者的数据，这些数据是一项重要的学术贡献，而且他企图推翻人们在鸡奸这一领域无限重复涉及法医学的错误概念的行为。不过这篇论文没有提出什么特殊的观点，当下的读者不会认为他有关"先天"的同性"倾向"的见
83 解是革命性的主张。40年后，克拉夫特-埃宾指出，卡斯帕几乎猜不到这种评价会发展成一整个学术研究的学科。根据福柯主义者所预期的"行为和身份对抗"这种预期，克拉夫特-埃宾把卡斯帕这一激进言论解释为"同性恋取向不是**变态的属性**（perversity），而是**变态的过程**（perversion）"。[2]卡斯帕是第一位暗示同性吸引源于病理性的先天倾向（"在许多案例中是先天性特征"）的学者，但是如果真是这样，那么同他的学术贡献的分量相比，他这个人显

---

1 Casper, "Nothzucht und Päderatie," 21-78.

2 参见Richard von Krafft-Ebing's Forward to Moll, *Die Contäre Sexualempfindung*。这篇文献的作者暗示，历史编纂学叙述中对"寻找起源"的起源的追求本身就是1880年代后期和1890年代早期的性学研究热的产物。

得有点无知。[1]他只是不经意提到了这个观点，甚至没有把这个观点纳入他总结的论文的十大主要发现。卡斯帕的具体学术兴趣是证伪并反驳一切既有的、关于（当地的和普遍的）鸡奸的诊断标志的法医学文献的假设，因为人们从来没有把这些标志视为真正的鸡奸者的特点，这些标志也可能出现在其他许多人身上。然而他用此前的研究文献忽视的被鸡奸者的不同体征（一种特殊的臀部形态和肛门周围的皮肤的特点）替代了上述诊断标志。[2]

除了权威专家卡斯帕根据新的原创检查提出的观点，他还注意到他正在利用的一种不同种类的史料的重要性，这是“心理学和刑事司法的年鉴中的前所未有的全新内容”，一个令人难以置信的发现：“一位鸡奸者的书面日记，内含他多年以来每天记录的他的冒险之举、交媾和种种轰动的经历”。[3]卡斯帕把日记主人称为冯·卡尤斯侯爵（人们认为真实人物是老海因里希·冯·马查恩男爵）。警官逮捕他时缴获了他的日记，逮捕理由是他有犯了“非自然的罪孽”的嫌疑。[4]这种全新的刺激使卡斯帕的文本栩栩如生，他的理解中， 84

1 Casper, “Nothzucht und Päderatie,” 62. 卡斯帕假设，承受负担——克拉夫特-埃宾后来把这种负担叫作病态倾向（Krankhaft Veranlagung）——的“不幸的人”是少数人，其中大多数有这种病态倾向的都是曾经沉迷于肛交的老年男性。虽然克拉夫特-埃宾的理解，卡斯帕没有把这种先天性同性恋的说法理解为他的文章的主要贡献，但当前的文献却无法这样认为，因为这种情况似乎显然非常重要。参阅Beachy, *Gay Berlin*, 23。

2 Casper, “Nothzucht und Päderatie,” 68.

3 Ibid., 67.

4 Hergemöller, Mann für Mann, 484. 其他比较常见的拼法有“Malzahn”和“Maltzahn”。卡斯帕是马查恩审判的专家证人，根据乌尔利克斯的说法，马查恩遭到从重量刑并死于狱中，赫希菲尔德提到马查恩死于狱中的事实，也提到许多其他未经证实的、他死后的事情。参见Ulrichs, *Forschungen*, 10:88-89。

他自己的文本既是科学研究，又是对科学的论文体裁的威胁；他的文本产生了案例研究的感官刺激的特征，暴露了卡尤斯或马查恩的叙述和他的叙述之间的边界的脆弱性：

> 虽然我认为我的职责是回归科学，但是出于我的官方职务之便，我得到了一个珍宝。它使我得以窥探这样一个黑暗的领域（但是这个领域仍然属于科学），尽管我只能提供些许暗示——我的笔阻止我冒险复述这些日记中描述的放荡生活。[1]

这本日记的存在本身就是其作者的病态体质的标志。作者“极其的天真，以毫不尴尬的真诚姿态”，进行了书面自白；他在第一次问询中承认，在过去的长达26年的时间中，他“无法克制自己”，所有这些自白都是“女性化、儿童化的本质”的标志，而如果人们不是熟悉这位主体，他们就无从知晓这些特征。[2]因此，关于性剥削的自传体叙述体裁和科学性质的案例研究体裁以孪生兄弟的面貌出现；专家具备常人所没有的专业能力，他们可以阅读前一种体裁，与此同时，他们对前者的解读使他们能够去撰写一种地位更优越的法医学的描述。卡斯帕根据这些有关病态主体的知识宣称这一个体有能力对他的行为负责（这里说的不是刑事责任能力，而是处置能力），他既不是低能儿，也不是白痴，这是一个明确的、有些人称之为“性变态”的案例，而且他指出：人们难以根据这个主体的外在身

1 Casper, “Nothzucht und Päderatie,” 68.

2 Ibid., 67.

体特征或行为习惯来判断他的病理属性（尽管如上所述，但医生的检查显示罪犯的肛门周围皮肤和肉体存在异常现象）。日记比任何检查提供的洞见都更多，但是这些检查会提供另一种洞察。卡斯帕介绍他那篇关于强奸和鸡奸的长论文，他提到了大都市的环境：最深重的贫困及其悲剧性的后果（强奸）、最过度的奢侈及其非自然的变异（鸡奸）。[1]这个主体的日记让作者深入认识了城市的同性恋亚文化，他以厌恶的口吻对其进行描述，不过这些描述亦具备某些法医学研究不具备的栩栩如生的特点（既有研究只是偶尔提到，有关鸡奸行为的报道日益增加，鸡奸具有城市化的特征）。卡斯帕的文章为读者描绘了一个有血有肉的鸡奸者，而且这个怪物是环境的产物。

卡斯帕首要学术成果没有遵循他的预期——证伪关于习惯性 85
的男男性交的、具有地方特性的身体指标的既有知识，建立不同的、更加准确的指标取而代之——他期望的完全不是推翻某种研究范式。但是卡斯帕在呈现同性恋的案例研究的过程中——特别是他在研究同性恋者对自身性行为的记录的过程中——在他不经意的暗示中，即鸡奸者不仅可能是习惯的产物，也可能是某种形式的先天本质的产物——他开始通过所有这些具体的方式，分析即将以“一位名人、一段过去、一个案例研究”的面貌显现的同性恋主体，如果他们的显现形式不是——如福柯的最饥渴的读者和最狂热的批评者热衷于理解的那样——僵化的字面形式的话。[2]卡斯帕认

1 Ibid., 22.

2 参见David M. Halperin, “Forgetting Foucault,” in *History of Homosexuality*, 24-47。

为，性取向乃先天的这一事实就像有关同性恋主体的身体“事实”一样，只是作为犯罪活动的标志才引起了他的研究兴趣。对卡斯帕来说，就像其他法医认为的那样，科学研究的对象是性行为或犯罪行为的具体表现。这位19世纪中期的学者尝试更加精确地辨别被鸡奸者和鸡奸者的身体，只有在我们回顾学术史的时候，他的这一举动才会清晰地显现为通向同性恋主体的旅途中的一站。

卡斯帕继续大肆宣传，以期转变人们关于非自然的猥亵行为的标志的知识，他主张，人们有错误的观念不是出人意料的事情，因为“完全没有任何个人的观察”。奥古斯特·安布罗斯·塔尔迪厄（Auguste Ambroise Tardieu, 1818—1879）声称自己考察了206个案例（这值得怀疑），但他只提供了19个案例的具体细节，他只在其中的一个案例中展示了鸡奸者的一些器官特征以证明自己的观点（反复挤压对抗不正常的肛门口的阻力导致尿道扭曲弯折）。这位法国医生还提出，“歪斜的嘴巴、短小的牙齿、厚重的翻折的嘴唇”是另外两位同性恋主体的口交恶习的结果，卡斯帕反对这种观点，认为这些恶习不会留下任何痕迹。[1]塔尔迪厄和卡斯帕的争论表明后者对此有深入研究，他的研究对象是真实的同性恋主体及其对展现他们身上那些明显的变态活动留下的痕迹的抵制。学者们把重点放在了一个有待认定的人群阶层身上，而且他们还认识到无法轻易地根据那些身体痕迹甚至行为来辨认这些人；因此，法医们——这些医生的职责是辨认特定的犯罪主体——试图找寻一种

---

1 Casper, *Handbook*, 329.

不同类型的可辨认的特征。那些科学文本的非学术读者——他们在卡斯帕的描述中认出了自己——为这一搜寻贡献了力量；在卡斯帕1863年出版的新作《法医学临床故事》（*Klinische Novellen zur Gerichtlichen Medizin*）（这个标题颇为耸人听闻）中，这些材料提供了重要的新数据。[1] 86

一般来说，德语单词“Novelle”的字面意思是“小说”，尽管这里这个单词还隐含“修正”或者“补充”的意思。事实上，1863年卡斯帕出版《临床故事》，作为他那部重量级著作《手册》的补充，他意在提供更多（更多彩的）与法医学有关的“最有趣的和最具教育意义的”案件的图像细节。1852年，卡斯帕发表了原创论文《强奸和鸡奸》（Rape and Pederasty），他随之收到一封内容详尽匿名信，其详细程度堪比马查恩男爵的日记，以至于这位医生相信，这封书信的内容必然体现了一种“内在的事实”。他在《临床故事》中大段摘录了这封书信的文本，他利用这些材料证明：第一，存在早期童年记忆中的同性间的吸引力和性兴奋；第二，存在羞耻和孤独的感觉；第三，他的性启蒙，等等。

在这封书信中，这位主体把第一次和男性的性交形容为令人惊喜的发现，不仅因为这是他从未体验过的性欲释放，也因为他通过事后谈话得知成百上千的男同性恋的存在。在人们的假设中，性取向与众不同的群体往往“年迈、丑陋、不举并且由于放纵过度而精疲力竭”，而在这位线人经历中，男性同性恋共同体是一群年轻、健

1 Casper, *Klinische Novellen*, iii-iv.

康、有吸引力、高尚且深情的伴侣，人们的假设被线人的经验证伪。依性取向划分的共同体或性取向的亚文化的观念是这份自白的核心，也是这种隐秘的性天性的核心。事实上，二者不可分割，互相纠缠，这不仅是因为同性恋的共同体由那些具有反常倾向的人组成：“慷慨的天性为我们提供了一种本能，这种本能就像兄弟之情一样，把我们联合起来。只要一眨眼的时间，就像一次电击，我们马上就能找到彼此，而且我从来没有失望过。”[1]这些文字的主题是秘密互认和超越边界的情谊的信号，这位线人认为，这些信号和这一主张同等重要，即是内在天性将男性同性恋者团结了起来。根据这位线人的想法，这种隐秘而普遍的兄弟之情同他的性取向身份的自然本质和解放前景联系在一起。如果他从意大利的城市出发，经过卢浮宫、苏格兰高地和圣彼得堡，最后到巴塞罗那的港口，在旅途中找到了他从没见过的人，“**他对我一见钟情，我对他一见钟情**，这也是一种犯罪吗？”[2]

这些邂逅被描述为短暂而有意义的情感联系，肢体接触的重要性则遭到贬低；事实上，他否认自己曾经参与鸡奸，但并不否认
87 “鸡奸”可能发生在低级的个体之间，他描述男同性恋之间的关系是温柔的亲吻和爱抚。这一事实证明了马查恩和乌尔里希的说法，成了人们对鸡奸者的身份认同的讨论的推进中具有关键意义的文本。非自然的猥亵行为的法律主体为法医学者研究鸡奸活动的主体提供了契机，但是这些调查使得人们开始产生了一种思想：这种身

1 引自Casper, *Klinische Novellen*, 38。

2 引自ibid., 39。

份或者这种主体确实存在。现在情况变得明朗：有问题的主体不是被鸡奸者或鸡奸者（他们的特征是顺应或导致了他们参与鸡奸活动的互补的、畸形的器官）。人们同样可以在其他地方找到这些有问题的主体。[1]

这种现象将我们引向了威斯特法尔的论文，论文主题是“逆向的性感知”（contrary sexual sensibility），福柯引用了这篇文章，视之为现代“心理学、精神病学及医学上的”同性恋的范畴的“诞生”的精确时刻。[2]威斯特法尔的研究契机是既往研究中有关这一问题的空白——医生眼中的在两种情况（一种男性情况和一种女性情况）下的这一疾病的首要“症状”：在具备对这种临床表现的病态性之的意识的情况下的一种性感觉的先天倒置。[3]福柯以后，人们通常把这篇论文视为同性恋现象的医学化时刻。不过，正如我们已经看到的那样，整体而言，同性恋者是一种“人的类型”的观点和同性恋者是邪恶活动的实施者的思想是相互对立的，随着法医学这个研究领域的快速发展，法学、刑侦以及医学的逻辑交汇，这

1　这种说法补充了阿诺德·I.戴维森（Arnold I. Davison）的观点，后者认为这是一个重要的转折时刻，这种转折的起点是他所谓的解剖学和病理学的论证风格（正如我们所见，起初认定病变部位是生殖器，后来认定病变部位是大脑），终点是一种全新的性变态的模型，即性本能的功能性变化。参见Davison, “Closing Up the Corpses: Diseases of Sexuality and the Emergence of the Psychiatric Style of Reasoning,” in *Homosexuality and Psychoanalysis*, 59-90。

2　参阅Westphal, “Die conträre Sexualempfindung: Symptom eines neuropathischen (psychopathischen) Zustandes,” Archive für Psychiatrie und Nervenkrankheiten 2, no.1 (February 1870)。参阅Foucault, *History of Sexuality*, 1:43。

3　“eine angeborene Verkehrung der Geschlechtsempfindung mit dem Bewusstsein von der Krankhaftigkeit dieser Erscheinung”; Westphal, “Sexalempfindung,” 73.

种思想必然会产生，且日趋明显。在威斯特法尔的论文中，同性恋主体被彻底病理化了，但是相比任何既有文献，包括我们讨论过的文献和当时已经存在的文献，他也赋予了同性恋主体相对更多的主体性。对比卡斯帕的11个案例和塔尔迪厄自称研究的上百个案例，威斯特法尔只进行了两项深入的案例研究。他的这些研究的材料是多元的，这种多元是威斯特法尔方法论的重点。威斯特法尔调查了著名的柏林夏里特医院（Charité hospital）的精神病病房。这份
88 调查是他的一手材料，是他最先呈现的材料，但是他很快就引导读者去阅读其他记述文字：病人家属的报告和监狱人员的报告，其主题是病人的情况及其行为；医院和监狱的观察日志；病人自己对医生的自述；医生要求病人撰写的自传报告和病人自己撰写的书信等有关病人的自我的档案。为了进一步解释这些档案所反映的情形，威斯特法尔撰写了有关其他相似的病理主体的档案证据的报告：卡斯帕的《临床故事》转载的同性恋者的自白；新闻报道刊登的卡尤斯侯爵的记录（显然他不知道故事的出处）；“努曼·努曼提乌斯”（Numa Numantius）（卡尔·海因里希·乌尔利克斯）出版的标题为《男男爱情之谜研究》（*Forschungen über das Räthsel der mannmännlichen Liebe*）的一系列小册子中的一本。

让病态的主体用自己的语言说话是威斯特法尔那篇突破性的论文在方法论上的冒险之举（事实上，这正是这篇论文取得学术突破的原因）。虽然他主张自己拥有识别和解释材料的权威，但是他也意识到，将这些材料纳入阐述的行为本身可能既有风险，也会带来收益。例如在H先生的案例（这是他选中的一个男性同性恋案

例研究）中，同性恋主体有盗窃和诈骗前科的事实带来了一些特殊的问题。第一，他异装的主要目标可能是伪装、掩饰、欺骗或者诈骗。[1]在他的另一个案例中，一位35岁的女士，人们也担心她“表现出那种男人的感觉”（据这位主体说，从青年时代早期开始她就已经有了这种体验了）不是为了欺骗对方，就是为了哄骗自己。正是在这里，威斯特法尔指出，这种情况可能不太一样，因为女同性恋主体提供的说法和有着反常型感觉的男同性恋主体——包括卡斯帕的线人和乌尔利克斯的说法——提供的说法相同（“几乎完全相符”）。因此，第一人称的报告既包括数据，又包括可能可以证实这些数据的语境。

在这一方面，威斯特法尔最重要的材料的来源不是塔尔迪厄和卡斯帕展现的同性恋主体的片段，而是卡尔·海因里希·乌尔利克斯以努曼·努曼提乌斯的假名出版的一本长达72页的小册子。[2]威斯特法尔知道这本小册子是一系列小册子中的第二本，但是他没有阅读过第一本，他似乎对乌尔利克斯后来出版的小册子一无所知，当时乌尔里希就已经出版了七本小册子（或者说八本，最后一本分上
下两册）。威斯特法尔认为待乌尔利克斯的文本举足轻重——这是 89
一份明确的“男同性恋者”（urning）的自我身份的陈述，考虑到这一点，福柯把他自己的起源故事放在威斯特法尔医生身上的做法就有点出人意料了。有关这种身份的循环论证的整体观念（包括法律禁令、医学诊断、解放性的自我身份）的直接出处是福柯的著作《性

1 Wesphal, “Sexualempfindung,” 91.

2 Ulrichs, *Forschung*, vol. 2.

史》，但他坚持把解放性的自我身份放在边缘地位，他在一条具有挑衅意味的短注释中称之为“一种反论述（reverse discourse）”。[1]威斯特法尔是现代医学和精神病学中的同性恋模型的创造者，他借鉴了乌尔利克斯和那些与之相似的人，从而提出了一些替代那些可见指标的东西，此前，法医设想那些可见指标是鸡奸者的身体标记。威斯特法尔提出“相反的性感觉”这个术语，形容这种不可见的内在污名。就乌尔利克斯而言，他也回避关注鸡奸活动，转向解释曾经受鸡奸者的名号污名的同性恋者的内在本质以及他们那隐秘的共同体。他曾经接受古典学学术训练，因而知道“鸡奸”（pederasty）从一开始就具有诽谤意味，是用词不当，所以他不但提出了新的术语来命名他所描述的（他自己所在的）同性恋群体，还提出了一种新的思考方式以讨论急需新概念的同性恋身份和同性恋共同体。他用来命名同性恋的术语是源自古典文献的“同性恋者”（urning）。[2]

1　Foucualt, *History of Sexuality*, 101. 虽然这个问题有许多值得讨论的地方，但是最重要的一点是要把福柯的研究视为历史的一部分，包括福柯自己置身的政治环境和他与性解放潮流的关系，参见Didier Eribon, “Foucault’s Histories of Sexuality”。性主体是福柯《性史》第二卷的主题，但是人们在注意到这一点时，就不难发现福柯在《性史》第一卷中对乌尔利克斯的边缘化显得更加突出。《性史》的写作目标不是追溯起源的历史，而是建立家族的谱系，如果从后一种观点来看《性史》，那么这种思路就会是许多人对整部著作及其被接受程度批评的陷阱；例如参见Halperin, “Forgeting Foucault,” in *History of Homosexuality*。

2　这里的“同性恋者”（Urning）是一个德语术语。这个术语的词源是希腊女神乌拉尼亚（Urania），乌拉尼亚是希腊神话的九位缪斯之一，掌管天文。一些用德文写作的知识分子使用这个术语指代“同性恋者”，通常是指男同性恋者。——译者注

性取向的流散：从身份到共同体

在一篇后来扩展到十二卷的论文的第三段中，乌尔利克斯就已论述过同性性交的犯罪行为的主体了，他们似乎是生活在我们中间的少数群体，不像一个暴力的性犯罪的亚群体，更像一个离散的民族。

> 数以千计的同性恋者生活在这片名为“德国”的土地的城市和乡村。他们遍布上层阶级和下层阶级，从事各种职业。数以百万计的同性恋者生活在世界各地。同性恋者生活在所有地区，生活在古代，生活在未开化的游牧者中，甚至生活在动物当中。[1]

在多个意义上讲，乌尔利克斯用假名发表的《男男爱情之谜》的前 90
几段话似乎是某种类似同性恋主体的东西出现的奠基性时刻。因此，乌尔利克斯被誉为“男同性恋革命的祖父”[2]和“第一位现代的男同性恋者”[3]。

乌尔利克斯在这部广博的经典著作的第一部分提出了几个基本观点。在第一段中，他提出：有一个人类的群体，他们的“身体被打造成男性”，但是他们的性取向不指向女性，而指向男性。在第二段中，乌尔利克斯为这个群体命名（他建议使用的术语是“urnings”，此后他在使用这个新词时不再添加引号）；19世纪后期，法学家和科学家们提出一系列为同性恋命名的建议，乌

1 Ulrichs, *Forschungen*, 2:2. Translations are adapted from Ulrichs, *Riddle*.

2 Vern L. Bullough, “Introduction,” in Ulrichs, *Riddle*, 1:21.

3 LeVay, *Queer Science*, 12.

尔利克斯的提议是其中的第一个。在第三段中，他提出了大流散（diaspora）的比喻。这些个体分散在这片名叫“德国”的土地上，仿佛他们从历史上的不同民族和时代中，甚至从自然界中被驱逐出去了。这里令人印象深刻的一点是，乌尔利克斯用引号突出了“德国”这个地理区域，这表明当时的德国是一个或然的、易变的范畴，一个任意的、虚幻的范畴（我们需要注意，这篇文章在德意志帝国成功实现诸多德语地区的政治统一之前便已发表）；紧挨着这个打引号的德国一词的就是自然化的、稳定的、不带引号的术语同性恋者（urning），尽管任何读者在翻开乌尔利克斯的小册子之前可能都不熟悉这个术语。如果同性恋者在社会中的位置是不稳固的——事实上，人们需要为同性恋者命名这种情况本身就已经证明了，直到当时，人们一直顽固地拒绝承认他们的存在——那么在这里，乌尔利克斯则把同性恋者建构为这样一种类型的人：他们是自然的产物，是不可动摇的现实，他们的根基比任何王国、文化或法律的体系更加深远，即使这些根源仍然鲜为人知。确实，同性恋不是从某个他们原有的家园迁移来的移民，但是他们已经以外国人的身份生活在我们中间了。“根据许多报道，”乌尔利克斯指出，“同性恋的人数不断增加。没有一位父亲可以确信他那几个儿子身上是否潜伏着带有同性恋倾向的种子，同性恋倾向是否将在那几个儿子的青春期爆发。”[1]

不过，大流散的阴影并没有潜入第三段文字；它已然在同性恋

---

1 Ulrichs, *Riddle*, 1:35.

者的定义——容纳女性灵魂的男性身体——处得到了体现。海因里希·霍斯利（Heinrich Hössli）在撰写一篇早期的以“男性爱情”为主题的论文时，他引用了希伯来语的形容“女性的灵魂占据男性的身体”的史料，他把这种情况称为“灵魂迁移”（Seelenwanderung）。[1]即使我们处在自己的身体里，我们也不一定有宾至如归之感。拉丁文 Anima muliebris virili corpora inclusa——被困在男性身体里的女性的灵魂——是乌尔利克斯提出的公式。就像他在后来的书中断言的 91
那样，同性恋者在男人的身体中感到局促不安，他们在男人的陪伴下同样感到局促不安。他们厌恶男性性伴侣，后来他们也同样厌恶女性性伴侣，从童年开始，他们就在学习“在自己的国家成为一个外国人”是什么样的。乌尔利克斯将同性恋者与许多其他群体做了对比，其中之一是与犹太人的对比，后者是大流散的典例。乌尔利克斯用不真实和假装同化来描述这种状态：“我们只是扮演男人”，正如在德国长大的犹太人没有成为德国人，而是装作德国人。[2]

这篇文章具有奠基意义。出现在文章开头的所有这些多元和矛盾的要素可能不是偶然现象。这些相互矛盾的元素展现了一段双重历史。一方面，他们建立一种内在的或个人的同性恋身份认同的模型，这种模型的模拟对象是那些更为人所熟知的身份认同，例如性别或种族；另一方面，他们引入同性恋的共同体的概念，并且在

1 Hössli, *Eros*, front matter and 1: 295.

2 Ulrichs, *Riddle*, 1:58.

更大、更主流的所谓异性恋社会中定位同性恋的共同体。[1]在“世纪末”（19、20世纪之交）的中欧地区的政治背景下，同性恋的直接比较对象是犹太人的共同体和犹太人的解放。几乎就在犹太人的解放进程发生的同时，同性恋性取向的概念形成了，而且乌尔利克斯之后的几代同性恋活动家们（特别是有犹太背景的活动家，例如最重要的人物马格努斯·赫希菲尔德［Magnus Hirschfeld, 1868—1935］）的思想开始体现这个概念。[2]乌尔利克斯本人肯定已经本能
92 地意识到：同性恋身份认同的科学模型和他那种明确的法学论证有关，因为他在撰写手稿的过程中开始涉足医学化的领域。[3]虽然

1 劳拉·多恩（Laura Doan）和克里斯·沃特斯（Chris Waters）在一本翻译的性学文献读本的“同性恋”（Homosexualities）这一部分中，通过这种方式简要介绍了有关性学的学术成果的争议：“为那些体验过同性情欲的人贴上‘同性恋’这个独特的身份、性格的标签，这是一种积极的发展，还是一种消极的发展？历史学家们就这一个问题产生了分歧。‘有些专家赞同性学研究创造的同性恋的概念，他们认为这个概念给出了一种强大的自我认同的解释模型，而且这个概念推动了现代（男女）同性恋亚文化的建立。其他一些学者则批评性学研究创造的同性恋的概念，认为这个概念在对同性恋的污名化和病态化的进程中发挥了作用。”参见Doan and Waters in Bland and Doan, *Sexology Uncensored*, 41。因此，这场冲突显然是以下二者间的冲突：一边是同性恋主体在身份认同（在自我身份的意义上）方面的“积极”的发展，以及同性恋“亚文化”的建立；另一边是一种无中生有的认同（污名化和病态化）的“消极”的发展。不过与其采纳其中一种立场，不如去关注这些领域之间的联系；换句话说，人们可以避免（积极的）自我身份和（消极的）污名化之间的分裂。

2 詹姆斯·斯蒂克莱（James Steakley）暗示性地指出，正如第二波同性恋解放运动（1960年代美国的同性恋平权运动）以黑人民权运动为自己的模板，德国犹太人的解放运动是当时德国的“第一波”同性恋解放运动的模板。参见Steakley, *Writings of Magnus Hirschfeld*, 1-11.

3 休伯特·肯尼迪（Hubert Kennedy）认为，乌尔利克斯是“第一位同性恋理论家”,人们之所以如此低估他的成就，只是因为他缺少医学方面的学术资格。肯尼迪的论文没有提到米歇尔·福柯，这篇论文载Rosario, *Science and Homosecualities*, 26-45。

缺乏恰当的专业知识，但他仍然试图跨入这一领域。他对同性恋性取向的身份认同的起源或发展轨迹的看法多次发生变化。卡尔·威斯特法尔和一大堆医生——包括最重要的人物理查德·冯·克拉夫特-埃宾（1840—1902）和其他一些人——均跟随他的脚步，提出各种各样的叙述，试图指定同性恋者身体中的同性恋性取向的来源的位置——同性恋主体的血液、荷尔蒙系统或者大脑。正如我们已经看到的那样，威斯特法尔之前的法医学家并非从未想过提出关于同性恋犯罪行为的来源的问题，但是他们在提到这个问题时，这个问题不是他们的核心问题。

乌尔利克斯的目标是同性恋行为的除罪化，他在第一本小册子的封面摆明了这一法律目标。作者使用化名“努曼·努曼提乌斯”，写下了下列文字：“给我一片落脚之地，我就颠覆你们的迫害系统。”[1]

因此乌尔利克斯需要一个自我的基础、一个名字和一片“落脚之地”，以此为起点，颠覆迫害同性恋的世界。毫无疑问，承认同性恋的主体具有自然的起源并不必然会使之获得道德的接纳。乌尔利克斯的早期挑战者暗示，社会不公正可能不是同性恋者的主观理解和外在的客观世界之间的差异的唯一可能解释。一位匿名批评家暗示，乌尔利克斯本人可能受幻觉、幻想、偏执和固定观念（idée

1 Ulrichs, Forschungen, vol. 1, title page: “Gieb mir, wo ich stehe: und euer System der Verfolgung hebe ich aus seinen Angeln.” 亦可参见Ulrichs, Riddle, 1:30n1。出处似乎是阿基米德的名言：“给我一个支点，和一根足够长的杠杆，我就可以撬动地球！”

fixe）的困扰。[1]因此，人们可以认为乌尔利克斯的主张是主观的，但是他们也可以认为他的主张是一种病态甚至疯狂的症状。

当法学专家乌尔利克斯通过撰写理性主义的文本，从而明确表达废除反同性恋的刑法条款的政治目标时，研究同性恋的学者开始以各种各样的方式寻找倒错的性行为的发生场所。同时，医学研究的话语试图找到同性恋的来源，新的城市研究、社会学研究和犯罪学研究的话语试图在大型城市的地域范围内，绘制犯罪和邪
93 恶的共同体的地图。19世纪后期，正如我们所见，人们描绘现代城市的图景，刻画细致入微的细节，其中包括城市的地下世界——犯罪、疾病、卖淫和同性恋的温床。这些新兴的社会科学研究领域的实证研究不断进步，与此同时，有关性和犯罪的大众色情话语不断发展，这种话语的形式既有大众媒体耸人听闻的对性和暴力的报道，也有低俗小说和犯罪纪实对这些主题的炒作。人们把同性恋、黑暗城市、犯罪和暴力等图景微妙地混合在一起，表现出一系列杂乱的形态，相互强化。

卡尔·海因里希·乌尔利克斯不但直言不讳地呼吁人们承认同性恋的自我的存在，还不遗余力地依据所有报道试图建立同性恋者的社会网络，他这样做不是没有原因。他把推动建立同性恋协会当作一项使命，目的是促进原子化的个人在新的公共空间中聚集起来（诚然他们起初会伪装）。他也是第一位“出柜”的活动家——事实上，在建立这个协会的过程中，他既带出了有关现代男性同性恋之

---

1 Anon., *Das Paradoxon*, 29.

本质的概念，又带出了有关现代男同性恋之社会的概念，我们可以说，乌尔利克斯发明了“出柜”的概念。[1]在这些意义上，乌尔利克斯的论证中包含了“**身份**”（identity）这个术语的两种相互矛盾的含义，在当时的话语中，身份指人们假定的固定的、不变的、真实的自我，与此同时，身份也指对内部事物的外部再现：换句话说，公共的身份可能和私人的自我冲突。虽然有人对**身份**这个术语的批判性的用法心存疑虑，他们反对多重意思并存，缺乏精确的含义，但是像乌尔利克斯这样的主体，他们在自己的身份认同进程中合并了这些潜在的矛盾含义。[2]换句话说，男同性恋的身份的本质和男同性恋身份的公共形象的一致性不完全是巧合。

乌尔利克斯发表的一系列小册子的标题中有男男爱情“**谜语**”
或“**谜题**”（Räthsel）的字眼。同性恋之谜这个形象是一个长久存
在的主题。乌尔利克斯在他的书稿的总结陈词中重申：“同性恋是
一个自然之谜。”[3]乌尔利克斯之后的文献，甚至乌尔里希之前的文 94
献，都提到过同性恋之谜的形象。同性恋之谜的形象是同性恋主
体和同性恋社会运动的转折的一个路标。1867年，一份法医学手册
把“鸡奸”定义为“驱使人们不通过自然的方式，而通过同性性交

1　这并非没有后果——虽然汉诺威没有同普鲁士法典（显然，不用说，普鲁士法典中也没有就业保护的条款）类似的针对同性性行为的刑法条款，但是根据档案，他的州税务官的职务被解除的原因是他公开承认（同性恋的）性取向，参见Schildt, “Das Ende einer Karriere,” 27-31, 32-33。

2　例如参见Brubaker and Cooper, “Beyond ‘Identity’”。

3　例如参见Ulrichs, *Riddle*, 2:274。

从而获得性欲满足的令人迷惑的冲动”。[1]后来的一本医学词典中的鸡奸这一词条为人们解释鸡奸的功能提供了另一条线索，作者宣称：“鸡奸在很多方面是一个心理学的谜团”。[2]词条的后文中，作者指出，鸡奸之谜在某些情况下是可以解释的，包括个人缺乏接触女性的渠道（监狱或者海上航行），或者放荡的个体欲寻找新的快感。显然作为一种取向的同性欲望令人感到迷惑不解，它要求人们提出不同类型的答案。同性恋之谜的形象在性学研究中关于性的知识体系的变革中得以幸存：1907年，性学专家伊万·布洛赫（Iwan Bloch）在专门研究同性恋现象两年之后，把自己的论文的标题定为《同性恋之谜》（The Riddle of Homosexuality），因为“对我来说，事实上近年以来，我对这个问题的知识越多，对这个问题的研究越多，这个问题就变得越令人迷惑、模糊不清和不可理解”。[3]同性恋是一个谜，同性恋是一个需要解决的问题，同性恋甚至是一个不可解决的问题，学术文献中反复出现这些论断。

攀附名人：真实的科特布尼

革命性的思想迅速发展，所有的这些思想不仅是个人的创新，也是时代的产物。人们需要证明自然规律的真实性，例如天体的万有引力或进化的自然选择，人类性取向的概念同样如此。当人们提起现代的同性恋概念时，他们必然会提到卡尔·玛利亚·科特布尼的

1 Schauenstein, *Lehrbuch der gerichtlichen Medicin*, 119.

2 Hofmann, “Päderastie,” in Eulenburg, *Real-Enczclopädie*, 15:144.

3 Bloch, *Das Sexuallenben*, 541.

名字（Karóly Mária Kertbeny），这位出生于匈牙利佩斯的文化人匿名撰写了两本小册子（或说两封公开信），反对当时已经建立的《北德意志关税同盟刑法典》采纳臭名昭著的《普鲁士刑法》的条款。[1]不过，谁是卡尔·科特布尼呢？

卡尔·海因里希·乌尔利克斯从他的第一本小册子的第一章的第一页起，就屈从于一种冲动：不但要为不可声张的行动发声，而且要为无名的同性恋主体命名。[2]除了乌尔利克斯本人的研究者以外，今天的人们已经不知道他当时选择的同性恋者的称呼了，但是在人们提出现代的性概念的时代，那些著书立说研究男同性恋现 95
象的学者们也有乌尔利克斯这种为同性恋命名的冲动。19世纪后期的几十年间，专家学者使用各种各样的术语称呼同性恋者，直到他们开始改用我们现在使用的术语**同性恋**（homosexual）。克拉夫特–埃宾是最早使用这个词的人物。他起初使用的是威斯特法尔的术语**逆向的性感知**（contrary sexual sensibility），后来开始改用这个词汇，此后人们沿用这个词汇。

同性恋这个名称的提出者是一个奥地利帝国的人物，名称、命名以及撤销命名在他的人生中发挥了复杂的作用。如果说在目前的二手文献中，人们在论证**同性恋**这个术语初次出现的情况时是不一致、不准确的，那么我们必须指出，这些模糊之处都是他留下的遗

1　参见Kertbeny, *Schriften*。这份文献包含赫茨尔撰写的传记文章，附有所有作者已经出版的直接涉及同性恋的著作，包括1869年出版的两本小册子；耶格尔《发现灵魂》（*Die Entdeckung der Seele*）的片段；1900年出版的著作《中间性别形态年鉴》（*Jahrbuch für sexuelle Zwischenstufen*）的删节版。

2　Ulrichs, *Forschungen*, 1:2, reads “These individuals I henceforward call ‘Urnings’.”

产，他拼尽全力为自己赋予名号，与此同时又竭力拒绝人们赋予他的各种名号。这一切始于他自己的姓名，1824年，他生于维也纳，取名为卡尔–玛利亚·本科特（Karl-Maria Benkert）。[1]他使用科特布尼（Kertbeny）这个笔名著书立说，为人所知。由于他的记录自相矛盾，这个笔名的来源不明，但是这个笔名是他以自己的方式用相同字母、另外的顺序造的单词：保留自己名字的字母，打乱字母顺序，加上字母“Y”作为词尾，匈牙利语中的科特布尼这个名字具有特殊的贵族特征。根据科特布尼自己的记录，他对这个名字和匈牙利古老的贵族家族的关系给出过多种解释，事实上，这些解释都是他的虚构。[2]科特布尼这个名字是科特布尼这个人物的故事的讲述者，科特布尼的叙述充斥着装扮、矛盾、反转和掩饰。

虽然当前许多专家学者的学术兴趣的研究重点是**同性恋**这个词的出现和学者提出这个词汇的语境，但是科特布尼从来没有用自己的名字发表他撰写的研究性取向的著作。就像乌尔利克斯一样，

---

1 曼弗雷德·赫茨尔（Manfred Herzer）的论文《科特布尼的生活和性学研究》是最全面、最准确的关于科特布尼的个人经历和他对同性恋的研究的学术著作：Manfred Herzer, “Kertbenys Leben und Sexualitätstudien,” in Kertbeny, *Schriften*, 7-61；亦可参见Jean-Claude Feray and M. Herzer, “Homosexual Studies and Politics in the 19th century,” 23-47, and Manfred Herzer, “Kertbenys and the Nameless Love,” trans. Hubert Kennedy, Journal of Homosexuality 12, no.1 (1985): 1-26；亦可参见Katz, *Invention of Heterosexuality*。

2 例如，赫茨尔引用了1874年致诗人赫尔曼·克莱特克（Hermann Kletke）的信件，他在信中指出，一位祖父迎娶了一位拥有贵族头衔的匈牙利妇女，她在她的丈夫死后生下遗腹子，“他（写信人的父亲）名叫本科特·冯·科特布尼”。Benkert to Kletke (November 29, 1874, Staatsbibliothek Pr. Kulturbesitz), translated and cited in Kennedy, “Kertbenys and the Nameless Love,” 3.

他匿名发表过两本小册子，呼吁新兴的北德意志关税联盟废除现行刑法典中的同性恋罪名。[1]他在其中一本小册子上署了一个简单 96
的名号（如果不是一个不可靠的名号的话）“一个性取向正常的人”（就像他起初所说的异性恋者一样），而且，他在这些文章中插入关于“我们德国人”（uns Deutsche）的评论。[2]科特布尼自己撰写的法学论文和他代替古斯塔夫·耶格尔（Gustav Jäger）以科学的口吻撰写的两个有关同性恋的章节截然不同。科特布尼这个名字的意思是文人、匈牙利爱国者。他用这个笔名撰写了大量文学化的回忆录，留给子孙收藏，而且他撰写了许多介绍匈牙利民族文化的文章，其目标受众是使用德语的读者，其中最著名的作品是匈牙利爱国诗人山多尔·裴多菲（Sandor Petöfi, 1823—1849）和育珂摩耳（Maurus Jokai, 1825—1904）的作品的德语译本。他们是科特布尼的同时代人，据推测，他们是1848年春天的自由主义和民族主义革命的同路人。

事实上，1848年，作者正式开始采用新的笔名卡洛尔·科特布尼，打造新的自我形象，或者至少新的自我呈现。他全情投入了

---

1 [K. M. Kertbeny], 143 des Preussischen Strafgesetzbuches vom. 14 April 1851 und seine Aufrechtehaltung als 152 im Entwurfe sines Strafgesetzbuches für den Norddeutschen Bund (Leipizig: Serbe's Commissions, 1869); Das Gemeinschädliche des 143 des preussischen Strafgesetzbuches vom. 14 April 1851 und daher seine notwendige Tilgung als 152 im Entwurfe eines vom Strafgesetzbuches für den Norddeutschen Bund Leipizig: Serbe's Commissions, 1869). 上述罕见文本的复本参见：Kertbeny, *Schriften*, 63-150, 151-229。

2 Kertbeny, *Schriften*, 81, 81, 206.

1848年革命前夕的“三月前”时期（pre-March）[1]的匈牙利爱国主义文化和此后的四处云游的活动。科特布尼日记中的大量笔记本记录了从一座欧洲城市到另一座欧洲城市的无穷无尽的旅行，他在其中插入大量**人名**——大部分人物是文学家，一部分人物是科学家，小部分人物是政治家。[2]他和尽可能多的名人通信，而且精心保存任何可能有用的名人的回信。当他发现很难得到名人的回复时，他杜撰了回信，例如，他自称某些名人赞扬了他的作品，但是那些人物不是已经去世，就是和他的作品主题相去甚远。[3]科特布尼是一个典型的攀附名人的人。

1848年革命以后，科特布尼似乎总在颠沛流离。这种居无定所的状态可能是科特布尼刻意制造的印象——革命失败以后，反动政权施行严酷的统治，流离失所是当时其他自由主义和民族主义的流
97 亡爱国者共同“享受”的待遇或者共同遭受的折磨。不过，档案表明他的旅行资金来源于秘密警察，科特布尼本人曾向秘密警察申请用于海外间谍活动的经费。警察从来没有信任这位背景不明的古怪

1　这里的“三月前”时期是一个德语术语（德语Vormärz），通常指1830至1848年3月德国革命爆发前的德国和欧洲。人们使用这个术语表达当时德国和欧洲走向变革的社会氛围——译者注

2　Kertbeny Karoly Fond 22, 55 Doud. Hung, NSL.

3　Karoly Maria Kertbeny, Bibliographie der Werke [von K. M. Kertbeny] [edition with extra material] (Berlin: Berliner Tageblatt, 1873).他宣称海涅、洪堡、贝蒂娜·冯·阿尔尼姆（Bettina von Arnim）、路德维希·乌兰德（Ludwig Uhland）、赫尔曼·格林（Hermann Grimm）、查尔斯·西尔斯菲尔德（Charles Sealsfield）还有其他人赞扬过他。科特布尼保存的书信并没有收录上述人物表扬他的证据；参见Fond 22, correspondence (ismeretlenek), NSL。

旅客。他和警察的通信表明：科特布尼坚决要求抹掉情报工作的一切痕迹。这一点体现在他提出的大量此类诉求中：归还他的来信；把他的名字从警察内部的备忘录中删除；给他发放一份使用假名的护照以逃脱外国盘查——当局满足了他的要求，为他编造了另一个假名约瑟夫·涅米迪（Joseph Némedy）。[1]

"一位匈牙利医生"是"**同性恋**"（homosexual）这个词的提出者。这是一种错误的说法。赫希菲尔德的日记首先提出了这种错误观点，许多专家学者沿用了这一错误看法。再一次，这个误解是科特布尼创造性的自我标榜的产物。科特布尼花费了大量精力控制人们对他的身份的看法，甚至经常颠倒明显的事实，令人惊讶的是，他耗费大量时间和笔墨证明他自己的说法，即他是"一个性取向正常的人"——不过在此语境中，这位作者内心的欲望，甚至那些他"必然"涉足的活动都是不相关的事情。就像斯托帕尔德（Stoppard）的《真正的猎犬调查员》（Real Inspector Hound）一样，寻找真实的科特布尼就是转移人们的注意力，这脱离了真正的谜团。什么才是文学批评家本科特/科特布尼做出这两项重大法律主张——"废除同性性行为的禁令"和"制造'**同性恋**'这个术语"——的源动力呢？这个问题的神秘程度不及诚实开朗的汉诺威律师——法庭顾问乌尔利克斯——复杂的社会背景，乌尔利克斯的文本不满足于法学论证，开始涉足同性恋（urnings）现象的起源（他的早期书稿是受催眠术影响的理论，后期卷本是受生物学影响的模型）。事实上，

1 Deak, "Translator, Editor, Publisher, Spy".

科特布尼会证明，他在同性恋的起源这个领域具有更大影响，因为他是博物学家古斯塔夫·耶格尔的《发现灵魂》（*Discovery of the Soul*）中以同性恋为主题的章节的代笔作者，而且他即将成为一份详尽的有关人类性取向的手稿的作者。

所有这些胡言乱语告知我们的知识比我们已知的颠沛流离的科特布尼的知识更多。它们指向某些有关想象的场所的东西，这些想象是性的全新基础。他的观点发生了一系列变化——从文学批评家到法学家，从法学家到医学家，从医学家到哲学家，是哪些关于“性”的知识导致了这些变化呢？

甚至在19世纪60年代前，在医学和法医学的科学文献中，医学专家都没有对鸡奸问题展开广泛研究，不过历史学和文学的古典文献中，学者对鸡奸现象进行了深入的描述；到19世纪60年代，人们在这些学术文献中花大量篇幅讨论柏拉图的《会饮篇》，讨论《会饮篇》中人们对性伴侣的选择的起源神话；讨论古罗马对古希腊的
98 理论的运用。[1]文采斐然的科特布尼在他那篇有关性的手稿中以客观的方式把自己描绘成一位科学家，他胸怀启蒙思想，反抗阻碍科学研究的偏见，包括道德教条、宗教禁令和其他“自欺欺人”的行为。[2]他试图在一份手稿（他已经拿到了出版商为这份书稿支付的订金）中植入各种性的理论，他的这些理论的基础既不是科学研究，

1　有关这方面的一个令人印象深刻的观点是他对1863年以前的法医学文献的评论，参见Ritter, *Zur Geschichte*, 326-328（附有医学/生物学材料）。

2　改写自Kertbeny, “Anthropologischer Gutachten.” Beilage:“Der Homosexualismus,” Fond, 22/297. p.377, NSL。

也不是人们对这个研究领域的既有科学文献的评述，不过，他把性这个研究领域理解为整体的自然科学和具体的医学的一部分。[1]

科特布尼那些关于同性恋（homosexuality，他实际使用的术语是Homosexualismus）的科学文本包括大量没有发表的片段和草稿；扩充的二手法律文书和附录；我们已知的他授权发表在博物学家古斯塔夫·耶格尔的著作《发现灵魂》（1880）中的两个章节。编辑认为其中一个章节的潜在攻击性过强（出版审查），以至于该章不能作为这部著作的一部分出版，后来改在赫希菲尔德的期刊发表。《性学研究的新领域》（Die neue Lehre von der Sexualität，这是他的手稿的暂定标题）的内容是人类性行为的分类方法，他的分类方法出人意料地简陋、不完全稳定且显然是值得批判的。[2]粗略的类别是自恋的性取向（手淫）、同性恋的性取向（男同和女同）、正常的性取向（后来改称异性恋的性取向）和异种恋的性取向（人兽）。虽然他在手稿中不断提到这些类型，但是每个类型的定义比较模糊，不同类型的区别不太明确，也没有提到双性恋的性取向。如果我们考虑到在科特布尼的文章发表以前，其他语言的相关研究匮乏，那么在他寥寥几页的论证中，"性学研究"作为一个清楚、熟

1 例如他和弗里德里希·西奥多·冯·弗雷里克（Friedrich Theodor von Frerichs）的通信，后者是一位受人尊敬的医学和科学专家；但是现存的通信中几乎没有知识性的内容。参见Fond 22/47, NSL。科特布尼宣称他把自己的手稿寄给弗雷里克，而且得到了积极评价，这种说法可能不成立。参见K. M. Kertbeny, Bibliographie der Werke, 15。不过，他的主张和通信内容证明了第一批研究性取向的学者把自己的工作理解为是在接触一种特殊的医学模型。

2 参见manuscripts "Die neue Lehre von der Sexualität," Fond 22/296, pp.367-389. NSL。

悉的整体形象出现了，这一点是出人意料的。其中包括驱力、对象选择、性别类型和实践——这些元素是相互融合、相互连接的，这些文本越接近后来出现的性学研究学科，它们就越是不同寻常地令人感到既陌生又熟悉。[1]

99 科特布尼精通文学和历史学，他没有考虑到他提出的性取向的类型和他的主张一样缺乏连续性。我们必须记住：如果废除同性恋有罪的法律的观点有效，那么同性恋的性取向必须具有排他性——“不幸的”同性恋主体不能压抑或者改变他们的同性恋性取向；厌恶异性也是同等重要的特点，它们是同性吸引力的天然天性的标志。因此，科特布尼描述了两种对立的属性，他称其为“受约束的”（gebunden）属性和“不受约束的”（ungebunden）属性，这些属性适用于性取向的类型。同性恋的性取向在所有情况下都是完全排他性的，或者“受约束的”。[2]所谓的“正常的性取向”（异性恋的性取向），特别是男性的“正常的性取向”是不受约束的。事实上，萨德侯爵、卡里古拉（Caligula）或亚历山大（Alexander）等人的淫乱的多性恋的性取向是性功能亢奋的表现。性功能亢奋是纯粹的男性特征。科特布尼沿用了乌尔利克斯和威斯特法尔的性别焦虑或性别倒置的模型，将他笔下的更加女性化、性别特征更模糊的同性恋同这些模型联系起来。他认为，同性恋主体表示，他们的性接触不包括插入甚至射精，科特布尼认为此等言论为他那些预设提供了证据。

科特布尼试图发表两个章节，其中一个成了古斯塔夫·耶格尔

1 参阅the online of Sexualitätsstudien, Fond 22/296, p.117, NSL。

2 参见Kertbeny, *Das Gemeinschädliche*, 55-60; *Schriften*, 117-122。

的著作《发现灵魂》的一部分，另外一个原为这本著作的一部分的章节后来遭到退稿。这两个章节的论点是对耶格尔的主要观点的补充。耶格尔的古怪的视角对科特布尼的同性恋论证的影响是把他带回了动物世界，这是一幅令人兴奋的达尔文进化论的画面，画面中是不可抑制的驱力和攻击性，这些力量的燃料是动物遗传的本质，嗅觉和味觉会激发这种本质。[1]耶格尔认为，这些有着动物性人类的不可化约的本质就是这种气味，这种荷尔蒙的精华（所谓"灵魂"）。科特布尼的章节和耶格尔的文字相得益彰，他们指出：如钢似铁的科学规律穿透了种种芬芳的要素，当科学的理性深入本能的海洋，这种情况会导致科学理性逐渐消散。[2]就此而言，这些文本既是无知的启蒙自信的体现，又是启蒙的浪漫主义的反动的体现。在耶格尔的世界中，现代科学的冰冷凝视不受恐惧和偏见的影响，推动着启蒙运动开化的观察者回归动物王国。

暴力的主体

1869年1月17日的晚上，科特布尼和乌尔利克斯都在奋笔疾书，他们主张新的《北德意志关税同盟刑法典》应抛弃《普鲁士刑法》的第143条，与此同时，在柏林一间公寓房间的阁楼里，人们发现年仅5岁的男孩埃米尔·汉克（Emil Hanke）奄奄一息。男孩的身体显 100
示出虐待的迹象，包括野蛮的撕咬、侵犯和扼杀。这个案件让人们回想起1867年的一桩悬而未决的杀人案，受害者年仅15岁，人们也

1 例如参见Jäger, *Die Entdeckung der Seele*, 1-13。

2 Ibid., 41-49.

发现了虐待的迹象。在这桩耸人听闻的案件审判中，嫌疑犯是一个有名的同性恋者，他是两起血腥案件的嫌疑犯，这场审判是我们正展开研究的19世纪60年代的最后一年的舆论焦点；乌尔利克斯、威斯特法尔和科特布尼把这场审判中的诸多相互矛盾又（奇怪地）相互补充的画面组合在一起，拼凑出这样一类的人的画像：同性恋主体。上述三位学者或对此兴趣盎然，或积极投身于此，因此，他们的论证成了一个检视医学—法学研究、刺激感官的猛料和个人主观话语之间的相互影响——关于同性恋个体的知识的循环或者回路——的地方。他们的论证也是一个可以明确展示同性恋这种特殊的性取向和暴力天性之间的联系的地方；这种联系在很大程度上反映了所谓的规范性的性取向本身的潜在的“兽性”。

如同引文所示，在《柏林法庭新闻》（*Berliner Gerichts-Zeitung*）对1869年7月的审判的报道中，编辑和记者把纵欲的特点（以及相面术）和同性恋背景联系在了一起：

> 人们不得不在柏林的纵欲分子的小圈子里寻找这两起案件的凶手。他们告诉我们，纵欲分子的数量达3000人以上。警方认为他们的特点是有着邪恶而不祥的外表，在街巷和步道游荡，厌恶正常的性生活，倾向于和男人和男孩恋爱。[1]

令人好奇的事情是，人们想象的同性恋共同体和犯罪者的小圈子的

1 *Gerichts-Zeitung* (Berlin), July 6, 1869, translation adapted from Ulrichs, *Riddle*, 2: 259.

重合（一个相似的关联是公众及警方已经熟悉的犯罪语言和犯罪网络同比较贫困的犹太街区之间的关联）的具体方式；这种想象方式和乌尔利克斯的宣传产生了共鸣。这段引文正好指出了乌尔利克斯反复强调的重要特征。媒体、公众和警方对这些类型的性欲放纵和道德退化的行为有着普遍共识，不过当然，哪怕是这样的可耻的组合也有赖乌尔利克斯的观点。这些“纵欲的”类型倾向于同男性陷入爱河，而且对女性有着本能的厌恶。他们组成了某种共同体，人们夸张地估计柏林的同性恋人数，由此赋予了同性恋共同体一个具体而令人警惕的形态。乌尔利克斯坚持反对这种观点，不过他的论点是，这种看法是对同性恋者的妖魔化。正如他凭直觉感受到的那样，新闻报道暗示同性恋是返祖者甚至野兽：“为什么他们不简单地把我们 101
描述成把猴子尾巴和羊皮手套隐藏在我们的衣裳之下的人？”[1]

人们如何通过这种想象把（淫乱的）同性恋身份认同和（暴力的）动物本能联系起来？这种联系告诉了我们哪些有关性取向的概念化的东西？这里涉及的“相同的起源”表示性和暴力具有共同的起源，而这种起源是幻想的、普遍的和原始的。正如人们即将建构的那样，同性恋和异性恋同样具有相同的起源。这桩案件标志着这些在某种程度上未宣之于口的理解在“性身份”的模型那里得到了隐性承认。

威斯特法尔、乌尔利克斯以及科特布尼发表了革命性的文献，差不多与此同时，人们指控一个自认为同性恋的男人对一个男孩犯

1　翻译出自Ulrichs, *Riddle*, 2:529。

下虐待侵犯和谋杀未遂的罪行，有人可能会主张，这两个事件的同时发生只是巧合，但是，同性恋和极端暴力有关的想法由来已久。这种想法隐藏在同性恋这个领域的最重要的早期文本乌尔利克斯的《同性恋之谜》中。海因里希·霍斯利的两卷本著作《厄洛斯：古希腊的男男爱情，它与不同时代的历史、教育、文学和法律的关系》（*Eros*：*Die Männerliebe der Griechen, ihre Beziehungen zur Geschichte, Erziehung, Literatur und Gesetzgebung aller Zeiten*, 1836）的主题是为同性爱情辩护。瑞士人弗朗茨·德斯古德（Franz Desouttes）陷入了狂热的同性爱情，不过，他的同性爱人没有回应他的爱意，结果他杀死了他的爱人。[1]德斯古德遭到处决的悲惨结局激发了他的同胞霍斯利出版了这部讨论古希腊男男爱情的著作。类似地，在19世纪60年代，同性恋的辩护者们也曾抓住一个案件，借此让人们注意到同性恋倾向的暴力本质，并且这个案件也影响了他们对性取向的本质的后续思考。

事实上，我们讨论的这个案件成了有关作为性实践的同性恋、作为身份认同的同性恋和作为标志的同性恋的话语爆炸的契机。侵犯男孩汉克和此前的杀人案的嫌疑犯是柏林的一位中尉卡尔·冯·扎斯特洛夫（Carl von Zastrow）（参见图13）。[2]扎斯特洛

---

1 参见Hergemöller, *Mann für Mann*, 185-186, 366-367。亦可参见Hössli, *Eros*, vols. 13-14。有关霍斯利，参见Karsch, *Der Putzmacher*。

2 笔者首次查阅埃米尔·汉克（Emil Hanke）（媒体报道和文件档案中有时把他的名字拼成“Hancke”或者“Handtke”）的谋杀未遂案的警方卷宗出自Sig. Rep 30 Bln C Tit 198 B1, BBLHA；后来柏林警察局把这些文件转移到柏林州档案馆（LAB）并且重新编号（Repositur A Pr. Br. Rep. 030）。笔者将根据现有的档案体系（LAB）罗列自己查阅过的这两种文件。

102

图 13　《扎斯特洛夫是什么样的人?》，1869 年 1 月 26 日，《柏林法庭新闻》向报纸读者介绍犯罪嫌疑人

夫是乌尔利克斯的小册子的读者，当他作为一个主体实践自己的同性恋性取向的天性时，他明确不以为耻地把“卡尤斯”/冯·马查恩当作自己的身份认同；就像科特布尼和乌尔利克斯那样，他相信顺从自己的天性应该是无罪的。他也坚持主张自己在这起虐杀儿童的恐怖案件中是无辜者。

警察早已知道扎斯特洛夫具有同性恋性取向。案发之前，警察曾经逮捕和盘问过他，而且他在他的前住地德累斯顿留下过所谓的犯罪记录。同性恋就像妓女和其他惯犯一样，警察总局为他们登记造册，将其视作其他案件的主要嫌疑人。根据警方文件，警探认定嫌疑分子的主要标准就是已知的同性恋行为前科和一些模棱两可的间接证据。早期的嫌疑人包括一名20岁的男子，三个月前他因为同性恋的行为被捕，人们知道在案件发生时他生活在这个社区；一名45岁的男子，他是一名石匠，他的家和汉克的家在同一条街，他出售书籍——受害者报告道，施暴者许诺送给他书籍作为礼物，从而
103 引诱了他。案发几周以后，扎斯特洛夫成为主要嫌疑人，警察调查了他和其他同性恋者的联系，但没有找到任何线索。[1]

扎斯特洛夫涉案的主要事实是他习惯性地参与同性恋活动，而且他经常活动的地方之一靠近汉克和科尼（Corny）被侵犯的地点。有关汉克案件的警方卷宗包括警探在将近17年前取得的证词，一名成年男子检举扎斯特洛夫在渡轮上对他实施性骚扰。[2]对于汉克案件，警察找到了另一名相关的成年男子的证词，他看到一个男人出没在周边地区，这个男人（可能是扎斯特洛夫）过去曾经向他求欢。[3]在这些证词和涉及被告人的同性恋倾向的其他证据中，汉克案件的调查人员特别关注男男性行为——特别是生殖器的直接接触或者直接插入——的肯定证据。显然，警察认为，同性恋活动前科和参加同性恋活动的愿望是使扎斯特洛夫成为主要嫌疑人的

1 A Pr. Br. Rep. 030-03, Nr. 1, LAB, is a document from January 21, 1869 (information on Julius Heinrich Rudolph Max Scheutze, p.3, and Leopold Bauer, p.4).

2 萨克森州政府的调查机构把1852年7月克里斯蒂安·弗里德里希·吉尔（Christian Friedrich Gille）的证词交送柏林警察总局，参见A Pr. Br. Rep. 030-03, Nr. 1, LAB。

3 1869年1月21日威尔海姆·舒尔茨（Wilhelm Schulz）的证词，参见A Pr. Br. Rep. 030-03, Nr. 1, LAB。

标志。事实上，这些同性恋活动的对象都是成年人；他是提出同性性交的人，但是他从来没有使用强迫或暴力的手段；这些对象的本质是被动的，这种情况并不值得注意；而且事实上此案的指控和定罪基础应该是“通过暴力手段，对14岁以下的个人实施下流行为，从而满足自己的性欲，这些行为事关对个人施加大量严重的身体伤害”。在这个案件中，发生了强奸、残忍的撕咬和扼杀行为，而嫌疑人没有任何已知的攻击，甚至接触尚未性成熟的男孩的前科，但上述否定嫌疑人有罪的现象被证明嫌疑人有罪的情况所压倒：嫌疑人承认自己有着“反常的性欲”，而且毫无悔意。

汉克案件的核心是暴力犯罪和性犯罪的主体。很大程度上，以广大非专业公众为受众，传播暴力犯罪和性犯罪的知识的渠道是大众传媒，这些媒体正在开发把这些偶然事件“感官猛料化”（sensationalizing）的策略。“**感官猛料**”（sensation）这个术语可以说是恰如其分，因为它把一种秘密而内在的活动的思想同一个惊人的、公开的事件联系了起来。这个术语可以表示情感、情绪和感觉等多变的内在活动（威斯特法尔用来表示同性恋的术语是“conträr-sexuelle Empfindung”，意思是**逆向的性感知或性感觉**［*contrary sexual sensation or sensibility*］），人们把这些活动同
戏剧性或戏剧化的令人吃惊的社会丑闻联系在一起。不过，这个术 104
语是多义词，可以表示“猛料”，包括奇闻异事、残忍暴行和恐怖故事等，新闻媒体通过披露这些事件来吸引读者。通过这种方式，感官猛料这个概念已经暗示了一种身份认同甚至一种亲密关系了，尽管有一种合理的推测认为这些新闻报道造成的是相反的后果，包括

相互联系的瓦解和身份认同的缺失。新闻媒体为它们的如饥似渴的受众提供了什么样的传奇故事呢?

人们可以从各种各样的媒体报道及其变体中找到一种新兴的有关性、内在本质和暴力的范式。这些要素在上文引用的1869年的新闻报道中已经清晰可辨:警方那些关于淫乱的小圈子的知识——饥渴和空虚的男人游荡在街道上——已经被那些街区的居民共享,这些居民之前可能从来没有注意过这般面孔,从来不知道如何解释这般面孔。上文讨论的调查人员的文件当然没有对媒体公开,但是一种放荡欲望的内在本质,而非虐待和暴力,显然是一个主要的因素。有些更加耸人听闻的新闻机构通过关注性变态的问题,抓住了传播淫秽内容的机会。更加胆小的新闻报道即便不那么关注离经叛道的性行为,也会将事件置于一个充斥着感官猛料的背景中。这些新闻报道类似犯罪小说,报道的一个焦点是残忍的行径,这是此前的科尼杀人案和当时的汉克伤害案的共性;另一个焦点则是警方如何利用证据找到嫌疑人的踪迹。在这里,存在问题的证据通常是一把象牙柄拐杖,人们在犯罪现场附近找到这根拐杖,几名证人认定这是扎斯特洛夫的财产,尽管他否认自己是拐杖的主人。案件审理的过程中出现的另一个关键细节是嫌疑犯个人经历中的一个奇特细节。扎斯特洛夫成年以前是路德宗信徒,而几年前,他成了天主教信徒。检察官盘问他有关改变信仰的问题,扎斯特洛夫回答:“是的,先生,当时我受到了良心的拷问”。对于这个问题,审问者戏剧性地指出,扎斯特洛夫改变信仰的时间正是面包师学徒科尼被杀的时间。[1]

性在任何意义上都只是这个高度戏剧化的犯罪和破案故事中的边角料，即便在人们把“下流”当作一种固定套路；虐待、强奸以及杀人带来的性观感全体缺席。不过，在这份“净化过的”记录中， 105
值得注意的是：再一次，找到有关罪犯的真相是找到案件的真相的关键。关键线索不是犯罪现场的实际证据，而是揭露被告人的内在的“良知”。

这起案件的新闻刚爆出来时，受害者的父亲是第一位被捕的嫌疑人。《柏林法庭新闻》的报道的叙事结构的依据是有关犯罪者施加在受害儿童身体上的残忍行径的血腥内容，作者提到了不可明言的性侵犯，然后得出一个义愤填膺的结论。

> 这起案件让人想到科尼的杀人案，罪犯的残忍行径的手法有所变化。受害者是9岁男孩埃米尔·汉特克。人们发现他奄奄一息，躺在自家房间的地板上，他家房子位于格鲁纳街45号。他的脖子上有非常明显的扼杀痕迹，这是有人企图把这个孩子掐死的证据。此外，人们在他的喉咙找到几处小刀刺伤的痕迹。他

1 这一版本对这些事件的耸人听闻的描述改写自一篇后来的对这些耸人听闻的案件的评论，参见：Friedlaender, Kulturhistorische Kriminal-Prozrsse, 11-16。法庭记录并没有非常戏剧化，扎斯特洛夫没有确切说出他神志不清或者有任何类似问题，但是检察官确实试图把他改信一事和杀害科尼联系起来，参阅“Der Prozeß gegen den Lieutenant v. Zastrow,” Volks-Zeitung 17, no. 54 (1867): 3。《柏林法庭新闻》的第一篇指认扎斯特洛夫的报道已经指出嫌疑犯改变信仰和改变信仰的可疑时机等事实，参见“Polizei- und Tages-Chronik,” *Berliner Gerichts-Zeitung* 17, no.9 (January 23, 1867):3。

的身体的另一部分显示这个年幼的男孩遭到过严重的伤害。人们马上把这个男孩送到贝塔尼恩[医院]，他在那里接受了详细的医学检查。调查显示，罪犯使用暴力对他实施另外一项犯罪行为，这里不能指明这种行为。因此这是一起双重杀人案：身体伤害和性侵犯！谁是这些穷凶恶极的犯罪的施暴者呢？笔者写下他的名字也会瑟瑟发抖——这个男孩**自己的父亲**。[1]

显然，这是一份淫秽色情、刺激感官的记录。层层递进的戏剧化的叙述重点是施暴者的身份和在一定程度上不可思议的恐怖案情：男孩的父亲正是施暴的凶手。[2]两天以后，在同一份报纸的下一期报道中，这个案件得到了更多关注。第一次报道的篇幅是一个小节，报道的位置是"每日警事纪要"专栏的第四条新闻，而第二次报道的篇幅是三个小节，报道的位置是"每日警事纪要"专栏的第一条新闻。记者完全改变了故事的叙述策略，这是因为主要嫌疑犯正在发生变化，不再是受害者的父亲，而成了身份不明的陌生人。此时，经判定，男孩埃米尔不是9岁，而是5岁，他的外貌"就像画一样漂亮"。[3]现在，这个耸人听闻的故事有关一个无辜者的受害，首先，他的哥哥出场了，他比埃米尔早回家，途中目击了一个"有点肥胖的人"出现在附近；然后，焦急的母亲出场了，她是报警的人，她

---

1 "Polizei- und Tages-Chronik," Berliner Gerichts-Zeitung, 17, no. 7 (January 19, 1869): 2.

2 参阅Wolff, *Postcards*, 1-6。

3 "Ein Bildhübscher Knabe"; 参见"Polizei- und Tages-Chronik," Berliner Gerichts-Zeitung, 17, no. 8 (January 21, 1869): 2-3。

发现“小埃米尔身负重伤，身上带有大量极端残忍的暴力的痕迹”，还找到罪犯遗留在现场的重要证据，一把象牙柄拐杖和一块弄脏的手帕。被告——据一名知情人指认，被告是拐杖主人——是当局 106
知晓的留有犯罪记录的人物。刑事警察的文件记录了他的姓名和地址，警察“很久以前就已经知道扎斯特洛夫是一个此类反常的淫乱行为的嫌疑犯”。[1]正如我们所见，淫秽或“此类”（solche）淫乱（Ausschweifungen）并不表示他有任何暴力的强奸、虐待、致残或者娈童的前科。根据警方的文件，被告有结交成年男性进行通奸活动的前科。向读者介绍这位嫌疑分子的第一篇报纸文章主要描写了扎斯特洛夫是一个什么样的人，记者收集了他的经历，勾画了一幅漫画形象。他是家世显赫的贵族子弟；他曾尝试成为职业军人，被迫退役，尝试成为专业演员，再次失败，然后他学习文学，学习法律，直到作为一名漂泊不定的艺术家，过上稳定的生活，他频繁出没于这个街区的每个酒吧，如饥似渴地结交“未婚年轻男性”。这位匿名记者提到了扎斯特洛夫的品味：他痴迷古希腊人（不是古希腊人的艺术和哲学，而是古希腊人对男性形体的关注）；他热爱长篇诗剧，特别是席勒的《唐·卡洛斯》（*Don Carlos*）；他特别喜好东方的事物，诸如此类，不一而足。有趣的是，当预审法官盘问他是否承认犯下伤害罪行时，这位嫌疑犯反驳道，虽然他看上去像那种人，但他不是“那种人”：“我看上去像一个杀人犯吗？”[2]

---

1 “但是刑警很可能是知道的，他们早已知道扎斯特洛夫是一个有这种非自然的放荡行为嫌疑的人”; ibid., 3。

2 “Polizei- und Tages-Chronik,” Berliner Gerichts-Zeitung, 17, no. 7 (January 19, 1869): 2.

大约六个月以后，长期监禁致使扎斯特洛夫精神崩溃。1869年
7月5日，当他出现在法官和陪审团的眼前时，他的外貌已经截然不
同。法庭审判是人们对被告人的天性和状态进行公开推测的场合。
医学专家和法学学者争论的重点是被告是否具备刑事责任能力。
庭审现场显示，卷入此案的各方力量都在争夺控制刑事责任能力这
个问题的地位：辩护人、公诉人和法官都在觊觎认定这个问题的权
力；医学专家宣称他们具有裁决这个问题的权力；最后，被告自己亦
做出重大努力，试图质问这个议题的判断标准。[1]辩护律师抢在判
107 决诉讼议程开始之前便已提出这个问题，他们主张在某些时刻，扎
斯特洛夫的精神状态存疑。公诉人表示，他们认为，开庭以前，没有
证据显示被告在犯罪时丧失了刑事责任能力，此外，在警方盘问被
告的过程中，各方没有提出需要判定被告是否具备刑事责任能力。
辩护人坚持认为，一旦陪审团理解被告的母亲和祖父都有精神疾病
病史，那么他们无论如何都会认为对刑事责任能力的判定是必要的
程序。就这个问题，审判员加入法庭辩论，直接询问被告“是否宣称
自己过去或现在丧失刑事责任能力”。扎斯特洛夫圆滑地回答道，
由于长期遭受折磨，他已经深陷绝望和焦虑的状态，这足以让他怀

1　大多数法庭记录没有留存至今，但是通过当时的大量新闻报道可以重构全面的供词记录，特别是一下报道：“Carl Friedrich Wilhelm Ernst von Zastrow vor den Geschwornen,” Berliner Gerichts-Zeitung, 17, no. 76 (July 6 1869): 1-2; Vossiche Zeitung: Berlinische Nachrichten von Staats- und gelehrten Sachen (July 6, 1869), cited in Herzer, “Der Prozeß gegen den Berliner Urning Carl von Zastrow,” Capri 2, no. 2, p.3; “Der Prozeß gegen den lieutenant v. Zastrow,” Volks-Zeitung: Organ für Jedermann aus dem Volke 17, no. 154 (July 6, 1896): 2-3, Beilage 1。

疑自己的神志是否清醒，怀疑那些指控者的神志是否清醒。

只要法庭允许医学专家出庭作证，他们的意见就会对被告人是否具备刑事责任能力的问题产生最大的影响。三位证人组成了一个权威的专家组。第一位专家是卡尔·威斯特法尔博士，他即将发表一部学术著作，主题是对两位同性恋者的学术研究。他把这个案件和他的学术研究中的两位研究对象联系了起来，据此回应了刑事责任能力的问题（他没有下结论）。他那部即将出版的学术著作《逆向的性感知》（*Conträre Sexualempfindung*）提到两个案例的研究对象分别是一位男性同性恋者和一位女性同性恋者，二者都是精神病院的实习生。[1]第二位专家是卡尔·斯泽斯卡（Carl Skreczka，1833—1902），1869年，他为一份质疑同性性行为有罪化的合法性的医学证词签名背书（后来科特布尼发表了这份证词）。[2]斯泽斯卡认定这种精神错乱的整体表现是一种强烈的性冲动和一种过度淫乱（Rohheiten）的倾向，但是他也对这个特殊的案件保留了判断。第三位专家是卡尔·黎曼（Carl Liman，1818—1891），法医，卡斯帕的侄子和继承人，法医学《手册》的编辑。黎曼注意到被告人的家族史，特别是他母亲和祖父的精神病史，黎曼认为这是个重要因素。当某人具有异常的性取向时，他是否具备刑事责任能力？专家

---

1 “Der Prozeß gegen den Lieutenant v. Zastrow,” Volks-Zeitung: Organ für Jedermann aus dem Volke 17, no. 154 (July 6, 1896): 2-3, Beilage 1, see p.3. 威斯特法尔认定，扎斯特洛夫和他的男性对象（“Ha——”）同样“放荡”，尽管他文章的重点不是性行为，而是性焦虑。

2 Kertbeny, *S143 des Preussischen Strafgesetzbuch*, 7-10, repr. in *Schriften*, 68-73. 亦可参见Kennedy, *Karl Heinrich Ulrichs*, 221-223。

108 组没有对这个问题达成一致。同性恋这种倾向既无法证实犯罪者具备为刑事犯罪负责所需的精神能力，也不能排除他具备这种能力的可能。每一位医生都宣称，只有对扎斯特洛夫展开进一步研究，才能做出判断。

不过，当人们审问扎斯特洛夫本人时，他宣称自己具备刑事责任能力。他的立场是否定一切指控，否认一切证据，否定一切目击者的证词。人们对他的犯罪指控是错误；人们对他身份的认定是错误；人们在犯罪现场找到的证据不是他的财产。最重要的事情是他宣称自己知道别人无从了解的知识：自我的知识。他的武器是一种对性取向的理解，这种理解的来源只有一种可能：乌尔利克斯的小册子。人们确实在他的公寓找到了这些读物，警方收缴了这些读物，因为它们是非法出版物。扎斯特洛夫站在法庭上，准备解释他是一个怎样的人当然和他是否犯罪存在关联，但是这种关联的方式不是当时的法学家和医学家提出的评论所指明的任何一种。

> 此外被告供述：他的性生活和“鸡奸”这个名词指示的性取向相去甚远。确实，他自从青年时代开始就怀有对英俊男性的身体的喜好，有与英俊男性亲近的欲望，但是他总是畏惧这种倾向可能让他做出反常的淫乱行为。就此而言，他同意许多有教养的男人的结论，除了男性和女性，还存在第三种性别，“上帝如此造就”。被告表达了他的“第三性别”的性取向的概念。他认为，在这个“第三性别”的亚种中包含许多小的亚种。他对某些小亚种深恶痛绝，因为它们同暴力行径有关。虽然他自己的见解和世

人的观点可能存在矛盾，但是他从来没有认为同性恋是犯罪，而且他用这种观点为自己的立场辩护。[1]

人们对扎斯特洛夫的声明的另一份记录如下：

> 对英俊男性的身体的喜好是我的天性和从小到大的习惯。和英俊男性亲近的欲望也是如此。世界上不是只有两种性别，而是存在三种性别；我属于第三种性别。这第三种性别的性倾向也同样出自爱情，但是爱的对象不是女人。这种倾向的正当性的来源是大自然。这种倾向从来不涉及合法性的问题。[2]

这份报纸如饥似渴地印刷这些被告发表的令人惊奇的供述，不是为了表达他的观点，而是因为这些陈述的猎奇性质可以增加报纸文章耸人听闻的程度（图14）。记者把被告毫不遮掩地公布同性恋身份的行为（乌尔利克斯的作品本身也是这样）理解为扎斯特洛夫那骇人听闻的犯罪行径的辩护书。[3]就和扎斯特洛夫的供述一样，乌尔利克斯的作品也遭到了法庭的审判，拥护乌尔利克斯攻击的法

---

1 "Der Prozeß," *Volks-Zeitung*, 3. 这份节选的扎斯特洛夫的供词在上文引用的《福斯报》（Vossische Zeitung）和《柏林法庭新闻》的文章中得到了证实。

2 引于M. Herzer, "Das Jahr 1869," in *Eldorado: Homosexuelle Frauen und Männer in Berlin 1850-1950*; *Geschichte, Alltag und Kultur* (Berlin: Edition Hentrich, 1992), 11。

3 柏林《证券交易所报》1869年2月20日的报道指出："（扎斯特洛夫）乐于公开承认并标榜他的龙阳之好，这种男男爱情——根据前汉诺威律师乌尔利克斯的名作——的根源在于器质性的原因和精神性的状况。他经常引用这些文章的内容。他们发现这些文章［……］是他个人藏书的一部分。"

109 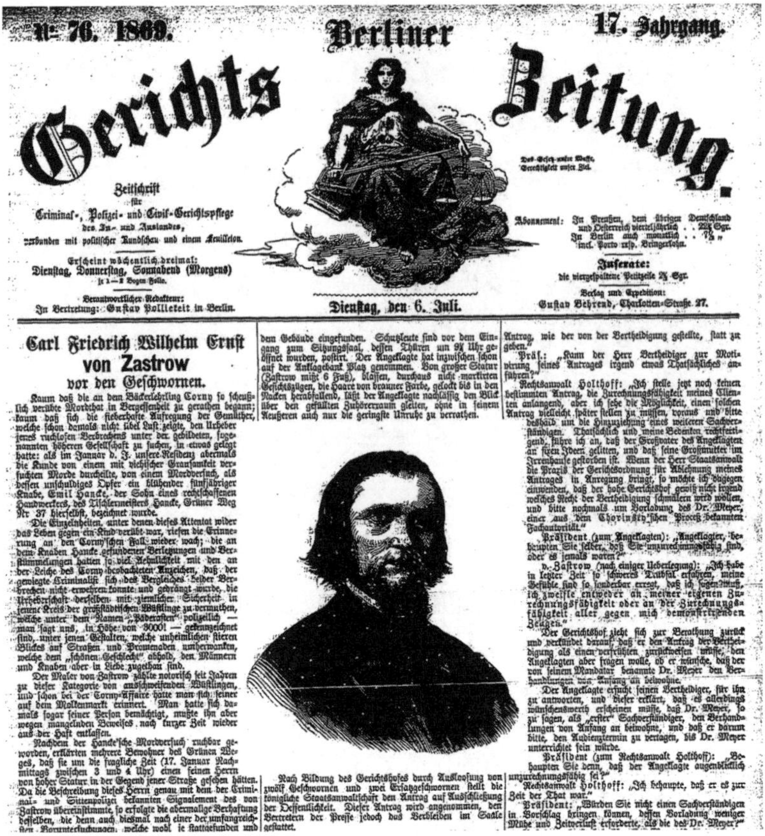

№ 76. 1869. Berliner Gerichts-Zeitung. 17. Jahrgang.

Zeitschrift für Criminal-, Polizei- und Civil-Gerichtspflege des In- und Auslandes, verbunden mit politischer Rundschau und einem Feuilleton.

Erscheint wöchentlich dreimal: Dienstag, Donnerstag, Sonnabend (Morgens) je 1—2 Bogen Folio.

Verantwortlicher Redakteur: In Vertretung: Gustav Pollieteit in Berlin.

Das Gesetz unsre Waffe, Gerechtigkeit unser Ziel.

Abonnement: In Preußen, dem übrigen Deutschland und Oesterreich vierteljährlich . . 22½ Sgr. In Berlin auch monatlich . . 7½ " incl. Porto resp. Bringerlohn.

Inserate: die viergespaltene Petitzeile 2½ Sgr.

Verlag und Expedition: Gustav Behrend, Charlotten-Straße 27.

Dienstag, den 6. Juli.

Carl Friedrich Wilhelm Ernst von Zastrow vor den Geschwornen.

Kaum daß die an dem Bäckerlehrling Corny so scheußlich verübte Mordthat in Vergessenheit zu gerathen begann; kaum daß sich die fieberhafte Aufregung der Gemüther, welche schon damals nicht übel Lust zeigte, den Urheber jenes ruchlosen Verbrechens unter der gebildeten, sogenannten höheren Gesellschaft zu suchen, in etwas gelegt hatte: als im Januar d. J. unsere Residenz abermals die Kunde von einem mit viehischer Grausamkeit versuchten Morde durcheilte, von einem Mordversuch, als dessen unschuldiges Opfer ein blühender fünfjähriger Knabe, Emil Hancke, der Sohn eines rechtschaffenen Handwerkers, des Tischlermeisters Hancke, Grüner Weg Nr 37 hierselbst, bezeichnet wurde.

Die Einzelnheiten, unter denen dieses Attentat wider das Leben gegen ein Kind verübt war, riefen die Erinnerung an den Corny'schen Fall wieder wach; die an dem Knaben Hancke gefundenen Verletzungen und Verstümmelungen hatten so viel Aehnlichkeit mit den an der Leiche des Corny beobachteten Anzeichen, daß der gewiegte Criminalist sich des Vergleiches beider Verbrechen nicht erwehren konnte und gedrängt wurde, die Urheberschaft derselben mit ziemlicher Sicherheit in jenem Kreis der großstädtischen Wüstlinge zu vermuthen, welche unter dem Namen „Päderasten" polizeilich — man sagt uns, in Höhe von 3000! — gekennzeichnet sind, unter jenen Gestalten, welche unheimlichen stieren Blickes auf Straßen und Promenaden umherwanken, welche dem „schönen Geschlecht" abhold, den Männern und Knaben aber in Liebe zugethan sind.

Der Maler von Zastrow zählte notorisch seit Jahren zu dieser Kategorie von ausschweifenden Wüstlingen, und schon bei der Corny-Affaire hatte man sich seiner auf dem Molkenmarkt erinnert. Man hatte sich damals sogar seiner Person bemächtigt, mußte ihn aber wegen mangelnden Beweises nach kurzer Zeit wieder aus der Haft entlassen.

Nachdem der Hancke'sche Mordversuch ruchbar geworden, erklärten mehrere Bewohner des Grünen Weges, daß sie um die fragliche Zeit (17. Januar Nachmittags zwischen 3 und 4 Uhr) einen feinen Herrn von hoher Statur in der Gegend jener Straße gesehen hätten. Da die Beschreibung dieses Herrn genau mit dem der Criminal- und Sittenpolizei bekannten Signalement des von Zastrow übereinstimmte, so erfolgte die abermalige Verhaftung desselben, die denn auch diesmal nach einer der umfangreichsten Voruntersuchungen, welche wohl je stattgefunden und dem Gebäude eingefunden. Schutzleute sind vor dem Eingang zum Sitzungssaal, dessen Thüren um 9½ Uhr geöffnet wurden, postirt. Der Angeklagte hat inzwischen schon auf der Anklagebank Platz genommen. Von großer Statur (Zastrow mißt 6 Fuß), blassen, durchaus nicht markirten Gesichtszügen, die Haare von brauner Farbe, gelockt bis in den Nacken herabfallend, läßt der Angeklagte nachlässig den Blick über den gefüllten Zuhörerraum gleiten, ohne in seinem Aeußeren auch nur die geringste Unruhe zu verrathen.

Nach Bildung des Gerichtshofes durch Ausloosung von zwölf Geschwornen und zwei Ersatzgeschwornen stellt die königliche Staatsanwaltschaft den Antrag auf Ausschließung der Oeffentlichkeit. Dieser Antrag wird angenommen, den Vertretern der Presse jedoch das Verbleiben im Saale gestattet.

Antrag, wie der von der Vertheidigung gestellte, statt zu geben."

Präs.: „Kann der Herr Vertheidiger zur Motivirung seines Antrages irgend etwas Thatsächliches anführen?"

Rechtsanwalt Holthoff: „Ich stelle jetzt noch keinen bestimmten Antrag, die Zurechnungsfähigkeit meines Clienten anlangend, aber ich sehe die Möglichkeit, einen solchen Antrag vielleicht später stellen zu müssen, voraus und bitte deshalb um die Hinzuziehung eines weiteren Sachverständigen. Thatsächlich und meine Bedenken rechtfertigend, führe ich an, daß der Großvater des Angeklagten an fixen Ideen gelitten, und daß seine Großmutter im Irrenhause gestorben ist. Wenn der Herr Staatsanwalt die Praxis der Gerichtsordnung für Ablehnung meines Antrages in Anregung bringt, so möchte ich dagegen einwenden, daß der hohe Gerichtshof gewiß nicht irgend welches Recht der Vertheidigung schmälern wird wollen, und bitte nochmals um Vorladung des Dr. Meyer, einer aus dem Chorinsky'schen Proceß bekannten Fachautorität."

Präsident (zum Angeklagten): „Angeklagter, behaupten Sie selber, daß Sie unzurechnungsfähig sind, oder es jemals waren?"

v. Zastrow (nach einiger Ueberlegung): „Ich habe in letzter Zeit so schweres Trübsal erfahren, meine Gefühle sind so sonderbar erregt, daß ich sagen muß, ich zweifle entweder an meiner eigenen Zurechnungsfähigkeit oder an der Zurechnungsfähigkeit aller gegen mich demonstrirenden Zeugen."

Der Gerichtshof zieht sich zur Berathung zurück und verkündet darauf, daß er den Antrag der Vertheidigung als einen verfrühten zurückweisen müsse, den Angeklagten aber fragen wolle, ob er wünsche, daß der von seinem Mandatar benannte Dr. Meyer den Verhandlungen von Anfang an beiwohne.

Der Angeklagte ersucht seinen Vertheidiger, für ihn zu antworten, und dieser erklärt, daß es allerdings wünschenswerth erscheinen müsse, daß Dr. Meyer, so zu sagen, als „erster" Sachverständiger, den Verhandlungen von Anfang an beiwohne, und daß er darum bitte, den Audienztermin zu vertagen, bis Dr. Meyer unterrichtet sein würde.

Präsident (zum Rechtsanwalt Holthoff): „Behaupten Sie denn, daß der Angeklagte augenblicklich unzurechnungsfähig sei?"

Rechtsanwalt Holthoff: „Ich behaupte, daß er es zur Zeit der That war."

Präsident: „Würden Sie nicht einen Sachverständigen in Vorschlag bringen können, dessen Vorladung weniger Mühe und Zeitverlust erforderte, als die des Dr. Meyer?"

图 14 《柏林法庭新闻》头版新闻，主题是庭审现场的扎斯特洛夫

条的人士把他的作品送上了法庭。乌尔利克斯也对此心知肚明。乌尔利克斯阅读了扎斯特洛夫提出的古怪的性取向理论后作出评论：“所以他的确引用了我的说法”。

110 乌尔利克斯从一开始就声明自己不是在为虐待犯罪进行辩护，在他撰写的12本小册子中有2本专门表达了他自己对这个案件的司

法审判和媒体报道的愤怒。[1]他一边介绍这个案件，一边警告地下的同性恋共同体，当他们本来可以“受到启蒙”时，他们可能会因为自己紧守身份的秘密而成为迫害自己的同谋；“每当人们指责同性爱情违背自然”，同性恋者就“应该发言、教化、抗议和支持”，在面对扎斯特洛夫案件的审判这样的暴行时，他们更应该大声疾呼。由此，他巧妙而明确地把自我解放的同性恋共同体的期望同有关城市变态分子共同体的公众幻想联系了起来，同警方想象的同性恋形象联系了起来。柏林警察正在编列柏林的同性恋的名单，而乌尔利克斯乐于接受这一主意，就像他长期以来所做的那样，他希望能够阅读这些文件（只是为了证明他的名单更加完整）。

乌尔利克斯的议程、国家监视机器的议程以及追求感官刺激和新闻猛料的新闻媒体的议程之间的对应关系是扎斯特洛夫一案种的典型模式。首先，随着对同性恋的公共关注和相关讨论急剧增加，五年以前便已问世的乌尔利克斯著作的影响正变得日益显著。律师的主张、证人的证词和报纸的报道都证明了乌尔利克斯所提出并仍在主导的一种话语的必要性。专家证人呼应了乌尔利克斯的看法，他们承认同性恋是与生俱来的身份，不属于非法行为的范畴，而属于精神失常的领域。他们把乌尔利克斯——当然，他们的许多观点都得益于乌尔利克斯——视为一个病态的证人；例如，威斯特法尔在引用乌尔利克斯的著作时表露出轻视的态度，他把乌尔利克斯

1 Ulrichs, *Forchungen*, 9: 1-54, translated in Ulrichs, *Riddle*, 2: 435-540 (including book eight, *Incubus: Uranian Love and Bloodthirstiness*, and book nine, *Aronauticus: Zastrow and the Urnings of the Pietistic, Catholoic, and Freethinking Parties).*

的文本当作报纸的报道；当乌尔利克斯在自己丛书的下一本小册子中引用威斯特法尔提及他的文段时，他还“净化了”引文，使之看上去不像医生对精神病人的观察，而是类似学者对其他专家的引述。乌尔利克斯提出的诸多关于同性恋的天性的说法使得那些专家学者能够在审判之前的学术讨论中提出同性恋的天性和暴力的联系。他对这场审判及其在公共领域中的地位提出了尖刻的、带有教条色彩的批判，就像在订正一部糟糕的教义问答书。而且，因为乌尔利克斯在1869年的两本小册子中直接回应了这场审判及其引发的评论，继续提出他的学说，因此在这些冲突的话语之间存在一种强烈
111 的相互关照之感，一种结构性的递归性（recursivity）。乌尔利克斯自豪地引用《柏林法庭新闻》刊登的耸人听闻的报道：“［扎斯特洛夫的］声明引用了乌尔利克斯的精彩（？！）作品。”

扎斯特洛夫的撕咬

被告的辩词则从这些自然的性取向的原则出发：吸引他的对象不是未成年男孩，而是成年男人，他的欲望是温暖和触碰（不是肛交），而且残忍的虐待“和我（扎斯特洛夫）的本性截然不同，我不能理解它们”。在某些时刻，辩词的这些观点遵从了乌尔利克斯本人的干预。乌尔利克斯对同性恋的看法不断变化，此时，他提出了更加复杂的模型：不是所有同性恋必然都是装载女性灵魂的男性身体，而是这样，同性恋本身具有三种性别：偏男性（主动方）、偏女性（消极方）和混合性别。因此，根据这种模型，如果扎斯特洛夫是偏女性，就像他的外形和性格所体现的那样，那么生殖器的插入和

暴力的杀人对他来说都不是天性使然。因为我们讨论的这个的案件是一桩不能脱离同性恋性取向的天性本质的事件，所以普通的法庭心理学家没有能力裁决此类问题——乌尔利克斯具有裁决的能力。[1]

因此，乌尔利克斯关于同性恋的专业知识让他具备了独特的能力：他可以理解同性恋主体的可能动机，即同性恋的行为动机必然出自同性恋特有的驱力；他甚至可以判断某位同性恋是否具有犯下罪行的基本能力。不过，乌尔利克斯的这一观点和他批判这个案件的主要看法并不一致：扎斯特洛夫是否有罪的问题和他承认自己是同性恋的事实没有关系，而且他的同性恋者的身份认同和他的任何罪行的犯罪嫌疑没有关系。上述互斥的立场表现在这一点：乌尔利克斯抵制人们（无论是大众还是学界人士）对他的“同性恋知识”的最恶毒的“修正”——“同性恋的爱情本身就有犯下此等罪行的倾向”。[2]乌尔利克斯并没有把此等修正的论调投射到幻想出来的论敌身上：他在评论中列举了许多展现这种谬论的实例，包括法学家和医学家的观点（一位法庭医生指出，所有的同性恋都有虐待癖，另一位医生指出，“这类人士偏好残暴的行为”）、报纸的报道和群众的说法（新的柏林俚语“一个扎斯特洛夫”或者“去搞扎斯 112
特洛夫”，这些俚语把男同性恋和暴力强奸混为一谈）。[3]因此，他

1 Ulrichs, *Riddle*, 2:504, 528.

2 乌尔利克斯在柏林《证券交易所报》发表了一份署名声明，他在声明中向读者保证：（1）他的先天性同性恋的学说不是要掩盖同性恋者的暴力；（2）暴力性犯罪“也发生在真正的男人的爱情中”，它和同性恋天性没有特别的关系。

3 Ulrichs, *Forschungen*, 8:56.

把第八本小册子命名为《梦魇：同性爱情和杀人狂魔》（*Incubus: Uranian Love and Bloodthirstiness*），要探讨的问题就是同性恋天性和暴力的关系。

在翻开乌尔利克斯的小册子以前，让我们先回到科特布尼的小册子。1869年，扎斯特洛夫/汉克案的法庭审判开始时，他正在准备第二本小册子，主题是《普鲁士刑法》的第143条。如同人们把观察同性恋的两种视角——感官猛料的视角和科学研究的视角——在审判的文本当中互相交织在一起那样，科特布尼也在他的手稿中仪式性地重复了这个案件的诸多元素；他既担忧要如何控制对这些事件的解释，也忧虑要如何联系性的知识，解开它们可能的真实意义。[1]一位通信者知道科特布尼是第一本关于第143条的小册子的作者，就把汉克和科尼事件的报纸摘要邮寄给他，质问他如何使用他自己的同性恋解放的理论来解释这些血腥的暴行。[2]科特布尼反对这种缺乏任何证据的联系。事实上，他的第一条主张就是没有证据表明同性恋和暴力犯罪存在联系，除了耸人听闻的新闻报道。不过，他逐渐转向了性取向理论本身以寻找答案，并在第二本小册子的附录中提出了一种见解。[3]他第二本小册子的开篇和他写给那位寄来报纸摘要的通信者的回信的开头一样，他首先指出明显的事实，人们从来没有发现同性恋是类似的暴力犯罪的施暴者。在所有已知的

---

1 Fond 22/296, NSL；参见"Anthropoogischer Gutachten," 384-387; "Aus einem wissenschaftlichen Briefwechsel," 371。

2 Fond 22/296, NSL; "Aus einem wissenschaftlichen Briefwechsel," 371-372,; "Aus dem Briefwechsel zweiter Naturforscher," 373r-376v。

3 参见Kertbeny, *Das Gemeinschädliche*, "Ein Sondercaptiel als Nachtrag"; "Der Ausgang des Processes und seine Consequenzen," 53-75; *Schriften* 207-229。

历史中，这种行为的施暴者可能是异性恋者，既有男人，也有女人。虽然某些施暴者的性取向是同性恋，但是有些施暴者的性取向是尸体或动物。我们知道：“不受约束的”、自由流动的、极端强烈的性欲是纯**异性恋**驱力。[1]事实上，人和动物的性爱与人和尸体的性爱不但是自然的产物，而且是异性恋定义的产物，[2]此外，他指出，正如人们已经了解的那样，如果人们忽视法医学的主要观点，那么他们就永远不能充分理解鸡奸、兽奸以及强奸。这些行径的必要条件正是同性恋者缺失的东西，同性恋者的特点是“某种女性特质”和“被动的性格”，而且“没有明确的证据显示历史上的同性恋者是 113
血腥的犯罪施暴者”。[3]如果对这些事件的感官猛料式的描述版本迫使人们接受同性恋天性的存在，接受将同性恋的天性定义为残暴嗜血、对公众有害的，那么科特布尼的则看法截然不同：遭受同性恋性侵犯的男孩所揭露的真相不是其他任何东西，而是内在于“正常的性取向”本身的野蛮状态。

乌尔利克斯在他的第八本和第九本小册子中也提到了扎斯特洛夫的事件。他采用上文提到的各种方式为被告辩护。尽管作者提出种种辩护之词，但读者阅读这些文本得到的最强烈的印象还是“乌尔利克斯的确猜测扎斯特洛夫是这起虐待犯罪的施暴者”。因此，他寻求一种截然不同的辩护，一种既能说明问题，又能产生实质影响的辩护。核心的议题不是主体亦非罪行本身，而是刑事责任能

---

1 Kertbeny, *Das Gemeinschädliche*, 54; *Schriften* 208.

2 Kertbeny, *Das Gemeinschädliche*, 55-56; *Schriften* 209-210.

3 Kertbeny, *Das Gemeinschädliche*, 57-58; *Schriften* 211-212.

力。如果一个同性恋基于这样一种类似恐惧身份暴露或者逃避敲诈勒索的动机，那么他也许就需要承担刑事责任，无论他的行为是否出于有意识的动机。不过，在乌尔利克斯调查一系列相关案件的过程中，他发现“性快感可能造成情绪状态的暂时错乱”——人们可以把性认定为一个疯狂的时刻（他没完善地论证这个观点）。针对两个男孩施加的犯罪是

> 撕咬和用手杖殴打。这是漫无目的残酷无情的暴行，这是狂暴的性冲动［……］因此人们必须调查下列问题：冯·扎斯特洛夫的行径是不是这种类似暴怒的情绪错乱引起的不可抑制的内在力量的后果。[1]

为了论证这个观点，乌尔利克斯高度依赖一种不可靠的材料，他引用这种材料至少十次以上：约瑟夫·冯·格里斯（Josef von Görres）的著作《基督教的神秘主义》（*Christian Mysticism*）。“除了［这部著作提到的］魔鬼学的概念，我的观点和这部著作的观点完全相同；尽管事实上这位作者得出结论的途径和我的截然不同：我的研究方法是心理学的科学研究，他的研究方法是魔鬼学的神秘学研究。”[2]这是乌尔利克斯的论证的一个奇怪的转折，因为这种看法似乎违背了他在此前七本书中建立的具有强烈理性主义色彩的叙述。格里斯的文章标题是《恶魔杀人狂》（Demonic

1 Ulrichs, *Riddle*, 2:468, 508.

2 特别参见Ulrichs, *Riddle*, 2: 496-498。

Bloodthirstiness)，他指出

> 繁殖欲望和杀戮欲望有关，杀戮欲望构成繁殖欲望的对立面：两种欲望都被鲜血陶醉唤醒［……］不断增长的欲望越来越多地抗衡意志的主宰。最后，欲望的力量完全压倒意志的力量。意志无力抵抗欲望，因此变成欲望的奴隶，欲望驱使人们从一件残忍的暴行走向另一件残忍的暴行，直到陷入痴迷［这是魔鬼附体］［……］被魔鬼征服。[1] 114

乌尔利克斯完全信服这套观点和这本著作。他提到了他进行的更多的案例研究，研究对象是近代早期和中世纪时期的狼人、《萨迦》(sagas)和《埃达》(Eddas)[2]中的狼人以及其他残暴女巫的传说等。我们应该如何看待这位理性主义的法学家转向神秘主义、怪兽和魔法的变化呢？

乌尔利克斯在第六本和第七本小册子的结尾得出下列结论：

> 在这些案例中，某些个体可能陷入病理性的情绪错乱——既可能是长期错乱，也可能是短期错乱［……］难以压制的内在冲动迫使个体做出狂乱残忍的举动和杀人行径［……］与这些情

---

1 “beide wecken einen Blutrausch”; [Johann] J[osef] von Görres, *Die christliche Mystik*, 4: 460-461.

2 《萨迦》是中世纪北欧的维京人用文字记录的神话故事和民间传说，《埃达》是中世纪冰岛的维京人记录的神话故事和民间传说——译者注

况（人们可以使用术语“无法抗拒的鲜血陶醉”）有关的现象是：当一个人被疯狗咬伤时，他会发现自己陷入病态（狂犬病），情绪错乱则是这种病态的伴生现象。如果人们陷入这种情绪错乱，那么他们的意识也会特别衰弱，就像被狗咬伤会变成狂犬病患者一样。无论人们是否把这种症状称为疯狂，我认为，人们都应该认定这样的个体没有能力为自己的犯罪行为承担刑事责任，就像被狗咬伤的人那样，即使这个人的行为完全是有意识的行为。[1]

“鲜血陶醉”（Blutrausch）这个术语的直接出处就是格里斯的《基督教神秘主义》。作者把暴力的性主体比喻为一个魔鬼、怪兽或狼人。就像像变戏法一样，第八本小册子的读者突然从早期小册子的无穷无尽的启蒙运动的去神秘化进程中被传送到了性这个领域本身内含的疯狂的地下世界——这种疯狂就是性本身，是性主体的暴力犯罪的“解答”。正如大量耸人听闻或具有幻想性质的叙事一样，这是一趟走进未经文明开化的、凭直觉行事的可怕而令人兴奋的王国的旅程。不过，这并不是同性恋者的一个独立起源或自然家园，乌尔利克斯坚持认为，同性恋者不比“真正的男人”更可能从性走向暴力。反之，这是性的本质的原始位置。在扎斯特洛夫的审判和乌尔利克斯的论证以后，这个位置，这个性的内在的神秘圣地才开始出现在人们的眼前。仿佛正是扎斯特洛夫的撕咬把我们送入了一种精神错乱状态，这种状态给了我们一个可以逃离理性、面对

1 Ulrichs, *Riddle*, 2:468, 508.

性身份本身的机会。

这些情况都在提醒我们一件我们早已心知肚明却一直努力忘掉的事情：关于边缘的性的话语和属于边缘的性的话语，这两种话 115 语往往同时也是，而且也许主要是对“中心的”性的探索。**同性恋**和**异性恋**是两个互为区别的概念，如果这两个概念不能互相参照，那么人们就无法理解这它们，这也是那种昭然若揭却往往为人所忽略的事实之一。[1]这些隐喻让我们能够谈论隐晦的同性恋起源并提出一些问题，追问晦涩的同性恋的起源和流散的暴力共同体的问题，但它们掩盖了这一点，即假定的异性恋主流文化何以同样的是无常的、不连贯的、流散的。如果努曼·努曼提乌斯（乌尔利克斯的笔名）声称要争取一个“名字和一片落脚之地”，由此出发撼动世界，那么他也会随之移动；自同性恋的起源时刻起，这种性取向便已经处于移动状态了。

---

1 参阅珍妮·E. 哈雷（Janet E. Halley）对鲍尔斯诉哈德威克案（*Bowers v. Hardwick case*）的论述："The Construction of Heterosexuality," in Warner, *Queer Planet*, 82-102。不过这种观点不同于以下研究主张：对性倒错行为的研究是一种通过划定“他者”边界来为规范性的男性性态下定义、辩护的方式之一；参阅Franz X. Eder, "Von 'Sodomiten' and 'Konträrsexualen': Die Konstruktion des 'homosexuellen' Subjekts im deutschsprachigen Wissenschaftsdiskurs des 18. Und 19. Jahrhunderts," in *Que(e)rdenken: Weibliche/männliche Homosexualität und Wissenschaft*, ed. Barbara Hey, Ronald Pallier, and Roswitch Roth (Innsbruck-Vienna: Studien-Verlag, 1997), 15-39.

3

第三章

感官和感情

专家、丑闻和主体

据我们所知，性学这一学科的兴起时代是从扎斯特洛夫的法庭审判到1910年间的不到半个世纪的时间。[1]虽然性学的研究对象是人类的性活动，但是在早期阶段，性学的研究重点是反常的性行为，而且人们认为男同性恋是性学研究的经典案例。正如我们所见，性学研究的早期雏形是威斯特法尔的学术著作，其研究主题是"逆向的性感知"。克拉夫特-埃宾的经典学术著作《性病态》(*Psychopathia sexualis*)从第二版开始各版本的副标题都是"逆向的性本能的特殊资料"。起初,带有性学研究标签的知识生产的特殊模式依赖病人讲述的故事，而这些病人的自我意识又反过来受到新的性学的科学研究的影响。 116

通过这种方式，对性身份的主观经验的自我表达或自白和对性的各个范畴的学术定义，这两种论述携手并进，不过，这两个层次的讨论都不面向普通群众。事实上，有关方面小心翼翼地避免缺乏相关知识的受众接触这些新兴话语。在很大程度上，性丑闻是一座桥梁，这座桥梁跨越的鸿沟的其中一边是专家学者和同性恋主体掌管的有关同性恋身份的知识，另外一边是社会对同性恋的意识。确实，丑闻是一个不同的知识语域(register)，不过，
丑闻没有天真地反映或者报告专家、警方、法律以及(特别是)同 117

1 目前人们没有关于性学研究(或者关于性的科学研究)的全面的历史叙述，不过，最近有一本以德语史料为重点的学术著作试图撰写完整的性学研究的历史。参见Sigusch, *Geschichte der Sexualwissenschaft*。该书作者注意到，普通群众是早期性学著作(例如19世纪末的克拉夫特-埃宾的学术著作和20世纪初的伊万·布洛赫的学术著作)的读者群体，但是他猜测早期性学文本的普通读者是1850—1870年卡尔-海因里希·乌尔利克斯和保罗·蒙特加扎(Paolo Mantegazza)的支持者。

性恋主体的“第一手”的记录；丑闻本身也是再现的阵列中的一股积极力量，扎斯特洛夫审判等早期案例便已呈现出这种情况。在20世纪初的中欧地区，随着英国的奥斯卡·王尔德的审判，高调的同性恋性丑闻即将形成一种自成体系的体裁。1907年，哈登-奥伊伦堡事件（Harden-Eulenburg Affair）是同性恋性丑闻达到高潮的标志。皇帝的亲信顾问的小圈子涉嫌同性恋，这起丑闻引发了德意志帝国政权的震动。20世纪的头十年里，报纸报道的这一系列的丑闻的特点是文化幻想，这些文化幻想的主要内容不是可怕的行径或极端的暴力，而是外国渗透、阴谋诡计、颠覆政权和贪污腐败。这些感官猛料暴露出一种隐秘的反社会暴力，在它背后还潜藏着一种秘密的反常现象。

20世纪初，在中欧地区，各色性丑闻大行其道——那位才智过人、尖刻犀利的维也纳评论家卡尔·克劳斯（Karl Kraus）将这种现象认定为一种新的秩序，性精神病学的研究也蓬勃发展，这两种现象的同时发生并非巧合。克劳斯没有忽视上述两种现象的联系，他是第一个做出下列评价的观察者：“我厌恶精神病学，因为它满足的是人们对权势的饥渴，就像新闻学那样，因为精神病学本身就附带了滥用这门学科的巨大潜力”。[1]性丑闻和性研究这两大领域的联系在刑事案件的法庭审判这一特殊场合尤其紧密。这些审判总是成为名为丑闻的公共事件的戏剧舞台：法庭传唤精神病学专家出庭作证，以判断犯罪主体的病理状态和他们的刑事

1 Kraus, *Sittlichkeit und Kriminalität*, translation taken from Szasz, *Age of Madness*, 129.

责任能力，与此同时，记者用不同的方式报道犯罪主体的命运。

诚然，医生对病态的定义和记者对性丑闻的报道密切合作，一同设定、传播和强化各种相关的基本规范。与此同时，一个自相矛盾的现象是医生和记者一起为推动同性恋身份认同的形成和同性恋亚文化的出现创设了条件。这些预设的相互对立的影响到底孰轻孰重？对于这个问题，人们争论不休，或许人们无法得出答案。人们如果追问这个问题，就可能会把注意力从其他一些艰深的，但稍有历史学家仔细思考的历史议题上移开。制造出所谓的“同性恋主体”的实际进程是怎样的？这种对异常性行为（deviance）偏离的定义和这样的人类性取向之间的实质性联系是什么？在这一章中，我们将借助性学研究、性丑闻和同性恋解放运动的呼声，以及一切涉及性身份之本质，涉及性身份同公共领域的关联的话题，追溯知识交换和知识转化的循环。

克拉夫特-埃宾和错乱的主体 118

乌尔利克斯出版关于同性恋的小册子，威斯特法尔发表有关逆向的性感知的论文，新闻媒体报道扎斯特洛夫案，在这些印刷品面世的同时，年轻的理查德·克拉夫特-埃宾（1840—1902），作为巴登-巴登精神病院的一名助理医生，正在精神失常这一研究领域积累经验，随后他在当地创立了私人诊所。1886年，扎斯特洛夫案15年后，克拉夫特-埃宾登上历史舞台，他的著作《性病态》第一版正式出版。人们通常认为《性病态》是性学研究的奠基之作。[1]他在很多方面都紧跟我们在前面的章节讨论过的法医学的前辈学者，特别是这些早期专家的基本方法：学术研究的基础是学者对真实的主体的观察和专家对他们的自我感觉的整合，因此《性病态》的叙述由大量的主体报告的引文组成。我们不应该对此感动惊讶：克拉夫特-埃宾的背景（包括精神病学和法医学）是性学研究本身的发展脉络的镜像。在这两个领域中，他特别感兴趣的不是性，而是精神状态的变化——他起初把这种现象称为错乱（deliria）。

理查德·弗里多林·约瑟夫·弗赖赫尔·克拉夫特·冯·福伦贝格附近的弗斯腾斯堡，姓埃宾——或者简称理查德·冯·克拉夫特-埃宾——生于1840年，巴登大公国的曼海姆，他在海德堡大学学习医学。大学时期，他生活在祖父家里，他祖父是海德堡大学的刑法学教授。[2]他受到启发，决定钻研精神病学。他在海德堡附近的一所精神病院观察病人，收集数据。1863年，他撰写了博士论文《感官的错乱》（*Sensory Deliria*）（1864年出版），他把论文献给了他的祖父（图15）。[3]虽然研究克拉夫特-埃宾的后世学者

1　在早期研究中，一本重要著作是1844年海因里希·卡恩发表的同名著作，福柯认为这部著作标志着从精神病医生到精神病学的转折的标志，也标志着“性与性别成为精神病学领域的研究对象这种做法的诞生”；参见Foucault et al., *Abnormal*, 282。卡恩的著作没有为性学研究提供一种长期范式（长期范式的提出者是克拉夫特-埃宾），但是卡恩的著作标志着人们开始以一种全新的方式审视性行为；参见Henrico [Heinrich] Kaan, *Psychopathia sexualis* (Leipizig: Voss, 1844)。

2　Carl Joseph Anton Mittelamier (1787-1867). 参见Oosterhuis, *Stepchildren of Nature*, 77-78。

3　Kraft-Ebing, *Die Sinnesdelirien*.

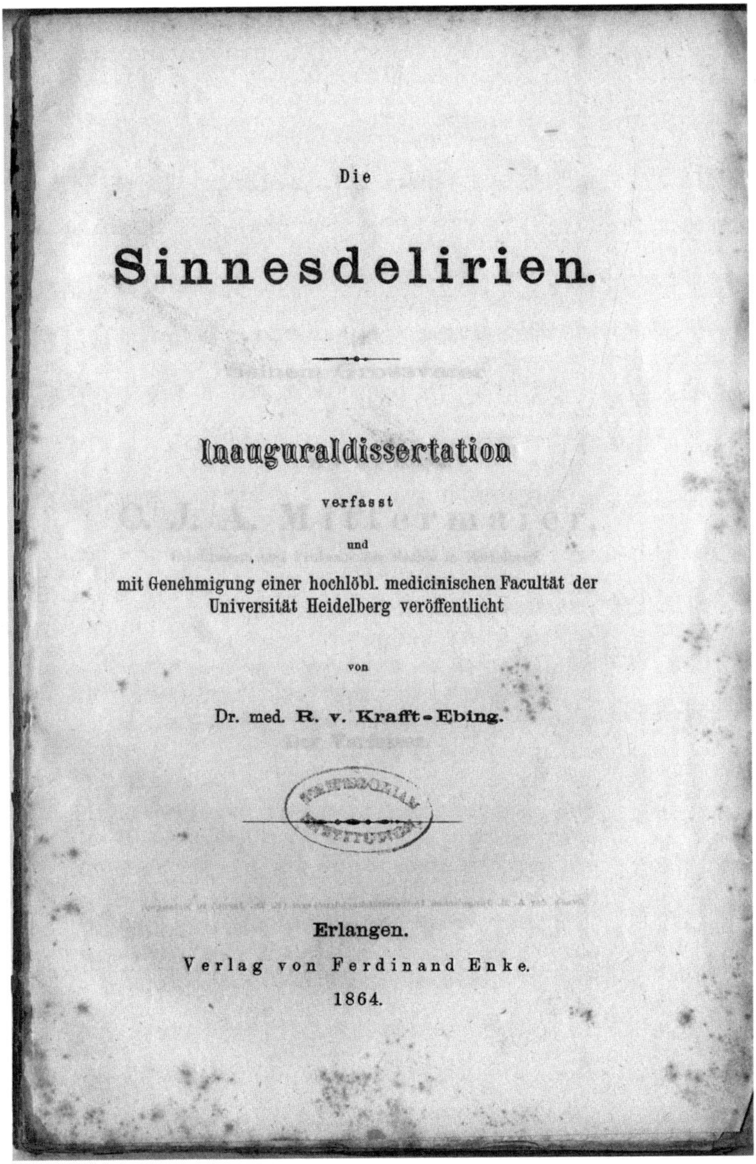

Die

Sinnesdelirien.

Inauguraldissertation

verfasst

und

mit Genehmigung einer hochlöbl. medicinischen Facultät der Universität Heidelberg veröffentlicht

von

Dr. med. R. v. Krafft-Ebing.

Erlangen.

Verlag von Ferdinand Enke.

1864.

图 15　克拉夫特－埃宾的博士论文《感官的错乱》(1864)

的二手文献（这些文献的数量没有人们想象的那么多）没有深入研究这篇短小的博士论文，但是推动克拉夫特－埃宾撰写这篇论文的研究兴趣却十分说明问题：幻觉、错觉、疯狂的兴奋状态和抑郁的恍惚状态。对这位年轻的医生来说，性——甚至性别——本身都谈不上值得观察的对象，当时他正如痴如醉地研究让精神病人备受折磨的各种意识的边界状态。他的研究对象的确包括精神病院以外的人们，他们是那些正在体验酒精或麻醉剂造成的精神
120 错乱的人们。此外，他对错乱状态的兴趣似乎并不集中在感官扰乱上，而集中在感官亢奋上。在早期的一段文字中，他用文学的笔触描写现象，把病理学变成了诗学；从皮质神经节细胞的印象到想象的力量——例如歌德的诗歌所描述的那种力量，他闭上眼睛，想象花朵，从而获得了鲜花盛开的感官体验——的“升级”甚至“兴奋”的印象。在脚注中，我们发现作者自己早年曾在伤寒发作期间有过错乱体验，他由此得知了这种现象。[1]

克拉夫特－埃宾在讨论性的时候，他的研究兴趣是生殖的本能和这种本能发生的偏差。我们已经知道了，在19世纪前期，法医医学推动了一门有关性身份的新科学的诞生，而克拉夫特－埃宾也遵循相同的研究路径。翌年，他的研究方向从感官的错乱转向了“暂时的狂躁”，研究目的是“为医学家和法学家服务”（这是法医学的学术著作的标准说法），在这之后，他忙于撰写一本帮助人们“认识和订正关于病态的精神状态的法医学评估”的手册。[2]次

1 Ibid., 5-9.

2 Kraft-Ebing, *Die Lehre von der Maria*; *Beiträge zur Erkennung.*

年，他的学术研究主题是“自我意识的暂时失调”。[1]他出版了大量学术著作，他在斯特拉斯堡、格拉茨和维也纳担任教授，法医精神病学——哪怕是他的主要研究兴趣——只是他众多研究兴趣之一。[2]在格拉茨，他同时担任该市附近的施蒂利亚州立精神病院的领导，他最亲密的同事之一是法学家、犯罪学家汉斯·格罗斯。尽管如此，他对意识的“朦胧状态”等极端现象的痴迷从来没有消退，这种研究兴趣在他的学术著作中发挥着重要作用；其他研究者在探寻早期有关性的理论时整体上忽视了这些现象。他不但坚持不懈地深入研究这些现象，还把这些研究融入了性学研究，这种做法是错乱在逐渐形成的性的精神病学模型中长期占据核心地位（也许还具有其他功能）的体现。[3]

在1880年代——克拉夫特－埃宾出版《性病态》第一版的时 121
期——这十年之间，克拉夫特－埃宾收集了大量材料，大致主题是“朦胧状态”或“恍惚状态”（Dämmerzustand）。这个类型包括“半清醒状态”（精神错乱的一种情况）、癫痫病发作和其他抽搐、

1 Kraft-Ebing, *Die transitorischen Störungen*.

2 Kraft-Ebing, *Grundzüge der Criminalpszchologie*, became a standard work.

3 福柯主张，在19世纪早期，精神病医生提出精神疾病的概念，他们基于精神错乱的现象给出了这些概念的定义。这些观点始于法国人朱尔斯·巴亚尔格（Jules Baillarger, 1809—1890）和德国人威廉·格里辛格（Wilhelm Griesinger, 1817—1868），精神病学的核心由此转向主体的意志。参见Foucault, *Abnormal*, 158-160。阿诺德·戴维森（Arnold Davidson）指出，与性变态相关对不同概念化（用他的术语来说，理性化的风格）“阶段”并没有同历史编年对应起来，而往往同时存在于个别科学家甚至个别文章中。参见Arnold Davidson, *The Emergence of Sexuality: Historical Epistemology and the Formation of Concepts* (Cambridge, MA: Harvard University, Press, 2001), 3。

失忆、夸大妄想和梦游等状态。资料合集收录的内容包括他和其他病人的病史、病态主体邮寄给他的自传材料、已经发表的文章和报纸摘要。[1]这些案例不一定都和性与暴力有关，尽管当它们和性与暴力有关时，他会仔细记录。例如，他在这一案件上添加了大量批注：1880—1881年法国的一桩案件，人们认为这起残酷的袭击的原因是梦游症。[2]其中一些关于"暂时性精神失常"和"朦胧状态"的案例和讨论被收录于《性病态》的每一版本；另一些案例则被收录在他1875年、1877年和1898年撰写的关于"恍惚状态"的论文中，所有这些论文都与关于失忆症和其他相关情况的进一步讨论一起被收录在一部大约在这一时期出现的作品中。[3]

哪些症状是人类意识的恍惚状态的标志？在哪些时刻这些标志具有重要意义？这些问题的线索出现在克拉夫特－埃宾对一些特殊的案例研究和他收集的真实手稿写的注释和批注中：病人寄给他的信件和长篇自传文本、其他精神病学家与他分享的病人病史以及学术论文。其中一篇病人自传篇幅达到一百多页，克拉夫特－埃宾在他特别感兴趣的地方添加了下划线和评论，例如："我生活的悲哀"、"最无精打采的时候"、"总是无处安放的天性"、"开始

1 PP-KEB/A/39, WLAM.这份档案的内容包括一系列这种案件（大部分案发时间是1899—1900年）。克拉夫特-埃宾在文边批注中指出这些案件是事关"朦胧状态"，这种状态的基础是一些特殊的生理症状（例如不同的瞳孔尺寸），或者一些更加具体的类型，例如"错乱的朦胧时刻"、"自大妄想"或其他类型。

2 PP-KEB/A/12, WLAM; cf. Dr. A. Motet, "Acces de somnambulisme," *Annales d'hygiene publique et de medecine legale* 3, no. 5 (1881) :213-224.

3 Krafft-Ebing, *Arbeiten aus dem Gesamtgebiet*, esp.20-236.

产生幻觉”。[1]在某些案例中（但不是在所有案例中），克拉夫特－埃宾提炼出病人的病情和性生活的某种联系：

> 病人的报告显示，她经常发现自己处在“半清醒状态”，她觉得整个世界似乎不过只是某种假象；她在这些时刻已经失去现实的意识。她认为，这种情况是某些支配她的性欲，但是没有满 122
> 足她的性欲的东西的后果。[2]

另一个案例是一位不知名的同事寄给克拉夫特－埃宾的病人病史，寄件人判断这个病人处于“恍惚状态”；克拉夫特－埃宾再次划线标出和这种诊断有关的许多细节：“据报告，这个病人过去三天本性大变”；“她突然放声大笑，然后陷入绝望”；“她无法认出她的母亲”；他特别标注出一个寄件人可能没有注意到的症状——**严重头痛**。这位寄件人注明了病人行为失常，他判定，根据大量检查，她“完全没有情感”。[3]这些检查包括针刺感官测试、瞳孔尺寸测量和其他类似的恍惚状态的生理指标测试。另一位专家提供了一份更深入的评估，评估显示这位主体处于半清醒的状态（dämmerhaft），无法辨别时间和空间，没有情感，间歇性地大笑。[4]

这位精神错乱的主体是一个令人着迷的矛盾的研究对象，因

---

1 PP-KEB/A/12, pp. 15, 19, 25. WLAM.

2 PP-KEB/A/12, WLAM. 封面页为克拉夫特–埃宾手书。

3 PP-KEB/A/12, WLAM. 这个主体被命名为玛利亚·舍巴斯塔（Maria Schebesta），洗衣女工，日期是1901年11月14日。

4 PP-KEB/A/12, November 19, 1901, WLAM.

为她被定义为一个不是她自己的主体。她的主体性的有意义的特征是失去神志、心烦意乱、意识不清和缺乏对情绪、关系和周围环境的适当反应。恍惚状态既是对这个病例的权威诊断，也是对其他所有类似病例的权威诊断，这些案例的症状包括：主体不能说出日期、地点和姓名；主体被证明没有能力认出亲朋好友；主体甚至无法认清自己的身份。他们生活在一个不现实的世界，而且无法说清自己的故事。叙述故事的强烈欲望和病人病历这种具体的体裁无法共存，因为病人的精神状况阻碍他们表达故事，克拉夫特－埃宾不断明确地指出这种情况。

当代对性学研究，以及特别是对克拉夫特－埃宾的学术著作的批判在这一问题上发生了分裂：性学学者创造的理论范畴的主要功能只是通过病理化和污名化的方式去处理那些违背社会规范的主体，还是建立具有合法性的基础，以便这些违背社会规范的主体建构自身身份认同？[1]这两种立场的基础都是同一种观念，即这些学科正在创造和赞扬某些主体，赋予这些主体立足之地，或
123 将这些主体推向社会边缘。不过，克拉夫特－埃宾对大量案例的研究兴趣实际上是主体性的逃离。

如果任何人只要深入阅读原始文献就会发现：世纪末的法医学者认为意识的边界状态是犯罪的原因，他们赋予意识的边界状态的巨大空间超出人们的想象（这些状态是具备刑事责任能力与否的指标）。刑事案件的罪犯被诊断为“癫痫患者”的比例极高（比

---

1 Paraphrasing Doan and Waters in Bland and Doan, *Sexology Uncensored*, 41 (cf. chap. 2, n41).

较而言，根据现代的最宽松的估算，也只有1% ~ 2%的普通人是癫痫患者）。我们已经看到，专家普遍断定，从梦游到思乡等精神状态都是病理现象的指标，这些病理现象导致主体无法抑制暴力、性欲和犯罪的冲动。甚至他们还把酗酒视为类似的病理状态（有人认为酗酒是先天的病理状态）——他们严肃地讨论酒精滥用的家族史，就像他们严肃地讨论精神错乱或其他精神疾病的遗传规律一样。所有这些现象都表明一个事实：虽然克拉夫特－埃宾对恍惚状态的特别的学术兴趣是一种特殊的倾向，但是他的研究方向并没有脱离当时的法医学研究的整体趋势。我们可以在克拉夫特－埃宾的博士论文《感官的错乱》中找到他的《性病态》的主要学术创新点：通过真正的文学修辞手法描写异常现象或病理学的诗学。

虽然《性病态》的文学品质值得人们深入挖掘，但是现在值得注意的是，尽管病人的声音在自己的文本——这些文本是一种叙述的混合体——中占据主要地位，但克拉夫特－埃宾的文本何以是这样的。在这些病史（Krankengeschichten，这个术语的字面意思是"患病的历史"）中，作者突出了病态的意识，将其描写为现实的抽象或者恍惚的体验，这在一定程度上维系了这些文本的文学品质。[1]

克拉夫特－埃宾对朦胧状态的研究兴趣不像汉斯·格罗斯对强制性的（缺乏动机的）犯罪的研究兴趣：恍惚状态加重了病理状

1 这与安娜·克拉克（Anna Clark）提出"朦胧时刻"这个术语的定义并不完全相同，它指的是与性和性倒错有关的模糊的空间和时代，但二者有所关联。参见Clark, "Twilight Moments," 139-160。

态，在这一过程中，它产生出一种特别纯粹的偏离的形式。恍惚状态经常成为异常行为本身的基础：某些暴露狂和其他恶性犯罪的犯罪者没有癫痫或退化的迹象，但他们只要陷入“意识不清的状态”、“半梦半醒的状态”、“意识麻木的状态”以及“意识不完整的状态”等，他们就会实施犯罪行为。[1]克拉夫特－埃宾把癫痫定义
124 为“一种具体的病态现象”，而且出人意料的一点是，他认为癫痫是后天习得的（而非先天固有的）精神虚弱状态的附属现象。[2]他主张癫痫患者的性本能可能极为狂暴，他们可能会实施强制性行为，无视任何外在事物，只屈从本能的召唤。“由于癫痫病人的意识处于失调状态，他们的精神状态是反常的，他们无法抑制自己的本能”。[3]这类为法医学者所忽视的个体类型进一步激发了克拉夫特－埃宾的研究兴趣，这类人过着正常的生活，但是他们只要听到一个咒语，就会变得判若两人：一个遭到母亲侵犯和虐待的男孩；一位受人尊敬的男士，他每年两次、每次两周会放纵自己鸡奸的欲望；还有一位有类似症状的女士（激发点是性高潮），她无法抑制地幻想自己和少年性交；此外还有其他许多案例。类似地，其他“周期性精神错乱”的也涉及强烈的性欲和变态的倾向，如果主体陷入这种状态，那么任何意识的干预都无法阻止他们。[4]

---

1 Krafft-Ebing, *Psychopathia sexualis, with Especial Reference to Contrary Sexual Instinct*, 385-390.

2 Krafft-Ebing, *Psychopathia sexualis*, 352-357. 引文大多引自最常见的版本，即第14版重印本。

3 Ibid., 353.

4 Krafft-Ebing, *Psychopathia sexualis*, 358-371 (“Periodisches Irresein,” “Manie”, ets; *Die transitorischen Störungen*).

显然，精神错乱及相关现象不是克拉夫特-埃宾唯一的研究兴趣，但是人们可以认为，至少他本人特别注意研究“恍惚状态”的范畴，区别后天养成的性格和先天遗传的特点。处于恍惚状态的主体在根本上不是主体本身，或者至少他们似乎被定义为对主体性的某种抵抗。同性恋者似乎不像克拉夫特-埃宾的著作中的其他重要的研究对象，如果用福柯的名言来形容就是，当克拉夫特-埃宾等学者在学术论文中提到同性恋者时，他们的形象是“一种角色、一种过去、一种病史和一种童年”。不过，这两种人物的作用都是打开一扇面向性精神病理学的本质的窗户。透过这扇窗户，人们可以看到此前隐儿不显的人类要素，克拉夫特-埃宾称之为“第六感”——性。

同性恋知识

性学学者竭尽全力区分既有的术语之间的细微差异，其中包括乌尔利克斯提出的术语“同性恋者”（urnings）；威斯特法尔提出的术语“逆向的性感知”——哈夫洛克·霭理士（Havelock Ellis）把这个词组翻译为英语单词“颠倒”（inversion）；科特布尼和耶格尔提出的术语“同性恋者”（homosexual）以及后来的术语等。显然，这些不同的术语各有自己的用法，不过，人们不该把这些术语理解为特定的类型。[1]因为这些术语指代的各种模型——

1　根据大卫·哈普林（David Halperin）的重要观点，有关同性恋的研究文献是由这些貌似固定的类型构成的，参见David Halperin, *100 Years of Homoxeuality*, 16。亦可参见伊芙·科索夫斯基·赛吉维克（Eve Kosofsky Sedgwick）在她的（转第191页）

125

图 16　克拉夫特–埃宾和妻子玛利亚·路易斯（Maria Luise）坐在情侣座椅上摆拍

男女两性之间的“第三性别”、性别焦虑、喜好同性伴侣、性生活的“目标”或性行为的“对象”、主动的性或被动的性等——几乎 126
没有成为学者始终如一地使用的模型，甚至单个专家，作为这些术语的使用者或提出者（正如我们已经看到的乌尔利克斯和科特布尼的情况），也会随着时代的变化而使用不同的定义。[1]“同性恋知识”不是一个单一的实体，而是一个维恩图（Venn diagram），这个图由大量事实主张组成，这些主张的主题是性取向异常的人物：同性恋者（urning）、性取向颠倒者（invert）、逆向性取向者（contrary sexual）和同性恋者（homosexual）。这些知识的起点是一些有限和重复的主张，文献来源是19世纪中期以来的法医学文献（主要是肛门和阴茎的形状），文献基础是聊胜于无的人们对真实主体的观察。此后，这些主张逐渐涉及同性恋者的全部的身体和精神、家谱和童年、他存在的原因。从马查恩男爵和卡尔-海因里希·乌尔利克斯的自白开始，同性恋主体本身成了所有同性恋知识的来源。

病史这种体裁是把主体的经验传播到科学家和学术著作的读者那里的主要载体。虽然病史不是新鲜事物，但在19世纪后期，它的重要性和普及性与日俱增。[2]性学研究者不可能不知道这二者

（接第189页）名作《暗柜认识论》（*Epistemology of the Closet*）中对哈普林观点对运用，Eve Kosofsky Sedgwick, *Epistemology of the Closet*, esp. 157-159。

1 参阅上文引述的戴维森的定性评价。

2 例如参见R. Tolle, “Die Krankengeschichte in der Psychiatrie,” in *Biographie und Psychologie*, ed. G. Jüttermann and H. Thomae, 36-47 (Berlin: Springer, 1987); S. Brändli, B. Lüthi, and G. Spuhler, eds., *Zum Fall Machen, Zum Fall* (转下页)

之间的紧张关系：性学学者面临的证明性学研究本身即是一个合法的、科学的细分学科这一挑战——精神分析学的专家也将面临这个挑战；同性学所展现出的这种前所未有的叙述的工具。[1]克拉夫特-埃宾向建构病史的医生提供了严格的指导：首先，记录患者的精神疾病的家族史（包括酗酒、自杀以及所谓的退化性疾病）；其次，医生借助传记的形式，提出详细的问题，记录患者人生的每个阶段，包括出生、童年、青少年直到当下；再次，重点是病人的生理检查和心理测试。[2]这是当代病史的雏形，它是一个三段式的故事，指导者是医学专家，主讲者是病人、负责检查的医生以及病人的身体。目前克拉夫特-埃宾收集的文件被收藏在伦敦惠康图书馆（Welcome Library），藏品包括大量病史，国内外医生记
127 下病人的病史，寄送给克拉夫特-埃宾研究，他会亲自批注大多数病史文档，在纸张的边缘或反面添加评注，用彩色铅笔划线标出重要段落。他通过这些故事来揭示某些疾病，这种洞察即将对西方文明产生深刻而长远的影响。1886年，《性病态》第一版问世（这部著作的内容是连篇累牍的逐字逐句的病人叙述的故事），克拉夫特-埃宾的影响大部分来自此书。这些病例是关于异常性取向的不断延展的分类体系的一部分（这些文本是这部著作的主要

（接上页）*Werden: Wissensproduktion und Patientenerfahrung in Medizin und Psychiatrie des 19. und 20. Jahrhunderts* (Frankfurt: Campus, 2009)。

1　例如弗洛伊德就明确评价过这种紧张关系。Freud, *Studies on Hysteria*；参见 Certueau, *Heterologies*, 19-27。

2　参见他的手册的附录："Schema zur Geisteszustandsuntersuchung"; Krafft-Ebing, *Lehrbuch der Psychiatrie*, 272-276。

内容)，不过，作者仍然标榜这部著作是一部医学和法医学手册，它属于19世纪既有的那些医学和法医学手册之一。显然，从第一版开始，作者就已经提出新的问题——医生对健康的边界的判定，取代了旧的问题——医生对法律的边界的裁决，而且我们发现自己已经陷入以威斯特法尔为先驱的新的精神病学体制了。就像威斯特法尔一样，克拉夫特-埃宾更感兴趣的不是不法行为，而是精神异常。为了得到他想要的信息，他愿意听取主体不得不说的故事。

1902年，克拉夫特-埃宾在为《性病态》第十二版撰写的前言中指出，简言之，法学、医学和有关主体的同性恋知识的主观语域以及道德语域互相纠缠：

> 在法学领域，这部著作取得了普遍正面的评价，这些好评促使作者确信，这部著作并非没有对司法体系和立法体系产生影响，而且它将继续做出贡献，推动人们克服数百年来的错误和不公。
>
> 这本著作取得了出人意料的商业成功。似乎这是最好的证据，证明了不计其数的不幸之人(Unglückliche)，他们在这本书中——尽管这本书的目标读者是科学家——找到了有关他们自己的性生活(vita sexualis)中那些令人迷惑(rätselhafter)的表现的启蒙和宽慰。作者收到了来自世界各地的数不胜数的信件，这些信件来自这些自然的继子。他们现身说法，证明了本书观点。仔细阅读这些信件激发了我的同情和怜悯。这些信件的执笔人通常是温文尔雅、社会地位高贵、精神境界高尚的男人。他们表示自己的灵魂备受折磨，相比之下，其他命运的捉弄都是细枝末节。

祝愿这本著作为这些不幸的人带去一定程度的安慰，恢复道德名誉。[1]

128 法学的知识服从医学的启蒙，后者承诺扫除错误的立法。不过，这篇前言透露的东西不只是医学权威和法学权威在法医学领域的斗争。克拉夫特-埃宾生前出版《性病态》的最后一版时已经明确指出，这本著作已经跨越了边界，不只属于"医学和法医学的研究"。主体的呼声深刻地证明了这些知识本身的实用意义，甚至这些主体的呼声对这部著作的后续再版发挥了决定性的作用。

克拉夫特-埃宾的论文揭示了这种情况在多大程度上是属实的。哈里·奥斯特胡斯（Harry Oosterhius）雄辩地说明了这一情况，他在这些文件仍在私人手中的时候就巧妙地利用了这些文件。[2]这些档案由一个密集的网络组成，其中包括与主体的通信和关于主体的通信，世界各地的医生寄给克拉夫特-埃宾的病例的病史；以及后来的学者公开征集的病例主体本身的自传（其中许多自传后来成为各版《性病态》的内容）。克拉夫特-埃宾在最后一版的序言中提到了这些主体，他们自己是性学研究的主要文献的读者，他们在很多方面都沿用性学研究的语言。通常，这些主体的自传遵

1 Krafft-Ebing, *Psychopathia sexualis*, vi; 参阅Krafft-Ebing, *Psychopathia sexualis, with Especial Reference to Contrary Sexual Instinct: A Medico-Forensic Study*, trans. F. J. Rebman (New York: Rebman, 1906), viii。许多学者在医学、法学著作和辩护文本中使用"不幸"和"谜团"这两个词来形容同性恋者和拥有逆向的性感知的人的特点。

2 Oosterhuis, *Stepchildren of Natre*.

循病史的格式，或者，虽然有些自传的形式比较凌乱，但是其内容重构了所有病史的元素（描述身体状态，重点是身体的异常症状和成长中的异常经历；家族史，重点是精神错乱、癫痫和酗酒；性生活史，起点是第一次性的感官刺激的体验等）。在这些报告者中，虽然不是全部主体，但是至少多数主体都曾经接受高等教育；克拉夫特－埃宾在他的论文中使用过一些拉丁语单词，其中既有科学术语，又有色情内容的隐语，读者也使用这些拉丁语来形容某些行为和幻想。例如一位波罗的海地区的贵族与克拉夫特－埃宾通信，一方面，他能援引拉丁语词组形容性行为，而且能利用性学的分析来推测自己的情况；另一方面，他混用了遗传和遗产的话语——换句话说，遗传特点、环境特点以及那些代代相传的社会特权。[1]不过，从少年时期的异常冲动，到内心幻想的生活，再到成年时期的特殊癖好，作为一个整体画面的性生活，他在记录他这些变态行为的细节时不断引用——这种引用有时甚至是潜移默化的——克拉夫特－埃宾的文本，以至于后来的几个版本反过来大量引用了他的病史。

我们必须为学者和主体之间的性知识的循环附加一个作业
点——感官猛料式的知识。无论如何，对花样百出的性事的细致 129
入微的描写遍及成百上千的出版发行的书籍。这不仅是性学学者和那些不幸的主体之间的知识交换。这些书籍还有读者群体。就

1 P. R. Freiherr von Ringen to Krafft-Ebing, misc. Correspondence, July 1900, PP-KEB/C2, WLAM. 奥斯特胡斯（Oosterhuis）著作的开头讨论了这个案例，并在书的封面和正文附上了这篇长信的部分内容的照片。

像性学这一学科的历史上的其他案例一样，人们对这些学术文本潜在的色情功能感到担忧。这种担忧和性学研究面临的学术合法性的挑战有关。这是变态体验和学术知识交换的渠道，这条双向流通的渠道助长了人们的怀疑。克拉夫特－埃宾就像后来的弗洛伊德，他大胆的学术研究无法让他免受这些观点的非议，拉丁语也不是他用来辩护的军火库中唯一的武器。

穿裤子的女伯爵；欺诈的性别

所有这些接二连三的事情都在桑德尔·沃伊（Sándor Vay，原名萨罗塔［Sarolta］）（图17）的案件中合流了——这一案件为一项标志性的学术研究、一场丑闻式的法庭审判和一批感官猛料式的报纸文章提供了契机，报纸把她称为匈牙利的“穿裤子的女伯爵”。沃伊出生时是一个女孩，但是她至少在许多年间被当作男孩抚养；他以男人的身份踏入社会，追求过几个女人，最终步入了婚姻。沃伊的岳父发现了她的“真实”性别，控告她是诈骗犯，这个案件自此开始引起普遍关注。不过，这场审判也催生了第一篇关于女同性恋（女性男化［gynandry］）的可靠的学术论文，论文作者是克拉夫特－埃宾。[1]我们还看到一份冗长的司法记录，其中包括一篇医学报告，这篇医学报告是克拉夫特－埃宾的关键材料和要求出具这篇医学报告的法庭审判的核心材料。[2]以克拉夫特－埃宾

1 R. von Krafft-Ebing, “Gynandrie: Ein Beitrag zur conträr Sexualempfindung,” *Wiener Medizinische Blätter* 13, no. 29 (July 17, 1890): 451-453.

2 C. Birnbacher, “Ein Fall von conträr Sexualempfindung vor dem Strafgericht,” *Friedreichsblätter für gerichtliche Medizin* 42, no.1 (1891): 2-42.

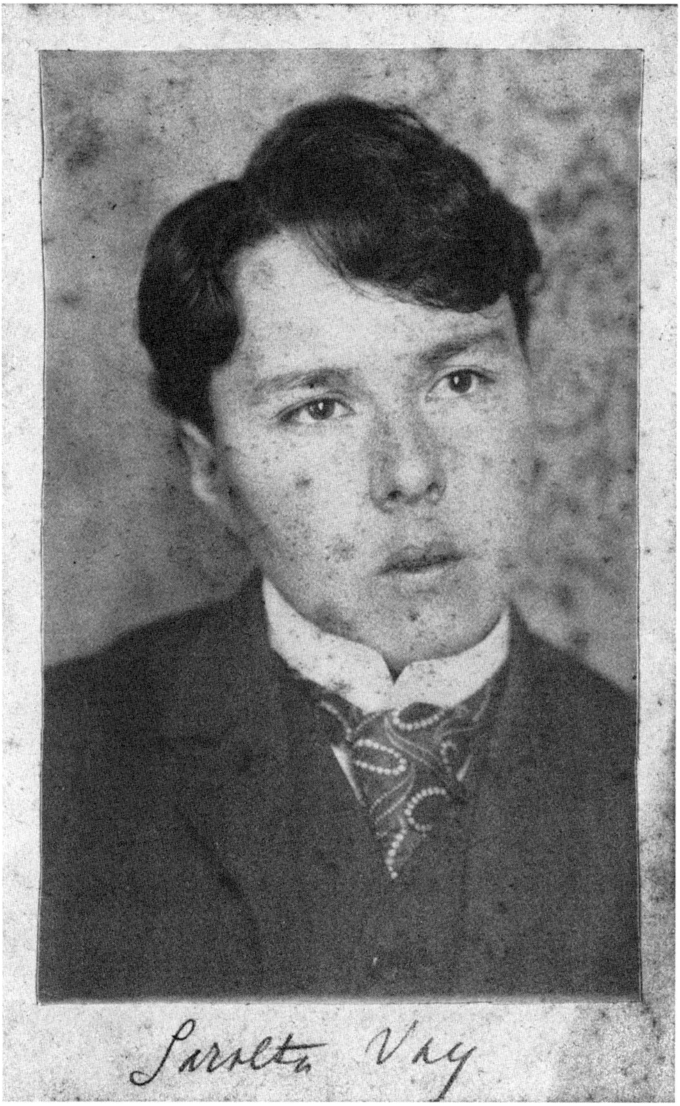

图 17 《桑德尔 / 萨罗塔·沃伊，科学中的第一个女同性恋者》(Sandor/Sarolta Vay, Science's First Lesbian)

的第一篇论文为起点，他的分析贯穿《性病态》的几个版本，以至于哈夫洛克·霭理士把沃伊案件称为“现代的有关一位性别颠倒的女性的调查最充分的案件”。[1]学术文献、法律文本和当时那些耸人听闻的新闻报道，它们不但一同展现出当时人们对性和性别的理解，还展现出貌似客观的学术研究和主观的个人感情之间的互
131 相影响。[2]奇怪的一点是，人们竟然通过回顾一桩异乎寻常的过往案件（出现在该案的法庭审判中的是异常性别的表现而非截然相反的内在性欲），从而找出最完美的、最典型的案例。另外一个有趣的点是，沃伊本人也在其中扮演了积极的角色，他是一位活跃的记者、作家。[3]

沃伊事件激发的话语网络的核心文本是一篇公开发表的冗长报告。报告的作者是当地法医C. 伯恩巴赫（C. Birnbach），标题是《一个逆向性取向感知案例的刑事法庭开庭前的报告》，报告的性质是有关桑德尔·V. 伯爵或萨罗塔（夏洛特）·V. 女伯爵的法医和

---

1 Havelock Ellis, *Studies in the Psychology of Sex*, vol. 2, *Sexual Inversion*, 3rd ed. (Philadelphia: Davis, 1921), 195.

2 一份以上述的伯恩巴赫的论文为主要根据的出色研究参见Geertje Mak, Mannelijke vrouwen: Over grenzen van sekse in de negentiende eeuw (Amsterdam/Meppel: Boom, 1997), 197-243；英语著作参见“Sandor/Sarolta Vay: From Passing Woman to Sexual Invert,” Journal of Women’ s History 16, no.1 (Spring 2004): 54-77。亦可参见Hanna Hacker, “Edelmann und Goldmarie 1890: Zum homophilen Studium einer ‘Gräfin in Männerkleidung,’” *Die Schwarze Botin* 26 (March-May 1985): 16-25。

3 正如马克所指出的，伯恩巴赫在法医学的论述中用不同性别的人称代词指代沃伊，这些代词大致对应此人的性别的外在表现或者社会角色（他）与生物性别（她）。在本文中，笔者亦遵循这种做法。

医学报告，委托机构是克拉根福特（Klagenfurt）的奥匈帝国皇家刑法法庭。人们认为这里的首字母“V”是常用的标准匿名化的处理，不过，这种匿名化的处理不是针对特定主体的特殊做法，而是法医报告这种体裁的标准做法。这个案件立马成了在奥匈国内外引起轰动的刑事案件。

这是一桩复杂的司法案件。被告是沃伊，原告是他的岳父，一位皇家护林员，他们住在一起，而且签署了一份合同，在财务和专业方面进行合作。任何负责的投资者都会有兴趣研究委托人的实际情况，这位岳父由此开始调查沃伊的底细，结果却发现了最夸张的异常情况。不但他们之间的协议本身是伪造的，而且许多其他合同和文件都是伪造的，包括抵押品和身份证明。沃伊的性别只是大量虚假的说法和文件中的一例，不过原告表示这是“首要的”事实，即“所谓的桑德尔（S.）伯爵不过是一个女扮男装的人，其真名是夏洛特（S.）V. 女伯爵”。

因此，公诉机构对沃伊的指控并没有直接或明显地涉及性别犯罪，即使根据《奥匈帝国刑法》，女性同性恋活动也是违法行为，但这种规定和《德意志帝国刑法典》第175条有所区别。不同于此，被告的罪名是合同诈骗和伪造公共文件。[1]人们对这个案件的关注在两个重点之间徘徊：一个重点是沃伊的性别身份（从衣着到身份证明到社会角色）；另外一个重点是沃伊的性向（性欲和自我理解）。在有些时刻，这两个重点相互重叠，在其他一些时

1　这个案件的法庭文书的选段是伯恩巴赫出版的报告的一部分；Birnbach, “Ein Fall,” 2。

132 刻，它们则互相分离，形成一些难以相容的、不可比较的对象：外在的角色、生物学性别、对象的选择和性目标。无论如何，这一点都令人震惊，即沃伊事件应该会成为性学研究的一种标志性的案件：而且，它是克拉夫特－埃宾的《性病态》中有关“女性男化”的重要论文的基础。在这篇论文中，沃伊事件是女性性别颠倒的典型案例，实际上也是相关论证的最长、细节最丰富的案例。[1]在这份叙述中，主体的异乎寻常的个人经历的特异品质（主要是在萨罗塔的整个童年时期，他的父亲决定把他当成一个男孩、当成自己的儿子抚养长大）似乎完全没有指向另外一些方向——严重的遗传性精神损害的证据（困扰父系家族和母系家族的精神错乱和自杀行为的谜团）和主体自己的身体（生殖器“完全属于女性，没有任何雌雄同体表现的迹象，但是仍然处于10岁女孩的发育水平”）。因此，医生的证词表明S是一个明确属于这种情况的案例，即具有“先天的、病态的和颠倒的性取向感知，在人类学层面上，身体发育明显异常”。[2]

不过，如果说沃伊和大多数女同性恋者并不相似，甚至他只是自认为是一个男人，那么他又是如何成为一个女同性恋的典型案例的呢？[3]事实上，我们对沃伊自己的主观的自我理解的了解受

---

1 Krafft-Ebing, *Psychopathia*, 320-325 (“Beobachtung 173. Gynandrie”). 近期出版对这个案件的英语研究参见S. Stryker and S. Whittle, *The Transgender Studies Reader* (New York: Routledge, 2006), 21-27.

2 Krafft-Ebing, Psychopathia, 325.

3 Hacker, “Edelmann und Coldmarie 1890.” 西蒙娜·德·波伏瓦在“女同性恋”一章的开头提到“桑德尔”案件，她的研究比克拉夫特–埃宾的研究更进一步，（转下页）

到了他的自我叙述的影响，后者的目标是达成一个可接受的结果，即无罪释放，重获自由，不过，根据报告明文记录，他认为女同性恋的交往是“变态的”、“令人厌恶的”。当人们询问他女扮男装的目的时，沃伊的回答的不耐烦暴露了他自身经验的不和谐，也透露出这个人们突然提出且反复提出这个问题：“没有其他原因，只是事实上我是一个男人，我想要成为一个男人，没人有权禁止我这么做！”[1]没有比这般暴跳如雷的袒露更接近真相的叙述了。沃伊将“他是谁”和“他希望自己成为谁”表达为同一件事，但同时又将其叙述为两件孤立的事情；他那责备的语调的基础是下列事实，133
即他被迫回答的这个问题本身就是他所拒绝的禁令的表现。正如人们过去的主张一样，如果性学确实创造了一个平台，推动这些主体冒险提出新的身份主张，那么桑德尔·沃伊的经历则不是这样的，在真相没有暴露时，沃伊才是最幸福的。

（接上页）她以《性病态》中的“对相关事实的简单声明”为基础，对女性的男性气质进行了精神分析；参见Simone de Beauvoir, *The Second Sex*, trans. H.M. Parshley (New York: Knopf, 1952), 387-389。吉特耶·马克（Geertje Mak）对这个案件进行了深入详细的解读，他主张桑德尔案件是一桩奠基性的事件，医学家关注女性的男性气质，把这种现象视为病理现象，这种观点和哈克（而且明确地和德·波伏瓦的）的观点对立，参见Mak, “Sandor/Sarolta Vay,” 54-77。但是克拉夫特–埃宾本人认为这个案件是女性性别颠倒现象的典型案例，参见Havelock Eillis, Studies in the Psychology of Sex, vol. 1, Sexual Inversion (Watford: The University Press, 1900), 94。

1 Vay quoted in Peter Buza, “Saroltabol Sandor,” Budapest 7 (1863): 38-41, translated and cited by Ann Borgos, “Sandor/Sarolta Vay: A Gender Bender in Fin-de-Siele Hungary,” in *Comparative Hungarian Cultural Studies*, ed. Steven Tötöskz de Zepetnek and Louis O. Vasvari (West Lafayette, IN: Purdue University Press, 2011), 229.

欧洲的新闻媒体，甚至在欧洲以外的长期以过去的故事为报道重点的报纸杂志所打造的桑德尔案件的感官猛料在于这位所谓的匈牙利女伯爵成功瞒天过海，不但以伯爵的身份生活，而且以伯爵的尊荣结婚。新闻媒体必须重点描写甚至凭空捏造她的女性特点，以吸引人们阅读这个故事。人们如果比较当时的报纸和杂志刊登的沃伊图片（例如讽刺期刊《跳蚤》[*Der Floh*][图18]和《维也纳日报》[*Wiener Tagblatt*][图19]）等和沃伊本人的清晰照片，就不难发现，这些图片柔化了她的特征，拉长了她的头发，使她的头发变卷，拉长了她的睫毛，等等。这些改动是表现这是一位女扮男装的女性的必要工序。媒体报道了他的幸福婚姻和忠实伴侣玛丽，她对他人眼中的欺骗毫无察觉，这既是一则耸人听闻的消息，也是关于沃伊的大量感官猛料式报道的固定内容。在这里，大型报纸杂志最多只提到了法庭审判中最色情的元素之一，即沃伊用小棍子在公共场所填满他的裤裆和在卧室履行他的婚姻义务。报纸杂志的新闻报道不得不把重点放在性别取向的外在议题上——女扮男装的女伯爵——把这位伯爵或说女伯爵的隐秘的生理性别留给法医。

到世纪之交，前所未有的，中欧的公众已经对内在的性生活（或感情）和外在的性丑闻（或感官）之间的联系耳熟能详了。有问题的主体全部都是男人，而这不但是一种政治暗示，也是一种性暗示。

134

图 18　《他 – 她》(He-She)，维也纳杂志《跳蚤》(*Der Floh*)封面图上的萨罗塔·沃伊

135

图 19　《维也纳日报》(*Wiener Tagblatt*)插图上的萨罗塔·沃伊

从个人命运到公共事件；或说富人与名人的“生活方式” 136

1902年9月起，卡尔·克劳斯把他的批判视野和刻薄笔触转向他目睹的现象：私人事件不当地侵占了国家部门和新闻媒体等公共机构。他认为，与其说这种现象是一种侵占，不如说是一种攻击——他谴责他所目睹的现象是一场全面战役，人们高举“宝剑和烈火”，攻讦“不道德行为”，而且在他看来，这场冲锋端起各种各样互相联系的机构：立法机构、司法机构和新闻媒体。克劳斯坚信，这场进攻的起源是“一场浮夸的误解”、一个差错、一个逻辑错误甚至一个语义谬误：这些道德的十字军战士没有保护社会免受公开的低俗行为的荼毒，反而适得其反地激发了公众对私人道德的不满。[1]

在克劳斯的修辞中，公共事务和私人事务的反转是一种典型的狡猾的语言学上的倒置，真正的道德十字军东征是克劳斯自己发动的道德十字军东征，远征的对象是伦理道德的立法机构（高举“烈火和宝剑”，用他的日记《火炬》[*Die Fackel*]的说法就是高举火炬）。克劳斯认为，当时社会中的这种趋势是荒谬而凶险的，而且他不能宽容这种虚伪作态：“窥探隐私的记者充当立法者，轻举妄动的仆人充当执法者，他们在卧室门外偷听，他们在钥匙孔外偷窥。”[2]资产阶级媒体一边报道案件，发表道德的说教，一边刊登广

1 Karl Kraus, Sittlichkeit und Kriminalität, 14.

2 Ibid., 15.

告，印刷淫秽图片，[1]社会公众一边赞扬奖赏“美好的婚姻”，一边指责其他性与金钱的交易。[2]不过，道德沦丧和当时的社会局势并非完全无关，因为道德沦丧就是道德十字军东征本身的特征。

毫无疑问，在20世纪初的同性恋丑闻中，耸人听闻程度最高的事件是德意志帝国的哈登–奥伊伦堡事件。马克西米利安·哈登（Maximilian Harden）暗示皇帝威廉二世的亲信顾问圈子中存在性变态行为。这桩丑闻在媒体、公众以及政府那里引发了动荡。[3]哈登–奥伊伦堡丑闻是一个独特的事件，一个典型的案例，它帮助人们成功识别这两大领域之间的联系：一个是当时人们刚刚发现的、认为私密程度最高的领域——性；另外一个是“公共”这个词语定义的、人们共同关注的领域——社会和政治。丑闻是秘密的反义词，不过，就像“私人”和“公共”的关系一样，丑闻和秘密的关系比简单的对立更加复杂。丑闻和秘密包含相同的具体内容——因此他们总是成为某种孪生兄弟——与此同时，丑闻和秘密的形式又完全相反：秘密是不能曝光的事物，丑闻只有在一种曝光的框架下才可能出现。

137 在这场战役中，政治和性的相遇以矛盾的方式展开，这还

1　克劳斯收集并出版了这些公告，特别是那些资产阶级自由派媒体发表的公告，参见“Die Presse als Kupplerin,” ibid., 33-34。

2　Ibid., 28.

3　这个事件非常重要，不同时代的人们都叙述和分析过这个事件，但是以下文献对该事件的政治运作提出了一种特别清晰的解释：Isabel V. Hull, *Entourage of Wilhelm II*, chap. 5; Kaiser Wilhelm II and the ‘Liebenberg Circle,’” in Röhl and Sombart, *Kaiser Wilhelm II: New Interpretations*, 193-220。

涉及左翼社会主义的政治议程同异常的性取向和阶级之间的联系。一方面，德国社会民主党（Sozialdemokratische Partei Deutschlands［SPD］）是唯一公开支持同性恋除罪化的大党：1898年，奥古斯特·贝贝尔（August Bebel）戏剧性地（而且欧洲历史上前所未有地）登上来德意志帝国国会的发言台，号召废除《德意志帝国刑法典》第175条。根据同性恋解放运动的说法，德国社会主义者主张同性恋除罪化的根据是下列事实：第一，（至少在某些案例中）所有被理解为性取向的性征（sexuality）是自然的、先天的且不可改变的东西；第二，《刑法》第175条导致带有这种不幸的先天性取向的贫苦百姓终身面临真实的暴力侵犯和敲诈勒索的危险。因此，同性恋被定义为一个总是面临着被人揭穿的风险的秘密。但另一方面，又没人会像这些社会主义者一样揭开这个秘密。公开同性恋身份（outing）——或者所谓对“无所顾忌”（Weg über Leichen）——似乎成了进步的社会主义者的特长。1907年1月，社会主义报纸《真实的雅各布》（*Der wahre Jacob*）刊登了下列漫画（图20），讽刺哈登-奥伊伦堡事件。[1]漫画中的女性角色既不是一位妻子，也不是一个妓女，而是阿尔弗雷德·施尼茨勒（Alfred Schnitzler）所谓的“甜妞”（sweet girl）或行为不检点的女士，她正在同一位工人装扮的男人对话。这个男人刚刚结

1　事实上，一份早期的对哈登-奥伊伦堡事件的重要分析的基础是一系列卡通画。参见Steakley, “Iconography of a Scandal”。该文献的缩写版目前收录在这本经典的同性恋历史著作中：*History: Reclaiming the Gay and Lesbian Past*, ed. Martin B. Duberman, Martha Vicinus, and George Chauncey (New York: New American Library, 1989), 233-263。

138

图 20 《真实的雅各布》(*Der wahre Jacob*), 1908 年 1 月 7 日, 5683

束交媾，正在穿衣起床。漫画的副标题是《失望》。女人的台词是“啊，奥斯卡，你真的只是一个平平无奇的普通群众——和同性恋一点儿不沾边！”。

这幅漫画的幽默感有赖以下几点：第一，人们觉得这个女人使用了**同性恋**（**homosexual**）这个词好笑，正如我们所看到的那样，这个学术术语是前一代人刚生造出来的，只是因为哈登－奥伊伦堡丑闻公之于众，人们才开始广泛使用这个术语；第二个点是副标题所产生的反差状态，副标题是《失望》，漫画的内容是男人尽兴而去；此外还有一个相似的反差，漫画暗示的私下的地位和公开的地位的反差（这是在暗示社会地位和异性恋的阳刚之气之间的颠倒关系）。除了趣味，这条信息还会以一种特殊的方式吸引这张报纸的男性工人阶级读者。因此，这幅讽刺漫画就是丑闻本身的关键结构之一的例子，它把这两种事物联系了起来：其中一种是那些把自身定义为最私密的空间的事物（性），另一种是当时当地人们在公共空间中的位置的主要表现（阶级）。

虽然最早的一系列的性丑闻没有发生在德国和奥地利，但是它们在德国和奥地利引发了共鸣。1895年，英国作家奥斯卡·王 139
尔德（Oscar Wilde）的审判成了公共舆论的热点。1895年，爱德华·伯恩斯坦（Eduard Bernstein）发表了两篇分析性的社论，主题是王尔德案件相关议题。[1]这些社论发表在社会民主党的文化期刊《新时代》（*Die neue Zeit*），伯恩斯坦在文章中提出的观点微妙、

1 Berstein, “Aus Anlaß”, 171-176; “Die Beurtheilung,” 228-233.

富有暗示性且特别现代，他认定在王尔德的现代主义想象中存在一种“鸡奸性的”（pederastic）姿态（Pose）。[1]伯恩斯坦对王尔德和“堕落者”的带有民粹主义倾向的攻击是显而易见的，他的攻击不但指向鸡奸，还指向“文明”的过剩：“人们被文明束缚，人们被现代大都市的各种机构——人们不能长时间失去这些机构——的锁链捆绑”。由于过度的膨胀和纵欲，人们的灵魂陷入厌倦，他们寻求自然生活的替代物，为此他们投身“对不常见的事物、不正常的事物、艺术的沉积物和文明的阴谋诡计的邪教崇拜所构成的过度文明（overcivilization）”。[2]伯恩斯坦的讨论撇开王尔德异常的性取向不谈，转而攻击腐化堕落、愤世嫉俗和毫不掩饰的精英主义美学教条——王尔德希望艺术摆脱“那些确实生活在和应该生活在民族机体里（im Volkskörper）的东西”，[3]宣称艺术是“已受启示的贵族”的自治区。因此，秘密的性取向是一个与人民不和的美学家阶级的一个不可见的标志。

在世纪之交，斯滕伯格事件的新闻报道里金融世界权势人物的不正当性行为，人们指控一位坐拥百万财产的顶级银行家是个轻微的贪污腐败犯罪者——不过，这个事件显然也是克劳斯谴责的整体趋势的一部分，此事不涉及同性恋，但涉及卖淫嫖娼，由于

1 Berstein, “Aus Anlaß”, 173-176；这篇文章是对《论堕落的心理学》（Zur Psychologie der Decadence）的回应，这篇文章和王尔德审判均载于Willhelm Weigand, *Essays* (Munich: Merhoff, 1892), 165-224。

2 Berstein, “Aus Anlaß”, 172, 174.

3 Ibid., 175.

种种原因，斯滕伯格事件同阶级与权力的关系都不甚明确。[1]1902年的克虏伯事件是德国同性恋丑闻的真正爆发，当事人是埃森钢铁工业和军火产业的权势人物弗里茨（弗里德里希·阿尔弗雷德）·克虏伯（Fritz［Friedrich Alfred］Krupp，1854—1902），他是德国顶级工业家族的第三代资本家，克虏伯家族的崛起是普鲁士王国和普鲁士王室领导的德意志帝国的崛起的不可分割的一部分。[2]社会主义者的机关报纸《前进报》（*Vorwärts*）是克虏伯丑闻在德国爆发的主要源头。[3]《前进报》通过特别的方式把克虏伯的社会地位和他的性取向联系起来，他们宣称这是"不幸的趋势"——这种看法会让人们想到社会民主党是当时德国主要政党中唯一一个同意"同性恋可能出于先天偏好"的党派——受"资本主义力量的影响"，别无选择的个体只能沦为受害者，而且这些丑闻成了"腐败堕落的可怕源头，进而把个人命运转变成公共事件"。[4]事实上，这个公共事件是《前进报》耸人听闻的攻击本身的产物。 140

方兴未艾的同性恋解放运动的参与者马上意识到克虏伯丑闻对这场运动造成的影响是巨大而复杂的。科学人道主义委员会

1 对当代读者来说，这个案例中的"阶级教训"可以说更加模糊，这一方面是因为斯滕伯格自己出身卑微，另一方面是因为警察知道他杀害的受害者都是妓女。参阅Martin, "Zum Prozess Sternberg," 182-187。

2 参见Boelcke, *Krupp und die Hochenzollern*, 98-117；参阅Steinberg, "Case of Herr Fritz Krupp"。

3 *Vorwärts*, November 15, 1902, p.1.

4 Ibid.

（Wissenschaftlish-humanitäres Komitee, WhK）在丑闻曝光的几个月中集中精力关注事件发展，竭尽全力寻找改变讨论议题的方式：

> 克虏伯丑闻发生时，各方力量向本委员会提出大量要求。整体来说，我们没有把自己的工作重点放在对克虏伯其人的看法上，而是将其放在对同性恋本身的讨论上。尽管如此，如果人们可以收集克虏伯的倾向或活动的真实材料并和我们联系，那么这将是对我们有所助益的。[1]

因此，丑闻成为由精神病学家、法学家、警察以及同性恋活动家共同建构的知识流传中的另一个元素。人们要求科学人道主义委员会提供这些感官猛料的信息，而后者（徒劳地）试图抵制用丑闻满足人们需求的做法，尽管他们也试图利用这个机会普及关于同性恋议题的启蒙思想。他们的官方答复——其具体形式是克虏伯事件的记者发布会——指出：人们指责某一个人的同性恋倾向的做法本身便已经构成对这一个体的名誉的严重侮辱和侵犯。[2]他们坚持认为，他们的所有主张都和克虏伯的实际性取向无关，而且他们对克虏伯的真实性取向毫无兴趣。不过，委员会在每月的报

---

1 Monthly report of the WhK [Monatsbericht WhK], November 1902, p.20, Hirschfeld Collection, KIRSGR. 对这一关注对确证亦可参见conference report "Bericht über die 10. Conferez des wissensch. Humani Komitees am 11. Januar 1903," also in the Hirschfeld Collection, KIRSGR。

2 这份媒体声明出自Monatsbericht WhK, November 1902, p.20, Hirschfeld Collection, KIRSGR。

告中对读者的吁请显示，他们如饥似渴地搜集媒体报道和警方公告中的色情细节。媒体和警方已经把克虏伯列入了他们已知的同性 141
恋者名单，尽管他们从来没有兴趣逮捕或敲诈他。[1]丑闻这种形式的重点是蒙受耻辱和损害名誉，同性恋解放运动的积极分子对此议论纷纷，其他专家则不置一词，认为这是理所当然的事。一个与羞辱的元素密切相关的现象是感官猛料对有关同性恋的知识流传的主要贡献：曝光的中心地位。有关男同性恋的知识的流传的诸多具有讽刺意味的情况之一是同性恋解放运动的积极分子支持公开自己甚至他人的同性恋倾向，将此作为一种手段，用于抵消人们的这一想法：同性恋倾向是可耻的。在中欧地区，如果不是同性恋解放运动积极分子首先发起一系列行动，曝光人们的同性恋性取向，那么这些行动可能不会产生他们希望达成的效果。这种出柜策略内涵的暴力也为这场运动的名称本身所承认："跨过尸体的道路"。

1908年，卡尔·克劳斯出版了他的评论集《道德与犯罪》(*Sittlichkeit und Kriminalität*)，当时，哈登-奥伊伦堡事件不断制造感官猛料，持续造成严重后果，仍然是主导公共舆论的议题。国家对私人性生活的干预、媒体对私人事务的报道和公众对过去的私人事务的兴趣，这些进程的合流已达到高潮，克劳斯认为这

1 警察局长汉斯·冯·特雷斯考(Hans von Tresckow)的叙述特别开明。克虏伯似乎早就已经被列在警察的同性恋名单上了，但是警察没有对他进行进一步标注。这些记录的内容包括警察、政客和记者的互动，参见Tresckow, *Von Fürsten*, 126-132; 亦可参见Hall, *Scandal*, 173-187。

些元素已构成一种新的体制。一个事件引起了他的特别关注，当事人是西奥多·贝尔（Theodor Beer），他是医生，也是维也纳大学的生理学教授。他出生于显赫的犹太家族，被指控骚扰两个未成年男孩，这两个男孩的家庭背景和社会地位和他相似。事实上，这位医生是一位业余的摄影师，对他的主要指控是他向两个男孩暴露身体；他要求他们暴露自己的身体；他要求他们和他一起裸体拍照；他不正当地触摸他们。有趣的是人们指控他触犯的主要刑法条款是《奥匈帝国刑法》第129条（b）款，相当于《德意志帝国刑法典》第175条，这些法条均规定同性恋乃非法行为。对这起案件的调查、审判以及案件制造的新闻媒体的感官猛料，它们的形式截然不同，其内容亦存在一定差异——公众无从了解这起案件的某些细节——不过，在这起案件中，一种特殊的论证模式浮出水面，我们可以从中看见一张微妙的、把各种元素联系起来的网络，这些元素包括：私人的、不为人知的、秘而不宣的贝尔博士的性别身份；贝尔本人的社会地位和其他当事人的社会地位等完全明确的事实；发生在贝尔的图书馆的事情——图书馆不完全是私人场
142 所，两个男孩自己置身其中，其他各种各样的目击者置身其中，但是公众不在其中。

被告人的社会地位是被告人辩护词的基础：他的顶层社会地位是他高尚的人格的实在和外在表现。相反，检举他的主要证人和指控他有罪的儿童是巴结权贵、向上攀登的父母的被宠坏的后代。有趣的事情是，公诉律师利用这些儿童的阶级背景攻击被告，主张被告是刻意选择这些儿童的。预审法官认为这种观点令人信

服，强调这种主张：生性邪恶、诡计多端的被告专门寻找家庭条件宽裕的孩子，而且他考虑到，事实上，这些家庭如果发现他的所作所为，可能会忍气吞声，因为他们害怕丑闻，也担心孩子受到影响。[1]

受害者家庭蒙受社会羞辱是恶贯满盈的性变态者穷凶极恶的作案工具——甚至“带着恶魔般的狡猾”（mit teuflischem Raffinement）这个词组已经在阶级意义上改变了这些“淫秽活动”（excesses）的意义——在这种场合中，这一观点是切中要害的，因为原告代理人斯特格尔博士（Dr. Steger）不但提出了这种看法，而且证明这种看法：他是受害儿童之一的父亲，因此，他本人也是受害者。或许是为了规避这种羞辱，在提起控告前，他向贝尔提出过诉讼以外的其他选择。这个其他选择是辞去教职，离开本国，克劳斯认为这种做法就是完全毁灭一个个体。[2]这种“私人”（privat）概念的瓦解和社会性死亡的现象揭穿了“私人空间和公共空间是两个互相分离的领域”的谎言，尽管克劳斯似乎试图阻止私人空间和公共空间混为一谈。同一个月，克劳斯将他的文集标题中的两个词语——“道德”和“犯罪”，个人/私人和社会/公共的道德表达——描述为“概念上的连体婴”，这种说法恰如其分地显示两种观点：二者具有不可避免的统一性；某种张力推动二者

---

1 Vienna, Landesgericht für Strafsachen 1905 4586, document of 25 April 1905 by Regierungsrat Heirich Steger, WSL. 斯特格尔的儿子是主要原告，他主张他儿子古斯塔夫是遭到侵犯的男孩之一。

2 Karl Kraus, *Sittlichkeit und Kriminalität*, 53.

互相分离。[1]

在克劳斯发表的关于贝尔事件的第一篇文章中，当时当事各方的姓名尚未公布，他认为控告贝尔的律师没有充分掌握法律，没有认识到他为挽回社会面子而提出的建议实际上违反了禁止敲诈勒索的法律。[2]此外，我们可以在这里察觉到一些在我们看来有些奇
143 怪的东西，即此处暗示的"贝尔的隐私权和贝尔的社会地位的正当性可能会驳倒人们指控贝尔的真相"。事实上，一旦这些有关案件的事实被公开，然后克劳斯开诚布公地讨论这些事实，他甚至提出了这样一个问题：即使这位教授确实犯下了人们指控的罪行，这些罪行是否能和"破坏家庭的道德沦丧"——这是这场审判的支持者在他们的意识中为这位教授定下的罪行——相提并论。[3]

在贝尔案件的法庭审判中，社会地位的问题在控诉和在辩护中都发挥了重要作用。即使有最不利于他的证据和那些感官猛料式的报道——他多次在保释出狱后前往国外，警方多次对他进行跨国追捕——根据社会舆论，这些都证据都不足以证明犯罪。他第一次逃往瑞士，理由是他和妻子在日内瓦湖畔拥有一处住宅，他需要前往国外全面翻修这栋别墅。审判开庭前，贝尔逃往美国。他的一位顾问律师（即他的一位堂兄）证实了，他建议这位教授不惜一切代价逃往外国，因为一个社会地位较高的人非常脆弱，无法面对针对品行的攻击，而且无论如何都不应该让自己面对陪审团

1 Ibid., 67.

2 Ibid., 54.

3 Ibid., 168.

的判决。[1]这位律师把贝尔事件和德雷福斯事件相提并论，他预言只有被告缺席，法庭才能伸张正义。[2]

根据媒体报道，为贝尔辩护的最有说服力的证词出自这位医生的妻子劳拉，她充满资产阶级的可爱魅力，善解人意，沉着镇定。她坚定地支持丈夫，坚信丈夫无罪，坚守他们的婚姻，以及最重要的，她那具有吸引力的外表本身，这些都意味着她否定人们对他的丈夫的变态品行的指控。[3]辩护律师美中不足的策略之一可能是提出了证明这位教授和一位神秘女性保持着异性恋婚外情的证据，到法庭审判时，这位女士已经去世，不过，她似乎反而留 144
下了证明她的伴侣（贝尔教授）的非自然的性生活品位的证据。[4]

此外，调查人员收集了其他此类证据，不过他们没有向公众发表这些证据，其中包括：维也纳中央浴场的工作人员的情报指出，多年以前贝尔是一位男性按摩师的固定客户。这位按摩师报

1　参见*Neue Freie Presse*, October 27, 1905, pp. 10-11。

2　基督教社会联盟的机关报《帝国邮报》（*Reichspost*）对揭露这个案件的恐怖细节特别感兴趣，有时他们把被告称为“犹太人西奥多·贝尔”，参见*Reichspost*, October 26, 1905, p.9; October 27, 1905, pp.9-10; October 28, 1905, p.9; October 29, 1905, p.10。亦可参见Das Vaterland, October 26, 1905, p.6; October 27, 1905, p.5。丹尼尔·维莱塔（Daniel Vyleta）广泛调查和分析其他反犹的新闻媒体对贝尔事件的报道，参见Daniel Vyleta, “Jewish Crimes,” esp. 311-316。

3　显然，新闻报道比法庭卷宗更加重视这些证词的重要意义，在《兴趣报》（*Das interessante Blatt*）中，记者把这些证词的重要意义拔高到了贝尔事件高度戏剧性的案情重演的首要主题的级别。毫无疑问，这是因为劳拉·贝尔在得到法院的有罪判决后自杀，这是这个故事的感官猛料化的结局。参见“Das Ende der Affäre Beer,” *Das interessante Blatt*, April 12, 1906, 11。

4　证词的细节没有向公众公开，读者可以在这两本大型文献中找到这些证词：Landesgreicht für Strafsachen 1905 4586 “Berri[sic] Theodor Dr., par. 128, 129,” WSL。

告，他曾经为贝尔剔除了脑袋到脚趾的体毛，并且他还让贝尔为他剔除了生殖器周围的体毛。此外，还有一些其他细节，有些是淫秽活动，有些是非法行为。[1]贝尔交往的这位浴室侍者来自维也纳第十三区的贫民窟，贝尔甚至邀请侍者拜访自己的别墅；贝尔宣称，他通过赤身裸体达到亲近自然甚至医疗康复的目的。贝尔的阶级越轨行为和他的这套说辞相互矛盾。他为自己的行为辩护：他为半裸的男童单独拍摄照片，他和半裸的男童一起拍摄照片，他做这些事情的原因是他是一位业余摄影师，他的主要爱好是风景照片，次要爱好是人物照片和裸体照片。他的爱好引起了他人的兴趣，包括许多家长，他们要求他为他们的孩子拍摄裸照，因为这些裸照具有特殊用途，可以记录这些主体的身体发育情况。因此，贝尔这个人是生理学家和业余摄影师的独特结合成为一个重要的相关事实。同时，他表示他正准备出版一本著作，主题是人类的理想美貌。[2]

虽然没有记录显示被告的特殊性癖造成了任何严重的后果，但是人们宣称：被告至少已经腐化一个男孩，他用错误的生殖知识误导这个男孩，受害者的父母相信，被告的越轨行为是他们的儿子最近养成手淫成性的恶习的直接原因。不过，这位医生宣称自己信奉一种更加“开明的”性观念，他相信他的性知识造成的不是伤害，而是其他影响。显然，控方和辩方，警察和被告都清楚地意识到，诸如此类的事实本身可能具有完全不同的意义，而这些

1 Strafsachen 1905 4586, document of 19 March 1904, WSL.

2 例如参见*Reichspost*, October 28, 1905, p.9。

意义取决于人们阅读这些事实的语境，包括：社会地位和潜在动机。[1]克劳斯完全没有脱离这种权势的等级体系，他暗示人们，听 145
信不诚实的孩子和不正直的新贵那些诽谤中伤的说辞是不恰当的。不过，与此同时，他认为他自己的话语超脱其他人共享的话语，这里的其他人包括起诉者、调查者、公诉人和主流媒体（主流媒体是其中最重要的一员）。他试图建立一种不属于新闻范畴，而属于文学和哲学范畴的批判模式，他在《火炬》中批判的主要对象不是可以促进人们理解矛盾事实的隐秘的性别身份，而是对这场审判的感官猛料式的、耸人听闻的呈现本身，这才是对既不道德亦不合法的道德沦丧行为的真实呈现。出于对正义的曲解、对人格的折磨、对个人生活的粗暴侵犯、对原本应该保持私密的事物的无耻呈现，这起案件的展现本身才是造成了更大伤害的越轨行为，这起案件造成的后果是比在这位绅士的图书馆里发生的事情更严重的伤害。

梅维奥拉女爵的暴怒：暴露同性恋主体

显然，相比《德意志帝国刑法典》第17条和《奥匈帝国刑法》第129条第（b）款引起的既有的法律诉讼，相比同性恋解放运动要求改革这些法令的努力，得到了空前曝光的哈登–奥伊伦堡丑闻

1　事实上，庭审的重点是贝尔那隐藏的“真正”的性身份，相比证明性骚扰的事实，它必然更加重要，因为公诉人已经选择把起诉的基础放在《奥匈帝国刑法》第129条b款——禁止同性恋——而没有选择《奥匈帝国刑法》第128条，即涉及虐待儿童的条款，克劳斯没有忽略这种情况，参见Kraus, *Sittlichkeit und Kriminalität*, 182。显然，这种举动表明了从有害行为到变态身份的转变。

更加有力地推动了广大公众和公共舆论承认实际存在的同性恋者的认识。起初马格努斯·赫希菲尔德和科学人道主义委员会的其他成员认为，公众对同性恋议题的关注似乎是号召人们废除《德意志帝国刑法典》第17条的充满希望的迹象，但是这些努力引发的公众关注的真正后果不久以后就让他们大失所望了。无论如何，1907年后，**同性恋**（homosexual）这个术语及其所唤起的关于现实中的人、人与人之间的难以言喻的行为的概念，以一种前所未有的方式突然出现了。

在维也纳，哈登－奥伊伦堡事件是一桩非常遥远的事件——对德国人和普鲁士人而言同样如此，与此同时，人们问道：这种事件是否可能在维也纳发生？具有教育意义的是，人们转向了一桩不同类型的丑闻，该丑闻的主角并非名人（若丑闻主角乃名人，人们便可据此主张，是该人的恶名将他的行为塑造成了“丑闻“），而是匿名之辈（如果不是芸芸大众的话）：维也纳同性恋者的秘密生活的揭发报道。这些文章的某些报道模式和那些涉及克虏伯、奥伊伦堡以及维也纳当地的贝尔博士等富豪权贵的私人生活丑闻
146 的新闻报道相同。此处，我们把一份极度耸人听闻的报纸杂志的进化过程视作一个关于性丑闻的启蒙式话语的案例，进而观察这种话语的自相矛盾之处，观察这种话语如何通过多种方式推动下列进程：公开秘密；把私人事务推向广大公众；频繁讨论那种变动中的公共等级体系，即“社会秩序”的可见世界。

1907年4月1日，《奥地利犯罪报》（*Oesterreichlische Kriminal-Zeitung*）第一期周刊出版，主编是前任维也纳警察局局长费迪

南·莱布泽特(Ferdinand Lebzelter)。根据创刊号和头条文章，人们可以看到一个清晰的启蒙开化的执法机关形象，在该机关中，现代的、受过教育的法官、警察和公众在很大程度上被视作陈旧的——“野蛮的”、“中世纪的”——刑法法典的人质。编辑立誓要揭露执法机关的贪污腐败，追求司法系统的开明改革，这份报纸开设了不同的连载专栏，主题是刑法的改革、法医的进步、一些附带议题——带人一窥异质的犯罪、卖淫的地下世界的议题，以及各种人们耳熟能详的城市生活体裁。

由于编辑似乎无法保障《奥地利犯罪报》的经济效益，创刊六周以后，报社被迫易主；两周以后，前任警察局长客气地辞去了编辑职务。相比前八期周刊，第九期周刊刊登的挑逗性内容显著增加；第九期周刊也使这份报纸第一次成为出版审查的对象。到第十期出版时(1907年第20期)，这份报纸沦为八卦小报，这一巨大转变已显而易见。“感官猛料!”(Sensationeller Inhalt！)的大字标题赫然出现在周刊封面上。1907年8月，编辑在周刊的标题上加入“**画报**”(illustrated)一词，其时，这份报纸已近似欧洲的其他“犯罪画报”和“侦探”报纸了。《奥地利犯罪报》跟踪报道了里尔事件(the Riehl affair)，包括警察的贪污腐败和对卖淫嫖娼的管制。此后，这份报纸将报道重点转向卖淫嫖娼和鸡奸活动(鸡奸是相对少见的议题)(图22)。[1]他

---

1 例如参见“Kinderspital und Nachtcafe” and “Prostitution und Polizei,” *Kriminal-Zeitung*, July 17, 1907, pp.1-4; “Die Prostitution in Wien,” *Kriminal-Zeitung*, August 26, 1907, pp. 4-5; 当时每一期报纸都有这些报道。

们在不止一篇文章中宣称，许多街区已整体沦为由漫步街头的妓女和追求她们的皮条客组成的群体荼毒的疫区，这些卖淫嫖娼活动严重危害了普通群众。晚上十点以后受人尊敬的女性根本不能出门。这幅图像的主题是一个犯罪和性爱的地下世界，这个世界正野蛮生长且威胁着要吞噬城市。一个故事的作者宣称："除了失控的荡妇，引起最多注意的是她们的皮条客和更加自负的鸡奸者及他们聚集的地方。"他提醒读者：那些正蓬勃发展的维也纳的堕落的亚文化也是这幅地下世界图像的一部分，并承诺自己今后的报道主题便是这些事物，目的是"引导"公众。起初，鸡奸只是这份报纸的次要议题，后来，鸡奸成为这份报纸的一座"金矿"——显然，
147 这个主题是该报通往可能的成功和最终的衰败的关键。以"鸡奸"为主题的每周报道吸引了越来越多的读者写信联系编辑，不久之后，这些报道遭到了出版审查的行政干预的强力制裁。[1]到1907年9月，这份报纸的销量达到空前的20 000份，到1907年年底，周刊的销量达到30 000份。

《奥地利犯罪报》编辑的立场依然是支持改革《奥匈帝国刑法》第129条第（b）款，从而维持这份报纸那个启蒙思想的十字军战士的自我印象。改革同性恋禁令这种立场的理论基础是"性取向乃先天倾向"和"避免敲诈勒索的威胁"。但与此同时，《奥地利

1　例如1907年8月初的《犯罪报》的报道就包括这些话题：鸡奸、改革第129条第（b）款、男妓等。报纸关注维也纳同性恋的地下世是报纸编辑的最重要的决策之一，这一举动不但大幅提升了报纸销量，而且致使当局对周报的定期出版进行审查，最后导致报纸编辑遭到起诉，报纸被迫停刊。

犯罪报》亦谴责过个别涉及同性恋活动的咖啡馆和聚会场所，而这导致了敲诈勒索。报纸编辑保证他们的谴责目标不是这些酒吧和咖啡馆的店主，而是“鸡奸”这种行为，他们的目标是阻止这种不道德行为的浊流席卷维也纳。

报纸编辑从来没有预见的新情况是，这些报道引发了一种即时的意外反响，其具体形式是编辑们收到的同性恋者聚居区居民寄来的大量情绪激昂、愤愤不平的信件。他们马上开始以耸人听闻的方式利用这些信件。他们在鸡奸主题的连载报道旁边刊登这些信件，而且随着鸡奸活动的连载报道不断延续，读者来信的篇幅不断增加，成为变态活动的公开展览，读者来信和鸡奸报道的耸人听闻程度同样巨大。同性恋者的聚居区的骚动暗示报纸编辑，他们的活动可能会造成严重后果——他们连续几周刊载匿名信件，直到最后，迫于监管机构的巨大压力，他们不再刊登匿名人士投稿的耸人听闻的稿件。虽然这些读者来信的原件几乎全都是有问题的史料，但是无论如何，这些信件也是一些独特的案例，保存了早期男同性恋者对他们自己和他们的性别的早期的表达。

第一批有关同性恋的读者来信是对卖淫嫖娼的追踪报道的专题文章的一部分。报纸编辑把《一个被鸡奸者的恐吓信》拟为栏目的标题，以吸引读者的关注，他们非常乐意公开展示同性恋者对他们的新闻报道的最具敌意的攻讦。他们发表（或者号称发表）未经删改的信件全文，其中还有会出卖作者阶级背景的拼写错误和语法错误。报纸编辑提到一封恐吓信，作者署名是“梅维奥拉女爵”（Countess Merviola），据报道，她的恐吓信写在“妓女的纸

Bezugsbedingungen mit Zustellung ins Haus:

Ganzjährig ..... K 5·—
Halbjährig ..... „ 2·50
Vierteljährig ..... „ 1·25
Einzelne Nummern 10 Heller.
Für die Provinz Postzuschlag.

Zu haben in allen Tabaktrafiken, Zeitungsverschleißen und Bahnhofbuchhandlungen.

Oesterreichische Kriminal-Zeitung

Wochenblatt für öffentliches Leben, Kriminal- und Polizeiwesen.

Redaktion und Administration: Wien, I., Schulerstr. 18. Telephon 1385.

Erscheint jeden Donnerstag.

Inseratenaufträge nehmen sämtliche Annoncenexpeditionen und die Administration entgegen.

1. Jahrgang. Wien, Donnerstag, den 20. Juni 1907. Nr. 10.

! Sensationeller Inhalt !

Moralisch hingerichtet!

Offener Brief in Angelegenheit der vom Salzburger Kleinstadttratsch bis zum Wahnsinn gehetzten Familie Maurer an Sr. Exzellenz dem Herrn Justizminister Dr. Franz Klein.

Elsa Maurer,

die einstige Braut des zum Tode durch den Strang verurteilten Mörders Pluharsch, in Wien als Komptoiristin der „Oesterreichischen Kriminal-Zeitung".

Galgen oder Irrenhaus?

Der „Kinderverzahrer" – entdeckt?

Ab nächster Nummer erscheint ein spannender Roman aus der Feder des Schriftstellers Richard Dahl, der das tragische Schicksal der Familie Maurer, insbesonders die Tragödie des armen Mädchens, das sich mit einer in vorliegender Nummer enthaltenden erschütternden Zuschrift an uns um Schutz wandte, getreu nach dem Leben schildern wird.

An unsere Leser!

Ein Diener des Verlages der „Oesterreichischen Kriminal-Zeitung" wurde vor einigen Tagen wegen mehrfacher Betrügereien verhaftet. Insbesonders hat der Mann auch eine schwungvolle Bettelbrieffabrikation betrieben. Mit Rücksicht auf den Umstand, als er hiezu unser Firmenpapier benützte, sind wir gezwungen Vorstehendes mitzuteilen, damit ein grober Vertrauensmißbrauch eines Angestellten nicht auf uns zurückfällt.

Unter einem teilen wir auch mit, daß die angekündigte Publikation

„Anton Jenners Tragikkomödie"

wegen zu großem Umfange des Aufsatzes nicht in unserem Blatte, wohl aber Ende dieser Woche als Broschüre zum Preise von 30 Heller im Verlage der „Oesterreichischen Kriminal-Zeitung" erscheint und durch die Administration direkt, sowie durch alle Buchhandlungen zu beziehen sein wird.

Die Administration der „Oesterr. Kriminal-Zeitung".

Moralisch hingerichtet.

Offener Brief an Se. Exzellenz den Herrn Justizminister Dr. Franz Klein.

Euere Exzellenz!

Der gefertigten Redaktion kommt folgende erschütternde Zuschrift zu, die sie im Nachstehenden unterbreitet, weil die Redaktion Wert darauf legt, daß Ew. Exzellenz sich davon überzeugen, daß in Ihrem Machtbereiche Ungeheuerlichkeiten möglich sind, vor welchen der menschliche Genius trauernd sein Haupt verhüllt.

Die Zuschrift lautet:

Salzburg, den 15. Juni 1907.

An die löbliche Redaktion der „Oesterreichischen Kriminal-Zeitung."

Ich beeile mich Ihr Expreßschreiben vom 14. Juni 1907 zu beantworten und danke Ihnen im vorhinein für Ihr liebenswürdiges Entgegenkommen und kann ich nur versichern, daß Sie Ihre Hilfe und Teilnahme gewiß keiner unwürdigen Familie schenken. Gleich Eingangs meines Schreibens möchte ich höflichst bemerken, daß ich und meine Angehörigen bis längstens 1. Juli nach Wien zu übersiedeln gedenken, wo ich mir dann erlauben werde, in Ihrer Kanzlei persönlich vorzusprechen, um Ihnen dann den Fall Pluharsch ausführlich zu detaillieren, nachdem eine genaue Detaillierung des Prozesses auf schriftlichem Wege zu umständlich und umfangreich ausfallen würde.

Meine Angehörigen und ich wurden unter dem schweren Verdachte der „Mitschuld" an dem Morde des Postpraktikanten Mühlberger von dessen Existenz wir überhaupt keine Ahnung hatten, verhaftet. Im Vollgefühle unserer vollkommenen Unschuld sahen wir ruhig der Entwicklung der Dinge entgegen, mit fester Zuversicht hoffend, daß dieser mysteriöse Fall sich in Kürze aufklären werde. Inzwischen hatte es sich herausgestellt, daß mein, in unserem Hause wohnhafter Bräutigam Josef Pluharsch, der Täter sei.

Trotzdem verstrich Monat auf Monat, ohne daß unsere Enthaftung erfolgte. Die schweren Leiden dieser Untersuchungshaft können gar nicht im vollen Umfange geschildert werden. Ohne Rücksicht auf tadelloses Vorleben und Bildung wurde ich fünf volle Monate in die sogenannte Sammelzelle gesteckt, wo alles von der Gasse Ausgelesene seinen Aufenthalt fand; nur meinem Charakter und meiner guten Erziehung habe ich es zu verdanken, daß ich während dieser Zeit nicht gänzlich verkommen bin. — Zu den physischen Qualen kommen noch die seelischen; nicht einmal ordentlich wissend, um was es sich eigentlich handelt, wurde ich gleich einer der Tat überführten Mörderin behandelt und hieß es bei meinem ersten Verhör bereits „mitgefangen mitgehangen"! — Nicht genug an dem, auch meine arme 65 Jahre alte Mutter, die uns Kindern stets ein leuchtendes Vorbild einer charaktervollen edlen Frau war, sowie mein Bruder, der verheiratet und Familienvater ist, wurden ohne einen besonderen Grund gefänglich eingezogen und dazu hat meines Erachtens nach auch Pluharsch den Fingerzeig gegeben, um die Schuld so viel wie möglich von sich abzuwälzen und auf meine armen unschuldigen Angehörigen zu schieben. Ich habe Pluharsch jederzeit für einen hochanständigen Menschen gehalten und als solchen unendlich geliebt! — Wie furchtbar daher die Entdeckung, mein Götzenbild zertrümmert und als einen schweren Verbrecher gebrandmarkt zu sehen. Alles dieses hat zusammengewirkt, um mich beinahe an die Grenzen des Wahnsinns zu bringen.

Gebrochen an Leib und Seele habe ich am 20. März das Haus meiner schweren Leiden verlassen und daheim warteten neuerliche Sorgen auf mich.

Durch meine mit den Kindern zurückgebliebene Schwägerin und Schwester erfuhr ich, daß man sie nach unserer erfolgten Verhaftung mit unausgesetzten Kränkungen, Beschimpfungen, Demütigungen aller Art verfolgte, so daß sie bereits nahe daran waren, den Tod in

图 21　改为插图版，转而报道“感官猛料”的内容之前的《犯罪报》

Nach der Konfiskation zweite Auflage.

Redaktion und Administration:
Wien, III., Ungargasse Nr. 23.

Bezugsbedingungen für Wien: Ganzjährig K 5.–, halbjährig K 2.50. Für die Provinz: Ganzjährig K 6.–, halbjährig K 3. Einzelne Nummern 10 Heller, Provinz 12 Heller.

Illustrierte

Oesterreichische Kriminal-Zeitung

Wochenblatt für öffentliches Leben, Kriminal- und Polizeiwesen.

1. Jahrgang. Wien, Montag, den 9. September 1907. Nr. 21.

Mädchenhandel. – Päderastie.

Die Mordtat eines Bahnwächters. Die Wahrheit über den Prozeß Riehl.

Die Prostitution in Wien.

Geheime Prostitution in den Wiener Nachtlokalen. — Schäferstündchen in der Weinloge. — Wurzenfang. — Vom Spittelberg. — Der „Strich" auf der Elisabethpromenade.

Prostitution in der Hauptallee.

Der Text zu diesem Bilde befindet sich auf Seite 7.

图 22　改为插图版，转而报道“感官猛料”的内容之后的《犯罪报》

150 张”上，带有令人作呕的香水味。这封信的内容如下：

> 我们难以相信，在你们的丑闻小报中，你们用这种方式对待我们，我们中的一些人只是我们天性的不幸牺牲品。你们真的相信检察官是最合适的治疗我们的专家吗？如果你们认为我们“温和的兄弟”属于约瑟夫城（Josefstadt）的“黑色的小屋”，那么你们就会发现自己大错特错。对我们的成员的每一道判决都是一个恐怖的司法错误。[1]

这位读者的书信内容符合当时人们对同性恋的主流常规描述。克拉夫特–埃宾自己的学术著作的前言也和这种说法形成共鸣，他也用他们自己性别的“不幸牺牲品”这种说法来形容他自己和他这种人。八卦小报和国家干预不能帮助他们妥善处理自己的性别。人们宣判每个“温和的人”有罪，这一举动的后果从来不会是矫正他们的同性恋倾向，而是适得其反：

> 他变得更加自由，更加容易接受他的前景，因为他感觉自己就是一个烈士，他的同性恋同胞同样把他当成一个烈士对待。维也纳的同性恋同胞的数量成千上万。[2]

因此，迫害和起诉的一个直接后果是催生出一个“殉难的”

1 *Kriminal-Zeitung*, August 26, 1907, p.7.

2 Ibid.

同性恋者的共同体。在一定程度上，这封信件的“恐吓”是这样一种暗示：攻击同性恋的潜在后果是使同性恋共同体愈挫愈勇——成千上万的维也纳的同性恋者——而此前，他们隐藏自己的身份。这种说法是报纸自身的感官猛料式报道的夸大其词和老调重弹。报纸的目标是把读者漠然不知的依然存在的社会问题变得可见。梅维奥拉利用这份报纸的更加穷凶极恶的暗示——鸡奸者的“共同体”成员包括腰缠万贯者和大权在握之人——继续展开她的言辞恐吓：

> 我们当中有些人闻名遐迩，他们被授予奥地利的国家崇高荣誉，享受公职待遇［……］如果国家荣誉的得主、历史悠久的贵族、百万富翁和最重要的大型企业首脑突然失去他们的公司和荣誉，被迫搬到所谓灰色小屋（维也纳第八区的同性恋矫正设施），那么这些场面一定十分美妙。[1]

梅维奥拉女爵继续用最浮夸、最绚丽的辞藻，描写她自己的个人长相、气质和权势，她保证，这家报纸将收到“‘温和联盟’（Warm 151
League）中央机关”的更加官方性质的警告。[2]

有趣的是梅维奥拉对这份报纸的恐吓与报纸指责同性恋者的文章中暗示的恐同的阴谋论幻想存在直接联系。报纸刊登的具体内容如下：

---

1 Ibid.

2 Ibid. 这里指的是对同性恋的俗称“温柔的兄弟”（warm brothers）。

他们充分谈论这些鸡奸者团体的中央机关，而这些绅士们的举止又是如此的傲慢自大，以至于让人开始怀疑，维也纳的鸡奸者一定是受到了某种特别高规格的保护，这种保护让他们凌驾于法律之上。如果情况不是这样，那么这些同性恋者显然不会自由公开地表态，他们甚至毫无羞耻地承认自己的性偏离——而这种偏离是法律明文规定的犯罪行为。[1]

虽然出身下层阶级的梅维奥拉的恐吓表明，维也纳精英阶层的某些成员可能会和普通同性恋者一起身陷囹圄，甚至这些精英人士的同性恋性取向可能会被普通同性恋者检举揭发，但是这份报纸的编辑和记者在这篇文章及其他文章中暗示，在维也纳那些有权有势的鸡奸者的影响下，社会对于同性恋者的地下世界的宽容正在增强。

《奥地利犯罪报》继续连载鸡奸主题的专栏，不断扩大读者来信栏目，表面上，他们的目标是报道这些事件，攻击性变态者，从而引起政府重视。其中一位信件作者采用了一个巧妙的策略，他要求编辑把自己放在这种“不幸的地位”上，想象他该如何使自己的性别制度化。但同情不是这些读者采用的唯一策略。一位大胆的作者写下一封特别有战斗精神的信件：

没有脑子的人！

你们的垃圾小报，不久以后就会从地球表面消失，你们非常

1 *Kriminal-Zeitung*, August 26, 1907, p.6.

出色地证明了，你们是倒霉的笨蛋，你们竟然审判那些人，每个医生和每个一半思维正常的普通群众都会理解这些人没有犯下哪怕最轻微的罪行，因为他们是完全的无辜者。[1]

虽然这位作者只是重复了报纸本身的立场和梅维奥拉的威胁，但是他没有提到同性恋是天性使然，既没有提及“病态”，也没有提及“不幸”，他们只是单纯的“无辜者”。在这封信中应当背负罪责的报纸编辑，他们制造了唯一的伤害。这位读者提出问题，报纸编辑的目的到底是什么？ 152

我可以想象，你们所有废话的基础都是敲诈勒索，为了达到目的，你们毫不犹豫地招揽告密者，他们将和你们一起进监狱。[2]

事实上，这封信件的作者凭借的似乎不仅仅是直觉，鸡奸主题的连载不但招致了严厉的出版审查，还招来了敲诈勒索的诉讼，导致这份报纸停刊。[3]虽然报纸文章包含检举揭发的内容，但是读者

1 Ibid., 7.

2 Ibid.

3 这份报纸发表过一份简短的（和偏颇的）报道，主题是威胁吊销这份报纸的营业执照；参见“Sittlchkeitskoller,” *Kriminal-Zeitung*, September 27, 1907, p.2。9月下旬之后的每期报纸都是出版审查的重点对象，审查对象不但包括读者来信和“鸡奸”主题的连载文章，而且包括关于政策的编辑评论和关于同性恋的学术文章。虽然国家档案没有完整记录，但是这些档案遗留的证据显示，国家对编辑提起诉讼，罪名是敲诈勒索，结果是这份报纸被迫停刊。参见Allgemeine Reihe, Ministerium des Innern, 1907 Präsidiale Index Z: Zeitschriften: Wiener Schmutz-Presse, AVA；亦可参见1907 Materien-Index Z: Zeitungsnotizen: Kriminalzeitung。

来信包含更多检举揭发的内容——我们后面还会再次讨论这个问题。另一封暴怒的来信的作者是梅维奥拉女爵。梅维奥拉最亲密的好友“虱子公主”（Princess of Louse）致信《奥地利犯罪报》，揭发梅维奥拉的“隐私秘密”，他警告编辑必须发表这封信：

> 啊！听我说话，如果你们出卖我的地址这个秘密，你们就会遭受厄运；我向你们宣战，直到我们中的一个人或者其他人倒毙在废墟中。你们不久以后就会发觉，你们把我变成了一个多么危险、多么强大的敌人［……］因为你们恶心的鼻子不能欣赏我高雅的香水信纸，所以我将不会浪费更多奢侈的信纸给你们写信。请你们大发慈悲，不要继续乱用“妓女信纸”一词，因为我是一个受人尊敬的女士，因此我的信纸不能容忍这种形容。[1]

随着这场戏剧开幕，许多角色开始出场，例如梅维奥拉女爵、“虱子公主冯”、“黑珍珠”和诸位编辑。其他读者开始退缩。这些读者形容他们自己是医生（编辑推测他们不是医生）或者其他受过教育的专业人士，他们和他们眼中的街头流浪汉展开竞争，争夺他们的性取向的代表地位。

其中一位笔名是“山茶花女士”（The Lady of the Camellias）的读者猛烈攻击了这份报纸的宣传运动，暗示同性恋是一种“所
153 谓的邪恶”，同性恋的受害者属于收容机构。[2]作者同时利用了自

1 *Kriminal-Zeitung*, August 26, 1907, p.67.

2 *Kriminal-Zeitung*, September 2, 1907, p.8.

由派和保守派的主张。自由派阵营的成员包括赫希菲尔德和《中间性别形态年鉴》(*Jahrbuch für sexuelle Zwischenstufen*)的会员。保守派阵营的成员包括阿道夫·布兰德(Adolf Brand)、本尼迪克特·弗里德兰德(Benedict Friedlaender)以及“他们自己的共同体”组织(*Gemeinschaft der Eigenen*)。山茶花女士提醒这些编辑，这种政策的后果是令伟大的历史人物——例如苏格拉底、柏拉图、腓特烈大帝以及格里帕策(Grillparzer)——沦为精神病院病人。[1]这封信提出的更具原创性观点是：同性恋为人们提供了一种男女恋爱关系以外的其他选项，同性恋甚至比异性恋更加高尚。作者描写了他自己长达六年的同性恋恋爱关系，他的伴侣是一位军官，他们的关系是“最纯粹的和谐”，这种关系得到了他受人尊敬的家庭的充分理解，尽管如此，他和他的同性恋伴侣赋予彼此性生活的自由，这种自由达到了没有一位妻子可以忍受的程度。虽然梅维奥拉和其他读者毫不掩饰他们对报纸的宣传攻势的攻击，但是他们会对自己的主张做出让步，承认同性恋是一种“缺陷”、一种“不幸的病弱体质”甚至一种“邪恶”。[2]人们可以把这些读者的自我再现之间的区别视为赫希菲尔德阵营和布兰德阵营的分

1 有关“他们自己的共同体”组织，特别参见Keilson-Lauritz, *Die Geschichte*, and Oosterhuis, *Homosexuality*。

2 关于早期同性恋解放运动的“两种传统”的文献数量众多，并且已经有一些修正观点开始出现。特别参见Harry Oosterhuis, “Homosexual Emancipation in Germany Before 1933: Two Traditions,” in Oosterhuis, *Homosexuality*, 1-28；参阅Andrew Hewitt, *Political Inversion: Homosexuality, Fascism, and the Modernist Imaginary* (Stanford, CA: Stanford University Press, 1996), 79-170。

裂的具体表现：布兰德阵营是明确的厌女分子和精英分子，与此同时，他们更加反对承认社会舆论对同性恋性取向的看法：异常、缺陷和劣等。[1]无论他们是否将自己（或他们使用第三人称的说法，不幸运的人或不幸福的人）形容为承受重负之人，无论他们将自己形容为好斗还是和善，理性还是愤怒，这些读者来信的作者用不同的方式坚持同性恋的性取向是先天特质，他们有时甚至会谈及报纸编辑自己的性别——几个不同的作者要求编辑想象：如果人们把你送进精神病院，为的是治疗你自己的欲望，那么你会如何自处。[2]1907年9月，在这期报纸中，编辑说明了（事实上是修改了）这份报纸对《奥匈帝国刑法》的第129条第（b）款的立场，他们建议修改法律，免除“先天性鸡奸者”的罪名，先天性的鸡奸不应该是法律处理的问题，而应该是医学处理的问题。

154 在这种语境下，最早的“恐吓人的鸡奸者”梅维奥拉女爵书写一封信更具和解意味的信：

> 尊敬的编辑，
>
> 当你们阅读这些文字时，我正穿过叹息的人们，不在维也纳，出于我不能细说的原因，我必须马上离开奥利地的大都市。我计划前往东方，等我离开奥地利国境，我会发给你们一张我自己的照片。我对你们比以往更加和善，因为你们在上期报纸中对我们这些不幸的温和的人做出了比较正面的评价。另外，给你们

1 参阅*Kriminal-Zeitung*, August 26, 1907, p.7。

2 *Kriminal-Zeitung*, August 26, 1907, p.7. 编辑认为这是克拉夫特–埃宾自己的观点。

提出一条善意的建议，你们应该完全改变自己的策略，把你们的立场完全放到我们的这边。成百上千的温暖心灵的真诚感谢将会证明你们做了一件好事。请你们和我们站在一边，一起反抗这个世界的愚蠢偏见。这个世界不能理解我们这些温和的人，可悲的刑法迫害我们，无情地控告我们这些不幸的造物。鸡奸不是后天学会的东西，我们这样的人成百上千，我们称自己为“温和的人”，我们天生背负这种缺陷，我们没有高明的天赋，各种医生和所有检察官都不能治愈我们。因为我不可能对所有性取向与我相似的人说话，所以我在这里现在向全部心灵温和的人号召，购买和订阅《犯罪报》，不但要自己购买，还要在你们的小圈子里找寻其他买家。只有这样，人们才能得到启蒙，了解我们。当我还很小的时候，我就感觉到我的需要了，我只想和绅士谈话。我尽量不和玩伴交往，事实上，我只有在和一个男人亲近时，才感到快乐。我身上的发生的事和其他成百上千的人身上发生的事一模一样。如果你们的报纸可以接受我的投稿，那么我将十分感谢。

梅维奥拉女爵[1]

这封信的前几行强化了早期通信中的这位作者的咄咄逼人和自我陶醉的形象，不过作者旋即改变语气，将这封信变成了一场谈判。编辑提出修改法律的建议，此举是“比较正面的评价”的表

1 *Illustrierte Oesterreische Kriminal-Zeitung* (Vienna) 1, no. 20 (September 1907): 8. 原文有一些语法错误和拼写错误，而且是一篇不自然的散文，译文试图维持这种风格。

现，因此，梅维奥拉对报纸编辑“态度和善”，而且请求这份报纸改变策略，而且“把你们的立场完全放到我们的这边”，加入对抗
155 无知的外部世界的斗争。外部世界拒绝承认这些不幸的灵魂的双重负担：一种负担是他们的同性恋的性取向，另一种负担是他们因天然的性取向而面临刑事诉讼的威胁。通过展示个人经历的经验证据，梅维奥拉既复制了医学和法学的关于同性恋的话语，又对此提出了抗议：没有人是后天学会鸡奸的；在所有案例中，鸡奸都是先天禀赋，而且医学专家和法学专家都没有办法改变这种倾向。请求《犯罪报》和同性恋者一起战斗的举动——事实上，这封来信整篇文章——都表明，梅维奥拉在这份报纸中看到了另一种声音，一种与之竞争的权威话语。梅维奥拉的策略是争取这份报纸的支持，他没有明确指出关于鸡奸的连载报道是八卦小报的商业炒作，而是请求同性恋读者踊跃订阅，支持这份报纸。[1]

短短几周的读者来信构成了同性恋共同体的方兴未艾的公共

1 这里是讨论有关这些信件之真实性——这种真实性我们当然无法确证——的方法论问题的最佳场所。虽然编辑宣称他们发表的文章是未经修改的读者来信，但是人们永远搞不清楚编辑如何选择发表的信件，以及他们是否部分或者完全杜撰了这些信件。由于人们没有找到在此以前的任何相似史料——梅维奥拉、丽塔、虱子公主等人是整个这种新体裁的作者群体的代表——人们可以可靠地推测，编辑不是完全凭空杜撰出了这些文本，而是利用了这些文本的感官猛料特性的价值。不过，在某些文字中，作者的目的明显是寻求更多读者，比如上文引用的这段文字，这可能是编辑杜撰的文本，他们的目的是赚取利润。这种情况不能否定前面的观点，因为即使是编辑杜撰的文本，这些文本的框架同样需要符合读者来信的常规，这些迅速涌现的读者来信已经建立起这种读者来信的格式了。这里我们分析的话语是高速循环的，结果作者的个人特点的问题在某种程度上退到了背景中。

空间，或者这些来信包含的回应是同性恋者对性别身份的自主性与合法性的宣告，这些浪漫的主张言过其实了。事实上，报纸提供的论坛的作用不是建立一条反对异性恋者迫害的统一战线，而是制造更多群体之间的冲突。每周的读者来信都充斥着检举揭发，其中包括：报纸文章没有提到的有同性恋嫌疑的场所名单；人们在这些场所看到的人员名单；公共公园和公共厕所的流浪人员名单。甚至山茶花女士对异性恋者的傲慢的自负攻击也引发了其他读者的抱怨，后者要求把男同性恋者踢出这些文章，并且要求这份报纸"帮助公众睁开眼睛"，认识"女性的爱情"，他们要求指明女同性恋者聚集的地点，而且他们暗示女性同性恋者的小团体是一个特别强大的社会集团，就像男同性恋者的小团体一样。另一位书信作者的签名是"再来一个"（One Too），他列出了一系列臭名昭著的同性恋者的名单和一长串纵容同性恋者的商业机构的名 156
单。[1]后来的一封信件显示这位"再来一个"可能是"一个也没有"（None at All），换句话说，这个论坛中即兴创作的新兴公共空间和街头巷尾的公共空间是两个平行世界，前者里面不仅有同性恋者，还有敲诈勒索同性恋者的人。一些信件的起草者是咖啡店的店主，他们用这种方式恶毒地攻击竞争对手。更加常见的情况是：许多信件的署名作者是同情同性恋者的异性恋读者甚至内科医生，而信件的实际作者是同性恋者，编辑没有忽视这种可能。

根据我们当代人的视角观察，这些来信中最出格、最激进的内容在许多方面都与酷儿理论对异性恋正统性的批判相符：承认

---

1 *Kriminal-Zeitung*, September 27, 1907, p. 8.

酷儿差异（queer difference）——甚至是一种囊括了“性变态”和淫乱的差异——这类具有恐同意味的预设，并将其赞颂为面对虚伪的大众文化的潜在美德。其他一些信件的内容显然出自自由主义的同性恋解放运动议程，强调人们预设的异常性取向的正统性，指出（他们经常引用马格努斯·赫希菲尔德的研究）男性的同性恋者和男性的异性恋者实施性变态行为的比例相当。一位读者争论道：人们如何“治愈”他与生俱来的性冲动？甚至“某些人群需要得到治愈”这种看法本身是否就是某种残酷的暗示？他据理力争，为他的性别辩护，同时，他含蓄地将梅维奥拉及其同伴边缘化，这位坚持这一人们熟悉的立场的先驱，他署名“丽塔”（Rita）。

最终，“同性恋共同体”对《奥地利犯罪报》的连载专栏《鸡奸》做出了回应，其具体形式是科学人道主义委员会维也纳分会的说教和礼貌的抗议。他们的去信态度克制，略带居高临下之意，在这些具有丑闻性质的文章一事上，委员会挑剔地筛选出讨论议题：第一，鸡奸这个术语本身的意思是男孩之间的交媾，它不是同性恋的同义词，成年人你情我愿的交媾不是变态行为；第二，同性恋是先天的倾向，因此，同性恋者不会影响性取向正常的其他男性；最后，委员会代表礼貌地指出，在学术层面，同性恋不是一种精神错乱的具体形式，因此，委员会长期以来的宣传目标是同性恋的除罪化，除罪化是比机构化（institutionalization）[1]更合适的解决方案。这份公文的附件是科学人道委员会中央委员会留下

1　指将人送进监狱、福利院、精神病院等社会收容机构的行为。——译者注

的一张友善的便条，署名者是马格努斯·赫希菲尔德博士，内容是同性恋主题的推荐书目。读者来信这个栏目的内容是简短的意见交换，因此，报纸没有发表这篇平和的干预文章，至少这是报纸如 157
此操作的借口；作为回应，他们保证不再发表匿名信件。

这场揭发报道运动的高潮是分为上下两部的封面故事《热恋中的男人们的一夜》(图23)。该文记者撰写了一个故事，故事内容是在受当地报纸抨击的一家咖啡店度过的一夜。记者走进这家咖啡店，他马上成了搭讪的“受害者”，人们误会了他的“身份”。卧底的记者这样描写男同性恋的秘密社团的地下世界：“他们互相问

图23 《犯罪报》封面新闻《热恋中的男人们的一夜》(A Night Among Loving Man)

候的方式是点头、握手和别有深意的眼神交换，一切行为都给人一种强烈的印象，即走进这家咖啡馆的所有个体同属一个兄弟会，一条秘密的不可见的纽带把他们捆绑在一起。”[1]

社会阶级在这些文学化的揭露报道中重新出现，人们赋予报道中的各位绅士虚假贵族阶级或者高等资产阶级的女性化身份（例如“樱桃红女士”）——在很大程度上，人们以有损形象的方式，将其塑造成小气、恶毒、不道德的女性化形象；人们使用弗罗拉（Flora）等下层阶级的女性名字称呼服务员们；人们把士兵
158 （他们没有被女性化）描写成嫉妒和小气的形象。整个场景是对资产阶级的社交、性取向和性生活的基本规范的荒诞模仿。所有这一切均表明，报纸对同性恋主体的感官猛料化的利用和同性恋个体的自我表达，二者是自觉对立的，但也是彼此对照的，就像医学研究的同性恋主体和法学研究的同性恋主体是彼此的回声一样。

显然，当他们发动“鸡奸宣传”时，《奥地利犯罪报》的编辑没有想到所谓的“鸡奸者”竟然会以如此咄咄逼人、（在编辑看来）如此大言不惭的态度抵制这些报道。在每个论点上，他们都能扭转局面，让己方占据优势，都能将人们的每种反应纳入他们自己对一个威胁着整个社会的病态小圈子的描述。同样明显的一点是，这些信件作者经常借助同样的病理化的语言，书写他们自己的煽动文章。在某些情况下，这份报纸的咄咄逼人的宣传攻势只是碰巧遭遇了既有的同性恋者设置的实际障碍——不过，这场宣传

1 “Eine Nacht unter liebenden Männern,” *Kriminal-Zeitung*, August 26, 1907, pp.5-6.

攻势是否确实对于个体为自己辩护的方式和同性恋者为同性恋性取向辩护的方式造成了影响呢？对这些观念的阐述不仅是对《犯罪报》及其发表的那些揭发报道的回应，亦是对出现在这短短数十年间的人们对同性恋身份、群体身份和性行为的再现的回应。这些再现——其中包括那些感官猛料式的新兴报道——在某种程度上颂扬了同性恋者的自我理解。无论同性恋者在这份报纸上发表的咄咄逼人的自我辩护如何与规范性的意识形态勾连，这些自我辩护——以及不计其数的无法发声的人们对于以男男性关系为主题的医学话语、法学话语以及感官猛料式话语的回应——可以说是20世纪早期的男同性恋的主体性的基本构成要素。

见证专家

科学的专业知识和主体的自我知识在医生的诊室和性学著作中相遇，不过，在法庭审判中，这样两种知识又再度相遇了。虽然大量有关《德意志帝国刑法典》第175条的法庭审判的档案卷宗没有保存至今，但是克拉夫特-埃宾自己保存了其中一个特别发人深省的案件的档案史料。辩护律师恳求这位医生提供专业意见，以判定一位同性恋者的刑事责任能力；这些律师把法院卷宗的抄本交给了这位医生，他在这些抄本的基础上提出涉及法医学的意见。[1]他得到并且保存了这位被告的自传性叙述。就像其他许多这 159

1 PP-KEB/A/28, “Case histories on ‘conträre Sexualempfindung,’” WLAM. 检察官赛洛博士（Dr. Sello）首次以自己的名义和马克思·希博尔斯坦博士（Dr. Max Silberstein）的通信日期是1894年1月10日。

位教授的通信对象一样，被告知道他的学术著作，而且被告的自我身份认同就是同性恋者。[1]被告的姓名是弗朗茨·罗斯（Franz Rose），东普鲁士的奥斯特罗德地区的夏洛滕霍夫的一位有产者。[2]他是许多案件的被告，其中多数案件的当事人是他雇佣的年轻男人。其中的第一个举报者是1888—1890年的罗斯的一位仆人，他被迫在晚上帮助主人穿脱衣服，这是这位仆人的工作职责的一部分。在这种情况下，仆人举报被告触摸他的下肢和生殖器，把他强拉上床，剥光他的内裤，把他压在身下，而且“面对（仆人）赤裸的身体，用坚硬的器官做插入的动作，**就像男欢女爱那样**（ebenso wie beim Beischlaf）”。[3]虽然这些事情经常发生，但这位男仆无法证明他的主人是否在这些侵犯过程中射精。第二个举报者也是他的雇员，他住在是罗斯的住宅中的一间房里，在他刚得到这份房产管家的工作不久后的一天，凌晨3点，罗斯对他进行诱惑，起初他反抗这种侮辱，但是很快被迫就范：根据管理员的证词，罗斯扯下雇员的裤子，摩擦他的生殖器，直到稍后射精。

这些细节是法官判定这些行为是否属于事实的重要因素。法律的具体用词是“类似性交”（beischlafähnlich）。在历史上，有时人们认为这个术语的意思是肛交或足交，有时人们认为这个术

---

1 PP-KEB/A/28, dated October 20, 1892, WLAM.

2 罗斯是一个成功的土地所有者和艺术收藏家，而且终身未婚。参见Klaus Bürger, “Franz Friedrich Adolph Rose,” *Altpreussische Biographie*, Bd. 4 (Marburg: Elwert, 1995), 1148。

3 PP-KEB/A/28, transcript of hearing on July 3, 1893, 1892, WLAM（强调为笔者所加）。

语的评判标准是射精现象。至于这些指控，在第一起案件中，人们目击到插入动作，案情符合法律规定；在第二起案件中——虽然仆人获得高潮——但是案情并不符合法律规定。[1]通常，两人相互手淫的行为属于《普鲁士刑法》第175条起诉的灰色地带（不像《奥匈帝国刑法》的第129条第b款，普鲁士刑法没有规定禁止类似性交的行为）。在19世纪的法律中，这种咬文嚼字并非非典型的法律解释。虽然根据实质的犯罪行为，法官裁决这两起案件适用于不同的法律，但是根据罪犯的犯罪动机，法院也有意判定这两起案件具有相似的本质，他们很快补充指出："被告做出的决定是不断折磨受害人，让他的生殖器得到满足，这种一贯的决定是这些交互行为中的每个具体行为的动力。"通过使用这种技巧，对特定身体接触的具体技术性分析就被犯罪主体的意图所取代。在上诉过程中，法院似乎将这一定义推得更远："使用他的身体部位，**在怀有类似性交的欲望的状态下**（unter einem beischlafähnlichen Verlangen），和其他男人进行身体接触，这样的行为即为充分理由"。[2]通过"要求"（Verlangen，意思是希望、需求、食欲、恳求、渴望）这个词语，意图成为欲望（desire）。 160

1 在这里法庭引用几条近期的决策（1890）："根据法律规定，人们只能把非自然的猥亵行动理解为通过类似性交的方式，从而满足性欲本能的那些行为。因此罪犯使用自己的生殖器和其他男性展开身体接触是必要条件，但是使用自己的生殖器和尸体进行身体接触则不是必要条件。"这场诉讼的第一份总结包括一份关于这场诉讼的更加精确的报告，但是起诉者倾向于认为有关被告的"变态倾向"的供词与此案无关，他们引用了1880年的判决，裁定肛门插入（人们谣传在此案中发生过这种情况）是"类似交媾的行为"的必要条件。Ibid.

2 PP-KEB/A/28, November 10, 1893, WLAM（强调为笔者所加）。

被告自己主张他有同性恋倾向，这是这个案件和其他许多案件的重大区别，也是引起克拉夫特－埃宾的研究兴趣的一点（他在这一部分用彩色铅笔做了着重的记号）。这是一个明确的案例，一个主体认为自己符合《性病态》中提出的性学研究的某一概念的定义，并且他把“这是他的天性”当作他的犯罪行为的正当理由。法庭的问题（这个案件和其他案件都有这些问题）在于，这种“倾向”是否足以构成犯罪行为的“正当理由”。在学理层面上，只有在法庭判决嫌疑人不具备刑事责任能力（Unzurechnungsfähigkeit）的情况下，上述辩护才能成立。在这个案件中，法庭无意做出这种裁决。法庭卷宗抄本中所有与同性恋取向问题相关的语言都与法律对责任的定义有关：

> 被告对他的行为的辩护理由是他“逆向的性取向”（contrair sexuellsic），但是他自己没有主张他在实施这些行为时处于一种特殊的精神状态（在这种精神状态下，他不知道他在做什么）。只有真正的精神疾病和其他类似情况造成的精神活动的扰乱，以及那些令个体失去对个人意志进行自由决策的能力的疾病，例如发热性的精神错乱和癫痫，罪犯才能免于《刑法》第51条的处罚，因为他的意愿与他的这些行为相关。[1]

不同于此，这份判决表明，被告所坦承的“不同寻常的”倾向出自“道德的虚弱和精力的缺乏”。因此，有问题的交媾行为出于罪犯

1 PP-KEB/A/28, July 3, 1893, WLAM.

的明确意图，这些活动的**源头**是自身的意愿，“而非**某种类型的把他的意志从他身上抢走的疾病**”。克拉夫特-埃宾得到了听证会记录，他用蓝色蜡笔做了记号，用下划线标出了上述文字。 161

此外，一个特别重要的元素（不但对我们的讨论而言特别重要，而且对克拉夫特-埃宾的论证而言也十分重要，他在这些段落旁边用竖线做了标记）是，被告属于上层阶级，受过良好教育，应该维持体面的道德，考虑到这些事实，法官下达了刑罚判决。他应该符合更高的标准，换句话说，他应该具有更强的能力，“抵制这些倾向”。反之，他却承认他的同性恋性取向，为他的犯罪行为开脱责任。

随着这个案件和其他同样具有感官猛料属性的案件的发生，拥有逆向的性感知的主体的存在引起的公众关注日益增加，马格努斯·赫希菲尔德等科学家、同性恋解放运动活动家作为专家证人（Sachverständigen）出庭作证。我们已经知道了专家学者担当专家证人这种实践的发展谱系，例如：卡斯帕和威斯特法尔。世纪之交时期，这种活动已经发生了重大变化：出现了科学人道主义委员会这种精力充沛的游说团体；同一个人身兼性学研究的顶尖学者和倡导变革性生活的积极分子；形式更加现代化的公共丑闻和感官猛料，等等。此外，赫希菲尔德的主要对手，自主者（Die Eigenen）——一个直言不讳的同性恋团体，他们的目标是寻求另一条同性恋解放运动的道路。“自主者”的领袖阿道夫·布兰德（Adolf Brand）没有选择冷漠的学术研究立场，而是选择走“跨过尸体的道路”——他设法揭露公共人物隐藏的同性恋身份，其中至少包括一位政治人物，即德意志帝国首相伯恩哈德·冯·比洛亲王（Bernhard von Bülow）。1907年9月，科学人道主义委员会发表了一系列文章，11月，他们又发表了一篇辩护性声明，在这些文章中，他们企图同自主者组织保持距离，避开曝光公众人物的同性恋身份的策略——“跨过尸体的道路”，这种策略的代表性案例是阿道夫·布兰德对冯·比洛的评论。[1]

科学人道主义委员会坚持认为他们的工作范围是学术研究，而且“唯一的目标是在科学的基础上找到同性恋问题的解决方案”。
162 委员会的基本目标声明是对赫希菲尔德的信条——“通过知识伸张正义”（per scientiam ad justitiam）——的正式重申。这句格言指出了一条清晰的道路，即通过科学研究（而非跨越尸山血海）以寻求正义。不过，因为此处谈论的科学是有关性主体的知识，委员会支持者的专业知识可能会以他们自身无法脱身其外的方式为人所用。在上述声明中，他们试图用个人名义排除外来干预，从而保护他们自己，免受布兰德及其支持者自主者组织的激进政策引发的丑闻的影响。

马格努斯·赫希菲尔德应召出庭作证，参与了几场涉及哈登-奥伊伦堡事件个案的审判。在冯·布洛起诉布兰德诽谤一案中，他应邀出庭支持布兰德的立场：事实上，同性恋是个人天性，因

1　“Die Homosexuelle Frage in Deutschland,” *Oesterreichische Kriminal-Zeitung* 1, no.32 (November 25, 1907): 6-7. 布兰德揭示了冯·比洛的观点、其他人的观点和同性恋除罪化策略之间的逻辑联系，载“Fürst Bülow und die Abschaffung des S.175,” *Die Gemeischaft der Eigenen. Philosophische Gesellschaft für Sittenverbesserung und Lebenskunst*, September 10 1907, pp. 1-4。

此，同性恋并不损害名誉（因此，布兰德宣称冯·比洛是同性恋者没有侵害他的名誉）。陷入难堪的赫希菲尔德被迫否认曾经持有这种看法，他只是想让自己远离“狂热者”布兰德。不过，在哈登–冯·毛奇（Harden-von Moltke）的案件中，赫希菲尔德把性学的科学研究和像孪生兄弟一样的两种语境——司法机构的裁判和公众的感官猛料——凑在了一起。赫希菲尔德一跃登上法庭证人席位；他把证人席当作最高讲坛，面向公众舆论，发动宣传攻势，反对《刑法》第175条。他的做法在很多方面是正确的。除了赫希菲尔德，还有谁能预料到，他的学术资历和案件前所未有的曝光程度会在多大程度上为这种不敢说出自己名字的爱情——“同性恋”（homosexual）——正名，并将其推广到大众的话语中？否则，从刑法典的具体规定催生的法医手册中逐渐发展出来的那些神秘讨论又如何能将自身转化为常识呢？同性恋是一种医学情况，性学学者是针对这些案件进行专业咨询的合适专家——隐藏的性取向秘密的线索被书写在身体和姿态中，表现在情绪和欲望中，或处于清醒状态，或处于休眠状态。赫希菲尔德博士对冯·毛奇做出诊断的基础是对他的步法、身材和品味的医学观察。最重要的事情是，他主张冯·毛奇的同性恋倾向是确定的现象，无论该主体是 163
否曾经付诸行动，甚至无论他本人是否意识到这件事。

冯·毛奇的前妻莉莉·冯·易北（Lily von Elbe）提供的证词增强了这场特殊的审判的戏剧色彩。她提供了许多淫荡的细节，为哈登的指控火上浇油；这位恶毒的证人自己就是性学研究的诊断对象，因为阿尔伯特·摩尔（Albert Moll）和其他学者，也包括赫希菲尔德自己，全都宣称她是一个性欲怪兽。赫希菲尔德证词的许多方面遭到全面的恶毒攻击、断章取义和冷嘲热讽。案件进入上诉阶段时，他再次应召出庭作证，他翻转了对冯·毛奇的看法，结果导致他自己的信誉受损。

科学人道主义委员会和当时需多其他观察者将哈登–奥伊伦堡丑闻理解为他们的运动遭遇挫折的分水岭，而且历史学家必然会同意他们的观点：著名的《德意志帝国刑法典》第175条在魏玛共和国时期得到保留，在纳粹德国时期得到大幅强化，在第二次世界大战时期得以幸存，在西德和东德对峙时期只是有所修改，直到20世纪90年代，《刑法》第175条才被彻底废除。1907年年底，案件审判期间，医生、性学学者利奥波德·洛温菲尔德（Leopold Lowenfeld，1847—1924）在慕尼黑发表了一场表示同情态度的讲座，对他所认为的“当前针对科学人道主义委员会的
164 纷争”进行了辩解，认为该委员会的活动“近来声名狼藉”。[1]委员会中启蒙开化的成员相信，收集并有的放矢地推广关于性的科学知识必然能够推动解放，但他们的这种自信已经破产。性学知识和性学学者作为专家的权威确实在人们承认性取向的多样性的斗争中扮演了关键角色，但是这种角色并不是他们想要扮演的角色，也不是他们预期会扮演的角色。科学没有引导人们走上不可阻挡的、通向正义的道路，但是科学和法律话语、主体话语和感官猛料话语紧密地纠缠在一起形成一团乱麻，这个线团产生了它自身的不可预测的逻辑。

---

1 L. Loewenfeld, *Homosexualität und Strafgesetzt: Nach einem in der kriminalistischen Sektion des akademisch-juristischen Vereins zu München am 17. Dezember 1907 gehaltenen Vortrage* (Wiesbaden: Bergman, 1908), 35.

这些进程的另一个平行的例子是一份索引文件。文件内容是受人尊敬的上层阶级中的有同性恋嫌疑的主体。这些嫌犯名册（criminal album）的发明者是敲诈勒索和同性恋部门（Erpresser-und Homosexuellendezernat）的头目利奥波德·冯·米尔希特-胡勒塞姆（Leopold von Meerschiedt-Hüllessem，1849—1900）。[1]虽然米尔希特-胡勒塞姆的职责是领导警察队伍逮捕触犯《德意志帝国刑法》第175条的同性恋者，但他的实际工作是废除这一条款。[2]为了实现这个启蒙主义的目标，他收集了社会地位较高的同性恋者的情报，用特殊的卡片进行登记（普通名单包括所有柏林同性恋者的信息，此外，他还存有自己的"嫌犯名册"，为普通名单的补充）。他把这份名单交到了德国皇帝本人手中，试图动摇后者的态度；根据报道，威廉二世没有打开这个包裹，而是直接交给了

1 参见Jens Dobler, "Leopold von Meerschiedt-Hüllessem (1849-1900)," *Archiv für Polizeigeschichte* 9 (1998): 73-79; Benjamin Hett, *Death in the Tiergarten*, 174; Robert Beachy, "To Police and Protect: The Surveillance of Homosexuality in Imperial Berlin," in Spector, *After the History of Sexuality*, 109-123; Beachy, *Gay Berlin*, 42-84; 参阅Erwin J. Haeberle, "Justitias zwischneidiges Schwert: Magnus Hirschfeld als Gutacther in der Eulenburg-Affäre," in *Sexualität zwischen Medizin und Recht*, ed. Klaus M. Beier (Stuttgart: Fischer, 1991), 5-20。

2 参见冯·米尔希特-胡勒塞姆（von Meerschiedt-Hüllessem）在赫希菲尔德的期刊上发表的那篇真情流露的讣告：G, "In memoriam," *Jahrbuch für sexuelle Zwischenstufen* 4 (1902): 947-955。参阅Gesa Lindemann, "Magnus Hirschfeld (1993)," in "*Durch Wissenschaft zur Gerechtigkeit? Textsammlung zur kritischen Rezeption des Schaffens von Magnus Hirschfeld: Geschlecht – Sexualität – Gesellschaft*." Berliner Schriften zur Sexualwissenschaft und Sexualpolitik, vol. 4 (Münster: LIT, 2003), 106。

警察局长。[1]虽然在哈登－奥伊伦堡事件发生的七年以前，警察局长本人便已自杀，但在哈登－奥伊伦堡丑闻爆发时，这些卡片的作用只是加剧了道德恐慌，使之蔓延到了法庭上。这种后果和文件制作者启蒙开化的意图完全相反。自始至终，希望有一条直线，从知识开始，到正义结束，就是一个幼稚的想法，不过，意料之外的、在某种程度上新兴的全国范围内流传的感官猛料这一语境所产生的动力颠覆了启蒙解放的逻辑。

对于那些从一开始就抵制这种进步目的的人来说，此案一方面是保守秩序的耻辱，另一方面也是一次验证多种立场的机会。这些现象给予他们足够的空间，把那些他们轻蔑的事物聚集在一起：性改革、科学进步和感官猛料。他们认定这三种现象都是犹太人的所作所为。为了鼓吹这种论调，他们自然而然地加入了同一场感官猛料式的新闻媒体的实践（尽管他们偶尔为这种行为感到愧疚）：

> 如果我们用对哈登事件的发展的详细报道来教育我们的读者，那么我们报道新闻就是在履行我们的职责。履行职责不是那么容易。因为职责要求我们不仅要简单指出，而且要详细再现道德沦丧的活动。我们宁愿对这些事情保持沉默。我们的读者一定可以充分理解，这种态度对一家报纸来说是多么艰难，我们这

1 Tresckow, *Von Fürsten*, 115-116. 前首相冯·特雷斯考在回忆录中猜测，如果德国皇帝威廉二世可以打开那个盒子，揭露自己秘密团体的成员姓名，那么他们原本可以避免1907年的丑闻。不过，正如我们所见，公开这些知识的政治后果是不可预测的。

家报纸既不愿意沉迷感官猛料之欲（Sensationslust），也不愿意放纵色情娱乐（Sinnenkitzel）。[1]

回顾历史，赫希菲尔德在奥伊伦堡审判中出庭作证，这显然是这部交响乐的高潮的表现。这部交响乐的起于是卡斯帕和威斯特法尔遭遇“卡尤斯”和其他性犯罪主体。在公众的密切关注下上演的耸人听闻的丑闻不仅扩大了新的性科研究与新的性感知相互碰撞产生的影响，而且还将这种影响进行了移植。赫希菲尔德预言新世纪的第一个十年的新现象是性学、主体和政治的密切联系，但是不同于他的前辈乌尔利克斯，虽然他具有出色的直觉，但这不意味着他能够控制这些领域彼此互动的具体方式。总之，性有自己的生命。 165

1 请注意，这里提到的丑闻是以撰写第一篇报道的犹太记者的姓名命名的，而没有提到贵族奥伊伦堡。保守派机关报的报道明确将这桩丑闻解释为不同社会等级（Stände）间的冲突；传统秩序遭到攻击，攻击的来源包括犹太人、现代新闻媒体、法律改革者和社会改革。参见“Nachträge zum Hardenprozeß,” Neue Preussische Zeitung (Berlin), January 6, 1908, Abend Ausgabe, pp. 1-2。

4

第四章

乌托邦式的尸体

性感女人和性欲杀手

伦敦的“开膛手杰克”为整个欧洲和其他地区提供了感官猛料的素材。同时，这个人物创造一个契机，大量不同种类的叙述由此出现——悬疑故事和戏剧情节的重点是受害者们，但是医学和法学对某些东西的定义似乎更像一种新型的杀戮。无论人们的重点是杀人犯主体——“性欲杀手”（lust murderer），还是那些遭到诽谤的犯罪对象——就像在开膛手杰克案中一样，通常这些人是妓女或者其他性感的女人，这都是一种新的、同时夹杂着性和暴力的犯罪幻想。德国的专家学者和感官猛料的作者把这种幻想称为“性欲杀人”（Lustmord），这一幻想延伸到包括高雅文化和低俗文化在内的各个文化领域。性欲杀人的受害者的尸体似乎是某种比这些案件本身更加重要的东西的标志。这种东西是什么？性欲杀手来自哪里？性欲杀人的意义是什么？ 166

性欲杀人的崛起

1890年，柏林和维也纳的报纸杂志正兴致勃勃地大肆报道各自的城市中的潜在的邪恶和暴力。报纸通过小说连载的方式，报道了开膛手杰克的杀人案件。读者甚至可以在这些报道中读到昨天的嫌疑犯姓名和上周的受害者姓名。柏林的报纸为他们自己辩护，反驳外省的小道消息——德国首都柏林和伦敦一样邪恶而危险，他们如饥似渴地报道那些千里之外的其他地方的开膛手杰克类型的杀人案件，例如西班牙的马拉加杀人案。[1]新闻报道和警

1　1891年秋季，《柏林日报》用一整版报道了一个可怕的当地的杀人犯（讨论见下文），但是他们同时试图消除公众的疑虑，告诉他们这场性欲杀人的案发地点在（转下页）

察的报告——无论它们的态度是享受自己城市的杀人案的恐怖戏
167 剧，还是否认本地杀人案的严重性——均映照了开膛手杰克案及这个案件催生的连载小说和低俗小说的内容。这些故事始于引发神秘故事的客体：受害者的尸体。有一个案例是24岁的玛丽·文德（Marie Wende）的故事，人们在柏林西部的蒂尔加滕公园（Tiergarten）的一条所谓的排水沟发现了她已经毫无生命体征的尸体。她的胸部有两处左轮手枪造成的伤口，她的喉咙被切开，有一道又长又深的刀伤。[1]

短短六年前，记者在报道被谋杀的女人时，靠还是通过使用不同的叙述技巧，以达到耸人听闻的效果（例如利用想象力，描写个中利益）。在维也纳，臭名昭著的摩拉维亚罪犯雨果·申克（Hugo Schenk）和他的主要同伙卡尔·施罗萨里克（Carl Schloßarek）至少制造了四起冷血的杀人事件，他们认罪伏法前后，民间出现了大量传言。[2]申克多次引诱那些不幸的女仆，他有

（接上页）其他地方，就像下面提到的马拉加杀人案一样。根据警察的说法，木材市场小巷发生的殴打事件不是性欲杀人事件，尽管这个案件和“开膛手杰克”的白教堂杀人案相似，因此他们向伦敦政府征询意见，寻找可能的作案动机。同一版面的另一篇报道提出了犯罪学这一新科学的洞见，以证明“发生在柏林的邪恶事件不像自满的外省人认为的那样糟糕，也不像保守的媒体市场渲染的那么恶劣”。参见“Lokales und Vermischtes,” *Berliner Morgen-Zeitung und Tägliches Familienblatt*, October 29, 1891, p.3。

1 “Morde im Thiergarten,” *Tägliche Rundschau*, Julz 24, 1890, p.169.

2 一份早期的相关记录参见Anon., *Prozess des Mädchenmörders*。这篇报道炒作的主题是一个凶恶的强盗帮派的冒险，但是作者塑造的申克的形象既不是一个英雄式罪犯，也不是一个新型性欲杀手。1920年代，人们开始尝试分析这位罪犯的精神病理学的现象，参见Altmann, *Hogo Schenk*; see esp. 170-171，这篇文献的作者懊悔没有抓住机会“检查申克的精神状态，从而对他内在的精神生活进行仔细观察”。

时甚至娶某些受害者，然后谋杀她们，夺走她们的积蓄或嫁妆，这位杀手还给后人留下了诗篇。申克是一个富有魅力的连环杀手，但是人们从来没有使用性欲杀手的套路来描绘他的形象。虽然他的受害者通常是妇女，但是人们认为他的动机是贪婪，因此，人们把这些杀人案件纳入抢劫杀人的类型。[1]

回到柏林，在申克和他的同伙被定罪判刑的同一年，另一个故事悄然兴起。警方报告指出，一个年轻女孩的头部和颈部被刺20刀，但是报纸的报道重点另有其事：女裁缝佩措尔德（Petzold）和已婚锁匠米斯纳（Mießner）卷入情感纠纷，因此，人们把她被谋杀的事件说成始乱终弃的爱情故事，这段爱情故事中的激情屈服于恐惧和可预见的暴力。[2]男女关系的中心地位压倒了重复行凶 168
的具体细节，并且人们也不重视杀人犯的性格、他的强迫性行为和他的本性。只有警方官员在回顾案情时，把这个案件归入了其他那些“袭击”的类型。[3]

与此同时，遇袭身亡的女人的尸体开始出现在位于柏林东北方向50英里处的驻军城镇奥得河畔的屈斯特林（Cüstrin）。1890—1891年，屈斯特林发生了连环袭击妓女事件：1890年12月18日，威廉明娜·齐默尔曼（Wilhelmine Zimmermann）在屈斯特林东

---

1 Landesgericht für Strafsachen Vr 2362/1884, “Hogo Schenk et al.” (two cartons), WSLA. 申克和施罗萨里克被指控违反了《奥匈帝国刑法》第134条和第135条

2 *Tägliche Rundschau*, July 30, 1884.

3 Potsdam (Orangerie), Zentralkartei für Mordsachen (1934) ZfM Rügenerstr./Pätzold, Rep 30, Bin C, Tit 198B, Nr. 12, BBLHA. 近年柏林警察局的档案已经转移到柏林州档案馆。

火车站的站台上遇刺，伤口深入躯干，长度约一根手指长；在圣诞节和新年之间，在同一个火车站，另外三名女性受到类似的袭击，受害者是欧内斯丁·弗里克（Ernestine Frick）、路易斯·贝尔格林（Louise Belgerin）和艾米丽·穆勒（Emilie Müller）。1891年2月21日，杀人犯再次得手，他把宝林·维尔登（Pauline Wilden）引诱到站台下面的隐蔽位置，切开了她的整个腹腔，直到肚脐，她身受重伤，侥幸生还。所有女性受害者都是当地警察登记在册的妓女。[1]

1891年10月24日夜晚，另一位妓女（名叫尼采）被杀，杀手的手法与前几次袭击如出一辙，然后寻找袭击者变成了寻找杀手。人们推测：这个杀人犯和此前捅伤四个女人——其中一个女人两次遇袭——的行凶者就是同一个人，这些杀人案构成了连环杀人事件，这让观者想起伦敦的开膛手杰克——一位既令人们感到心惊胆战，又让人们乐在其中的连环杀手。一家报纸的报道如下：

> 至于杀人犯的动机，刑警和侦探圈子的大体看法是杀人凶手毫无疑问不是性欲杀手。唯一的问题是这起案件的杀人凶手是**精神错乱分子**？还是**迷信狂热分子**？目前人们还不清楚这种迷信思想的意义到底是什么。结果，受到鼓舞的警察局请求当时正在侦查白教堂妇女杀手**开膛手杰克**的**伦敦警察局**提供一些资料，他们要以这些资料为基础判断案情，开膛手杰克一案的调查结果事关对这些（和发生在木材市场小巷的案件如出一辙的）残忍案

1 A Pr. Br. Rep. 030-03, Nr. 1749, LAB.

件的犯罪动机的判定。[1]

连环杀人的秘密是作案动机，或者更准确地说，作案动机缺失。纯粹犯罪指没有动机的犯罪。当犯罪学家调查纯粹犯罪时，他们就会推测理性思考之外的其他情况：精神错乱、狂热迷信和不为人知的神秘来源。这份报告对性欲杀人的否认似乎与将其与伦敦的相提并论的做法相抵牾，但这只是围绕在性欲杀人这一类别周围的困惑的产物，当时，性欲杀人还未得到普及。开膛手杰克将会成为性欲杀人的典型案例，但是当时的人们还没有接受这种看法。[2]如果他没有首先和女人性交然后再杀死她们，如果他对她们的性欲（可能甚至是疯狂的性欲）不是犯罪动机，那么开膛手杰克一案为什么属于性欲杀人呢？奥得河畔的屈斯特林的袭击事件令人迷惑，这不是因为这些案件无法完美地符合某种套路，而是因为这种套路尚未成为权威解释。如果开膛手杰克确实是“性犯罪时代”的“揭幕者”，那么它——就像许多新兴的新闻时代那样——当时尚未进入这些新闻的广大受众的视野。[3] 169

1 “Lokales und Vermischtes.”

2 更早的德国的报道完全没有提到开膛手杰克和妓女的关系，他们把开膛手杰克的特点归纳为一个传奇的怪兽，这个怪兽专门猎杀脆弱的妇女和儿童，例如参见开膛手杰克进城的谣言在美因茨引起恐慌的报告：*Rheinische Courier*, November 14, 1889, cited in *Berliner Gerichts-Zeitung*, November 16, 1889, p.7。

3 这个短语的出自科林·威尔逊（Colin Wilson）为一本当时感官猛料文学经典作撰写的导言，参见Donald Rumbelow, *The Complete Jack the Ripper* (New York: Penguin, 2004), vii，但女性主义学者简·卡普提（Jane Caputi）也有力地指出了这一点，参见Jane Caputi, *Age of Sex Crime*, 4。

我们讨论性犯罪时代的现代性，这不表示我们主张这一观点：在19世纪80年代以前，我们理解的性犯罪从来没有发生过。性欲杀人作为一种可辨识的现象出现的历史要求我们面对这一问题，即如何确定这一现象本身。我们讨论的是一种新型犯罪的出现，还是一种新型罪犯的出现？此前，性暴力事件已经出现在了更早的新闻报道、警察卷宗和法庭记录中。在人们熟悉的犯罪类型的强奸事件中暴力如影随形；强奸犯杀死受害者，试图掩盖他们犯罪线索；暴力斗争的过程造成人员意外死亡。可以说，新发明的事物既不是杀人犯和犯罪行为，也不是受害者的尸体；亦不是精密的法医调查和高明的专家学者，而是在日益复杂的话语机制的网络中产生的所有这一切。人们不能把类似开膛手杰克的犯罪和罪犯的出现视为与专家学者和普通公众对性欲杀人的痴迷实际上无关的现象。这种痴迷现象的具体表现是同一时期不断发展的相关的知识和体裁的大幅增加。性欲杀人被纳入性学研究这门新兴科学，因为性学研究的重要内容是对性身份和性的多元性进行分类和解释的体系；犯罪人类学的研究重点是罪犯的身体本身——这种犯罪类型的罪犯的体质特征和这种犯罪类型的受害者（妓女）的身体特征；犯罪学的法医学话语是刑事警察队伍的专业化进程的
170 副产品；此外，同样重要的是那些平行发展的文学体裁：对犯罪的感官猛料式的报道、犯罪纪实文学和犯罪小说。记者（和警察）开始展示尸体，和凶手展示尸体一样，带有色情、强制以及明显的取乐色彩。罪犯抛弃受害者的尸体，这些尸体沦为随意观看的对

象和摆弄色情姿势的道具。[1]早在1888年开膛手杰克在伦敦制造犯罪现场的几年前，克拉夫特-埃宾便已经记录下大量案件，他把这些案件收入了他那本著名目录，目录内容是性欲杀人的性病理学特征，这种新的犯罪类型的唯一动机是满足性欲。重要的是，这种性欲的满足并不得自发生在杀人之前的强奸或其他性行为，而是得自发生在杀人期间的此类行为，是他首次把暴力本身认定为一种性行为。[2]1890年，克拉夫特-埃宾发表了一篇以受虐狂为主题的论文，他回顾历史指出：在原始文化中，性和暴力具有亲密关系；现代社会的变态个体用野蛮代替求爱，这些行为是返祖现象——同样，暴力不是性交的“预备”动作，而是“性交的目的和性交本身”。接着，他以近乎随意的态度推断：从退化的享乐到性欲杀人，只有一步之遥。[3]几十年前，人们较少讨论性欲杀人，而现在，我们发现这些最残忍的谋杀案正是我们理解性的核心所在。

我们正是在世纪之交看到了性欲杀人这种形象的起源。魏玛

---

1 参阅Caputi, *Age of Sex Crime*, 7:“阿尔伯特·德萨尔沃（Albert DeSalvo），即‘波士顿扼杀者’”，为他的受害者化妆并摆好姿势，人们形容他的行为是一种对妇科检查的戏仿。人们认为“山坡扼杀者”的受害者的特点是抛尸地点在洛杉矶附近的山区，一位记者这样描述他面对这些受害者中的一具尸体时的反应：“她赤身裸体，躺在地上，就像即将开始和一个男人做爱一样。她膝盖朝天，双腿展开，双手放在身边，形成45度夹角，几乎摆出恳求的姿势。”亦可参见Suzanne Lacy, “In Mourning and in Rage (with Analysis Aforethought),” *Ikon* (Fall/Winter 1982-83): 60-67 (cited in Caputi, Age of Sex Crime)。

2 Krafft-Ebing, *Psychopathia Sexualis, with special reference to the antipathic sexual instinct*, trans. Franklin S. Klaf (New York: Stein and Day, 1965), 58-59.

3 Krafft-Ebing, “Ueber Masochismus: Au seiner neuen medizinisch-psychologischen Studies des Verfassers,” *Wiener medizinische Blätter* 13, no. 52 (1890): 817-820.

共和国时期，人们高度关注典型的性欲杀人事件。[1]毫无疑问，在
171 威廉二世时期的德国和第一次世界大战以后的后哈布斯堡时期的奥地利，大幅放松的出版审查纵容了性欲杀人主题的视觉和文学呈现的兴起，而且正如批评家们所指出的那样，显然，第一次世界大战本身也对这些图像造成了影响。不过，以女性为攻击对象的性和暴力的合流不是人们有关第一次世界大战的记忆的产物，因为这种现象早在第一次世界大战以前便已出现。

性欲杀人出现的背景是两种思潮的合流：一方面是已经遭到挑战的、正在重新形成的女性的概念；另一方面是犯罪心理学中的犯罪动机和刑事责任能力等概念。这两种思潮的源头都是大量井喷的幻想，这些幻想的主题是“他者”（反常的人、色情的人以及外来者）的尸体，但是在这些幻想的牵引下，人们开始思考自我。

奥托·魏宁格的两具尸体

本章的象征中心是奥托·魏宁格（Otto Weininger）和他那部1903年在维也纳出版的影响深远的厌女作《性与性格》（*Sex and*

---

1 Tatar, *Lustmord*. 亦可参见Beth Irwin Lewis, “Lustmord: Inside the Windows of the Metropolis,” in Haxthausen and Suhr, *Berlin: Culture and Metropolis*, 111-140。阿恩·霍克（Arne Höcker）从文学角度切入来关注这一时期，他强调恐怖的修辞以及犯罪学和文学对文本的过度利用，参见Arne Höcker, *Epistemologie des Extremen: Lustmord in Kriminologie und Literatur um 1900* (Munich: Fink, 2012)。杰伊·迈克尔·莱恩（Jay Michael Layne）的博士论文也进行了类似的研究，他通过对学术文本和文学文本进行修辞学分析，探索哲学问题，参见Jay Michael Layne, “Uncanny Collapse: Sexual Violence and Unsettled Rhetoric in German-Language Lustmord Representations, 1900–1933” (PhD diss., University of Michigan, 2008)。

GESCHLECHT

UND

CHARAKTER

EINE PRINZIPIELLE UNTERSUCHUNG

VON

DR. OTTO WEININGER.

WIEN UND LEIPZIG.
WILHELM BRAUMÜLLER
K. U. K. HOF- UND UNIVERSITÄTS-BUCHHÄNDLER.
1903.

图 24 奥托·魏宁格的著名作品《性与性格》(1903)的扉页

173

图 25 奥托·魏宁格（1903）

Character）（图24）。[1]一个值得商榷的问题是，如果在《性与性格》刚刚出版时，魏宁格没有戏剧性地去世，那么这部作品和这位作者是否还可能造成巨大的影响。这位时年23岁的学者（图25）把自己反锁在贝多芬逝世的房间中开枪自杀身亡。把欧洲文明高峰的符

1 Weiniger, *Geschlecht und Charakter.*

号作为舞台，以此为背景展开暴力行动，这种现象正是我们此处检视的某些关系的症状：魏宁格重伤不治的身体和德国作曲家贝多芬代表的西方文化的躯体共享同一空间，这并不是意外。

魏宁格事件成为20世纪初的轰动事件。虽然我们今天认为《性与性格》只是一篇狂热的反女权主义檄文，但是当时欧洲和美洲的许多知识分子争相阅读、纷纷赞扬他这部著作。作者的过早的、戏剧性的死亡助长了这种现象，不过，他的死亡并不能充分解释这种现象。因此，当代的学者深入研究魏宁格的《性与性格》一书及读者的反应，以揭示他的著作为何被视为其时代的档案，而其他著作——例如弗洛伊德的《梦的解析》——却没有得到这种地位。[1]

起初，《性与性格》本是魏宁格的心理学博士论文。事实上，

1　关于魏宁格的《性与性格》的经典学术文献不多，但它们极具启发性，尤其在德国研究对领域引发了极大对兴趣。早期研究有Lessing, *Der jüdische Selbsthaß* and Abrahamsen, *Life and Mind*，此后，最重要的研究文献有慕尼黑的马特斯和塞茨出版社（Matthes und Seitz Verlag）再版的魏宁格的著作；尼克·瓦格纳（Nike Wagner）的评论文章（Nike Wagner, "Wo Lulu, muß Kant werden" *Die Zeit 48* [November 21, 1980]）以及他在《精神和性》（*Geist und Geschlecht*）中的注释；Le Rider, *Le Cas Otto Weininger*; Nitschke, *Männerängste, Männerwünsche*; Le Rider and Leser, *Otto Weininger*; Rodlauer, *Von "Eros und Psyche"*。魏宁格的读者把这位思想家视为世纪末时期人们想象中的极端父权的症状，作为对这种趋势的反动，阿兰·雅尼克（Allan Janik）提出了他对魏宁格的还原，他在新康德主义的框架下，把这些文本中的厌女现象降级为第三等，认为那是一个被过度重视的特点。显然这是矫枉过正，即使考虑到新康德主义思想，厌女症也无疑明显是这部著作的基础。参见Janik, *Essays*。北美的德国研究和犹太研究对魏宁格的研究兴趣大涨体现在这部著作：Harrowitz and Hyams, *Jews and Gender*。昌多克·辛古普塔（Chandok Sengoopta）的独特观点是把魏宁格放在当时医学研究的背景下进行考察，参见Chandok Sengoopta, *Otto Weininger*。

他试图归纳19世纪后期急速爆发的那些截然不同的人类知识的研
究领域：医学（其中包括生物学、心理学、化学以及内分泌学）、
哲学（特别是康德哲学，以及大量尼采哲学）、文化史和保守主义
批评实践——“文化批判”（cultural criticism）。这部著作的前半
部分为后半部分的大规模文化批判奠定了科学基础。不过，在批
评现代文化之前，他先将重点指向了个人的身体，他假设一切有机
现象均可还原为两种“属性”——“雄性”（Mann，男性）和“雌
性”（Weib，女性）。这些属性的储存容器是两种不同性别的原
174 生质：雄性原生质和雌性原生质。雄性原生质是创造力、生产
力、想象力、个性和天才的能力；雌性原生质是纯粹的性，没有
能力渴望、创造或想象性的世界以外的任何东西。雄性原生质和
雌性原生质在同一具身体的每一个细胞当中保持平衡，这是存在
本质的最高准则。科学的基础是魏宁格笔下的神学体系：他的理
论是揭示其他一切事物的基础和事物存在的最深刻、最本质的层
面（事实上，整篇博士论文的副标题是《一项原则性研究》[*eine
prinzipielle Untersuchung*]，因为它“只是”对这些原则的解释）。
不过，魏宁格的文本中存在一种即时而持续的下滑——从抽象的
“雌性”到具体的“女人”：虽然理想的原生质在一切的有机物中
都以可计量的混合物为具体存在形式，但是女人无法得到任何与
雄性原生质有关的良性品质，而且，甚至女性可能达到的最高知
识成就和艺术成就全都低于男性可能达到的最低水平。

因此，在雌性原则那个寻找文化退化的轨迹，结论是并不存在单一的文化退化的轨迹。没有一个器官和腺体容纳或生产雄性

或雌性属性——在每一个有机体中，雄性和雌性同时存在，雄性和雌性的具体比例各有不同，雄性和雌性的具体形式是原生质，原生质位于身体每个细胞内部。这种雄性和雌性的分布是一个生物的每个部位都能体现整体属性的保障；就像在令人憎恶且无所不在的女人这一性态本身那里，雄性和雌性分布在她的整个身体当中，只是在特定区域的分布更加“密集”。我们可以从魏宁格《性与性格》的后半部分学习到的东西是：这种性态不但在女性的身体里扩散，而且在整个文明的躯体里扩散，甚至它已经成为现代文化的特征。现代文化才是他真正忧虑和认同的躯体；此外，他还写到了其他身体——他与生俱来的身体，这具躯体不符合他的期望。

因此，我们可以把这部备受推崇的魏宁格的《性与性格》视为一种循环：从研究人的身体，到批判欧洲文明的躯体，最后又回到自己的躯壳。对魏宁格来说，大写字母“W”具有重要意义，“W”既是“雌性”（Weib）的首字母，也是“魏宁格”（Weininger）的首字母。此外，在魏宁格的论述中，“女人”（woman）这个词代表了很多东西，特别是“男人”（man）。人们容易把魏宁格对“雌性”的深入讨论过度简单地看作西方文明对雄性自我的激进划界，这种划界的排斥对象是女人的身体，即他者化的身体、纯性欲的身体以及不符合雄性文明精神的身体。无论如何，魏宁格在《性与性欲》中真正忧虑的东西不是外来的、性欲的以及女性的身体，而是西方文明的躯体，已经为雌性所控制的西方文明的躯体。魏宁格自己的身体是一具犹太人的身体，一具女性化的躯体，他能 175
够找到的唯一的救赎道路即一场暴力打击，打击对象不是他轻视的女性他者，而是他自己。

作为问题的女人

人们经常忘记的一件事情是，魏宁格这些综合创新（生理学、心理学和文化批评）的契机是妇女运动及其引发的综合讨论。我们很难完整地复现这个被称作“妇女问题”（woman question）的观念。整体而言，这个术语指女性的社会地位这个“议题”，其中包括女性的选举权这个具体问题。与此同时，德国人使用“问题”（Frage）这个术语来讨论这个议题，就像其他兄弟议题一样——“社会问题”和“犹太人问题”——这是一种暗示，即这些问题是老生常谈的问题，人们需要提出相应的解决方案。在妇女问题的最早形态中，人们经常把它和阶级问题（社会问题）联系起来，因为后者包括了家庭空间以外的女性的自我实现，以及社会在引导妇女取得工作上的努力。[1]有时，人们对女性的自然能力和妇女解放的社会后果的推测遮蔽了这场争论带来的广泛而深远

---

1 参见Baum, *Die Frauenfrage*；参阅Bebel, *Die Frau*; Alice Salomon, “Die Arbeiterinnenfrage: Eine Frauenfrage,” *Die Nation* 24, no. 21 (February 1907): 326-327。妇女问题的争论中的“双方”批评家都指出：这场争论的唯一重点是职业妇女或家庭主妇的问题；参见Von einem Junggesellen, *Nüchterne Betrachtungen* and the response Von einer Frau, *Auch ein paar nüchterne Betrachtungen*。卡洛斯·冯·加尔根（Carlos von Gagern）在一场多少有些居高临下的讲座中讨论了妇女问题的演化，他指出某些女人可能会抵制自己的解放，例如美国南方的黑人奴隶，但是妇女解放不但会影响社会平等，还会影响包括妇女和整个社会在内的道德进步，参见Gargen, *Die Entwickelung*。有关这个问题的重要史料参见Freferiksen, *Die Frauenfrage*; Canning, *Languages of Labor*; Evans, *Feminist Movement*。我们展现这种发展轨迹不为了表明后来的有关妇女问题的讨论没有回到一种狭义的模式，即将妇女问题视作“社会问题”的附庸；例如参见Anna Pappritz, Das Gericht: Unabhänggige nationale Wochenschrift für Gerichtswesen und öffentliches Leben 1, no.3 (1910): 1-3。

的道德影响，但魏宁格并不是第一个指出妇女问题是道德问题的人。女性主义者曾指出，就像各种形式的奴隶制度一样，对于女性个体的社会限制在道德层面是错误的，不仅如此，妇女解放是社会整体的伦理道德取得进步的具体表现。就像魏宁格一样，妇女解放的积极分子有时也会将这些论点与当时关于退化的思考结合起来，例如受过学术训练的激进派活动家安妮塔·奥格斯伯格
（Anita Augspurg，1857—1943）的重要论述就是如此。根据奥 176
格斯伯格的著作《妇女问题的伦理面向》（*Die ethische Seite der Frauenfrage*），她虽然接受女性是道德的承担者这一文化惯例，但是主张：其他性别是道德的施加者，是掌握社会霸权和文化霸权的性别。因此，她不是当时的退化的道德的捍卫者和创造者，但是她是外来道德秩序的服从者。[1]一件重要的事情是，奥格斯伯格提出的典型案例正是卖淫嫖娼。另一个类似的案例是乔安娜·埃尔伯基兴（Johanna Elberskrichen），她是另一位激进派的妇女解放运动的批评家、活动家，1896年，她是苏黎世的一位大学生（她是第一位女性大学毕业生，因此，她成为世纪之交的女权主义的中心人物之一）。[2]同年，她发表长篇的论文，大胆指出卖淫是退化的标志，但——与朗布罗索、魏宁格和莫比乌斯的看法截然不

1 Augspurg, *Die ethische Seite*, 31. 奥格斯伯格主张，人们更加关注妇女的社会地位问题，妇女问题的伦理面向因此被遮蔽。

2 Kristen Leng, “Contesting the ‘Laws of Life’: Feminism, Sexual Science and Sexual Governance in Germany and Britain, c. 1880-1914” (PhD diss., University of Michigan, 2011), and in Kristen Leng, “Sex, Science, Fin-de-Siecle Feminism: Johanna Elberskirchen Interprets *the Laws of Life*,” *Journal of Women’s History* 25, no.3 (Fall 2013): 38-61.

同的是——不是女性退化的标志，而是男性淫乱的产物。[1]

不过，在世纪之交前夕，妇女问题转向了其他领域。特别是瑞士学者奥古斯特·弗雷尔（Auguste Forel）发表的重要著作《性问题》（Sexual Question）推动人们对这种变化的觉察。[2]人们开始认为，女性的性态问题和女性的自我实现与社会地位问题具有同等的重要性，并且二者密切关联。安娜·费舍尔–杜克尔曼（Anna Fischer-Dückelmann）是医学博士，她与奥古斯伯格和埃尔伯基兴一样，也是开风气之先的苏黎世大学的毕业生。她撰写了论文《女性的性生活》，副标题为《附带医学建议的生理学和社会学研究》，她凭借她的专业权威坚称，性别不但是生物学的产物，而且是男性主导的文化背景的产物。因此，她比魏宁格即将发表的博士论文更早做出了预言，她认为这个时代是“虚弱的”，就像某些女性的虚弱道德一样，不过，这种情况只是因为这些女人和那些男人一样，都是虚弱的时代的产物。毫无疑问，主导着这个时代的是男性
177 的议事日程。[3]汉斯·格罗斯赞扬女性学者提出的关于女性的专业知识，不过，他认为这些与妇女问题的不相干的评论与他格格不

1　Elberskirchen, *Die Prostitution des Mannes*. 克里斯腾·伦令人信服地指出，埃尔伯基兴(Elberskirchen)在这篇早期文本中使用的“退化”（degeneracy）一词不是她在后期文本中使用的作为一种生物学模型的退化，而是道德责难的标志。

2　Forel, *Die sexuelle Frage*。在其他文本中，**性问题**（sexual question）指变化的习俗和人们感知到的通过性接触传播的疾病灾难性的兴起，人们经常通过“性伦理”把性问题和妇女问题联系起来；例如参见Metta, *Wie belehren wir unsere Kinder*, 3。

3　Fischer-Dückelmann, *Das Geschichtsleben des Weibes*, esp. 112. 第一版出版于1900年。

人。[1]

在魏宁格的著作之前，还有一本同样强烈厌女，但不如《性与性格》那样详尽复杂的著作——P. J. 莫比乌斯（P. J. Möbius）的《论女性的生理低能》（*Ueber den physiologischen Schwachsinn des Weibes*）。这位开创性的神经精神病学家试图找到确凿证据，以证明女性在心理和生理上的劣势。[2]人们对这篇长达79页的论文做出了迅速而激烈的回应，接着，莫比乌斯把消极的、积极的评价均纳入了这部著作的新版。[3]其中，奥达·奥尔伯格（Oda Olberg）的回复特别具有启发性，他坚持对女性的自然性别（Geschlechtsnatur）进行讨论，从而使对妇女问题的讨论超越对"社会问题"的讨论。[4]奥尔伯格认为，性的本质是比性别的本质更宽泛的概念，而且由于缺乏第三种立场来评判，因此所有将两性进行比较的尝试本质上都有内在缺陷。在魏宁格的著作发表一年以前，奥尔伯格批判了文化悲观主义的立场，这种观点认为城市理智主义（urban intellectualism）的思想不但脱离自然，并且在

1　因此，汉斯·格罗斯的研究没有更加遵循他著作副标题提到的"社会"分析，而是更加服从"生理"分析，参见Hanns Gross, "Besprechung: Das Geschlechtsleben des Weibes," *GKA* 1: 370-371。

2　Möbius, *Ueber den phzsiologischen Schwachsinn des Weibes*. 有人试图挽救他的受损的名誉，一篇最近的文章指出，人们不但低估了他在精神病学史上的地位，而且他在对歇斯底里症的病因学研究中提出的关于性别的见解和他在这本小册子中的立场没有关系，参见Steinberg, Carius, and Angermeyer, "Tenth Anniversary"。

3　例如参见P. J. Möbius, *Ueber den physiologischen Schwachsinn ses Weibes*, 5th ed. (Halle: Marthold, 1905), 80-123。

4　Olberg, *Das Weib*, 10.

一定程度上是女性化的，此外，这种观点还认为妇女问题就其根源而言就是一种退化。

因此，事实上，妇女问题从社会地位到女性本质的转变并不是从社会平等的伦理（ethisch）问题到围绕性本质和性行为的道德（sittlich）问题的转变；这两个领域是以微妙的方式相互交织着的。这一点在魏宁格的作品中显而易见，但在**女权主义**作品中同样引起了强烈反响。[1]哪些事物是符合道德的现象？哪些事物是违背道德的现象？如何把这些因素和伦理问题联系起来？对于这些问题，女性学者的著作提出了不同观点。她们在自己的讨论中直截了
178 当地探讨了这些不同意见，尤其是这一核心问题：婚姻制度的基本性质是美德还是堕落？这个问题涉及人们对其他问题——女性的天然纯洁性、女性的性满足和女性的精神满足——的不同的、不断变化的意见。[2]奥地利的女性主义者格雷塔·梅塞尔–海斯（Grete Meisel-Hess）认为"性危机"（sexual crisis）这个短语比"性问题"（sexual question）更加恰当；1907年，她发表了一篇重要论文，试图确定婚姻问题的议程。[3]激进派提出了各种各样的创造性的方案，以期解决传统婚姻中悬而未决的问题——她们用其他方

---

1 这本新的学术著作出色地从与性改革运动的关联的角度探讨了道德领域的问题，参见Matysik, *Reforming the Moral Subject*。

2 关于这个问题的明确论述参见Bäumer et al., *Frauenbewegung und Sexualethik*。作者指出，妇女运动分裂为两方，一方是激进的少数派，"她们认为燃眉之急的解决方案是对性生活的道德规范和法律规范进行彻底重建"，另一方是多数派，作者认为自己是多数派，她们"依然认为婚姻是最高的道德规范"。参阅Evans, *Feminist Movement*, "The New Morality," 115-143。

3 Meisel-Hess, *Das Wesen der Geschlechtlichkeit*.

式对这个所谓的“问题”进行了说明：女性的性需求和精神需求无法得到满足；女性被禁锢于片面的一夫一妻制婚姻；男性性欲过剩。她们提出的解决方案包括：形式上的开放式婚姻；正式的纳妾制度；女性同性恋关系；以及经过改革的、得到支持的卖淫嫖娼。更多的保守的女权主义者和大多数海外的妇女运动者普遍认为，这些看法是一种冒犯。[1]

随着福雷尔的重要著作的问世，关于女性的性态与平女性等这一正式的社会问题之间关系的思考旋涡被规训为一股特定的“伦理”思潮。优生学——在此后的半个世纪中，在德国，这颗退化话语的果实将主导人们对性态的思考——是一种媒介，它把女性的社会角色、女性的生理天性和女性在道德秩序中的位置连接了

---

1 文献妥善记录了这些现象，特别是“保护母亲联盟”(Bund für Mutterschutz)的领袖海伦·斯托克(Helene Stöcker)的职业生涯和著作；例如参见Irene Stoehr, “Fraueneinfluß oder Geschlechterversöhnug? Zur ‘Sexualitätsdebatte’ in der deutschen Frauenbewegung um 1900,” in Geyer-Kordesch und Kuhn, *Frauenkörper*, 159-190; Evans, *Feimnist Movement*, 115-143; McGuire, “Activism, Intimacy and the Politics of Selfhood”; Dickinson, *Sex, Freedom, and Power*; Repp, *Reformers, Critics, and the Path of German Modernity*; Matysik, Reforming the Moral Subject。国际妇女运动对这些议题的反应的一个有趣案例参见芙洛拉·卡内基（Frola Carneigie）和奥古斯特·费科特（Auguste Fickert）的通信：I.V. 112. 330-341 (October 28, 1893-February 24, 1894), WSLB。当卡内基夫人正生活在维也纳时，作为妇女运动积极分子和约瑟芬·巴特勒（Josephine Butler）的合作者，令她惊讶的是欧洲对卖淫的宽容和奥地利妇女协会（Allgemeiner österreichischer Frauenverein）的成员竟然没有认识到性交易的不道德性和女权主义的忧虑之间的关系。费科特以开放态度承认自然的性需求，并且把卖淫问题放在社会如何组织性满足的场域中，双方的分歧导致通信中断；亦可参见Hainisch (1900); and Karin J. Jusik in Good, Gradner, and Maynes, *Austrian Women*。

179 起来。优生学在女性的性态和社会解放领域的地位是复杂而多变的。如今众所周知的事，上述的许多女性主义者——例如海伦娜·斯托克和奥达·奥尔伯格——已经知道优生学，而且她们对优生学话语的接纳程度极高，奥地利人格雷塔·梅塞尔–海斯也是如此。[1]保守派批评家很容易将福雷尔关于性问题的优生学概念与寻求解放女性性欲的激进女权主义者混为一谈；双方都是所谓的"现代主义者"和唯物主义者，都太轻易地抛弃了传统基督教的道德和肉体秩序。[2]

公开的尸体

妓女的形象——"公共场合的女人"的典型——似乎已经成为现代城市的旁观者叙事的中心比喻。[3]妓女可能是地下世界的最可见的能指，而地下世界是大量厌恶之情和注意力的载体；此外，

1 特别参见Grete Meisel-Hess, *Die Sexuelle Krise* (Jena: Diedrichs, 1909)。不过，在早期著作中，这种"现代"立场早到了遮蔽。梅塞尔–海斯（Meisel-Hess）是第一位最直接地对魏宁格的《性与性格》提出异议的女性主义者，并且魏宁格的著作借鉴了她的早期著作。参见Agatha Schwartz, Shifting Voices: *Feminist Thought and Women's Writing in Fin-de-Siecle Austria and Hungary* (Montreal: McGill-Queens University Press, 2008), 84-93。

2 参见F. W. Foerster, *Sexualithik und Sexualpädagogik*: *Eine Auseinandersetzung mid den Modernen* (Kempten: Kösel, 1907)。

3 朱迪斯·沃尔克维茨的评论提到了维多利亚时期的伦敦："对于男性漫游者眼中的结构性的公共景观而言，没有什么形象比公开出现的女人更加可疑、更加危险。在公开场合，人们相信女人既是危险的处境，也是危险的来源，特别是对于那些在街头聚集的男人［……］作为一种引人注目的表现的标志，或者作为一种下层阶级和性生活混乱的标志，她们在这一想象的景观种占据着具有多重意义的标志性位置。" Walkowitz, *City of Dreadful Delight*, 21.

妓女是色情、犯罪、退化、私人的恐怖欲望和对恐怖的公开展示
的融合的产物，这些事物是地下世界的代表。在日益增加的对犯
罪行为之有机原因感兴趣的专家学者那里，妓女是一个重要的形
象——换句话说，“类型”。19世纪末，朗布罗索建构了这一观点，
即妓女是与犯罪“类型”相对应的女性，实际上，“卖淫就是女性
犯罪的体现；卖淫和犯罪是两种互相融合的类似事物和平行现
象”。[1]就像男性罪犯一样，妓女也是退化的类型，她们天生具有邪
恶的倾向，人们只要测量生理上的异常迹象，就能辨认这种类型，
这些迹象包括畸形的耳朵、畸形的四肢、小牙或龅牙、鼻孔的异
常、骨骼的异常、面部特征、身体毛发以及体表的文身。[2]就像同 180
性恋一样，在世纪之交，关于卖淫嫖娼现象的学术研究分支兴起，
其研究重点不是作为一种社会和经济现象的妓女，而是作为一种
人格类型——“天生妓女”——的妓女。威利·赫尔帕克（Willy
Hellpach）在“现代的时代问题”（Moderne Zeitfrage）丛书中指出
了这个议题的重点：“在原则上，卖淫不是一种人类学现象，也不
是一种经济学现象，而是一种社会心理学现象，而且也许——只
是也许！——卖淫是一种反社会现象。”[3]作者反复强调“也许”的
说辞表明，事实上，调查妓女的内在天性这种研究本身也是感官
猛料和挑逗的标志，而且它和人们共享的关于本质区别的文化预
设截然不同。不过，在妓女的社会形象背后存在一种先天性的、

---

1 Lombroso, *La donna delinquente*.

2 参阅Kisch, *Die sexuelle Untreue der Frau*, 47-81。

3 Hellpach, *Prostitution und Prostituierte*.

也许带有病理性的人格，这种观点对自由主义者和社会主义者等改革派和文化悲观主义者都有吸引力。[1]

奥托·魏宁格同意这种观点，即卖淫“深刻地植根于人类天性，且必然内在于人类天性”，他完全忽视了经济需求对妓女这一行当具有重要影响。如果说男人可以为卖淫嫖娼创造条件，那么其根源仍然是女人的天性：“如果没有这样的本性，就不可能变成这样的人”。[2]天生妓女不得不让她们自己成为“卖弄风情的人”，无论是否有报酬，她们都一定会不受控制地放纵欲望。就像赫尔帕克一样，他也认为偶然的出身会产生不同的妓女：有些身处妓院，有些在贵族家庭或上层资产阶级家庭无耻地卖弄风情。魏宁格的观点不是“妓女都是先天遗传的，而非后天养成的”，甚至也不是“妓女不是遍及所有阶级的退化的类型”。他的独特的见解是：这些妓女的特点就是整个文化的特点，魏宁格和他论述的妓女都身处这种文化当中。

他者的尸体

罗伯特·穆齐尔的经典著作《没有个性的人》以不同于《性与性格》的方式，从世纪之交的奥地利人的视角记录了文明的现状，但乌托邦式的性欲杀人的尸体同样也是《没有个性的人》的称赞

1　朗布罗索自己的观点有时是自由主义的，有时是社会主义的，赫尔帕克是朗布罗索在中欧国家的支持者之一，他先是社会心理学学者，后来是魏玛共和国时期的中左翼政党德国民主党（DDP）的积极分子。

2　Weininger, *Geschlect und Charakter*, 280-313.

对象。这部小说的许多角色全都被吸入了某一特定版本的莫斯布 181
鲁格尔的命运。在人们设想的莫斯布鲁格尔是一个精神错乱的开膛手杰克式的人物，但他攻击妓女的残酷行径反而奇怪地引起了公众的同情。穆齐尔通过描写莫斯布鲁格尔的身体特征，把这位杀手塑造成一个纯粹的男性化角色：他是一个木工，虎背熊腰，身材高大，沉默寡言；他有一双木工的双手，巨大无比，朴实无华；他是男子汉的单纯和正义的化身——“他脸上的表情透出一股善良的力量，表露出行善的意愿”。他是一个凶手，穆齐尔借记者之口详细描写了最近一位受害者的尸体：“颈部有一处刀伤，伤口贯穿喉咙和后颈；胸部有两处刺伤，伤口穿透心脏；背部有两处刺伤，伤口位于左侧；两个乳房被割开，胸部几乎被掀开。”[1]

没有个性的人——乌尔里希被莫斯布鲁格尔的故事触动，他认为：“显然，这是疯狂，但同样显而易见的是，这也只是我们自己的存在要素”。[2]乌尔里希请求人们赦免这位罪犯。暴力攻击女人和女人的性器官；企图消灭女人——消除她尸体的女性特征（切除她的乳房）；清除她在社会躯体（social body）的整体中的痕迹——他把凶手的这些行径都和正义、高尚和美德联系在一起。莫斯布鲁格尔的精神错乱被建构为正义的一种夸大的形式。不过，这里最令人震惊的事情是，暴力杀人案件和凶杀执行者被表现为当下的原型。人们对莫斯布鲁格尔故事的痴迷甚至触及小说中的女性角色，仿佛他们对女性气质和性征的猛烈攻击是为解决人们的普遍

1 Musil, *MoE*, 68; *MwQ*, 67.

2 Musil, *MoE*, 76; *MwQ*, 76.

绝望。穆齐尔大胆地指出："如果人类能够作为一个整体做梦，那么这个梦境就是莫斯布鲁格尔。"[1]

因此，在世纪之交时期，人们对他人的身体的痴迷包括的元素如下：身体的字面意思，即活着的身体的性别特征（德语单词"Leib"）；隐含义，即个人和集体的交界处（德语单词"Körper"）；尸体，即公开暴露受害者尸体，对其进行集体检查（德语单词"Leiche"）。同时，随着时间进入20世纪，新闻报道以及其他供公众阅读的文本越来越不忌讳展示这类尸体。其中一个案例是奥古斯特·内格尔（Auguste Neger），1899年，人们发现这位柏林妓女的尸体。柏林警方的公开告示遍布全城，警察的公告如下：

> 182 星期天（本月14日），中午1点30分，一名约40岁的女性被发现死于舒尔岑多夫大街7号建筑的地下室：此人金发，身材矮小，脸部肿胀，被发现时已经死亡。她的脸部完全被溢出的血液覆盖，流血部位是她的嘴巴和鼻子。虽然死者身上没有可辨认的外伤，但是这个身份不明的人死前可能遭到过暴力袭击，因为在她的口腔里发现一片染血的衣物［……］显然，死者是一个最底层的妓女，当她被发现时，她的身上还能闻到强烈的酒精气味。[2]

警方在每次发布这种报告时，通常也会警告读者，某些即将

---

1 Musil, *MoE*, 76; *MwQ*, 67.

2 Rep 30 Bin C Tit 198B Nr. 37, BBLHA. 这份公告重印于*Tägliche Rundschau* (Berlin), October 15, 1900, evening ed., p.8。

指出的细节是有伤风化的，目的是让读者理解，如果想要清楚社会中的此类暴行，关注这些细节十分重要。此外，图像式的形容的好处是不会引起误解，就像这个案件一样，纠缠于细节不会助长公众扮演业余犯罪调查员——帮助警方，提出忠告——的角色。连那些体面的报纸杂志也普遍转载甚至加工这些告示。柏林的《每日评论报》(*Tägliche Rundschau*) 发表了后续报道，报道重点是尸体的解剖，亦谈及这些物证如何引导调查人员得出结论：

> 被杀的内格尔夫人死于窒息，她的嘴里被人塞进一块抹布。这块抹布被塞得很深很紧，以至于这个女人不可能自己够到这块抹布。尸体解剖表明：抹布被用力塞进喉咙，以至于她的几颗牙齿都被打断。除此以外，受害者的喉咙和下巴都有抓伤。[1]

报纸邀请读者跟随侦探的逻辑：把尸体视为物证，以理智而客观的态度（这种态度是投入情感、窥探隐私的对立面）看待这具被剖开的尸体，通过处理物证，从而揭露真相。这种耸人听闻的展示尸体的举动必然具有多重功能：窥淫与审慎、谴责与宣泄。它们帮助人们区别坏的公众人物和好的公众人物；把群众分成共同体的朋友和共同体的敌人；并由此确立一个理想化的共同体，这个共同体的成员是积极参与社会的公民和保卫者，他们不同于尸体所代表的坏的犯罪者和坏的受害者。人们可以从他人的尸体中总

---

1 *Tägliche Rundschau* (Berlin), October 18, 1900; *Lokal-Anzeiger*, October 16, 1900.

结出这些以及其他教训，所以，这些尸体成为犯罪调查的新闻报道的重点。

183 从蛇蝎美女般的受害者到血祭杀人谣言的死灰复燃，世纪之交时期充斥着各种尸体。这些尸体是暴力行径的受害者，人们虽然把这些尸体本身定义为无意义的存在，但也认为这些尸体包含着秘而不宣的意义。[1]它们是他者的尸体，而且它们仍然不断地构成威胁，可能会破坏自我的防护墙：它们是屠杀大众的凶手的表现，而这些凶手则是大众的镜像；它们表现的是疯狂——日常逻辑的反面；就像魏宁格自己的案例一样，试图攻击入侵西方文明的雌性，结果自己陈尸于贝多芬的死室。

尸体的边界

事实上，人们对性别化的尸体、暴力的主体和暴力的客体的专注是一种强烈的、带有自我反省之意的关注，而且这是一种带有最深刻的矛盾心理的关注。[2]根据朱迪斯·沃尔克维茨的观点，对性的危险性的叙述包括科学叙述、哲学叙述和大众叙述，这些叙述不但是这样的矛盾心理的触媒，也滋生于这样的矛盾心理。人们可以把这种现象理解为建立身份认同和否定身份认同这两种

---

1 一份列有这种困扰的许多标志的目录参见Dijkstra, *Idols of Perversity*。

2 对尸体的性学研究和性欲杀人的幻想一样具有自反性。请注意这两种陈述中的一种古怪的对立互补的性质：魏宁格在自杀前很久写下的一份没有发表的记录指出，“我杀了我自己，为的是阻止自己不得不杀掉其他人”。英国连环杀手丹尼斯·尼尔森（Denis Nilsen）宣称：“我总是在杀死自己，但是路人总是沦为死者。”。参见Weininger, *Über die letzten Dinege; Seltzer, Serial Killer*, 20.

趋势之间的极端张力。人们以特定的方式关注性别化的尸体和被侵犯的尸体，上述两种趋势均收到这种关注的推动。

在奥古斯特·内格尔的案例中，警方公告的第一部分是关于她的被侵犯的尸体的详细记录，第二部分是对她的衣着的描写，警方指出了她的身份，以寻找可能的目击者，与此同时，他们还指出，她是妓女。上文引用的早期报道指出：死者尸体散发酒精气味。一旦记者知道了受害者的身份，他们就在报道中普遍将酗酒说成这个故事中的一个重要元素。酗酒是死者堕落的标志。一份报纸这样报道："因为她沉迷酒精，她的丈夫和她离婚。这个女人陷入了更深的堕落。"[1]她的堕落如此彻底，以至于她已经几乎不是人类，而是（魏宁格的）所谓的具有雌性属性的堕落化身。她是行尸走肉，她只是作为其他某种东西的标志而引起人们的兴趣：

> 一个年老色衰的妓女是社会的底层，女酒鬼，她衣不蔽体、 184
> 无家可归，行尸走肉而且散发酒精的恶臭。而且这个老女人的生计就是作恶！什么男人才会同这位维纳斯同床共枕，栖身于遗弃的地窖和荒废的屋子！这个老太婆在人类社会中没有留下任何东西，没有人为她哀悼，没有家人在她的棺木前为她哭泣。[2]

---

1 "Ein unaufgeklärtes Verbrechen beschäftigt die Criminalpolizei," *Lokal-Anzeiger* (Berlin), October 10, 1900.

2 "Mord? Eine Mysterioser Vorfall in dunkelsten Berlin," *Berlin Mordenpost*, October 16, 1900.

如果上述感官猛料式的新闻报道是最明确、最激烈的有关否定身份认同的具体案例，那么人们将这位妓女的尸体认定为窥私癖和受害者之间的固定边界，这种姿态就是一种典型的现象。不过，这样的姿态还和其他类型的身份认同进程共存：如果在大城市最黑暗的角落上演的这些恐怖演出只是这个时代的副产品，而这些恐怖故事就只能引起我们的注意，不能引起我们的同情，那么为什么这些现象似乎可以通过那些体面的生活不能实现的方式，成为我们现代性的标志呢？

上述描写的出处是新闻报道。这些新闻报道的行文风格是一种戏剧性的、人们对现代城市之堕落和危险的叙述。记者把新兴大都市的黑暗街区和伦敦东区——开膛手杰克杀人事件的案发地点——相提并论。[1]这些故事的附录是一些图表，图表内容是城市地下世界的地理位置（图2），图表作者让人们关注地下世界："男妓和女妓通常在柏林的杀人案审判中扮演主要角色。"[2]根据这些窥视隐私的新闻报道，地下世界既有异域风情，又有本地特色；以城市中心为巢穴的地下世界是一个独立王国，也是当代历史的舞台。福柯提醒我们，谋杀案件是历史和犯罪相交之处：是那些权力结构的局外人和对控制的大众化挪用的相遇的地方；或者说，

---

1 研究这种构建——对具有性方面的危险性的社会空间的文本建构——之历史条件的材料仍然是Walkowitz, *City of Dreadful Delight*；有关开膛手杰克的研究，参见191-229。一项相关研究（主题是人们对世纪之交的城市空间的想象同报纸的关系）参见Fritzsche, *Reading Berlin 1900*.

2 "Mord? Eine Mysterioser Vorfall in dunkelsten Berlin," *Berlin Mordenpost*.

是城市日常生活中的无名之辈和著名人物相遇的地方。[1]人们对城市日常生活中的暴力行径和色情丑闻的痴迷正日益增长，这种现象的具体表现是报道这些事物的新兴体裁的爆炸式增长，这些体裁包括犯罪小说、恐怖故事以及半社会学半色情的城市探险文本（其代表是本书第一章的讨论对象——汉斯·奥斯瓦尔德的“大都市档案集”丛书。

早在19世纪90年代，这些文本便已经开始建构现代城市空间 185
中带有异域风情意味的危险，同时，这些文本暗示这种危险是现代性的标志性空间，这种危险距离小资产阶级读者的位置并没有那么遥远。1893年，保罗·伯恩（Paul Born）在他的著作《柏林的黑暗存在》（*Berlins dunkle Existenzen*）那无耻的章节“柏林男妓王国的最新消息”（The latest from Berlin Pimpton）中指出：

> 虽然这听上去令人难以置信，但甚至更加优秀的人也能通过某种方式加入流浪者群体，而且他们帮助人们以这种方式居于柏林。在那里没人缺乏社会地位，也没人缺乏教育；他们只是一些堕落的存在，他们通过这种手段维持必要的生活水平。[2]

1905年，作家玛格丽特·伯姆（Margerete Böhme）发表小说《一位失足妇女的日记》（*Tagbuch einer Verlorenen*）。小说讲述了一位出身高贵的资产阶级好女儿的“真实故事”，她遭到命运

1 Michel Foucault, “Tales of Murder,” in Focault, *I, Pierre Rieviere*, 205-206.

2 Born, *Berlins dunkle Existenzen*, 99-100.

的无情捉弄，陷入道德沦丧的生活，沦为高级妓女，不幸英年早逝。伯姆没有把这种“性的地下世界”刻画为一条不可逾越的边界，《一位失足妇女的日记》是这种话语的另一个案例。[1]对于这种叙述模式，一种解释是，这种模式是更大的社会控制机制的一部分，它监视体面的举止和不良的行为之间的边界，具体手段倾向于对恶劣的公民进行极端污名化处理，并且发出“即使是体面人也可能误入歧途”的不祥警告。[2]这种解释确实包含潜在的有价值的洞见，不过，这种解释也排除了这样一种可能，即通过将这些文化幻想同深思熟虑下形成的、有关人们的自主兴趣的意识形态计划相结合，从而复原这些文化幻想的力量和复杂性。另一种审视伴生的激进的分割进程和暗示的认同进程的具体功能的方式是通过自由主义主导的叙事角度观察：陷入底层中的底层的暴力色情国度的可能性是向上的流动性这一全新愿景的另一面。就像教育和纪律可能推动任何个体上升获得体面的地位一样，单单是出身和教育的特权并不能保证个人免于道德沦丧。不过，这里还有第三种模型可以解释这种叙事策略：有这样一种可能性，这些诱惑人们陷入堕落的文本提供了一种替代性的快感，而且读者在阅读关于堕
186 落的人生和戏剧性死亡的长篇连载故事时，既参与了身份认同的

1 Böhne, *Tagebuch einer Verlorenen*.“**性的地下世界**”（sexual underworld）这一术语是理查德·埃文斯提出，他的文本同此处的讨论有关。参见Evans, *Tales from the German Underworld*, 166-122。

2 玛丽–克里斯汀·勒普斯（Marie-Christine Leps）对犯罪学、新闻学和文学作品中的罪犯文本构建进行了话语分析，她始终关注通过制造偏差来构建一致的公众群体的方式。参见Leps, *Apprehending the Criminal*。

进程，也参与了反认同的进程。

这种情况带领我们回到魏宁格和妓女问题，换句话说，将我们带回了这一问题：如果女性气质是现代性之本质，那么为什么卖淫必然是女性的本质？魏宁格的文本不仅复制了早期优生学思想的老生常谈（顺便说一句，这种思想延续了几十年），而且提供了一种模型，其功能是解释如此简单的本质主义思想为何完全没有使得非妓女群体免受她们那声名狼藉的对立面（妓女）的影响。在《母性和卖淫》这一章节中，魏宁格不但试图论证母性和淫乱的本性都是先天禀赋，而且试图证明母性和淫乱本质上是同一事物的两种表达。他提出了绝对母亲（Abusolute Mother）和绝对娼妓（Abusolute Whore）的性格分析学，我们可以从中看出上述两者在形式上的相似之处：母亲完全依赖孩子，**任何**她可能拥有的孩子；依赖**任何**可能给她带来一个孩子的男人。妓女沉迷性爱也是如此，她所利用的男人无关紧要。

> 对于性伴侣的**个性**，母亲和妓女**都漠不关心**。荡妇想**和一切东西性交**——这就是为什么当她**孤身一人**，她就开始卖弄风骚，而且卖弄风骚的对象**甚至是无生命的事物**，甚至是每一条河，每一棵树。母亲想要持续不断地成为母亲，而且让一切东西使她的整个身体**怀孕**。[1]

1　Weininger, *Gechlecht und Charakter*, 307.

这种对身体的极端痴迷，这种对从精神到母性和性交的飞跃，完全是同一种飞跃。“身体的存活和身体的死亡，它们都和性交有着神秘而深刻的联系，它们都分布在作为母亲和妓女的女人身上。”[1]

显然，魏宁格真正暗示的东西超出了这些焦虑，即女性这种性态超越了妓女的尸体，触及所有女性；女性性态影响到所有男性，它大量繁殖，直至溢出，而且没有任何物质边界可以阻挡女性性态的蔓延。确实，正是出于这个理由，雄性和雌性这两个属性之间的严格区分在定义上就是成问题的。其实《性与性格》的主要内容就是，把人们认为可能存在亲缘关系的东西——例如爱（男性）和性（女性）、联合体（男性）和整体（女性）——区分隔离开来。虽然魏宁格坚持认为雄性和雌性不是性别，而是属性，但是他始终主张：没有任何一个女性可能拥有男性的美德；就像理想的男性（M）和理想的女性（W）一样，**男人**（man）和**女人**（woman）是互不相容的词语。“女性完全被性占据，受性吸
187 引，反之，男性则知道其他许多事情：战斗和游戏，社交和狂欢，讨论和科学，商业和政治，宗教和艺术”，[2]但是，若果真如此，那么，女性又怎么可能为当时文化的整体状态承担责任呢？显然，这一结论的成立前提是：男性和女性之间的绝对分离——所有这种两极化——并不代表一条不可逾越的鸿沟，并不代表一种病态的或有益的隔绝，而是恰恰相反，它代表一种将男性和女性不可分

1 Ibid., 311.

2 Ibid., 112.

割地连接在一起的辩证张力。

他的知识极限；或“我必须坦白”

在塑造莫斯布鲁格尔的形象时，穆齐尔至少知道一个现实生活中的维也纳杀人犯，而且他直接引用过这位凶手的事迹。1910年，克里斯蒂安·福格特谋杀了一名妓女约瑟芬·皮尔（Josefine Peer)，案发地点是维也纳著名娱乐场所普拉特公园。受害者的尸体布满残暴的刀伤：她的乳房几乎被从躯干上割掉，她的鼻子几乎被从脸上削掉；她的衣服被仔细切开，她身上大片区域裸露在外，遭到反复捅刺；扼杀的痕迹也非常明显。这桩1910—1911年的感官猛料式的案件在许多方面都十分轰动。此前，凶手曾经性侵犯过两名少女——由于这些行径，根据医学专家的证词，他被关进了精神病院——此后，凶手逃离精神病院犯下谋杀罪行，显然这是一起连环杀人案，它让人们想起开膛手杰克。警方利用指纹检测和摄影分析等此前不为人知的现代技术侦破了福格特杀人案。[1]无论如何，福格特案件的突出特点是杀人犯本人，这位凶手凭借他自己的深刻的自我理解和出色的语言表达展现出一种人们只能称

1　研究福格特案例的绝佳资料来源参见Siegfried Türkel, “Der Lustmörder Christian Voigt: Ein Kriminalistisch-psychiatrischer Beitrag zur Lehre vom Lustmorde,” *Archiv für Kriminal-Antropologie und Kriminalistik* 55, no. 1/2 (1913): 47-97。有关福格特案件对大众文化的影响参见Reinhard Pohanka, *Räuber, Mörder, Kindsverderber: Eine Kriminalgeschichte Wiens* (Vienna: Jugend und Volk, 1991), 95-98。近期的一篇关于性欲杀人的博士论文（其中包括探讨福格特案件的详细章节）参见Amber Marie Aragon-Yoshida, “*Lustmord* and the Loving Other: A History of Sexual Murder in Germany and Austria (1873-1932)” (PhD diss., Washington University, 2011), 79-169。

作克里斯玛的品质。除了常见的专家学者的分析和证词以外，福格特向他的观众（和阅读档案的后人）发表了大量文本：情书、自传式的沉思文本、细节丰富的自我分析自白书，以及附带的一份回忆录（回忆录标题是《我如何变成一个罪犯》）。从一种角度看，所有这些对病理性主体性的表达没有阻碍而是巩固了用于处理凶手的
188 分类框架——医学、法学和感官猛料式报道的分类框架。他自己的文本出卖了他对这些学科的自学成才，烂熟于胸的事情；与其说凶手为自己开罪，倒不如说他为那种病理性主体性奠定了基础，或者说他坚持自己那边缘地盘具有正当性。毁灭者福格特遗留的尸体和文本宣称：他是自己的病理性主体性的权威。

就像其他嫌疑犯为警察和法院的调查人员提供的关于他们行为的记录一样，福格特的第一份自白书证明他有能力写作案例研究这种体裁，甚至有能力写作类似医生的案例研究那样的记录。调查人员的提示只是造成这种相似性的部分原因。其中包括有关先天疾病的记录：

> 我姨母的一个儿子［……］精神错乱，而且他被送进过希德布格豪森精神病院［……］据说我父亲是一个酒鬼。我不知道我家族中的其他酗酒或精神错乱的案例，也不知道任何梅毒的案例。[1]

被告试图拉开自己和这些因素的距离，他表示不能确定他的父亲

1　Vr 7601/1910, confession part, 1, 20/8/10, Forsetzung, WSL, Landesgericht für Strafsachen [LfS].

是否酗酒，也没有提到他关系最近的精神错乱的亲属——他的亲兄弟。他马上把话题转移到了环境因素：

我的父亲去世以后，我在泰陶的三年制商业学校上了七年。当时我已经没有在家生活，而是生活在各种当地农场，我不得不通过照顾农场的动物，或者借助其他类似的活儿，来积累自己的储蓄。[1]

福格特非常简略地回顾了他曾经多次被捕的经历（罪名是杀人和伤害）。在他看来，过去的前科和现在的指控是不相干的两件事。两天以后，福格特在后续供词中详细描写了他和妓女约瑟芬·皮尔的相遇。根据这份记录，皮尔不依不饶地纠缠福格特，尽管他口出恶言并且明显对她表示反感。福格特正在喝酒，但没有喝醉；皮尔引发了他的强烈反应，但是这些反应均以理性思考为基础。特别重要的是：他指出，自己厌恶妓女的原因是他的一个性伴侣曾让他感染淋病，他在更早的供词中已经提过这些事实了。关键转折发生在普拉特公园，当时他在休息，这个女人坚持跟踪他，把她的身体压在他身上，那时，他注意到她口袋里有一个坚硬的东西，据她说是一把剪刀，不过，事实上，那是一把餐刀。

因为她的死缠烂打已经让我觉得非常厌恶了，所以我认为这

1 Ibid.

189 把刀的目标是我。这些想法的结果是我长期以来对她的厌恶升级达到了暴怒的程度，我手握这把刀猛刺她的后背［……］我把她拖到路边，接着在她全身乱捅［……］我说不清我捅了她多久，也说不清捅了她哪里。我在这种行为中没有体验到哪怕最轻微的性亢奋。[1]

在这些有关犯罪时刻的关键描述中，福格特企图建构显然矛盾的事物：一方面，为犯罪进行理性辩护，换句话说，如果一个理性的个人面对自己遇到的特殊情况，那么他可能会感觉到皮尔对他的威胁；这是一个失去理性、怒不可遏且丧心病狂的时刻；最后，犯罪的意图和虐待的欲望同时缺席。他不是一个疯子，这不是一起性欲杀人案；他对性危险的近乎合理的威胁感瞬间转化为了意识丧失（他坚持说这不是癫痫），他片刻丧失了刑事责任能力。福格特的供词内容就像浓缩的学习笔记，记录了克拉夫特-埃宾的性学研究中对性欲杀人和虐待狂的定义、法医心理学中对恍惚状态的定义、有关刑事责任的法学辩论；这些抽象概念之间的矛盾冲突是这些专家学者之间的学术分歧。

在一定程度上，专家学者他们自己对福格特案件疑惑不解，事实上，这场连环杀人事件明显呈现出病态迹象。他已经因为强奸杀人未遂和强奸杀人既遂，两次被关进精神病院。不过，这种病理性现象的本质是什么？一些医生相信，这些行为的动力是虐待

1　Vr 7601/1910, Continuation of confession 22/8/10, WSL LfS.

狂式的冲动（sadistische Antriebe），但是，他们也承认学术专家对性欲杀人的确切机制知之甚少；其他专家的检查和证词则指向癫痫和癫痫所引发的恍惚状态（epileptische Dämmerzustände）。后面一种说明是令人迷惑的，因为不同学者对于福格特是否是（或者是否曾经是）癫痫患者存在不同意见，尽管专家在医疗记录中注明了这种诊断。嫌疑犯承认，他伪装自己罹患癫痫，从而逃避兵役；警察观察到他在拘留所和精神病院发生抽搐现象，但"这些症状是否是他伪造的"这个问题悬而未决。更加重要的现象是凶手曾经长达几天处于类似恍惚的状态，人们猜测这种现象是癫痫发作的复合效应，酗酒造成这种病情加重。事实上，一位世界顶级的癫痫研究专家就支持这种诊断，他是耶拿大学的神经学家奥托·宾斯万格（Otto Binswanger）。[1]

专家学者的学术观点在将病态罪犯归类为癫痫患者还是虐待狂（或最极端的病态虐待狂——性欲杀手）这两种类型之间摇摆。 190
反过来，福格特谨慎地反驳了每个诊断，仅仅保留了自己偏爱的自我诊断，他坚持他犯罪事出有因，情有可原：由于"对妓女的不可抑制的厌恶"，他陷入了短暂的"对行为有充分意识的暴怒发作"。警察指出：这种诊断是他希望的结果，因为这样他就可以避免终身被拘禁在他非常熟悉的精神病院，也可以避免被送上绞刑架。福格特对病理诊断的裁决结果产生的浓厚兴趣具有痴迷的特征。福格特宣布他自己根本不是受到癫痫和酗酒影响的人，而是一个

1 Vr 7601/1910, Befund und Gutachten, WSL LfS.

自由的个体，具备为他自己的行为承担责任的能力，他展现出一种对真相的迷恋：

> 福格特毫不掩饰地摆出自鸣得意的态度，高谈阔论自己扮演的角色是真相的信徒，最后提问：为什么我需要把生命浪费在一个谎言上？对于相关的质问，福格特的解释是，他对真相的狂热迷恋可以追溯到他被关押在拜罗伊特精神病院期间，他在那里阅读了大量书籍，由此成了一个更加优秀的人。[1]

福格特在法庭上为自己辩护时所表现出的自以为是的正义感，一定会让许多读者感到震惊。罗伯特·穆齐尔其中之一，他抓住被告性格中的这种元素，利用这种元素塑造了莫斯布鲁格尔的形象。如果就福格特的犯罪行为在美学上的纯粹性而言，他是一名完美的罪犯，那么在追求真理的意志方面，他则是一位纯粹主义者。与此同时，司法卷宗表明，福格特高明地——或许偶尔也鲁莽地——利用了谎言：他对军队当局假装癫痫；在他自己的病史里，他遗漏了他兄弟精神失常和他自己严重酗酒等事迹，更不用说他臆造的那一堆不太可能实际发生的有关皮尔杀人案的回忆了。他确实说服自己了吗？他事实上成功说服许多旁观者，让他们尊重他追求真相和正确的绝不让步的热情了吗？对于这个特定的主体来说，追求真相的热情具有的多重意义究竟是什么？

---

1 Ibid.

人们对福格特的自传式陈述的调查证明，当他被拘留时，在拜罗伊特精神病院的科尔布医生的监管下，他开始认真自学，而且人们普遍认为，相对于同他处在同等社会地位的人而言，他展现出了更高的智力水平。这种开化进程的巨大价值在另一份出自福格特之手的文件当中发挥了重要作用。这份文本就是他的回忆录 191
《我如何变成一个罪犯》，各式专家学者都认为这是一份令人好奇也令人迷惑的东西。[1]这份文件不是自白、病史以及犯罪者的回忆录，而是遵循了所谓教育小说（Bildungsroman）——那种著名的有关男性自我培养的德国小说体裁——的风格。这位连环杀手的吸引力来源于各种元素的充满魅力的组合：巧舌如簧、道貌岸然的自我辩护；似乎没有受到犯罪动机影响的犯罪行为本身的激烈暴力；被告人使用的花招，他试图让自己成为一个具备知识、熟知学科体系的被告人，由此让他获得比其他人更多的道德权威。为这份自我授权的文件赋予标题的是这样一个问题，一个法医精神病学和侦探小说式的问题：罪犯的自我的起源是什么？福格特在开场白中向两个学科表达了敬意：“我相信，自己具备回答这个问题的能力，我的观点不是形而上学的泛泛而谈，其基础是阅读学术文献并仔细观察事实。”即使福格特试图以其他方式复制学术文献在讨论刑事责任问题时的客观语气，他也没有在这份文本中放弃使用第一人称：

根据我的观点，罪犯主要分为两种类型。第一种犯罪者是有

1　人们在福格特的第一次杀人案和第二次杀人案之间编辑了这份档案，这份档案于1913年出版，参见Türkel, “Der Lustmörder Christian Voigt”。

目的、有预谋地实施邪恶行为的罪犯；第二种犯罪者是缺乏深入思考和深刻反思的罪犯。根据《刑法》规定，这些犯罪者分为具备刑事责任能力的人和不具备刑事责任能力的人。不具备刑事责任能力的人并不一定总是负有某种缺陷，不过，他们可能的确有某种缺陷。无论这种缺陷的基础是遗传的、暂时的还是长期的精神障碍［……］文化和才智并不总是有产阶级的特权，尽管财富可能会对这些东西造成影响。[1]

在同一段落中，福格特改变话题，从讨论罪犯之本质，转向了先天的精神能力；这种转变在他试图模仿的那些理论性小册子中并不典型，尽管正如我们所知道那样，犯罪和天才之间的深层联系既是犯罪学中反复出现的议题，又并非不为大众文化所知的主题。福格特的下一个研究兴趣是下列观点：个人的自然的精神天赋是先天的才能，不受其他条件影响，但如果个人没有培养这些天赋的恰当工具，那么天赋异禀的个体可能被迫闲置他才华横溢的头脑，甚至他的头脑可能产生出各种有精神缺陷的意图和想法。实际上，这种个体的大脑没有被激活，他们的活动基于本能
192 性质，没有经过反思，只是自动行为或者惯例行为。“我就属于这种个人。”根据这种判断，福格特转而讨论起他的家族史，进而展现了他的天赋如何在创伤和逆境的共同作用下，在某一段时间里被迫休眠。专家证人都注意到了被告的聪明才智，新闻报道也提到了这个细节。[2]一方面，专家学者和其他观察者认为：这种过度

1 Türkel, “Der Lustmörder Christian Voigt,” 57-58.

2 参阅以下报道：*Neue Freie Presse*, October 22, 1911, p.17-18; *Die Neue Zeitung* 4, no. 291 (October 22, 1911): 7-8。

发展的智力是和罪犯缺乏道德意识有关的现象；另一方面，这些记录和罪犯主体本人强调的理性的主体性同这些犯罪行为蕴含的惊人暴力的内在无意识并不一致。

非理性的暴力融入——甚至反映——了追求真相和正义的意志，这便是穆齐尔的莫斯布鲁格尔从福格特那里借用的品质。是的，他们都是木匠，他们都是连环杀人犯，他们的猎物都是妓女，甚至他们最后一个受害者的尸体的具体情况的许多细节都是相似的。莫斯布鲁格尔的形象不是更多参考了魏玛时期的杀人犯弗里茨·哈尔曼（Fritz Haarmann），而是更多遵循1910年这位杀人犯的模板（福格特）。1924年，穆齐尔在撰写小说草稿时得知了弗里茨·哈尔曼杀人案。[1]这就是那种难以理解又令人着迷的"其他条件"的核心——存在的对立两边既互相联合又互相破坏。乌尔里希意识到存在的秘密层面这一文学性的瞬间是与性（男性或女性；自我或他者）联系在一起的；福格特的供词和莫斯布鲁格尔的供词的碰撞是生命的理性和非理性区间；伦理和美学；以及被穆齐尔的翻译者称为"理智和心灵"的东西。

这位被谴责的罪犯发表的一些公开言论打入了穆齐尔的思想，后者利用这些言论创作了莫斯布鲁格尔的发言。历史人物杀人犯福格特和小说角色莫斯布鲁格尔都被判决有罪，并被判处死刑，他

---

1 从一下材料中可以清楚地看到这一点：Musil, *Der literarische Nachlass*。亦可参见Karl Corino, "Zerstückelt und Durchdunkelt. Der Sexualmörder Moosbrugger im 'Mann ohne Eigenschaften' und sein Modell," *Musil-Forum* 10 (1984): 105-119; Höcker, *Epistemologie des Extremen*, 189-203。

们都站起来颤抖着宣称："我对法庭的判决表示满意，即使我必须向你坦白——你们是在对一个疯子做出判决。"穆齐尔借乌尔里希（坐在法庭旁听的乌尔里希目瞪口呆地听了莫斯布鲁格尔的宣言）的思考对这一令人费解的宣言做出了第一次评论。上文讨论提到的乌尔里希的想法，在最新译本中全文如下：

> 这是明显的疯狂，而且这明显是对我们自己的存在元素的扭
> 曲。这是破碎和模糊的东西；出于不明原因，乌尔里希产生这样
> 193 的想法：如果人类可以作为一个整体做梦，那么这个梦境就是莫
> 斯布鲁格尔。[1]

"这"指代什么？这种公开展示的明显的疯狂（"Das war deutlich Irrsinn"）是什么？它是指这个案件本身吗？它是指针对非理性杀人犯的超理性法律程序吗？它是指被告的恐怖罪行吗？它是指这个被谴责的男人的声明吗？无论如何，这些事物代表了我们一直在追溯的三种模式——法学和医学的专业知识；有关恐怖犯罪的媒体报道的感官猛料化的程度；最后，极其华丽的罪犯个人的主观表达。乌尔里希看到"我们"自己的存在元素的一张在一定程度上遭到扭曲的图像：破碎（德语"zerstückt"，意思是被"肢解"成碎片，就像一具受害者的尸体）和模糊（意思是昏暗，就像透过破碎的玻璃观看我们的生活）。根据这一译法，莫斯布鲁格尔

---

1 Musil, *MwQ*, 76-77.

的“梦境”就是人类“作为一个整体”做梦的产物，而且这个梦境是治愈破碎的东西，把无数碎片拼合成一个整体的一个地方。

当福格特说出这句一模一样的离奇的话时，他试图表达的是什么意思？他逆转了判决方向，判决的出处变成被告，判决对象则是法庭——法庭归属的整个机构，从调查人员到专家证人，甚至到宣读判决的法官。虽然愤怒的被告反败为胜打败原告的情况并非闻所未闻，但是我们还需要考虑他宣称为了逆转局势而采取的具体措施：**坦白**（confession）。他对这个判决表示满足，尽管他**是被迫坦白的**（“wenn ich Ihnen auch gestehen muß”）：对他的严厉谴责本身也是犯罪行为，因为谴责的对象是一个疯子。为了做出针对判决的判决，他必须赋予自己一个角色，这个角色不是法庭指定的专家，而是自我指定的专家，这个专家需要宣布被告并不具备刑事责任能力。如果在整个调查和审判期间，福格特的言行举止出卖了他对刑事责任的成立条件的惺惺作态的高度意识，那么这种戏剧性的夸张表演则用密集地提炼出某些自相矛盾的事物。不像莫斯布鲁格尔，福格特并不认为他自己是上帝那可怕的正义的武器，也不认为他自己是背离日常生活的超越的道德秩序。他认为，他的审判、他的罪行和他的坦白都是一间回音室里面的一系列扭曲的、不断迭代的声响。他的谴责虽然不公正，但却是他的真理。

结束和开始

根据所有这些人们谈论自身文明的具体方式，用堕落（或反乌托邦）而非乌托邦主义（或复兴）来描述世纪之交时期的中欧的特

194 征，可以说不无道理。显然，上述两种观点可能是人们通过不同的角度，观察同一个时代，从而归纳的特点——其中一种指向过去那个有着启蒙的乐观主义和进步的意识形态的时代，但这种趋势似乎正在放缓；另外一种的愿景是一种尚未完全形成的新的体验生命的方式。也就是堕落。不过，作为一位世纪之交的历史舞台上的人物，作为最早的、以最精确的方式谈论世纪之交的评论家，罗伯特·穆齐尔指出：

> 首先，我们需要回忆一个事实：1900年前后（德国最近一次具有强大生命力量的精神和智力运动），人们相信未来，人们相信未来社会，人们相信新的艺术。所谓世纪末的说法赋予这个时代病态和堕落的外表，不过，病态和堕落这两种消极的定义只是一种偶然的表达方式，表达的是人们想变得不同，用和过去的人们不同的方式做事的意志。[1]

虽然穆齐尔在1923年试图做出修正，但是人们并没有留意这些修改（甚至直到他去世后，这些文本才被出版）。在笔记中，穆齐尔把世纪之交和“真相、世界的建造”联系在一起。堕落或病态是力量的一种形式，一种“特定的、通过不同的方式思考世界的形式”，一种“对常态的反对”。根据穆齐尔的观点，在世纪之交以后的时代，人们重建人类和世界的企图误入歧途。方兴

1 Robert Musil, “Der deutsche Mensch als Symptom” [1923], in Musil, *Gesammelte Werke*, 8:1353-1400 (see 1353). 翻译改写自Musil, *Precision and Soul*, 150-192。

末艾的救赎思想——这是以灵魂为导向的宗教观念，我们把这种思想和第一次世界大战之前五年的表现主义和精神革命联系在一起——正是“放弃”，穆齐尔告诉我们：“人们已经抛弃了综合的灵魂–理性（Soul-Rationality）。这引出一条指向战争的直线。”[1]不过，这个时代本来可能走向其他方向。

这场“唯美主义”运动是一个全新的未来社会的预告吗？1918—1919年革命，也许，或者还有20世纪30年代的革命，或者还有“二战”后的时期可能会是一个乌托邦式的世纪末时代吗？好像人们已经忘记，旧世纪的结束也是新世纪的开始。不过——而且这是一个关键的、充满争议要点——这些演员他们自己记得这些事情吗？[2]

为了开始回答这个问题，我们可能需要回到奥托·魏宁格笔下的西方文明陷入衰退这种叙事的最低点。这个最低点即那个臭名 195
昭著的章节《犹太教》的结尾（许多人引用过这段结尾处——或者接近结尾处——的文字）。魏宁格确实宣称：“在所有时代中，我们的时代不但是最犹太化的，而且是最女性化的。”在一段长达17行却只有一句话的文字中，他罗列了一切令现代性彻底变得女性化

1 Musil, Der literarische Nachlass, Seite VII/10/14, Kennung An 11.

2 1890年，赫尔曼·巴尔（Hermann Bahr）已经指出：“可能我们处在结局，这是精疲力竭的人类走向死亡的时刻，我们正在经历人类最后的痉挛。可能我们处在开端，这是新生的人类即将诞生的时刻，我们正在体验春天的雪崩。我们可能正在飞升到天堂，我们可能正在堕落到黑夜或毁灭——但是现在已经没有驻足的空间。”Hermann Bahr, “Die Moderne,” Moderne Dichtung (January 1, 1890), translated in Pynsent, *Decadence and Innovation*, 156.

并且失去所有文化价值（包括艺术、文化、政治、伦理、经济、商业、历史思想、哲学和学术）的方式。不过，魏宁格接着指出：

> 为了回应新的犹太教，人们需要新的基督教；人类驻足停留，等待宗教的新奠基者，而且这场斗争需要一个公元元年式（Year One）的决策。在犹太教和基督教之间、商业和文化之间、女人和男人之间、类属和个性之间、无价值和有价值之间、尘世的生活和更高的生活之间、虚无和神性之间，人类必须做出选择。[1]

显然，根据魏宁格的想象，新的基督教的基础是反犹思想和厌女倾向，在他看来，“女人”和“犹太人”至少既是唯物主义和虚无主义的标志，又是即将出现的新的世界意志的对手。不过，人们即将建立乌托邦，**推翻**这幢大厦；根据辩证关系，没有形状的东西即将变成具有形状的事物，它即将从两个世界**之间**出现。换句话说，只有以虚无和主体性的缺失为基础，新的男性化的主体才能崛起。[2]人类期待的救世主，正如“原始”基督教的出现一样，将从这个犹太（和女性）世界中诞生。确实，魏宁格本人就是救世主，《性与性格》就是圣典。

克劳斯·特维莱特（Klaus Theweileit）深入地展示魏玛共和国时期的右翼自由军团的情况，正如他的观点所表明的，“无家可

---

1 Weininger, *Geschlect und Charakter*, 441.

2 这种观点和斯拉沃热·齐泽克在关于魏宁格的论文中的见解有关，参见Slavoj Žižek, “Otto Weininger; or, ‘Woman Doesn’ t Exist,’” in Žižek, *Metastases of Enjoyment*。

归的群体”（swarms of the outcast）——突破束缚的暴徒洪流——均同人们对女人的恐惧与憎恶存在联系。[1]然而，尽管特维莱特在1977—1978年出版的《男性幻想》（*Male Fantasies*）一书十分流行，但出人意料的是，他在书中描绘的极端暴力的厌女想象的图画的历史背景并不符合《男性幻想》的观点。不过，如果那位纳粹先锋的幻想——女性化的群众一边流血一边制造流血事件；人们对女人的身体和女人的性态的恐惧；人们对被淹没、被吞噬以及被毁灭的前景的恐慌——的历史起点并不是第一次世界大战的暴力，那么事情会是怎样的呢？自由军团的中的一部分人是第一次世界大战的老兵，如果说那些男性幻想的历史起点不是第一次世界大战的暴力，那么事情会是怎样的呢？如果战争不是这些幻想的起 196
因，而是这些幻想的后果，那么事情会是怎样的呢？

他者状态

根据某些看法，自我的消亡——人们对自我毁灭的幻想——属于一种极端的有关暴力和性的想象。“性不是由自我或者主体组成的东西，而是由自我的取消或者主体的取消组成的东西，性的奥秘在于性所固有的暴力和残忍。”人们如此从精神分析的角度解释自我和性的关系的含义。[2]历史学家卡罗琳·迪恩（Carolyn Dean）研

1 Theweleit, Männerphantasien, esp. vol.1.

2 Stewart-Steinberg, *Subline Surrender*, 7. 斯图尔特–施泰恩伯格(Stewart-Steinberg)改写利奥·贝尔萨尼（Leo Bersani）的观点，参见Bersani, *Freudian Body*。读者可以在下列学者的著作中找到相似的观点：雅克·拉康、斯拉沃热·齐泽克和卡娅·西尔弗曼（Kaja Silvermann）。

究间战时期的法国，她为我们提供了对间战时期欧洲社会中的这种观点的最丰富的分析。[1]许多学者（例如迪恩）在观察间战时期的性和暴力互相交织的现象时，承认这些现象的源头是世纪之交时期的某些幻想，但是大多数研究魏玛共和国的专家屈从于另一种诱惑，即把这些现象的原因归结为第一次世界大战产生的“被损毁的男性身体”。不过，有确凿的证据显示这种暴力、性和失去自我的现象可以追溯到更早的历史时期；而且，如果说这种话语在世纪之交时期的变体不如其在20世纪20年代的变体血腥的话，那么，世纪之交时期的变体更具乌托邦色彩。

我们如果想要搞清这种情况是如何出现的，就需要再次回到穆齐尔——他和魏宁格（又是他）共享一种依赖极性的宇宙观。我们已经看出了一些魏宁格似乎对穆齐尔的经典小说产生影响的方式，还有更多方式可以展现这种影响。不过，穆齐尔更明确地指出两种性别化场域的**协调**（mediation），而这种协调被隐藏在魏宁格文本的表面之下。相比穆齐尔的早期作品，特别是第一次世界大战以前的笔记和论文等著作，他在小说《没有个性的人》中详尽地思考了那些令人痛苦的、难以调和的事物：感性和理性、热

---

1 Dean, *Self and Its Pleasures*；亦可参见*Frail Social Body* and *Sexuality and Modern Western Culture*。迪恩（Dean）的观点有微妙的区别，他承认性暴力幻想的各种形象都预示着战争，而且人们认为“日益增长的无处不在且必不可少的性和暴力之间的联系部分是战争的后果”（Dean, *Frail Social Body*, 109）。苏珊·斯图尔特–斯泰恩伯格也对世纪之交时期的德国和奥地利产生了研究兴趣，也强调这种观点，并探索了这些范式何以预示着战争（而这些范式又往往归因于战争）。参见Stewart-Steinberg, *Sublime Surrender*。

情和智力、艺术的感知和科学的感知（他以熟悉的方式将这些成对的领域与两种性别相提并论）。他多次指出，哲学的任务是克服这些分歧。人们可以把这个问题视为他早期小说——1910年的小 197
说《学生特尔莱斯的困惑》中古怪的具有同性恋意味潜台词，以及特别是他的论文——的核心主题，他称其为“联合”（Unions）。在穆齐尔的作品中，他认为那个著名问题——中欧社会对现代的碎片化进程的焦虑和对完整的欲求是人们对综合的渴望：女性和男性、美学和数学、可能和现实、神秘和理智的综合。他寻求一种“阳光下的神秘”。[1]他唯一一首诗歌的主题是伊西斯和欧西里斯的乱伦神话，可以说，这首诗歌是对《没有个性的人》的第二卷和预想的第三卷的象征性的基础结构的补充，在该结构中，乌尔里希和他的姐妹阿加莎的亲密关系不断发展。

论及这一系列辩证的二元概念时，穆齐尔补充指出了另外两种现象之间的紧张关系：一种是人们和日常的体验的关系；另一种是人们和不断提高的具有艺术、宗教和色情享乐特质的体验的关系，他将后者称为“他者状态”，把它描述为“思想于情感领域的更深的嵌入”。至少一位批评家指出：在小说中，穆齐尔把莫斯布鲁格尔那些类似梦境的精神错乱描写成这种狂喜状态的例子。[2]

莫斯布鲁格尔的故事似乎指明了暴力在穆齐尔的极化的宇宙观中的地位，不过，这是欺骗性的假象。事实上，在穆齐尔那些连篇累牍的笔记和其他没有发表的文本中，最常见的他使用“暴

1 参阅Appignanesi, *Femininity and the Creative Imaginations*。

2 Karthaus, *Der andere Zustand*, 62-73.

力”这个词汇的情况不是罪犯的梦境世界，也不是世纪之交的文化想象，而是它们的对立极点：“现实”。在撰写小说《没有个性的人》时，他在笔记中指出，“现实”这个术语的定义是小说主人公乌尔里希的身上所谓的“空谈”（essayism）的对立面。“这个世界不是将自身领向未来，而是领向现在。”它不是乌托邦，而且“不能摇摆，必须坚定”；它“恐惧脱离联系”。同许多散落在他的笔记各处的平行的说法一样，这种描写认定那种创造性的、摇摆的、可塑造的世界不仅是梦境世界——他称其为“暴力世界”（Gewaltwelt），也是梦境世界的对立面——“思想世界”（Denkwelt）。[1]

乌托邦式的罪犯和自我的回归

我们可以通过几种方式将这一时期的强迫性杀人犯的文化幻想视作跨越这两者的一座桥梁：“具有数学头脑的人”的科学体制
198 和放纵本能的艺术和感官世界。正如上文所述，这种形象在犯罪人类学中处于特殊地位。因为犯罪活动本身本质上是一个优生学的问题。除开罪犯的个性或罪犯的类型这样的问题，大量犯罪活动还涉及犯罪动机、犯罪原因和犯罪意义，例如寻求利益的抢劫或盗窃、有组织的或非正式的犯罪网络和熟人团伙的暴力火并等。但不同于此，人们在强迫性杀人犯的身上找不到犯罪活动本身以

1 Musil, Der literarische Nachlass, Seite I/1/10, Kennung IE 7; I/I/13, IE 8; I/1/49. *IE 22; II/1/53, *II Bd. III Kapitelgruppe; II/4/26, AE 6; VII/3/34, 73/74, and 74; VII/3/69.

外的其他目的；强迫性杀人犯孤身一人，是一个犯罪艺术家，一个使用巧妙手法实施残忍行为的人。随着罪犯的这些个人特征在中欧社会想象中逐渐成型，强迫性杀人犯也成了一种传说。它不仅是都市的恐怖故事（这些故事是新闻媒体对这些杀戮的感官猛料式的系列报道的素材），亦是令人着迷的主题，这个主题创造了犯罪小说及其他体裁的作品的市场。他是一种英雄，无论其受害者的形象是堕落的妓女，还是无辜的儿童；他是一个疯狂而雄武的天才，具有不同寻常的力量，他的智力超过刑事侦查部门。虽然刑警的法医技术武器库不断改进，但是警方似乎总是落后一步。这种现象就是强迫性杀人犯的悖论。因为如果他是一个从基因库的垃圾堆中爬出来的退化者，那么他怎么可能如此成功地逃脱警察和公众集体参与的追捕行动呢？

朗布罗索就强迫性杀人犯的问题提出两个观点。第一，他的本质就是罪犯；他具有犯罪的先天禀赋，这种犯罪的天赋表现为一些身体上的记号（最广为人知的罪犯的特征是头颅的形状，其他特征包括：面部特征的比例、肢体特征的比例和例如文身等后天形成的特点）。第二，所有这些特征告诉专家学者的东西，不仅是“这是一个罪犯的身体”，它们还表明罪犯身上出现了一种**返祖现象**，罪犯是一种退行的、出自前文明时代甚至动物时代的基因垃圾。[1]显然，朗布罗索认为，那些犯罪猖獗的街区的居民的许多特征——面部的特征、身体的姿势和文身的身体——更接近野蛮人，这种情况的原因是返祖现象。同样，各种罪犯的才智不如守

1　Lombroso, *L'uomo delinquent.*

法公民。埃里希·乌尔芬（Erich Wulffen）是萨克森的一位影响深远的法学家和犯罪心理学家，他这样表达这种观点：

> 这个罪犯展现出一种不同的精神上的低等状态［……］在感性生活中，他沉迷于感官上的、自我中心的基本本能，沉迷于情感、癖好和情绪［……］因此，在理性生活中，他缺乏伦理感受。[1]

犯罪心理学家感兴趣的是按照他所理解的大脑的一般原理来
199 描绘犯罪心理，这些一般原理即感官和理性功能、本能和理解的划分，它们分别对应于犯罪灵魂和犯罪智力。无论我们把这些划分理解为弗洛伊德提出的本我和超我的对立，还是理解为启蒙运动的本能和理性的对立，它们都并非人们不熟悉的概念。而且真正的犯罪分子的诡计多端的秘密就藏在这些划分当中。正如歌德只能在午夜时分创作诗歌，仿佛是自然本身在推动这位已经进入类似睡眠状态的作家的双手继续写作，真正的罪犯沉醉于自己的犯罪；他是一个“本能的”罪犯，他陷入一种“朦胧状态”，这种状态是犯罪活动成为可能的地方。他的行动并非其智力的产物，而是这种精神状态的产物。如果这种朦胧状态为意外的干预所打断，那么他将变得“不安、尴尬、粗心、愚蠢和笨拙”。[2]确实，只有在罪犯的理性存在缺陷的情况下，他才可能成为“本能的杀人犯”。正是通过沉浸在野蛮的、如梦似幻的状态中，脱离现代社会

---

1 Wulffen, *Gauner-und Verbrechertypen*, 8.

2 Ibid., 15.

的过度文明的秩序，这种本能的杀人犯才能进入意识的更高境界。就像艺术家一样，正是自然本身在引导罪犯那双破坏性的双手。[1]

埃里希·乌尔芬撰写了连篇累牍的有关性犯罪者的学术研究。这位学者在第一次世界大战的灾难后继续写作，在《艺术和犯罪的性镜像》(*Sexualspiegel von Kunst und Verbrechen*)的研究中，他把研究重点转向了艺术。他指出："在我们当前的时代，性和犯罪的扩张程度空前，性和犯罪在家庭、社会和国家的门槛前发出威胁的敲门声。"这些无法动摇的反文明的本能正动摇着我们文明的基础。不过，难道人类过去不是顶着这些远古的力量建立文明的吗？乌尔芬在同一段文字中记录了这一历史进程：

> 在过去和现在，性和犯罪总是整个人类文明的最强大、最必要的动力；性是最高尚、最美好的精神的动力，而且如果不存在我们称之为犯罪的事物，那么美德、纯洁和进步都是不可能发生的事[……]这是以所有造物的原始两极为基础的法律事物，它的基础是人类的有机本质[……]我们认识并理解：善良和美德与性和犯罪之间的永恒斗争如何推动人类精神文化建立，这种周期性的变革如何创造出所有民族的神话，建立他们的宗教、他们的智慧和哲学，最终培养他们的所有艺术，并且让这些艺术走向繁荣。[2]

1 马克·塞尔泽(Mark Seltzer)的文化研究分析了在当时的美国的历史背景下，连环杀手的"狂暴作品"中的自然和文明之间的辩证关系：Mark Seltzer, Serial Killers (see esp. 79-81)。

2 Wulffen, *Sexualspiegel*, vii-viii.

图 26　奥托·魏宁格遗照

因此，对性的残酷打击和对“本能”犯罪的社会控制都是对 201
文明之起源本身的打击；它们是针对理性主体之暴力起源的暴力形式。这一循环揭露出两种逻辑：公众对新兴大城市的黑暗角落的无家可归者的迷恋，以及新兴社会科学研究转而将性犯罪者视为某种特殊的主体。这些幻想的主题是性和暴力的结合，它们不是，或者至少不仅仅是人们想象一个清除了边缘元素的社会空间的方式，而是人们进行自我探索的手段；此外，它们可能已经成为人们开始想象自我毁灭的快感的方式。当人们迫使这扇上锁的门重新打开时，没人能质疑魏宁格对女性的暴力抨击造成的后果只会是他自己的尸体。

5

第五章

血腥的谎言

有关现代祭祀杀人的指控和辩护的真相

1840年2月，一位撒丁岛的嘉布遣会僧侣和他的仆人在大马士革失踪（图27和图28）。此后几个月里，国内外流传着这样对谣言：两位不幸的失踪者已经沦为古代犹太人杀人献祭的受害者。这些谣言的具体形式正是我们此前讨论的感官猛料（sensation）。正如历史学家乔纳森·弗兰科尔（Jonathan Frankel）在他那本通俗易懂的关于"大马士革事件"（Damascus Affair）的著作中记载的那样，欧洲已经被各种 202

> 争论、异想天开的理论和稀奇古怪的计划所吞没。在英国、法国和德国，最受人们尊敬的报纸都在没完没了地报道此事。犹太人确实实施了仪式杀人，用活人献祭吗？他们大概确实做了。历经将近两千年的流亡，被一个又一个国家驱逐，被驱散到全球各地的犹太民族到底是什么样的民族？犹太人是否有着某种特殊宿命？犹太人是神选的民族还是不祥的民族？他们是神圣的道路的一部分还是魔鬼的秘密的一部分？[1]

大马士革一案既是后来的指控的预兆，也是那些指控的土壤。仪式杀人的指控在欧洲本土，特别是在中欧国家，即将死灰复燃，在人们指控大马士革的犹太社区是托马斯神父（Father Thomas）和他的仆人易卜拉欣·阿马拉（Ibrahim Amara）的谋杀事件的凶手的40多年以后，仪式杀人的指控开始出现。[2]一种当前的历史叙

1 Frankel, *Damascus Affair*, 1.

2 例如参见Florence, *Blood Libel*。

203

图 27　大理石纪念牌匾，嘉布遣会，多马之门

述的陈词滥调认为，在犹太人正式得到解放的时代前后，犹太人与现代性有着密切关联；根据这种观点，当代中欧国家的反犹主义也同现代性本身的矛盾之处有着明确的关联。如果这种看法是对的，那么我们应该如何看待血祭诽谤（blood libel）的指控在现代社会的死灰复燃呢？人们为什么不仅把犹太人和犹太性的本质

204

图 28　托马斯神父和易卜拉欣·阿马拉

描绘成前现代的事物，而且将其描绘成原始的事物？不是现代的事物，而是古代的事物？甚至是野蛮的、不文明开化的事物？在大马士革的案例中，一种双重替代促成了这种话语：表面上，这不是一个现代犹太人的故事，而是一个有关古代犹太人的神秘传统的故事，在东方的语境下，这些传统不是流传至今，就是卷土重来。不过，后来，在德意志帝国和奥匈帝国出现了数量可观的有关杀人献祭的指控和耸人听闻的案件，到那个时候，人们开始违背这种拉开距离的机制。发生在匈牙利东部蒂萨埃斯拉尔的事件（1882年）是一个特别重要的案例，不过如果仔细观察就会发现，这起案件和其他几起备受关注的案件都是某股“洪流”的一部分。[1]一个早期案例是1873年发生在威斯特伐利亚的恩宁格的事件，该事
205 件表明，早在蒂萨埃斯拉尔事件的大约十年前，中欧国家的血祭诽谤指控便已出现死灰复燃之态，不过这一事件的内容和发展与本章讨论的各个事件没有太多交集。档案史料本身，甚至那些理应属于感官猛料的新闻报道都各有特点，并且，在某种意义上，这一事件更加近似我们上一章节讨论的现象，即关于未遂的欲望谋杀（Lustmörder）的讨论。[2]事实上，自19世纪80年代以来，发生的此类事件多达数十起，在19世纪最后十年，自那起偶发的、非典

1　其他案件包括1881年加利西亚的卢察事件、1899年波西米亚的波尔纳事件，还有更多发生在德意志帝国其他城镇的案件，例如1889年布雷斯劳事件、1892年桑腾事件、1893年下莱茵兰肯彭事件、1894年西普鲁士的贝伦特事件、上法兰克尼亚的伯格昆斯塔特事件、乌尔姆事件、1896年柏林事件、1898年东普鲁士、下莱茵兰、西里西亚的五起案件、1900年西波美拉尼亚的奥德贝格事件。除了德意志帝国和奥匈帝国，1891年希腊的科孚岛事件也是一起公众高度关注的案件，对有关血祭杀人的舆论产生了巨大影响。

2　参见Sandra Lichter, ed., *Die Emordung der Elisabeth Schütter zu Enniger betreffend* (Osnabrück: printed by author, 2010)。此书内容包括大量明斯特城市档案馆的卷宗和其他许多相关的罕见出版物和档案材料。

型的但却广为人知的克桑腾事件之后，此类事件数量的增长变得更为迅速。

虽然当时的历史著作没有忽视这些事件，但是在很大程度上，历史学家们关注这些事件，只是把它们视为政治上的反犹思想和伴生的社会上的反犹偏见日益壮大的表现。[1]学者们在集中关注中欧国家时，由于这些国家的犹太人刚获得正式解放，无论是过去还是现在，他们都很容易把血祭诽谤的死灰复燃视为基督教社会对以犹太人的融入为表现的社会现代化进程的抵抗。根据这一观点，人们将作为少数民族社群的犹太人幻想为一个无可争议的危险的外族，一个不为人知的野蛮集团；这一幻想强化欧洲人自身

1　一些著作试图揭露杀人献祭指控的人类学意义，最近两项微观历史研究的主题是西普鲁士的城镇柯尼茨(今波兰霍伊尼采)的一系列事件（此前学者对于这一事件没有深入的研究），作者追溯了这些事件中的当地因素和宏观因素的互动，参见Smith, *Butcher's Tale*; Christoph Nonn, *Enie Stadt such einen Mörder: Gerücht, Gewalt und Antisemitismus im Kaiserreich* (Göttingen: Vandenhoeck und Ruprecht, 2002)。希勒·J. 基瓦（Hillel J. Kieval）即将出版一部有关近代中欧国家历史的著作；与这本著作相关的有价值的论文已经出版，参见"Representation and Knowledge," "Importance of Place," "Neighbors, Strangers, Readers," "Ritual Murder (Modern)," "Blood Libels and Host Desecration Accusations," *YIVO Encyclopedia of East European Jewish Life*; 此外，特别重要还有最近出版这篇论文"The Rules of the Game: Forensic Medicine and the Language of Science in the Structuring of Modern Ritual Murder Trials," special issue, *Jewish History* 26, No. 3/4 (2012): 287-307，相关的详细讨论参见下文。亦可参见Robert Weinberg, "The Blood Libel in Eastern Europe", special issue, *Jewish History* 26, No. 3/4 (2012): 275-285)。笔者在本章后文还将引用其他史料。除了文中引用的戴维·比亚尔和肯尼斯·斯托（Kennith Stow）的著作，笔者在这一章中思考作为一种历史范畴的血案时受益于阿尼贾尔（Anidjar）和拜纳姆（Bynum）的研究（尽管后者的著作总体上避免涉及当时的血祭谋杀指控），参见Anidjar, "Lines of Blood"; Bynum, *Wonderful Blood*）。

和长期存在于欧洲内部的他者之间的壁垒森严的边界，但基督教对犹太人的接受和犹太教的同化进程似乎正在形成合谋，意图消解这一边界。当时和后来的历史学家同样都注意到，在中欧发展起来的政治反犹太主义的特殊手段，是民间谣传扩大成全国性感
206 官猛料的一个重要因素；犹太少数民族在这些地区持续存在这一事实（不同于其他那些在某些时段内遭到驱逐和排斥的文化）确保了民间记忆中的中世纪的迷信思想得以幸存。与这里讨论的现象最接近的理性化的观点是希勒·基瓦（Hillel Kieval）的文章，文章主题是法医学在近代仪式杀人的审判中的运用，文章的观点是启蒙运动的现代性的严格要求构成了“游戏规则”(rules of the game)，这些要求自始至终构建着审判，并压制着任何类似原始民间迷信的东西。有关犹太人拐卖人口、杀人献祭的幻想显然以非理性的方式在爆发性增长，当然，所有对这一现象的基于常识的理性化解释都有其合理性。不过，如果我们关注这些更广泛的现象——广义上的欧洲的感官猛料文化，以及那些特定的有关色情和暴力的故事；证据的效力、各种类型的专家与大众的知识之间的竞争；最后还有不断转变的人们对欧洲的“启蒙”、“文明”或“现代性”的自我理解——的另一个侧面，就能找到思考这些事件及其意义的另一个角度。正是在这些解释性的语境的推动下，人们把复杂的仪式杀人情结——包括关于个别犹太人和犹太人社区的暴力幻想，以及犹太人的辩护——理解为一个单独的文化现象。

风暴前夕

浪漫主义者、天主教教会学者约翰·约瑟夫·冯·格里斯在其篇幅接近1000页、主题是基督教神秘主义的著作中也没有忽略血祭杀人的问题，尽管根据他的记载，自17世纪中叶以来，血祭杀人的现象便已消失（当然，大马士革事件可以被视为他的讨论的一种近期的背景）。[1]他完全把血祭杀人的指控归咎于近代早期：他记录了数量惊人的谋杀儿童的事件，这些案件发生在从1394年法王查理六世驱逐犹太人到1492年西班牙驱逐犹太人的灾难性事件之间。根据作者的说法，事件起因是犹太人绑架并钉死一个孩子。他详细地描写了1472年特伦特的西蒙（Simon of Trent）的受难，当时那起西蒙之死事件是献祭杀人指控的一桩标志性案例，现在提出献祭杀人的指控的信徒仍然经常引用该案例。虽然从古至今的政府和教会的法律文件都认为血祭指控不符合事实，不过格里斯写下的这个故事并没有讨论献祭杀人的“真相”问题，即献祭 207
杀人到底是犹太人的宗教仪式还是反犹主义者编造的谣言。当然，他试图给出的真相并不涉及以下问题：残酷无情、嗜血成性、睚眦必报的到底是犹太人群体，还是基督教群体？在他的描述中，同样值得注意的是他的评价：犹太人谋杀基督教儿童既是基督教信徒迫害犹太人的原因，也是犹太人对基督教徒迫害犹太人的报复性反应。而且，虽然格里斯的著作的重点是基督教神秘主义和犹太教对基督教神秘主义的影响，但是他在记载谋杀儿童的事件时

1 Görres, Die christliche Mystik, vol. 4, pt. 2, pp.50-73.

从来没有使用“仪式”这一用语。不过，他明确地把这些谋杀事件和逾越节庆典联系在一起，这暗示了一种仪式性的意味：杀人犯让受害者苟延残喘，直到“特殊的日子”，再用“最可怕的”办法，把他们杀掉。[1]

格里斯以接近功能主义的态度去看待犹太人群体和基督徒群体的你来我往，不过，这种看法并不表示他是用理性化和世俗化的观点去认识基督教儿童的戏剧性死亡的。基督徒排斥犹太人，这引发了犹太人报复杀人，后者进而导致基督徒屠杀、破坏古老的犹太人社区。基督徒和犹太人被共同的枷锁束缚，仿佛某种比他们各自族群的特殊性更宏大的东西被释放了出来。这种进程也许无关宗教，但是也和世俗相去甚远。它揭露了人性核心处的残酷真相：

> 所有这些相互施加的愤怒——基督徒对于犹太人的恶狼般的愤怒和犹太人对于基督徒的鬣狗般的报复——只是暴露了深藏于人类心胸的狂暴野兽的爪牙。地狱的吐息送出纯粹的恐怖，恶魔的脚步迈向人类的世界。[2]

---

1 Ibid., 64

2 “In allen diesen gegenseitig sich herausfordenden Wüthereinen, den wolfsmäßigen der Christen gegen die Juden, und den hyänenartigen Rückwirkungen dieser gegen jene geübt, war die Tatze des reitzenden Thieres, das in der Brust des Menschen schläft, nur sichtbar geworden, die Hölle hatte durch seinen Athem nur Greuel ausgedampft, und das Dämonische war sichtbar in die Welt getreten.” Görres, Die christliche Mystik, vol. 4, pt. 2, p.68.

格里斯的著作发表在19世纪80年代血祭指控的卷土重来以前。在他的著作中，报复行为和邪恶行径即使不能完全等同，它们之间也仅存在一条模糊的边界。谋杀儿童是一种狂热而邪恶的体验（格里斯在其著作的其他篇章中，曾经称其为“嗜血”[Blutrausch]，意思是人们对鲜血的痴迷，我们应该记得，在卡尔-海因里希·乌尔利克斯为同性恋、虐待狂和杀人犯扎斯特洛夫的辩护中，嗜血是激发其恶行的动机），这一体验的另一个更加引人注意的点是，这既是基督徒体验的特点，也是犹太人体验的特点。令人惊讶的是，基督徒和犹太人之间的壁垒漏洞百出，正如 208
人类和人类内心的兽性之间的边界也不堪一击一样。

格里斯的记载只是前奏，从19世纪80年代到纳粹时期，关于犹太民族的血祭谋杀的流言蜚语与日俱增。在纳粹时期，有关犹太人的谋杀行径的历史知识是煽动群众、制造争论的议题；1934年5月17日，尤利乌斯·施特莱彻（Julius Streicher）《冲锋报》（*Der Stürmer*）发表相关文章，引起国际抗议。这是一件罕见而特殊的纳粹政权进行自我审查的案例——希特勒命令停止《冲锋报》的出版和发行（不过，在1939年，由于国际舆论不再那么重要，纳粹重新开始发表相关的文章）。戴维·比亚尔（David Biale）指出：血祭指控是纳粹世界观的核心神话，如果我们认为纳粹时期血祭杀人的故事见诸报端的现象代表着历史悠久的“以血还血的隐喻”的高潮，那么我们必然也会注意一个奇怪的现象，即在纳粹时期，血祭谋杀的指控实际消失了，且魏玛时期的指控数量也很少。[1]总而言之，有关血祭谋杀的流言蜚语是一桩世纪末事件，大马士革事件是该谣言的预兆，蒂萨埃斯拉尔事件其起点。这些谣言充其量只是发端于中世纪后期和近代早期的民间传说的讹传，它们充其量只是近代和当代的反犹主义宣传鼓动的高产温床（但这些宣传鼓动的具体内容、复杂程度以及具体种类皆有所差异）。人们应该把这些流言理解为一个整体，其中包括关于血祭谋杀的指控和辩护、围绕阴谋和暴力的道德恐慌以及反犹暴民的恶意煽动。在这一背景下，狂热的敌手们能够达成的共识比他们希望达成的更多。[2]

1　参见Biale, Blood and Belief, 123-126。

2　在这一方面，最切中要害的结局是围绕意大利–以色列中世纪史学者阿里尔·托夫（Ariel Toaff）的著作《复活节血祭：欧洲犹太人与仪式谋杀》（*Pasque di sangue: Ebrei d'Europa e omicidi rituali* [Bologna: il Mulino, 2007]）的丑闻。托夫（巴伊兰大学教授，意大利总拉比之子）认为，中世纪后期的血祭指控迫害可能是有事实依据的，“少数原教旨主义的阿兹肯纳齐犹太人”陷入了迷信的幻想和暴力的仇恨，同时，反犹的基督徒对献祭杀人实施血腥报复。毋庸置疑，历史学家愿意去讨论中世纪后期的血祭指控的“真相”，这是件可耻的事；这本著作在广泛发行之前就被撤下了。一则报道指出，作者宣布“撤回”他的观点，并且要在编辑和修改书稿后发表更准确的新版本。事实上，他的观点必然只是猜测，一方面，基础的证据只是刑讯逼供的供词手稿；另一方面，著作修订后人们的想法也不会发生改变。相关问题的完整总结参见Hannah Johnson, *Blood Libel: the Ritual Murder Accusation at the Limit of Jewish History* (Ann Arbor: University of Michigan Press, 2012), 129-64。我们的研究兴趣不是真实的文本，而是争论的细节，这场争论以挑衅的姿态同它的先辈们——世纪末时期的那些争论——产生关联。参见2007年2月12日奥夫里·伊兰尼（Olfri Ilani）在《国土报》（*Ha'aretz*）发表的文章和2007年2月7日丽莎·帕梅拉·比利奇（Lisa Palmiera Billig）在《耶路撒冷邮报》（*Jerusalem Post*）发表的文章，他们引用了塞尔吉奥·卢扎托（Sergio Luzzatto）在《晚邮报》（*Corriere della Sera*）的评语“那些血腥的逾越节”。争论中的大多数人并没有反思托夫著作的实际文本，只有2007年2月19日肯尼斯·斯托在历史新闻网（History News Network）的评论《血祭的指控：阿里尔·托夫那令人困惑的著作》（Blood Libel: Ariel Toaff 's Perplexing Book）是一个例外。

格里斯在其重要著作《基督教神秘主义》中对仪式杀人展开了简要讨论。这些论证不但预示着19世纪80年代之后出现的有关仪式杀人的指控和辩护之间的唇枪舌剑，而且成了这场40年后的辩论的一个组成部分。虽然格里斯愿意接受犹太人有罪的可能性，但是他并没有追问这些指控的真实性，而是深入研究了犹太人和基督徒共享的迷信世界、血腥幻想以及暴力想象。人们对近代的仪式杀人的指控的讨论更加泾渭分明：一方是作为被举报者的犹太人，另一方是作为控告者或举报者的基督徒。双方互相竞争，双方的知识体系——包括消息渠道和评价标准（哪些是未知的？哪些是已知的？如何确定已知与未知？等等）——不能兼容。换句话说，仪式杀人成为一个事关**真相**的问题（这里“仪式杀人”不是一项指控，也不是一种诽谤，而是一种帮助主体为他们的世界建立秩序的知识和反知识的体系）。 209

格里斯只是顺带提到了在他著作出版前夕发生的大马士革事件，以及卷土重来的仪式杀人指控。他没有发表长篇大论，而是表达了自己对近来身边那些哗众取宠的媒体猛料的套路的明确鄙视：“这对报纸杂志而言是一个有利时机，它们利用大众司空见惯的浅薄和无聊，制造喋喋不休的长篇大论，抛出猛料，然后把它当作已经结束和完成的事情，抛诸脑后，置之不理。”[1]甚至在近代血祭诽谤复兴之前，格里斯便已预见了其复兴的主要特点是现代大众媒体，以及现代大众媒体报道中的一种特殊题材：感官猛

1 Görres, *Die christliche Mystik*, vol. 4, pt. 2, p.67.

料（sensation）。大马士革事件——正如此后许多事件一样——表面上是件发生在人们知之甚少的遥远地区的事件，不过，事实上，这些事件无法脱离本地的媒体网络，包括当时的报纸报道、专栏、评论、廉价手册以及粗制滥造的所谓的学术著作。这种媒体网络是那种基于仪式杀人母题的知识的核心要素。媒体网络和知识，对这两者而言至关重要的都是专家的角色和专业的问题，具体而言，是专家的专业知识和媒体的报道、意见以及关注之间的关系。
210 由于最臭名昭著的近代仪式杀人指控成为法庭审理的案件——不仅有涉及犹太人犯罪的案件，而且有涉及反犹分子诽谤和侮辱的案件——专家的角色和专家的证词变得更加关键。接受了启蒙思想的犯罪学家们注意到，案件如何“启动了一台无情的机器”，唤醒了长期休眠的、捕风捉影的血祭诽谤这种不可信的说法。[1]这台“机器”是不同种类的知识和试图通过法医学家跟犯罪学家攫取权力的政治力量组成的复合体。

除了大马士革事件，一些欧洲文学作品也是若干年后血祭诽谤死灰复燃的前兆。这些作品是天主教意识形态的产物，也是“犹太人进行仪式杀人”这一说法的理论支撑。[2]其中的关键文本是1875年在明斯特出版的《塔木德犹太人》（*Der Talmudjude*），作者是一位偏颇的天主教学者奥古斯特·罗林（August Rohling，

---

1 Kornfeld, “Gerichts-Aertze,” 191.

2 乔纳森·弗兰科尔提出一种观点，认为这种极端教皇至上的思想是对当时自由主义国家的霸权的反动。参见Frankel, Damascus Affair, 419；另一种详细的论证指出，教皇至上主义的根源是仪式杀人指控的复兴和天主教现代主义的语境，参见Stow, *Jewish Dogs*, 39-48。

1839—1931）。这本72页的小册子的主要内容是各种史料的摘抄（很大程度上是错误的翻译和解释，甚至凭空的编造），目标是呈现犹太人对基督徒的厌恶的书面证据。[1]书中的一个简短章节提到了19世纪的仪式杀人行为，作者讨论的大马士革事件出自法国反犹人士阿基里斯·劳伦特（Achilles Laurent）的记载，这成了后来那些坚持犹太人的罪责是“客观”真相的人的标准依据。[2]证据问题和观点问题是此处的关键因素。首先，劳伦特的记载具有权威性，是因为他应该有权翻阅巴黎的法国外交部保存的官方文件。其次，劳伦特强调了犹太密谋者的口供，这些口供应该是单独审讯的产物。罗林指出的最重要的一点是欧洲犹太人对大马士革事件的反应，即一些犹太人的社区已经动员起来，开始采取行动。这些犹太社区“激烈”反对“当时可能存在一个举行活人献祭的邪教”的指控。[3]按照罗林的观点，如果这些指控并不属实，那么为什么犹太人认为有必要发起反制行动？为什么犹太人没有仅仅提出犹太人无辜的证据？为什么欧洲犹太人动员他们的影响和财富，211
援助其他地方的犹太社区？

罗林表示，根据他的知识，虽然在现代西方曾经出现过一些怀疑犹太人进行仪式杀人对孤立对论调，但是人们没有确凿证据

---

1 Rohling, *Der Talmudjude*.

2 Laurent, *Relation Historique*.卷二的主题是仪式谋杀案件，包括法庭判决中的档案材料。参见Frankel, *Damascus Affair*, 415-20；参阅Mary C. Wilson, “The Damascus Affairs and the Beginnings of France’s Empire in the Middle East”, in Gershoni, Erdem, and Woköck, *Histories*, 70-71。

3 Rohling, *Der Talmudjude*, 56.

可以证实此乃事实。[1]如此严重的指控需要“严谨的证据”，尽管正如另外一份法国反犹史料所表明的，有相当多的人似乎在某些大都市消失得无影无踪，而这些罪行至今仍是未解之谜。[2]在罗林写下这些暗示性而非控诉性的评论十年后，人们提出了更具有实质性的指控；罗林因《塔木德犹太人》被传唤至证人席上，提供那种他曾哀叹过其缺失的证据。

匈牙利狂想曲

虽然从启蒙运动时期到19世纪80年代之间实际的仪式杀人的指控零零星星，并且极少受到承认，但是在中欧国家，有关仪式杀人的民间传说从来没有平息过。此起彼伏的谣言通常是人们对复活节前后悬而未决的杀人案件和失踪事件的反应。[3]在大马士革事件的推动下，再加上在一场公开审判的授权下，此类地方性谣言变得轰动一时；随着中欧国家的犹太人在法律上得到解放，人们对犹太人秘密的仪式暴力的指控随即卷土重来；1860年代至1870年代早期的文学作品着重强调了这些案件的书面证据，这似乎赋

1 Ibid., 57.

2 Ibid. 这里的引文出自一份臭名昭著的反犹文本：Gougenot des Mousseaux, *Le Juif*, 186。

3 司法机构经常对这些谣言表示担忧，认为谣言是社会混乱的根源，而不是犹太社区的潜在暴力的迹象。例如参见Justiz, Acta gener: des Justiz-Ministeriums: betreffend: die in den Rheinprovinzen gebrochenen Anrufen, I. HA Rep. 84a Justizministerium Nr. 50231, GSPK, 这份文件的主题是1830年夏天当局对攻击诺恩霍芬和贝德布迪等城镇的犹太社区和犹太会堂的206名参与者的调查和审判。

予了这些带有民间传说色彩的谣言以实质性的分量。[1]尽管这些指控因该事件而重新抬头，但它们要在欧洲引起同样性质的全面轰动，还需要其他情况的影响，而这些情况发生在1882年春匈牙利东部的一个村庄。蒂萨埃斯拉尔可以被视作一个中转站——东方的大马士革的仪式杀人幻想与中欧的肥沃土地之间的中转站。在哈布斯堡王朝妥协，其半壁江山匈牙利取得半自治的地位后的第一个十年里，人们实际上将这座城镇当作一座典型的哈布斯堡王朝统治下的中欧城镇。蒂萨埃斯拉尔事件的核心是一位名叫埃斯特·索利莫西（Eszter Solymosi）的14岁村姑（参见图29）失踪。1882年4月1日的早上，人们最后一次目击到她，当时她在跑腿。[2]不幸的是她最后一次被发现的地点正是一条经过当地犹太会堂的道路；而且当时镇上还有一些陌生人，他们是正统派犹太人，他们赶来提供服务，以填补最近当地犹太屠夫的空缺，另外还有其他一些贫困的犹太人流浪者赶来获取当地节日慈善活动的施舍。 212

跑腿的埃斯特没有回家，她的母亲心急如焚，她的忧虑很快发展成了猜疑。当母亲进城请求当局寻找失踪的女儿时，猜疑已经转为定论。当天晚些时候，母亲回到村里，要求人们搜查犹太会堂。地方政府起初试图劝她放弃犹太人是失踪事件的罪魁祸首

1　1860年代，相关指控在科隆、蒂罗尔，特别还有匈牙利兴起。参见Kayserling, *Die Blutbeschuldigung*, 2，关于1860年代和1870年代早期的文学作品，参见Frankel, *Damascus Affair*, 419。

2　有关该案的细节在当时的新闻报道以及（反对犹太人的和同情犹太人的）宣传文章中一再出现；后世关于这一事件的著作也报道了相关的内容，参见Handler, *Blood Libel at Tiszaeszlar*; Stern, *Glorious Victory*。

213

Esther Solymosi.

图 29　在广为流传的故事中被描述为村姑的埃斯特·索利莫西

214

图 30　被描述为一个农村男孩的指控者莫里茨·沙尔夫

的想法，但其他邻居很快听信了同样的故事，于是小道消息开始流传。在怀疑的气氛中，犹太会堂的一位雇员的儿子的说法引爆了蒂萨埃斯拉尔村的谣言。这个不满五岁的男童和他那处于青少年时期的脾气不好的哥哥莫里茨（图30）成了这场审判的关键证人，而这场审判即将在中欧德语地区和其他地区掀起一场的新闻报道、小册子和书籍的风暴。

还有其他一些因素（包括其他一些人物）的卷入也促成了谣言转化为感官猛料。重要的因素之一是中欧地区的反犹政治的背景。首先，法庭任命了一位预审法官，对于这场严肃的审判而言，这是一位缺乏经验的年轻法官，但是这位法官出自一个拥有无懈可击的反犹政治资历的家庭。最重要的是，格扎·奥诺蒂（Geza Onody）领导的匈牙利议会反犹势力把蒂萨埃斯拉尔事件提上了议会的议程，然后，这桩事件成了中反犹势力的标志性事件。在审判的过程中，法庭指定布拉格查理大学的罗林教授本人担任专家证
215 人，反犹派的媒体争相报道这个故事。自由派以及其他常规的媒体也争相报道这个故事；该事件成为欧洲轰动一时的丑闻，因此有时被称为匈牙利的德雷福斯事件。正如德雷福斯事件一样，蒂萨埃斯拉尔事件似乎引起了人们对自由派那种具有包容性的国家归属观念的潜在反感。这一事件成为围绕现代性、文明和启蒙的不同意见的标志。它造成了一分为二的刺耳论调：蒂萨埃斯拉尔事件也有自己的德雷福斯派和反德雷福斯派。不过，在蒂萨埃斯拉尔事件发生十年以后，当德雷福斯在法国被审判并被定罪时，人们对一位犹太军官对国家的忠诚的质疑并没有扩大成人们对近代

犹太人暗中维持古老而暴力的牺牲人类、举行献祭的行为的幻想。蒂萨埃斯拉尔事件的指控本身便是难堪的源头；它似乎也是一种返祖之举，有时需要像对犹太祭祀习俗的神话那样坚决予以否认。例如，认为已接受同化的布达佩斯自由派犹太人西奥多·赫茨尔（Theodor Herzl）会援引德雷福斯事件作为他的认识——所谓的启蒙和同化的进程是不可能实现的——的转折点，但他对本国的这些杀人祭祀事件避而不谈，这是令人信服的。[1]

在这些事件中，在很大程度上，现代性是个值得讨论的议题，因为当地的行动者意识到，把人员、各种社群以及想法组织起来的各种框架是沿着一条轴线分布的，轴线一边是前现代性、野蛮和原始等元素，另一边我们可以称为现代性（当时的一个更正面的术语是启蒙）、文明和未来的事物。显然，最初的指控和谣言的基础是人们对于身边的其他社群的偏见。人们把他们视为值得怀疑的对象，是外来的、无法理解的、不能同化的、非现代的。不过，对于旁观者——不但包括外地的观察者，而且包括本地的观察者——来说，这些指控本身似乎也是一种前现代症状：血祭诽谤是一个愚蠢的乡村传说，它凸显出一群暴徒的愚昧无知，这种无知让内外的旁观者想起中世纪的历史。当索利莫西的母亲向地方政府陈述其怀疑时，上级的地区政府召见了她，因为他们意识到入侵犹太会堂可能会致使这两个群体陷入难堪境地；地区政府试图让她不要惊慌失措，让她相信犹太人绑架儿童的传说不符合事

---

1 Herzl, *Complete Diares.*

实，让她把怀疑抛在脑后。一些更加称职的预审法官人选出于各种理由暗中同情犹太人。约瑟夫·巴里（Joszef Bary）是一位年轻
216 官员，他的主要资格似乎是他的反犹派家庭背景，但他被任命为预审法官一事具有关键意义，因为他从一开始就坚信，不但沙尔夫和其他犹太人有罪，而且蒂萨埃斯拉尔事件的本质就是仪式杀人。不过，州检察官埃德·塞菲特（Ede Szeyffert）认为这种先入之见是最危险的。塞菲特发表法庭开庭陈述，指出犹太人的仪式杀人是中世纪的迷信思想，对所有暗示这些迷信符合事实的指控进行了讽刺，不露声色地嘲笑预审法官巴里的观点是荒谬的。检察官认为，危险在于随着匈牙利民族势力的迅速崛起和奥匈帝国自治体制的快速建立，许多有才能的人被清洗，匈牙利是一个保守的农业国，没有做好自主统治的准备。对于民族主义的反犹派而言，塞菲特非同寻常的举动——他戏剧性地保持了自身和他的检察官职责之间的距离——这证明了犹太人的阴谋论的强大，它强大到足以左右法庭的判决结果（即使最终可以获得来自犹太社区内部的证词）。塞菲特在审判和上诉中不断强调犹太人无罪的观点，这一行为只会强化这些反犹派的信念。

推动这些反犹主义的农村谣言演变成为感官猛料的条件不止一个。前文已经论及，其中一个条件是反对犹太人的政治力量已经出现，民族主义政党认同反犹势力，而他们是匈牙利议会和奥地利议会的一支关键的少数派政党。同样重要的一个条件是各派势力均成立了大量媒体机构，而在这个大众媒体的社会中，饥渴的读者和追求销量的出版商迫使媒体持续输出戏剧性的报道和观

点。地方层面、国家层面和国际层面的传播循环的图景在这些行为体——既包括那些在地方层面向读者提供证词的人，也包括那些在议会讲坛向听众发表演说的人——的思想中发挥了重要的作用。只要辩论中的任意一方能够利用这种媒体网络，人们就会意识到，这种媒体网络具有巨大的潜力，足以渗入双方的幻想。一位反犹派的奥地利议员在议会上宣布，（无论这有多么不可思议）世界以色列联盟的维也纳办公室已经下令建造一条电报专线，连接尼赖吉哈佐（Nyiregyhaza）的法庭和维也纳的犹太人社区的领袖。[1]至于仪式杀人的指控本身，仪式杀人所激发的图像的力量遮蔽了仪式杀人的指控的荒谬性，结果，真相似乎并不取决于真实和虚构之间的决定性的边界，而是取决于其他因素。

蒂萨埃斯拉尔事件的其他许多细节把它同现代性的范式联系
在了一起；其中主要细节是法医学和刑侦科学方面的证据。显然 217
这些也和真相的构成有关。一个简要的例子：调查进行几个月后，人们在蒂萨河里发现一具女性尸体。这是一具膨胀的裸尸，覆有埃斯特·索利莫西的生前衣服的残片。尸体上没有血迹，也没有仪式切割的痕迹。埃斯特的母亲坚持认为这具不可辨认的尸体不是她的女儿，巴里主张这是一名年长女性的尸体，头发经过修剪，有性经验的痕迹，因此她不是埃斯特。这次调查正值第一章所讨论的“犯罪学”发展的关键时期，学者门将生理医学、化学以及其他学科的研究运用在破案中。此次调查同汉斯·格罗斯的实地

1 Bloch, *Talmud und Judentum*, 128. 1860年，犹太人的国际组织“世界以色列联盟”在巴黎成立，它无意中为组织起来的国际犹太人的大众幻想提供了醒目的现实载体。

工作以及最早的夏洛克·福尔摩斯侦探小说处于同一时代。[1]人们发起了一次史无前例的行动：尸体被挖掘出来，布达佩斯的专家对其进行了第二次验尸，他们修改了此前对尸体年龄的认定，并且用法医学的方法提取了头发、皮肤、指甲及其他痕迹的证据。所有这些证据表明，这具膨胀的尸体确实就是埃斯特·索利莫西。反犹媒体嘲笑人们认为“现代”技术的可信度比母亲对亲生孩子的指认的可信度更高。布达佩斯的这些外来专家的干预，以及鲁道夫·菲尔绍（Rudolph Virchow）（柏林大学病理学系最资深的学者，其反对者污蔑他是“犹太人最伟大的朋友”）为这些干预行为背书的举动自然激起了反犹分子的阴谋论的想法。[2]因此，对蒂萨河的尸体身份的辨认是蒂萨埃斯拉尔事件的转折点，也是人们对蒂萨埃斯拉尔事件的互相冲突的理解的反转点。[3]

一方面，当地的指控者似乎更加看重目击者的证词，这些目击者似乎拥有关于受害者和施暴者的一手知识；另一方面，对启蒙开明的中央政府来说，借助先进的法医工具和科学知识的中立的专家学者、对于客观证据的冷静调查可以压倒目击者的偏见和无知。在此意义上，蒂萨埃斯拉尔事件的调查符合不久后汉斯·格罗斯在其经典著作《犯罪心理学》中的做法，即把犯罪调查分为

1 人们特意把此案称为“左右法庭的法医解剖学新技术”的起点，夏洛克·福尔摩斯的科学的第一块重要基石，参见Wagner, *Science of Sherlock Holmes*, 12-15。

2 Otto Glagau, *Kulturkämpfer*, vol. 10 (Berlin, 1885), 10；1893年，菲尔绍确实会成为反对反犹主义协会的联合创始人，他的对手记录了此事，；参见Schramm, *Der Jüdische Ritualmorde*, 187n47。

3 例如参见约瑟夫·沙尔夫（Josef Scharf）和格诺森（Genossen）出版的庭审记录，类别是“法庭上的抗辩”（Tisza- Eszlár, 1882），藏于希伯来大学联盟。

“主观”部分和“客观”部分。[1]虽然一些主张可能支撑这种思维定式——比如强烈抗议不可靠的外来干预的当地行动者，以及对无知的农村迷信的家长式的蔑视——但事实上，争论的双方都是地方性、国家性和国际性的网络的一部分。同时，双方似乎都念念不忘物证和书证：除了尸体，还有各种文件——案件的官方卷宗和历史记录中的证明犹太人的仪式杀人的活动属实或不属实的官方档案。[2]无论是谋求揭露犹太人暴力的反犹主义斗士，还是受到启蒙思想影响的反对反犹的人士，双方似乎都热衷讨论这些证据，有时双方还使用同一份证据，有时双方甚至借用对方的证据。[3]从这个意义上说，这两条战线之间可能存在着知识循环，但必须指出的是，它们之间并没有任何对话。每篇文章均引用了既存的文本，然后根据所有这些证据得出一些荒谬的结论：要么认为犹太人仪式杀人确有其事，要么认为此乃子虚乌有。但是这些文献的读者 218

1 参见本书第一章。这里参考了格罗斯的《犯罪心理学》。

2 例如参见Anon., *Sechs Aktenstücke*，书中发表了法庭审判的逐字稿，包括以蒂萨河的尸体为重点的文件，其目的显然在于证明犹太人无罪；在桑腾事件中，重要的反犹派教士约瑟夫·德克特（Josef Deckert）引用了特伦特事件的相似的文件，反之将其用于证明犹太人有罪；参见Deckert, *Ein Ritualmord*。相关书证包括卷宗、判决和一大批的专家证词。我们提到过这样一份档案合集，出版者是一位法国反犹人士，他自称为阿基里斯·劳伦特（Achilles Laurent），他把注意力放在了大马士革事件的审判上（参见本章注释15）。这种策略甚至在没收本文探讨的案件、专家和文本影响的文本中也很明显。参见Lippert, *Anklagen der Juden*。

3 保罗·内森（Paul Nathan）的案例研究揭示了这种意图，参见Paul Nathan, *Der Prozess von Tisza-Eszlar*。这是一份受启蒙思想影响的文本，记录了蒂萨埃斯拉尔事件，出版于蒂萨埃斯拉尔事件十年后的桑腾事件成为新闻热点的时期。作者指出，反犹运动孜孜不倦地保存全部的法庭判决并且通过他们党派媒体广泛传播这些文件。

通常已经自带先入之见了。[1]

同时代人和后来的历史学家在审视蒂萨埃斯拉尔事件和此后20年间涌现的一系列中欧的仪式杀人的血腥谎言时，提出了几种不同种类的对这些事件的解释。在蒂萨埃斯拉尔事件发生的不久以前，德意志帝国和奥匈帝国的犹太人正式获得解放，而且人们预期犹太人更深地融入社会，因此，我们可以把人们对这些事件的解释之一称为另一种形式的“边缘化观点”：在共同体的边界处，
219 社会层级是锁定的，因为人们顽固地把他者视为外来、原始、危险和暴力的事物。这种看法几乎是基于常识的，确实具其合理性。不过，在攻击犹太人和为犹太人辩护的过程中，文明和野蛮、秘密阴谋和种族之间的暴力等说辞循环往复地出现，这一现象说明的更多的问题。

在匈牙利议会上，蒂萨埃斯拉尔事件登上了国家级别的舞台。1882年5月23日，议员格扎·奥诺蒂回复了当地牧师的一封用词刻薄的信件，把蒂萨埃斯拉尔事件提上了议事日程，他指出：“根据塔木德，犹太人渴求基督教徒的鲜血，用于节日庆典的宗教仪式。”这位议员对事实的断言的根据是罗林的最新著作《塔木德犹太人》，他归纳了当时已知的事件情况和目击者的证词，得出一个关于蒂萨埃斯拉尔事件的“显而易见的”结论。[2]不是议会议员的讨论本身，而是长期存在于议员引用的那些司空见惯的民间说法

1 例如，一份受到启蒙思想影响的文本就暴露了其目标在于吸引犹太读者，因为它试图提出证据证明反犹人士的说法是子虚乌有，同时，作者恳求读者不要过度热衷于他们的辩护。

2 Herczl, *Christianity and the Holocaust*, 11.

中的诽谤之辞，几乎立即引发了一场舆论风暴，报纸文章、出版的小册子和书籍。几个月后，布达佩斯犹太社区拉比麦尔·基斯林（Meyer Kayserling）指责国会的言论让所有那些听闻此事的人们陷入恐慌。不仅是国会议员，所有人（无论听众如何忏悔）都应该会对人们认为早已消失的所谓“红色幽灵”的重新出现感到羞耻。[1]基斯林指出，仪式杀人的谎言在欧洲失去立足之地多年，直到42年前发生“在亚洲这片欧洲文明尚未渗入的土地”的大马士革事件，这一谎言才死灰复燃。正如我们之前提到的那样，这种历史地理学的作用是一种东方主义式的置换，这是一个有趣的自相矛盾的举动，因为在近东地区，血祭诽谤完全是一个陌生的舶来品。为犹太人辩护的人们指出，奥诺蒂的目标是煽动群众，他显然如愿以偿了。事实上，正如我们所知，地方群众没有要求民族主义的反犹势力从外部进行鼓动，不过地方群众也为反犹势力出了一份力。不过，对于犹太拉比而言，重要的是他必须站在那些坚决支持匈牙利的现代性的人们一边：在他看来，“经过启蒙开化的匈牙利群众”不可能允许出现针对信仰犹太教的公民的猎巫行动；他声称，偏见和狂热并非匈牙利本民族的传统；但令人悲伤的是，“我们时代的启蒙运动”没有充分展开，无法使这种粗暴的攻击完全失效。他提到，由于青少年目击者重新发挥了核心作用，比起 220
19世纪60年代的相关指控，此案将现代匈牙利人更加深远地推回了中世纪。[2]

1 Kayserling, *Die Blutbeschuldigung*, 1.

2 Ibid, 16.

在这种对启蒙运动及其反动的特殊建构中，我们不需要费力就能看出一种矛盾：在坚持本土开放和政治煽动的背景下，人们始终怀疑，事实上，世界上还有比大马士革更遥远的角落，在那里，文明的旗帜尚未真正扎根。这里的犹太人不是启蒙运动或现代性的代表，他们更多是一种神秘的、外来的传统的象征（他们只是一种信仰其他宗教的国民）。原始性和野蛮性——仪式杀人指控的标志——人们也可以在其他地方发现这些因素。[1]在自由派——无论是否出自犹太区——对此类事件的反应中，这一主题反复出现。几个月后，在《维也纳汇报》（*Wiener Allgemeine Presse*）的一系列文章中，这些农村的反犹活动被称为“暴民的暴行”，作者希望此类行为能得到控制，但却勾起了人们对发生在俄罗斯帝国的类似运动的恐怖记忆，那场运动呈现出“一个残忍而蒙昧的民族的极端恐怖和无限暴行”的面目。自由派攻击仪式杀人指控的这一特点在后来的案件中也重复出现：仪式杀人传说的支持者不但未经文明开化，而且比他们攻击的对象更加缺乏人性；这篇文章接着指出：“好像一头狂暴的野兽，只要除去枷锁，就会一跃而起，扑向它盯上的受害者。”[2]他们不过是“大众最残忍的本能，大众的兽

1　在这个案例中，犹太人及其同情者始终强调匈牙利农村地区的处于前启蒙状态，在其他案例中，他们则强调普鲁士和加利西亚的农民是斯拉夫人。参见Friedlaender, *Kulturhistorische Kriminal-Prozesse*，这本书的主题是对蒂萨埃斯拉尔事件和加利西亚的斯库尔茨事件。另一本小册子的主题是更晚的桑腾事件等一系列事件，参见：Friedlaender, *Kulturhistorische Kriminal-Prozesse*。

2　“Für die Juden,” Wiener Allgemeine Zeitung, June 8, 1882, repr. inBloch, *Gegen die Anti-Semiten*, 9-10.原文如下：“diese haben gehandelt, gewütet und verwüstet wie das rasende Their, dessen Zwinger man öffnet, damit es sich blutgierig auf das erkornene Opfer stürze”。

性的最原始和最可怕的形式”，他们的动力是破坏的本能。

这是一种值得注意的说辞。其中一个原因是，这种说法在后面几十年间的自由派对有关仪式杀人的感官猛料的辩驳以及犹太人的自辩中极为常见。另一个原因是，这种说法的本身和仪式杀人的指控具有某种特殊的相似性：二者攻击的对象都是兽性的、原始的和失控的事物，都是暴徒和狂暴的野兽；总之，攻击的都是**野蛮人**（savage）。当人们阅读关于仪式杀人的指控和未知辩护的小册子跟文章时，这是最令人震惊的元素：如果不知道作者和 221
出版者，单单阅读这些作品的标题，人们通常难以分辨这些作品攻击的对象是犹太人还是反犹派；这些作品抨击的对象是仪式谋杀行为还是有关仪式谋杀的谣言。双方的说法都指责极端而危险的迷信；正如一位早期评论者——他对这一现象的认识比其他大多数人更加深刻——指出的，反驳对犹太教仪式谋杀的宗教基础的指控并没有什么用处，而是必须对迷信本身加以“条分缕析”，对其进行剖析和揭露；仪式杀人的传说是解剖和分析的对象。[1]

这是一种深刻的见解：两大阵营没有真正相互对话，即使他们有时似乎有代入对方角色、觊觎对方立场并重新制造对方。作为反驳，犹太人的权威机构反复提出的观点除了祛除秘密而残忍的犹太仪式的神话，别无用处。讽刺的是，犹太教的支持者似乎认为：犹太教的一神教性质恰恰代表了从献祭的暴力向一种道德

---

1 Rabbi Güdemann, “Kinderschlächter,” *Wiener Allgemeine Zeitung*, July 5, 1882, in: Bloch, Gegen die Anti-Semiten, 13.

体系的转型。众所周知，杀人受到犹太教的基本教条的谴责。反犹派则利用《塔木德》及其他文献反驳这种说法，他们指出，不得杀人的戒律和其他的犹太律法只适用于犹太人，事实上，犹太教把非犹太人视为非人类的禽兽。不难想见，对此，人们在为此辩护时频繁援引犹太教饮食律法（Kashruth），它规定犹太人严格禁止饮用鲜血，人们举行屠宰牲畜的仪式，在食用牲畜之前必须放干血。许多聪明的传单作者指出：只有专门禁止食用动物血液的教条，并没有专门禁止食用人类鲜血的教条。一种更有力的说法是，这些禁令只不过是把人们已经知道的真相化为了法条和证据：犹太人嗜血成性；在无法抑制的嗜血本能的驱使之下，他们被迫制定

222

图 31　大幅增加的“有关犹太血祭谋杀的道德训诫文！”的广告，载《德国社会年鉴》（*Deutsch-Soziale Blätter*）增刊，第 17 卷，第 713 期（1902 年 4 月 17 日）：第 192 页

法条，以克制嗜血的本能。

事实上人们可以借用狂想曲的隐喻来形容蒂萨埃斯拉尔事件引发的大量故事和争论的洪流，以及衍生的立论和驳论。[1]狂想曲是一种音乐体裁，它也暗示着难以抑制的激烈争论的激流通过某种形式实现了既和谐又冲突的状态：争论的正方和反方那里，主题被重复和颠倒，在双方的谩骂的形式和内容种反复回荡。从听觉隐喻到视觉隐喻，阅读这些论战文章就像在一间镜厅中找自己。

反犹主义专家

奥古斯特·罗林和他的对手约瑟夫·萨穆埃尔·布洛赫（Josef Samuel Bloch，1850—1923），这两位哈布斯堡王朝的专家之间的交流既是有关仪式谋杀的激烈争论的两种模式的基本结构的标志，亦是这种结构的一种典型：一位专家反对犹太人血腥暴力的仪式谋杀，另一位专家反对恶毒而危险的反犹主义谣言。原则上，正如我们前面已经指出的那样，争论的双方是完美的镜像，他们始终对对方的攻击免疫，因为他们的说法都是自成体系、自圆其说的对话。在罗林和布洛赫的对质中，双方的所谓的碰撞充分展现了这种现象。[2]

1 牛津英语词典对狂想曲的定义：“一种兴奋的或者过度热情的对情绪和感受的表达；一种表达（例如演说、书信和诗歌），特点是观点和情感溢于言表，但是没有完整的思想或者有力的主张。”

2 Harston, *Sensationalizing the Jewish Question*, 189-204.

223 布洛赫是维也纳郊外的一个犹太会堂的拉比。布洛赫攻击罗林的专业知识，罗林反过来控告布洛赫诽谤，这一事件即在维也纳广为人知的塔木德争论。布洛赫和罗林都用**“流氓的伎俩”**（roguish trickery）这一短语形容对方，他们认定对方对《塔木德》和其他犹太宗教文献的释读是错误的，从而误导了群众。争议中罗林一方（和泛德意志派的反犹人士、作为塔木德争议的正式起点的诽谤案件的被告弗朗茨·霍鲁贝克［Franz Holubek］等人）的主张是，犹太律法认为基督徒不如禽兽（不如猪、狗和驴），犹太人对基督徒的犯罪——从盗窃到杀人——全部免于刑罚。[1]这种主张似乎直接击中了犹太人的解放和同化思想的命门，因为犹太人的关于种族间关系的律法本身拒绝犹太人融入其他非犹太教的人类社会。罗林提出，只要有人能够证明他的著作《塔木德犹太人》有一处引用错误，就能得到1000古尔登赏金。[2]1882年10月底，两位非常著名的奥地利拉比，维也纳犹太会堂的阿道夫·耶利内克（Adolf Jellinek，1821—1893）和莫里茨·古德曼（Moritz Güdemann，1835—1898）发表了一份抗辩；布洛赫分别在1882年12月和1883年1月发表了一系列长文抨击罗林。[3]罗林在两本言辞激烈的小册子中给出了回应，主张拉比们的辩护带有偏见，不是学术的观点，而是流氓的伎俩。反之，布洛赫则指出罗林的错误

1 参见Bloch, *Acten und Gutachten*, 1-3。

2 Rohling, *Die Polemik*, 11-12, 22n.

3 “Professor Rohling und das Wiener Rabbinat oder Die arge Schelmerei, Des k.k. Prof. Rohling neuester Fälschungen,” open letter to Rohling in Wiener Allgemeine Zeitung, January 10, 1883, etc. 参见Bloch, *Acten und Gutachten*, 30-89。

解读和错误翻译之处，用同一个贬义词“流氓的伎俩”攻击了这位“好教授”。他甚至直接质疑这位学者是否有能力正确无误地翻译一页《圣经》的文本，为此，他也提出了一笔自己的悬赏。争议重重的著作《塔木德犹太人》只是约翰·安德列亚斯·艾森门格尔（Johann Andreas Eisenmenger）的臭名昭著的著作《揭露犹太教》（*Entdecktes Judenthum*，1700）的翻版，这一点早已为人所证实，成了老生常谈，尽管《塔木德犹太人》的力量并非源自其原创性。罗林控告布洛赫诽谤，但是最终撤回了起诉，因为布洛赫发表文章表示，他有必要在法庭上证明自己的翻译能力。

在这场争夺权威的战役中，人们还调用了一些其他类型的等级体系。虽然罗林的可信度存疑，但是他的地位是一所著名大学的一位“帝国和皇家”教授，因此人们认为他的学识足以和三位学富五车的犹太拉比相提并论。当人们讨论仪式杀人的问题时，罗林主张，仪式杀人的本质是秘密和阴谋，因此人们难以找到基督教徒眼中的书面证据。然而，历史证明，秘密文本命令犹太人夺取并利用无辜基督徒的鲜血，用于逾越节仪式。因此，历史就是这种确凿的证据。[1]此外，他再次重申，正如他曾经指出的那样，重要的是这些书面证据确实存在，只要给他足够的时间和资金查阅文献，他就能够找到这些文本。虽然他从来没有真正着手调查这些文本，但是他知道一份最近的书面证据的标题和具体内容，该文件的作者是一位科索沃的犹太拉比，名叫孟德尔。罗林宣称，

---

1 Rohling, *Die Polemik*, 32-33; Bloch, *Acten und Gutachten*, 157-60.

图 32　布洛赫的启蒙火炬赶走了“逃跑的罗林”（Rohling’s Flight），1885

这位拉比的著作《锁闭的花园》(*Gan Naul*)已在伦贝格(Lemberg，今乌克兰的利沃夫)和其他城市总共出版过20多个版本，这位拉比在书中对匈牙利、加利西亚和波兰等地的极少数虔诚的犹太人 225
按照特定方法收集鲜血以制作逾越节的无酵饼的行为表示遗憾。[1]诸如此类的民间传说在民间广泛流传，细节丰富，在一定程度上令读者信以为真，这些传说将秘密教义编纂为具有东方色彩——如果不是具有当代色彩的话——的教义，其方式唤起了当代东欧正统派对西欧犹太人同化现象的哀叹。布洛赫的辩护者则利用了罗林有关化外之地的地理情况的修辞，从而提醒法庭，伦贝格是哈布斯堡王朝的一处王室领地的首都，而孟德尔是一位奥地利臣民。[2]整体而言，这场争论的特点是东方和本地、原始和当代、陌生之物和熟悉之物等各种关联之间的激烈角力；这场较量在个人的意识中持续。被同化的犹太人从罗林的报道中了解的有关《塔木德》的知识超过他们的个人知识，塔木德争论为他们展现了一种有关他们自己的外来而原始的画像。著名的德裔犹太神经学家莫里茨·本尼迪克特(Moriz Benedikt)的女儿回忆起与她一起乘坐火车的一些有名的德籍和奥匈籍犹太人，他们在报纸上读到这些内容时大失所望，如果这些内容真是罗林的著作的内容，那么这些说法让他们感到难堪、厌恶。根据报道，本尼迪克特发表评论："一位布拉格大学的教授不应该出来向公众撒下这样一个谎言。"[3]

1 Rohling, *Die Polemik*, 22; Bloch, *Acten und Gutachten*, 158.

2 Bloch, *Acten und Gutachten*, 158.

3 Bloch, *My Reminiscences*, 64-65, 65n.

罗林的《塔木德》译文是否确实可信，这一点是罗林控告布洛赫诽谤一案的判决结果的决定因素，因此，法庭面对的是特别棘手的专业问题。人们预期，无论是法官还是陪审团的成员都无法阅读罗林译文的原文，也无法将罗林的引文置于犹太教神学的语境。正如人们所见，法庭系统试图将这个问题转让出去，他们组建了一个法庭专家组（Sachverständige），其成员来自各种各样的学科和领域，但是不出意料的是，没有一位专家的专业是《塔木德》文学和拉比文学（只有闪米特诸语言的知识是不足够的）。显然，奥地利唯一在这些领域具有足够专业知识的教授是东部省份的犹太高等学校（yeshivot）的《塔木德》和拉比文学专业的学生。[1]因此，法庭转而求助德国，求助德国东方学会（Deutsche Morgenländische Gesellschaft [DMG]），这是相关的学术领域的专家学者的上级学术机构。罗林必须认可这个学会的权威性，因
226 为他自己曾明确要求，德国东方学会必须确保，任何一位主张“罗林错误引用了《塔木德》”的犹太人都有在别处认可过罗林引文的权威性。[2]不过，德国东方学的帮助并没有完全解决问题：学会是一个学者的社团，不能提供集体意见。而且人们提出了另一个问题：人们如何看待德国东方学会的犹太学者、路德宗学者、天主教学者以及（在某些情况下）出身犹太家族的学者？[3]主导专业决

1 Bloch, *Acten und Gutachten*, 173-174.

2 Rohling, *Die Talmudjude*, 26; *Meine Antworten an die Rabbiner* (Prague: Zeman, 1883), 175.

3 Bloch, *Acten und Gutachten*, 176.

策的逻辑要求争论各方承认游戏规则，而决定了这些游戏规则的主要方式和程度的是反犹人士。如果说布洛赫是坚持最久的罗林的抨击者，那么对罗林的说法最猛烈的批评则出自弗朗茨·德里奇（Franz Delitzsch，1813—1890），他是莱比锡大学著名的路德宗神学家，深度参与了推动犹太人改信新教的传教，他的研究领域是《塔木德》文学和拉比文学。早在罗林出现以前，他就已经开始批驳有关仪式杀人的诽谤了。[1]在蒂萨埃斯拉尔事件以前，德里奇就已经开始对《塔木德犹太人》和罗林发起猛烈攻击了，有人认为，他在1881年发表的文章就已是权威的反驳了；还是在蒂萨埃斯拉尔事件以前，罗林发表文章回应德里奇的批驳，他使用了永久否定德里奇的学者资格的把戏。[2]罗林指出，人们必须尊重德里奇的知识储备的广度和深度，他推动犹太人改信基督教的志向不容置疑（因此人们得承认犹太教是低等的宗教信仰）。那么，哪些原因才能解释这些事实以及德里奇为犹太人辩护和反驳罗林指控的行动之间的不一致性呢？罗林在他的结论中提问：像德里奇这样有才智的人怎么可能写出像他的著作那样的自相矛盾、违背事实的书籍呢？是否只有这位学者的祖先是犹太人，才能解释这个不可思议的难题？[3]

虽然所谓德里奇的祖先是犹太人的说法值得怀疑，但是罗林

1 德里奇把新约翻译成希伯来语，这是他的最重要的成就之一，他一直努力试图拯救犹太人。有关德里奇的身世，参见本书第347页注释2。

2 Delitzsch, *Rohling's Talmudjude*; Rohling, *Franz Delitzsch*.

3 Rohling, *Franz Delitzsch*, 154.

的指控确实有效。罗林成功确立了专家的标准，只有没有犹太背景，甚至只有具备明确的反犹思想的记录，才能具备专业资格。这比罗林对德里奇的具体指控更加重要。十年以后发生在德意志帝国的西里西亚的一次事件是上述标准的最明确的标志。马克
227 斯·伯恩斯坦（Max Bernstein）是该事件的一位涉事者，他是布雷斯劳高级犹太学校的一位拉比文学专业的学生，但这一事件不是之前那种仪式杀人事件。早在1889年，布雷斯劳的一位基督徒男孩的父亲发现他的儿子斯维恩·哈克（Severin Hacke）的生殖器上有一条小伤口，一个故事由此传开：伯恩斯坦许诺送糖果给男孩，引诱他们走进他的房间，强迫男孩把衣服脱光；然后，这位拉比文学的学生再把他们的包皮切开，用吸墨纸包扎伤口。根据调查，伯恩斯坦曾经企图诱拐其他当地男孩。[1]1889年2月21日，法庭开庭，虽然诉状指出罪犯的动机是“为以色列人的宗教仪式献上鲜血”，但是法庭判决没有采信这种关于动机的说法。法官（根据反犹媒体报道，法官包括两名犹太人）明确断言：“犯罪动机没有特别之处”，[2]但是关于年轻罪犯的精神状况的证词存在大量模糊之处，别有用心的人利用这一点，主张有人试图掩盖这一有关伯恩斯坦事件的明确事实——这是犹太教拉比在利用基督徒的鲜血举行仪式。

1889年，鉴于伯恩斯坦事件，德皇威廉二世亲自下令司法部

1　调查确认哈克以外的第二个男孩米夏埃尔·麦尔（Michael Meyer）是犹太人。I. HA Rep. 84a Justizminiserium, Nr. 46464, pp.25-26, GSPK.

2　引文出自Mommert, Der Ritualmord, 74-75。

长舍尔林（Schelling）调查并报告所谓犹太人的仪式杀人的暴力活动的真相。调查的执行者是普鲁士文化部长（职责是负责教育和文化等事务，包括宗教）古斯塔夫·冯·戈斯勒（Gustav von Goßler），他的任务是调查此案的专家证词。1889年4月5日，他转达了赫尔曼·莱布雷希特·斯特拉克（Hermann Lebrecht Strack）、弗朗茨·德里奇和保罗·德·拉加德（Paul de Largarde）的专业意见。[1]根据巴内特·哈斯顿（Barnet Hartston）对此案的记录，戈斯勒的总结认定：德里奇是犹太人后代，拉加德是反犹主义者，只有斯特拉克是"中立派"，他的意见是最可靠的证词。[2]档案明确指出了这三位专家的逻辑："犹太"学者的证词需要接受反犹学者的反驳，"中立派"的证词是确认其中一方或另外一方的立场的根据。这种逻辑长期存在，早在蒂萨埃斯拉尔事件中便已出现。罗 228
林在这些争论中处于中心地位，不是因为他有渊博的有关《塔木德》的知识（正如布洛赫和德里奇的批判所揭示的那样）。在其他事件中，法庭也委任了罗林作为反犹派的学者出庭。

---

1 I. HA Rep. 84a Justizminiserium, Nr. 46464, pp.70-71, GSPK. 文档中没有实际的证词，但是有戈斯勒对相关内容的概括。

2 Harston, *Sensationalizing the Jewish Question*, 155n87. 克劳福德·豪威尔·托伊（Crawford Howell Toy）和理查德·戈特海尔（Richard Gottheil）指出，德里奇事实上不是犹太人后代，并且将这种假设的说法（或者，在罗林事件中，这是一种指控）归因于德里奇对犹太史料的了解和人们"对他和他的希伯来教父的关系的误解"（他把他的教父称为叔叔）；参见Adler and Singer, *Jewish Encyclopedia*, 505。人们对德里奇身世问题的"误解"似乎来自他本人——人们相信这个"传说"的来源是他反复提到他父亲的家庭是犹太人后代：参见Herzog, Hauck, and Caselmann, *Realencykopädie für protestantische Theologie und Kirche*, 4: 565-570, esp.565-566。在我们的论证中，德里奇是不是犹太人的后代并不重要，不过我还是在这里列出所有相关讨论。

那些愿意为犹太人辩护，反对针对仪式杀人的暴力行为的这种不开化的指控的人很容易就顺应了这种专家逻辑，他们总是强调他们是忏悔的基督徒，而非皈依基督教对犹太人。[1]人们为否定犹太人仪式杀人的指控的基督教史料赋予特殊意义，这些史料包括中世纪后期以来不断再版的各种教皇通谕和确证了基督教圣经学者的宣誓属实的证词文集。[2]正如我们在伯恩斯坦案件和蒂萨埃斯拉尔事件中所观察到的现象那样，如果一位学者不但是基督教徒，而且出身家庭中没有改信基督教的犹太人，甚至如果人们知道他是反犹主义者，那么他就具备更完备的专业资格。因此，不仅有德国政府，而且试图平息仪式杀人这一骇人传闻的犹太拉比们也征询保罗·德·拉加德的意见。[3]虽然自由派的理性主义者寄希望于可信的专家平息原始的谣言和神话，但是他们不得不承受这些学者只会召唤出反犹主义思想这头野兽的事实。

---

1 斯特拉克本人在“前言”中证明他的出身是“纯粹的基督教徒和德意志人的后代”，他的先辈们大多是官员和教师。他小心地为自己的说法“基督教徒和德意志人”打上引号，这间接地表明了他对反犹主义持怀疑态度，他提供的有关德意志人的身份证明则为这一态度正名了。

2 几乎所有那些数量庞大的为犹太人辩护的文本都强调要使用基督教的史料。事实上，基督教徒的宣誓证词俨然已经成为一种类型了。例如Lipschitz, *Christliche Zeugnisse*; *Die Blutbeschuldigung*; Baumgarten, *Die Blutbeschuldigung*; Berliner, *Guachten Ganganelli's Clemens XIV*; Stern, *Andreas Osianders Schrift*。

3 参见Lipschitz, *Christliche Zeugnisse*, 25, repr. in Die Blutbeschuldigung。斯特恩（Stern）和莫斯（Mosse）的论述确立了保罗·安东·德·拉加德（1827—1891）在近代德意志反犹主义意识形态的学术轨迹中的地位，参见Stern, *Politics of Cultural Despair*, 3-96; Mosse, *Crisis of German Ideology*。

摩洛克的巨口

在仪式杀人的丑闻出现的同时，人们开始讨论希伯来历史深处的献祭儿童的问题，尽管人们讨论在献祭儿童时通常没有提到仪式杀人。与有关仪式杀人的讨论一样，这场有关献祭儿童的准学术争论也在19世纪80年代的仪式杀人案件之前便已出现，只不过在那些案件出现后，人们开始为这场相关讨论赋予新的意义。讨论的中心是所谓的摩洛克理论，即近东民族——包括以色
列人——有杀人献祭的传统。事实上，《圣经》中禁止人们向邪 229
神献祭儿童的教条是这些文献的主要史料来源。摩洛克邪教崇拜（更可能的实际情况是一系列涉及各种名讳的偶像和神祇的异教仪式）涉及一尊黄金打造的偶像，其形状是牛犊或公牛的牛头（因为摩西用黄金牛犊打碎了刻有十诫的石板），人们在牛头祭坛的烈火中献上儿童祭品。有一种关于此仪式的说法是，一个牛头人身的邪神张开血盆大口，它是空心的，里面有一个熔炉，那里火焰熊熊燃烧；人们认为，儿童在邪神的双臂中被活活烤熟，或者从巨口被“投喂”进邪神的胸口（图33）。

古代近东的活人献祭的活动并非一个充满争议的问题。正如《圣经》的记载所证实的那样，一神教犹太教的一个基本特征是禁止活人献祭。而“摩洛克的宗教仪式”和古代、近代的犹太人的宗教仪式的关系则是另一回事。1842年以来，有两部学术著作在人们建立儿童献祭和希伯来人之间的联系上发挥了重要的作用：F. W. 吉拉尼（F.W. Gillany）的《古代希伯来人的活人献祭：一份历史调查》（*Die Menschenopfer der alten Hebräer:*

图 33　18 世纪插图中的摩洛克神的偶像。配文为“如何把儿童扔进燃烧的手臂”

Eine geschichtliche Untersuchung）和 G. F. 道姆（G.F. Daumer）的《火焰和古代希伯来人的摩洛克宗教仪式，犹太民族的原
230 始、合法和正统的异教信仰》（*Der Feuer- und Molochdienst der alten Hebräer als urväterlicher, legaler, orthodoxer Cultus der Nation*）。[1]道姆尤其致力于在古代以色列人和后来的犹太教跟基督教之间建立延续性。他主张逾越节的起源是儿童献祭的盛宴（事实上许多作者坚持认为，祭司会吃掉烤熟的儿童）。

毫无疑问，反犹主义者如饥似渴地引用这些学者关于古代希

1　Ghillany, *Die Menschenopfer*, Daumer, *Der Feuer-und Molochdienst*.

伯来人的活人献祭和食人活动的主张，以煽动仪式杀人事件引发的恐慌。卡尔·莫姆特（Carl Mommert）继那篇揭露文章《塔木德犹太人的仪式杀人》（*Der Ritualmord bei den Talmud-Juden*），接着出版了一部续作，主题是古代希伯来人的活人献祭，该书的目的是“彻底消灭所有这些把谋杀和屠戮上升到宗教信条级别的野蛮而原始的邪教”。[1]作为回应，研究古代宗教的学者提出证据，主张希伯来人的神性概念和相应的仪式体现了他们与周边其他民族和宗教的巨大裂痕——犹太教的本质不是血腥的仪式杀人的暴力活动，而是对这些残忍的活动的摒弃。[2]

事实上，道姆对异教食人仪式进行戏剧化的复原的意图不是为反犹主义寻找历史依据。这位作家在其职业生涯的大多数时间中都在著书立说，批评虔信主义和普遍意义上的基督教神学，后来他拥抱天主教。揭露早期基督教的暴力活动的目标是揭示现代基督教的暴力活动的现状。在《火焰和摩洛克宗教仪式》出版五年以后，他出版了新书《古代基督教之谜》（*Die Geheimnisse des christlichen Alterthums*），更加明确地提出了上述观点，指出早期的基督教徒恢复了古代人将无辜的儿童献给烈火的摩洛克祭祀仪式——因此，“黑暗教派”（dark sect）受到犹太人的排斥和罗马人

1　Carl Mommert, *Menschenopfer bei den alten Hebräern* (Leipzig: Haberland, 1905), cited In Mader, Die Menschenopfer, 13. 亦可参见同年同一家出版社出版的小册子: Mommert, *Rittualmord*。

2　参见Mader, *Die Menschenopfer*, 182-184; 参阅Strack, *Das Blut*。这两篇文献，还有斯特拉克的早期和晚期的版本的文献都明确回应了那些反犹文献在重述的宗教历史时提出的错误解释。

的迫害是有道理的。[1]这是因为基督教徒的目标不是“前进，去完成由异教徒开启的伟大的人性工程，而是倒退至”在犹太教早期历史中的“陈旧的、被抛弃和遗弃的垃圾与令人厌恶之物”。[2]

231 流亡伦敦的卡尔·马克思欣喜地称赞道姆的著作是早期基督教的秘密活动、杀人行为和食人活动等残忍行径的确切证据，这可能是“对基督教的最后一击”，在它的助推下，“旧社会将迎来末日，欺诈和偏见的大厦将轰然倒塌”。[3]道姆自然不是马克思主义者，他更多是一位偶像破坏者，而且在不久之后他就屈服于天主教信仰的诱惑了。但是像马克思一样，他也认为可以摒弃所谓的西方文明的精华（马克思）或所谓的灵性的精华（道姆语）。格里斯在1842年指出，上述两种反应都指向仪式谋杀这一幻想图像的重要元素，这些元素在19世纪晚期人们对仪式谋杀的激烈争论中为人所遗忘了。从代代相传的世界中构想出一个不可言说的暴力世界，这与基督教文明那种自鸣得意的自吹自擂相去甚远。它既能提供代入感、具有色情意味，亦是一种对乌托邦式的希望的恶毒的自我批判。

地方的、国家的、帝国的

在德意志帝国，感官猛料、专家证词、反犹派和启蒙派之间的辩论，以及反犹派和启蒙派内部的文本流传等进程似乎和哈布

---

1 Daumer, *Die Geheimnisse*.

2 Ibid., 10.

3 Marx and Engels, “Minutes”, 630

斯堡王朝的奥匈帝国的各种事件在很多方面具有相似性。不过这两个国家的语境在其他方面有所不同。北方新生的德意志帝国的反犹主义政治运动的发展程度较低，哈布斯堡王朝奥匈帝国的反犹主义政治运动的发展程度较高，尽管在德意志帝国，反犹主义已经形成颇为强势的文化力——我们已经看到了反犹主义政治运动的体制结构在蒂萨埃斯拉尔事件和其他事件的争议升级中发挥了何等具体作用。二元君主体制的帝国内部的民族国家的身份认同，这一语境对有关发生在匈牙利蒂萨埃斯拉尔和波西米亚波尔纳的事件的媒体感官猛料的形成发展过程具有显著意义。加利西亚的卢察事件和其他事件在很多方面也是如此。另一方面，德意志帝国境内的多民族混居地区，特别是那些斯拉夫人混居地区，如西里西亚、东普鲁士以及西普鲁士，上述动态关系的某些方面也同样显见。

希尔斯纳事件发生在19、20世纪之交的波希米亚的波尔纳。中欧地区的这个特殊角落的特定语境将被证明具有重要意义，正如二元君主体制的哈布斯堡王朝的半壁江山匈牙利王国和德意志帝国的仪式杀人指控模式和辩护模式之间存在相似性一样。[1]希尔斯纳事件在某些方面也遵循其他仪式杀人事件的套路，这一事 232
件对东欧国家具有极端重要的意义，当时它被称为奥地利的德雷福斯事件。希尔斯纳事件的发生时间比早前的蒂萨埃斯拉尔事件更加接近德雷福斯事件，除此以外，希尔斯纳事件和德雷福斯事

1 Kieval, “Importance of Place.”

件还有其他的相似性：被告人是利奥波德·希尔斯纳（Leopold Hilsner），一个犹太裔的无业游民，他被判决有罪，上诉维持原判。检察官暗示他的犯罪动机是仪式杀人，法庭采信了这种暗示，做出了判决，这引起了启蒙派的旁观者的愤怒。其中最著名的人物是托马斯·加里格·马萨里克（Tomáš Garrigue Masaryk，1850—1937），未来的首任捷克斯洛伐克总统和捷克民族国家的象征，当时他已经是奥匈帝国议会中的青年捷克人党（Young Cezchs）的代表。虽然他对波尔纳的文化和犹太人的宗教知之甚少，但是这位哲学家、政治家对希尔斯纳事件实施的左拉式的干预体现出他的双重信仰：捷克的民族主义和冷静的理性主义，他坚持认为这两种信仰并不互相矛盾。因此，他拒绝接受他眼中的捷克农村迷信，为希尔斯纳辩护，就好比他早先支持德国民族主义者质疑捷克中世纪手稿的真实性一样。[1]虽然这两种立场都会引起正统的捷克民族主义者的愤怒，但是马萨里克在一封写给朋友的信中坦白了心迹，他热情地坚信民族主义的身份认同应该源于一种现代的、基于客观实际的科学主义的哲学观点，即使这种立场不符合农民的偏见，甚至不符合他自己的想法，即所谓“自发的”反犹主义的情感。[2]马萨里克对驱逐迷信和偏见这头野兽的热情是一种自我驱邪仪式。

人们相信犹太人会举行反对基督教徒的暴力仪式，马萨里克认为这种信仰是“事实上就是字面意思的迷信，这种迷信是我们时

1 参见Spector, *Prague Territories*, 41, 253n21。

2 Szporluk, *Political Thought of Tomáš G. Masaryk*, 61.

代的一桩丑闻［……］这是一扇向一切其他迷信敞开着的大门，这是一间令一个民族和社会走向妄想和暴力的学校”。[1]马萨里克的观点和其他启蒙派的看法类似，他重视科学专家的证词，特别是医学专家的证词，这些证词遵循证据逻辑，他还认为对希尔斯纳的主观动机的建构是一个值得汉斯·格罗斯的学生研究的问题。[2]对希尔斯纳的有罪判决的基础不是实际的证据，“而是主观的思想——反犹主义的思想和仪式杀人的迷信”。[3]

马克斯·格伦瓦尔德（Max Grunwald）是德意志帝国的一位犹太拉比，也是普鲁士邦国所属的西里西亚的一位民俗学家。担任维也纳第十五区的拉比的格伦瓦尔德感觉自己应该屈服于法学 233
专家对于“程序的暴行”——希尔斯纳事件的特点——的分析。那么在自己发表的小册子《论有关仪式杀人的疯狂谣言的心理和历史》（*Zur Psychologie und Geschichte des Blutritualwahnes*）中，他所呈现的是怎样的专业观点呢？作为一位犹太拉比，他能够断言许多在他之前的人的断言，即人们对犹太信仰的指控同《圣经》经文不符，另外，他还强调这一讽刺的事实——正是犹太教的一神教信仰把人类从活人献祭中解放了出来。[4]

就像前面提到的每一个事件，希尔斯纳事件的细节可以填满一个章节甚至一本著作（事实上的确有研究希尔斯纳事件的专

---

1 Masaryk, *Die Bedeutung*, “Vorrede”; *Die Notwendigkeit.*

2 Masaryk, Bedeutung, 62-78.

3 Ibid., 74.

4 Grunwald, *Zur Psychologie*, 5；那句虚伪的否认之辞“让我沉默”出现在第19页。

著）。[1]希尔斯纳被指控犯下两件杀人案，虽然缺乏证据，但是两次他都被定罪了。上诉法院从判决书里删除了作为检察官的指控基础的仪式杀人的动机。事实上，受害者家庭的律师卡雷尔·巴克萨博士（Dr. Karel Baxa）在这个媒体猛料式的案件中发挥了重要作用，他认为仪式杀人的指控具有合理性。于是他特别关注那些似乎可以排除性欲杀人动机的证据和专家证词。他发表总结陈词，揭示了嫌疑犯的动机并号召听众鼓起勇气做出判决：

> 各位绅士！这个杀人犯不是一个强奸杀人犯，不是一个抢劫杀人犯；他的动机不是复仇，不是嫉妒。让我们不要害怕，公开说出来，让我们不要害怕会被说成基督教的卫道士，让我们不要害怕迫害和攻击，让我们不要害怕会被说成反动派和保守派，让我们明确地说出来：本案证据确凿，有人渴求基督徒少女的鲜血！[2]

事实上，人们认为，巴克萨完全有理由预期到希尔斯纳事件的审判和判决可能会引起自由派的激烈反响。检察官毫不尴尬地承认希尔斯纳事件和德雷福斯事件的相似性。现代文明的辩护者会毫不犹豫地给希尔斯纳事件打上猎巫运动的标签。如果说仪式杀人的指控在希尔斯纳事件上取得前所未有的胜利的主要原因是

1　最近有一部历史虚构或说历史小说的主题就是希尔斯纳事件，参见Peter Zimmermann, *Die Nacht hinter den Wäldern* (Vienna: Deuticke, 2000)。

2　Dr.Baxa, quoted in Paul-Shiff, *Der Prozess Hilsner*, 124.

反犹主义的政治运动的崛起和大众传媒的兴起，那么批评者们在
理解希尔斯纳事件的审判时，则采用了另外一种模式：心理学，
包括汉斯·格罗斯建立的犯罪学的分支学科“犯罪心理学”。阿
瑟·努斯鲍姆（Athur Nussbaum）把他对希尔斯纳事件的详细记
录称为“犯罪心理学调查”，犯罪学的一位重要学者柏林大学教 234
授弗朗茨·冯·李斯特还介绍了这项调查。[1]李斯特是犯罪学中的
改革派的领袖，他预言希尔斯纳事件对于文化史和犯罪学都将长
期具有重要影响，因为这一案件提供了“有关证词的心理学分析成
果，让所有对上述议题的理论讨论和试验调查都相形见绌”。根
据努斯鲍姆对这个案件的分析，冯·李斯特指出：

> 作者以罗列证据的方式，在记录的基础上，向人们展现了心理暗示的作用：民间迷信的素材如何制造目击者证词中的幻想图像；这些幻想如何发展壮大，变得生动鲜活并且融入大量细节特征；目击者如何在案发数月以后出现，提供宣誓证词，说出到此为止只有他们自己知道的令人难以置信的决定性事实；法网如何在嫌疑人身上不断收紧。[2]

显然，努斯鲍姆确实把现代传媒和反犹主义的鼓动宣传，特别是二者制造出的哗众取宠的猛料视为他所描述的心理现象的社会背景。汉斯·格罗斯已经指出，主观的判断对主体来说可能是以

---

1 Nussbaum, *Der Polnaer Ritualmordprozess.*

2 Franz von Liszt, “Vorwort”, in Nussmann, *Der Polner Ritualmordprozess*, vi-vii.

事实的形式存在的；施伦克–诺辛（Schrenck-Notzing）已经证明，错误的记忆或所谓的“伪记忆”和真实的记忆具有同等力量。催眠研究也已经开始涉足心理暗示的领域，根据弗洛伊德翻译的希波莱特·伯恩海姆（Hippolyte Bernheim）的文本，无须进入催眠状态，人们就能实施心理暗示：

> 与其说是精神躁动状况的出现为心理暗示提供了合适的土壤，不如说是这种躁动越强烈，人们就越容易克服那种会对重新诠释意识内容的行为发出干扰的抑制因素［……］这些论点在犯罪心理学上的最重要的实例之一，就是所谓的感官猛料式的轰动审判的出现。[1]

事实上，施伦克–诺辛明确地注意到，在这种审判中，人们难
235 以招募没有偏见的陪审团成员。[2]努斯鲍姆接着指出，躁动和暗示性只有在仪式杀人的法庭审判中才会被激发。在这里，法学家努斯鲍姆提出了他自己的更进一步的医学–病理学的修辞，他提及了这种审判会造成的“各种深远而危险的症状”，以及由血祭诽谤造成的那些特别的类型，因此，“我们可以把仪式杀人的审判视为犯

1 Nussbaum, *Der Polnaer Ritualmordprozess*, 6-7; 参阅Bernheim and Freud, *Die Suggestion*。

2 Albert von Schrenck-Notzing, “Über Suggestion und Erinnerungsfälschung im Berchthold-Prozess,” Zeitschrift für Hzpnotismus (1897), cited in Nussbaum, *Der Polnaer Ritualmordprozess*, 7.

罪学的一个特殊种类”。[1]

当你相信你不理解的东西时

汉斯·格罗斯对涉及犹太人仪式杀人的两起杀人案件——波希米亚的希尔斯纳事件和西普鲁士柯尼茨的恩斯特·温特尔（Ernst Winter）杀人案——进行了深入讨论。他在一篇文章中把包括这两起案件在内的四起案件称为“精神病式的迷信”。[2]他把这两起事件和其他两起成年女性被异教徒男性杀害的事件归为一类，同时对仪式杀人的指控完全置之不理，这表明，这位犯罪学之父对感官猛料式的案件充满研究兴趣，但他没有深入研究我们在前文提到的在可预见范围内必然会引发争论的仪式杀人问题。他的研究兴趣在方法论的领域：他展示了一种特定的分析如何揭示一些案件中的某些特定共性，建议人们对暴力杀人案件的现行分类标准进行调整。“新时代带来新研究”，格罗斯如此展开他的论述，这些研究中最好的研究是“符合时代要求的研究”。[3]这些工作中最困难的工作涉及“把同类案件归为一类并且归纳这些案件，根据一系列单独识别的、经过仔细观察的案件演绎出其中的规律”。[4]一如往常，格罗斯提出的犯罪学的创新既是现代性的特定条件下的产物，也是对现代性的特定条件的反应。他提议把犯罪族属这种

1 Nussbaum, *Der Polner Ritualmordprozess*, 7.

2 Gross, “Psychopathischer Aberglaube.”

3 Ibid., 253.

4 Ibid., 254.

新类型称为“**精神病式的迷信**”——这是一个有趣的术语，因为它似乎带有一种区别于理性化的现代性的双重标志。某些暴力行为表面上的非理性是案件调查的起点，这种非理性促使人们提出新的类型和方法以进行解释：“在犯罪活动的表象上，某些时刻会被人们感知到，被挑选出来，这些时刻体现了某种特点或某种其他人们难以解释的东西，或某种在一定程度上似乎并不必然属于整
236 体的诉讼程序的东西。”[1]一方面，这是一种规律性，另一方面，这是一些此类案例的模式，二者都标志着一种新的类型。

格罗斯讨论的第一个案件是广为人所讨论的发生在波希米亚的波尔纳的利奥波德·希尔斯纳的案件，他立马把注意力放在了明显的边缘处，放在了其他评论者普遍忽视的细节上：杀人犯撕碎、切碎了两位受害者的衣服，以至于她们几乎全裸。她们的衣物碎布布满了犯罪现场。对于这个问题，这至少可以说明犯罪动机不是劫财也不是劫色；撕碎衣服的行为和上述两种动机没有明确关系，除非撕碎和乱扔受害者的衣物本身是杀人犯的性变态症状之一。一些法庭专家和法官暗示了这种动机，但是他们没有进行精确的观察、详细的解释，也没有将这个案件与其他案件进行对比。在听到这些奇怪的细节以后，格罗斯的反应与众不同，他立刻注意到，在其他案件中，相关细节也反复出现。他付出了巨大的努力，复原了其中的三个案件：1878年的J. H.谋杀Th. S. 案件、1894年的约瑟夫·麦尔（Joseph Maier）双重谋杀案件和柯尼茨的

---

1 Ibid., 253.

温特尔案件。[1]

这六起杀人案的共同点（人们推测共有四名杀人犯，格罗斯对此没有疑问）在于一系列的细节。首先，格罗斯认为最重要的一点是，常规的动机（抢劫、复仇、嫉妒以及性欲）无法为这些暴力行为提供合理解释。剥去并撕碎衣服是这些案件的共性，而且这一行为没有得到合理的解释。换句话说，这些无法解释的现象要求人们去创造一种新的类型，从而解释这些情况。收集相似的无解案件是解决这些悬案的一种方法。讽刺的是，仪式谋杀的指控者也采用同样的逻辑：因为动机显然不是劫财和劫色，所以一种可能的动机是某种密码、隐情、秘密和阴谋。

接着，格罗斯转向犯罪的主体，他注意到，至少一些案件的犯罪者是“有精神病倾向的个人”，这是一个居无定所的、精神受创的且至少在某些方面痴迷迷信的人。[2]和在其他文章中一样（**参见第一章**），格罗斯总结到，有价值的工作在于建立一个独立的以迷信为主题的犯罪学的分支学科。他对这些犯罪主体的解释包含两个主要部分，第一部分是心理学或者精神病学的内容，第二部分是社会学或者文化方面的内容。迷信的犯罪主体不像精神正常的犯罪分子，当他们对他人实施犯罪行为或有害行为时，深陷迷信的他们不会审视自身的犯罪冲动。只有在极端贫困、极端绝望和“道德极度败坏”的主体那里，或者当主体的“精神状态完全压倒 237

1 格罗斯对柯尼茨案的评论，参见*Archiv für Kriminal-Anthropologie und Kriminalistik* 4, p.363；6, no.2, pp.216-219。

2 Gross, “Psychopathischer Aberglaube,” 279.

了道德底线（Gegenvorstellungen）”，这些抑制因素才会消失。

精神病式的迷信似乎是“对一大批所谓的恐怖犯罪的唯一解释，这些案件在任何情况下，对于神智正常的人来说都难以解释，它们包括：对儿童的谋杀；没有明确动机的、毫无意义的对成年人的残酷杀戮；恐怖的虐待和摧残等”。[1]事实上，最危险的迷信对普通群众的影响必然比人们通常假设的更加广泛。他罗列了相关的迷信，从他早期关于犯罪者的迷信的著作中指出的犯罪者的魔法，到常见于基督教徒的迷信（被人杀害的无辜儿童都会变成上帝的天使）。

格罗斯通过把精神病学中的精神病的范畴同民族学中的迷信的概念混合在一起，集中描述了一系列独具现代性特征，但其恐怖程度和非理性程度又背离现代性之底线的案件。例如，他把“希尔斯纳的犯罪动机出于精神病学式的迷信”这一可能和一种未明说出来的犹太民间信仰联系起来，在这样做的时候，格罗斯显然把仪式杀人的指控或血祭诽谤本身划入了迷信的范畴。他在一些文章中反复指出，“迷信，确切而言是对鲜血的迷信，在刑法的研究中发挥的作用比我们通常想象的更重要，但是这些案件和与宗教或仪式无关”。[2]讽刺的是，这些指控的主要动力是一种文化幻想，这种幻想的内容是似乎随机发生且没有明确原因的恐怖暴力。

1 Ibid., 280.

2 Hans Gross, “Besprechung,” 217.

解剖猛料：柯尼茨的恩斯特·温特案

格罗斯在对病态迷信的讨论中提到四起案件，其中最晚发生的一起案件“备受争议”，他提到这一点，但他在文中没有提到具体争议。他确认这个案件中的杀人犯身份不明，因此他被迫不根据杀人犯的信息，而是根据实际的证据展开他的分析。事实上， 238
他在文中没有提到柯尼茨的恩斯特·温特尔谋杀案的细节，他只是把这个案件和其他案件联系了起来：温特尔的尸体被肢解，人们在城市周边许多地点发现了他的躯干、上肢、下肢以及其他身体部位。格罗斯主张犯罪学家的研究对象是这种抛尸行本身，与被分尸的对象（衣服或尸体部位）没有关联。[1]鉴于此案引起的轩然大波，值得注意的一点是，反犹派和他们的反对者启蒙派所提出的大量关于证据和动机的问题完全超出了格罗斯的讨论边界。受害者尸体的状态本身就和这些争论有关，因为肢解尸体的专业程度表明涉案者是某位屠宰行业从业者。[2]

柯尼茨事件的受害者是一名男性。人们认为，这起案件似乎回到了中世纪盛期和近代早期的仪式杀人指控的模式，只不过受害者不是儿童。恩斯特·温特尔是柯尼茨的一位大学生，时年18岁，体型强壮，心智成熟，此外，所有材料都表明他是一位情场

---

1 Gross, “Psychopathischer Aberglaube,” 272. 赫特（Hett）位于这个光谱的另一段，他把这种行为视为符合逻辑的、无法评价的，参见Hett, *Death in the Tiergarten*, 99。

2 因此，赫尔穆特·瓦瑟尔·史密斯（Helmut Walser Smith）的著作标题是《屠夫的传说》（*The Butcher's Tale*）。此案是同年的另一本专著克里斯托弗·诺恩（Christoph Nonn）的《一座城市搜寻一个杀人犯》（*Eine Stadt such einen Mörder*）和另外两篇文章的资料来源。

高手。最近他在接近和勾引一位基督徒屠夫的女儿，这使得女孩的父亲成了头号嫌疑人，直到这位父亲的鼓动活动激发了当地群众的反犹情绪，新闻媒体对仪式杀人的说法展开了新一轮的报道，议会对这起案件展开了两次辩论。[1]虽然人们指控串谋作案的犹太屠夫和犹太人洗脱了所有指控，但是这起案件促使人们创立了“侦破柯尼茨杀人案协会”，这个协会的目标是找到足以证明犹太社区有罪的证据（但这个协会成员包括此前没有被认定为反犹分子的资产阶级领袖）；此外，这起案件还引发了两起虽然相当暴力但并不致命的屠戮事件。赫尔穆特·瓦尔瑟·史密斯（Helmut Walser Smith）对种族之间的暴力进行了出色分析，他指出，骚乱这样的十足暴力活动和仪式杀人指控的表演维度（performative dimensions）同样都具有群体性的功能：基督徒指控者有效地“实施并表演了一场仪式杀人”。[2]正如我们前文所见，这种“反转”贯
239 穿了仪式杀人的指控和对仪式杀人的辩护的全部过程。事实上，史密斯的立场再现了开明的启蒙派对死灰复燃的血祭诽谤的反应的态势：恶毒攻击犹太人的人才是野蛮、阴险、暴力的人；他们所信的犹太人举行仪式杀人的说法是危险的迷信。另一方面，史密斯正确地指出，在当时，反犹主义暴力的狂热是仪式杀人幻想的镜像。这种狂热在造谣者那里发挥了重要作用：这种狂热本身便

1 讨论发生在普鲁士出入境管理局和帝国议会，格罗斯简要记录了相关的细节，参见 Groß, *Ritualmordbeschuldigunen*, 159-173。这场争论是七年前的桑腾案件引发的讨论的延续。

2 Smith, *Butcher's Tale*, 180.

发挥了仪式功能，并且这种狂热在展开的过程中也带有仪式性的精确。

受害者作为一位性生活上的冒险者的显赫名声是这起杀人案的其他解释的源头，但是这种情况也凸显出仪式杀人的指控和性侵杀人的指控之间的密切关系。在波尔纳，有人主张，杀人犯没有遵循性欲杀人（Lustmord）的连环杀人的规律，但是他们无法平息两位年轻女性遭到侵犯的色情传言。[1]在恩斯特·温特尔事件中，调查人员认为该案同妓女有关，受害者被认为同妓女有过接触，当局还调查了受害者与两名被人们广泛认作有恋童癖倾向的不同的犹太社区成员进行同性恋活动的嫌疑。[2]显然，正如一位研究谣言的学者已经指出的那样（另一位研究柯尼茨事件的学者也重复了这种看法），驱散一个谣言的一定是更多的谣言。不过，这种不言自明的真理可能遮盖了此问题中的两个特殊谣言之间的密切关系：其中一个谣言是犹太社区和古代的秘密野蛮行为的关系，另外一个谣言是性暴力和同性恋的关系。这两个幻想几乎可以互相替换。正如我们前面已经明确看到的那样，相关权威——在这个特定案件中，包括犯罪调查员维恩——把“鸡奸”视为足以构成杀

1　我们所知的动机不是前文讨论的格罗斯的论文的主要研究兴趣，但是在希尔斯纳事件上，他确实认为“犯罪动机可能是某种性冲动或者其他冲动”，参见Gross, “Psychopathischer Aberglaube,” 259。

2　Rep. 77, Tit. 500 Nr. 50 Bd. 2 Konferenz Protokoll Knoitz 21.5.1900, BI. 137, and Rep. 84a, Nr. 57471 (Bericht Kriminalkommissar Wehn), Bl. 308, GSPK.这份文件根据一些证据和有关他性身份的普遍谣言，描述了当地裁缝奥托·普拉特（Otto Plath）的嫌疑。

人嫌疑的证据。[1]对于犹太人而言，情况也许并不完全一样，即使权威（在这个案例中，也是维恩）具有反犹主义倾向，或倾向于怀疑犹太人。[2]那么，这两种文化幻想之间的秘密联系是什么呢？

至少，有几位当时的观察者也赞同我们正在探讨的观点，即我们正在探索的对象是猛料的体裁，猛料的体裁是需要拆解的关键元素。其中一位观察者是一名匿名通讯员，在柯尼茨杀人案悬
240 而未决时，他提出了一份“破案线索”。[3]汉斯·格罗斯可能认为这位作者的试图推理“破案”（意思是侦破这个案件）的想法是天真的，但是这本破案方案提到的思路更加接近的现象不是柯尼茨案件本身，而是仪式杀人这一复杂迷信。[4]这位匿名作者自称是一位医生，他开篇即对一则猛料进行了解剖，他这样描述不幸事件对人们的天然吸引力：人们对这些事件的好奇很快就会消散，其他色情兴趣将会取而代之。这位医生宣称，如果灾难的景象特别详细生动——例如剧院的火灾、船只的沉没，甚至更残忍的情况，一场残忍的谋杀，尸体被肢解，尸块被抛弃在城市各个角落——人们的兴趣就不会快速消失。在这种案件中，犯罪行为既是不可理喻的，又是残酷无情的，于是人们就会放纵他们的幻想：人们甚至可以解释性变态杀人犯的疯狂行径，但是无法对某些案件中的杀人犯的行为做出可能的解释。大众难以自抑地凝视着这些案件，

---

1 Rep. 84a, Nr. 5747, Bl. 312, cf. Bl. 308, GSPK.

2 Rep. 84a, Nr. 5747, B.365, GSPK

3 Dr. med. H., *Der Konitz Mord*.

4 Hans Gross, “Besprechung,” 393. 格罗斯否定了H医生的结论，其他许多评论者也有相同看法，肢解的尸体证明涉嫌作案者为屠宰行业从业人员。

对催眠的痴迷催生出人们的幻想——人们想象这些犯罪的源头是恶人的小团体。[1]虽然这份文本本身便复制了那种常见的猛料模式，但是其作者罗列了一系列别具洞见的、适合被理解为猛料的暴力事件的特征：悄无声息；案情模糊；缺少明确动机；存在阴谋迹象；残忍的团体；最后，重复作案现象。与所有通用的惯例一样，这种结构为感官猛料提供了一种惯常套路，这种套路同非理性的不可预测性大相径庭，而后者却是这些案件中潜在的悬疑性的核心。

鉴于这些“猛料介入的规律”，利用感官猛料式的叙事并把它们转向更加理性化、启蒙化的结论的企图难以成功，这也就不足为奇了。例如1900年的另一本小册子，虽然作者为小册子贴上了“呼唤理性”的标签，但是其风格更像一本侦探小说，作者添油加醋地使用例如“谁是杀人犯？”这样的标题，把操纵事件的反犹的机会主义者描写成策划阴谋的神秘组织。[2]

1905年出版的保罗·福斯特（Paul Forster）写的一份有关柯
尼茨故事的文本既符合感官猛料的一般惯例，又试图使这一故事 241
服务于进步的目的。[3]根据作者对自己的描述，他既不是犹太文献和仪式的专家，也不是犯罪学专家，但是他确实把他的文本写得像一本真正的犯罪小说（Kriminalroman）。他的权威源于他对那一地区和城市的熟悉。他生活在柯尼茨，他明确表示他是一个基督教徒。[4]1884年年初，柯尼茨，年仅14岁的奥努弗里·切巴斯基

1 Dr. med. H., *Der Konitz Mord*, 3-7.

2 Sutor, *Der Konitz Mord*, 5-9, 14-23.

3 Foster, *Mord*.

4 Ibid., 8-9.

(Onufri Cybalski)被神秘谋杀，人们在斯库茨找到了受害者被肢解的尸体。作者记录了当时市民对这个案件的反应。斯库兹是另一起有关犹太人仪式杀人的指控的发生地，但是柯尼茨居民普遍猜测柯尼茨的这起案件是一起性欲谋杀案。[1]

福斯特高举启蒙的火炬，发挥侦探的智慧，借助侦探小说的笔触，编织了也许和传说中的迷信一样引人入胜的故事。犯罪学家想到了许多极端理性的问题——温特尔被谋杀了吗？杀人犯的动机是什么？但是群众的呼声是，“是的，犹太人需要基督教徒的鲜血制作他们的复活节蛋糕！”这是迷信，但迷信无论多么缺乏根据，却始终挥之不去。[2]当然福斯特的破案线索同样没有确凿的证据。他首先通过逻辑推理（虽然其中充满猜测）排除了温特尔被杀是一起有预谋的杀人案件的可能，接着，他通过同样的过程排除了过失杀人的可能，然后，他笔锋一转，得出重要结论——温特尔之死一定与《奥匈帝国刑法》第175条有关，同性恋倾向被曝光的耻辱可能是“为什么犯罪者需要对一起意外死亡事件严格保密”这个问题的唯一解释。肢解尸体和抛弃尸体现是现有证据体现的主要特征，这是福斯特和格罗斯的共识，但是福斯特认为，悬浮在

---

1 他名字的变体包括“Onoph[i]rius Cybulla”。事实上，与斯库尔茨事件的比较在柯尼茨事件和普鲁士议会关于柯尼茨事件的辩论中发挥了重要作用。当时普鲁士的反犹政治力量还没有掌握权力，也还没有得到广泛关注——像反犹势力在哈布斯堡王朝的奥匈帝国已经得到的那种关注，或者像他们自己将在19、20世纪之交取得的那种关注。参见Gross, *Ritualmordbeschuldigungen*, 33-50, 162；参阅Harston, *Sensationalizing the Jewish Question*, 150-159。

2 Foster, *Mord*, 11-12.

这些行为上的“沉默的秘密”和这些行为明显的悄无声息的特征要求人们去揭开另一个秘密，只有揭开另一个秘密，才能得出一个可能的理性解释：犯罪者是一个同性恋。[1]

福斯特在为一个传说赋予了一部连载小说的风格时，没有跳过这个重要的步骤——对文本的头几页进行似是而非的犯罪学思考。时态具有指示性，他在故事开头就揭示了真相，杀人犯“是”（is）一个同性恋者。他和温特尔是好朋友，他们有过一次以上的性交易，这场性交易的快感产生了魔法般的效果，让温特尔难以抵制这种诱惑，虽然温特尔本人并不是一个同性恋。福斯特认定温特尔沉迷性爱，男女通吃，无法自拔。他描写了一个充满令人震惊的细节的场景（他仍然利用了连载小说的现在进行时的时态）： 242

> 他偷偷潜入他的同性恋朋友的房间，躲进他人看不见的死角。他的朋友可能是一个单身汉、一个寡妇或者一个独居男子，当时正躺在沙发上，做着男欢女爱的春梦。他的热血在血管里奔涌。他的神经极度亢奋。他的欲望难以在柯尼茨得到满足。
>
> 现在他的朋友温特尔来了！或许这是他们约好的时间。这是一个谜，温特尔小心翼翼地走进房间，没有被人看到。
>
> 那位同性恋站了起来——他们激情地拥抱在一起！插上的门闩，这是家里没人的记号［……］拉上窗帘［……］房间变得更加私密。

---

1 Ibid., 32.

> 正当两人干柴烈火之际，温特尔突然无法呼吸，那位同性恋发疯似地把他拉到自己身上，再也没有分开。他的阴茎插进温特尔的嘴巴和咽喉［……］绞死一个人只要几秒，掐死一个人也是这样，几秒的激情碰撞已经足以夺取温特尔的生命。[1]

虽然这种幻想是不切实际的，但是福斯特把哪些信息编码嵌入了这个脱离实际的故事中呢？

正如作者强调或者试图强调的内容所示，不同领域的感官猛料式新闻的之间的联系在这里凸显出来，仪式杀人是支流，它将汇入性丑闻、城市犯罪戏剧以及侦探探案故事等干流。人们不假思索地把这些故事编织起来，我们可以看到一个谣言取代其他谣言，各种感官猛料互相竞争又互相交换。当这些洪流相互碰撞，犯罪的瞬间和凶手的形象都被囊括其中。谁是凶手（新闻报道、公开的布告、犯罪故事和诸如弗里茨·朗［Fritz Lang］指导的名片《M》那样的电影也同样在探问这个问题）？凶手的身份问题或多或少变成了凶手是基督徒屠夫还是犹太屠夫？凶手是寻求复仇
243 的父亲、嗜血的犹太人、盲信的犹太人，还是绝望的同性恋？在一起杀人罪行本身毫无理据的案件中，在一起杀人对罪行似乎代表了许多事物，但除了这起杀人案本身，它又并不代表任何事物的案件中，对于“谁是杀人犯”这个问题有哪些值得讨论的东西？对于这个问题，福斯特的记载没有制造答案，而是再生产出一种特

1　Ibid., 34-35.

定种类的关于性态的知识（在第二章中我们把这种知识称为“同性恋知识”）：杀人犯是意外杀人的同性恋者，其宗教信仰无法确定，因为所有教派中都有同性恋者；可以确定的是他的性别为男性，但是他的社会阶级无法确定，尽管在社会上层阶级中，同性恋活动更加风靡，这个男人可能是一位地方官员或一位商人。柯尼茨悲剧的教训——受害者悄无声息的死亡和少数派犹太人报复性的暴力迫害——不是“暴民需要启蒙思想教化”，也不是“有些社区需要得到净化”。此等暴力背后的谎言是《刑法》第175条。

这个异想天开的传奇故事及其光怪陆离的结论暴露了仪式杀人的复杂谣言在一个由感官猛料式的故事和对暴力本身的幻想组成的更加庞大的系统中的位置。这可能反而指向这一点，即人们对于这些事件的意义或者关于仪式杀人的真相缺乏共识，有着不可调和的冲突。人们把“仪式杀人的真相”视为一个问题，这个问题贯穿所有仪式杀人指控及对仪式杀人指控的反驳的复合体；温特尔事件（还有其他事件）在这一过程中占据了中心地位。“真相”问题是仪式杀人的讨论的全部重点。血迹诽谤的指控和种族之间的暴力血腥的行动，甚至驱逐行为，都是人们用来标示种族之间的巨大差异的方式，也是为那些可能失去自身特点的类别划界的方式。这些姿态也是其反向进程的症状：它们代表了一种关于暴力的仪式化的论证，这种论证把自身呈现为它所否定的那种东西。

1906年，罗伯特·穆齐尔发表了自己的第一部小说《学生特尔莱斯的困惑》(图34)。[1]在小说中，青春期少年们卷入了一场由权力纷争和极限体验构成的游戏的收官阶段；这一小说为人们提供了一个清晰的模型，说明了对极限人物的定义涉及对极限人物进行认同，以及这一双重过程如何被想象为一种具有建构性潜力的过程。穆齐尔的读者对贯穿小说始终的这一命题印象深刻，即作者陷入了对人类经验之双重性的忧虑，他交替地以数学和神话、科学和音乐等形式阐发这种忧虑——而且每次表达均带有明显的性别印记。有时人们错误地把穆齐尔幻想中的"另一种条件"的神秘时刻视为女性主义的意识，不过，这种时刻是这些位面的相互综合——艺术、宗教以及对性事如痴如醉等现象的最强烈的时刻都体现出这种统一性。在其处女作中，穆齐尔早早为一位明显的边界人物"贴上标签"，这位人物就是巴斯尼(Basini)，他是这群少年中的一个倒霉的小偷，他遭到他们勒索，沦为性奴和性虐待

1 R. Musil, *Die Verwirrungen des Zöglings Törleß*, (Vienna: Wien, 1906).

的对象。

在小说中，穆齐尔（图35）表达了一种幻想——他痴迷于融合敌对的、性别化的意识。显然，这种融合没有体现在女性化的巴斯尼的肉体上，而是体现在故事的旁白和作者的替身特尔莱斯的思想那里。这位故事的叙述者对遭到鸡奸的巴斯尼（而非对巴斯尼的体验）的认同进而成了实现叙述者早年痴迷的虚数概念——将负数插入负数本身——的工具。巴斯尼他自己就是女性范性和纯粹客体：自我中心、智力低下、道德沦丧、毫无主体意识——这是魏宁格处的雌性本质的极端：

245

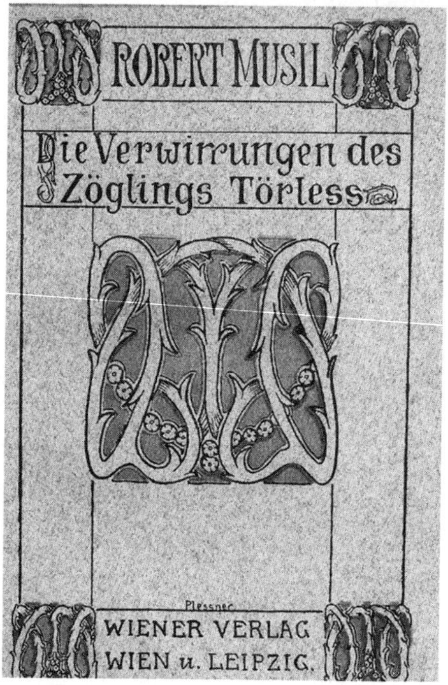

图34　罗伯特·穆齐尔的小说《学生特尔莱斯的困惑》封面（1906）

他内心的道德自卑是显而易见的，这种道德自卑和他的愚蠢有着同一个源头。他无力抗拒任何发生在他身上的事，他总是为这些事情的后果感到震惊。他在这方面就像那位额头上有着一撮漂亮卷发的少妇，她把少量毒药掺进丈夫每一餐的食物里，她惊讶 246

图 35　罗伯特·穆齐尔

而恐惧地聆听公诉人冷淡严厉的指控和自己的死刑判决。[1]

因此，作者甚至都没有同情这个可鄙的角色、这个女性化的人物以及暴力的对象，不过，作者对那个对有着数学头脑的主角感到痴迷。用自己投射在同性恋的肉体上的幻想取代了对虚数的沉思；不是享用同性恋的肉体，如同其他的同学那样去实施虐待，而是成为同性恋的肉体，但与此同时他也没有完全失去自我。托尔莱斯无情地审问巴斯尼，目的是让后者为自己揭开跨进雷池的惊人时刻，但是这个可怜的人并不知道其中的真相。只要没有身陷其中，那么自我和失去自我之间就没有阻隔。

247 正是在此关键时刻，魏宁格所建构的雌性本质背后的整个所谓的“庞大的科学机制”[2]立刻运转了起来。这种设定促使作者化身的故事主角抵御且超越了“将自己投射在这种同性恋的肉体的容器上”的想法。抵抗爆发的瞬间成为狂喜时刻，成为艺术迸发之地。在另一处性暗示中，穆齐尔把这种状况定义为“更深入地把思想嵌入情感领域”。不过，这种渗透的具体场所又在哪里?

虽然魏宁格（图36）轻视一切文化的腐朽堕落的女性化，但是他没有把男性同性恋者的形象寄托在对雌性本质的无主体的遗忘上。事实上，在魏宁格的著作中，同性恋没有被视为异常、畸形以及背离性别身份或性别取向的常规法则的一种例外情况，而

1 R. Musil, *The Confusions of Young Törless*, trans. Eithne Wilkins and Ernst Kaiser (London: Secker and Warbung, 1955), 62.

2 G. Lukacs, *Soul and Forms*, 25.

是被视为这些常规法则的一种特殊情况。魏宁格在（男女）同性恋那里找到了几乎等比例的男性要素和女性要素——同性恋并非身处规范的性态光谱之外，而是位于光谱之中，同性恋是“中间形式”。因此，同性恋既不是内在先天的，也不是外在习得的，而是在这种最纯粹意义上的“本质的”。

魏宁格痴迷于性别倒错的人物，仿佛虽然这种人令人迷惑，但是人们如果揭开谜团，就可以解决生活更重大的问题。科学家使用什么疗法才能让女性化的男人重新获得阳刚之气？当然，对于这个问题的一种直接的回答是文化，因为魏宁格总是把文化（Kultur）描述为纯男性化的事物，雌性本质无法企及的事物，而且在魏宁格笔下，腐朽堕落的文明并不是女性的文明，而是女性化了的文明。魏宁格对同性恋尤其感兴趣，这不仅体现在他通篇都在热心关注同性恋问题，也体现在这是魏宁格从抽象理论走向临床实践的唯一领域。他支持的同性恋矫正疗法是把相反性别的性别倒错者配对（互为补充的男性本质和女性本质会达成平衡），同时以睾丸提取物和卵巢提取物的形式，为他们注射男性要素和女性要素。[1]除了这种疗法，魏宁格甚至冒险在一名单身男性测试对象身上进行试验——人们认为这位试验对象就是魏宁格本人。1901年，他在寄给自己的朋友兼同事赫尔曼·斯沃博达（Hermann Swoboda）的一封信中表达自己的兴奋之情：“我治疗同性恋的疗法似乎是成功

---

1 Hannelore Rodlauer, ed., *Otto Weiniger, Eros und Psyche: Studien und Briefe 1899-1902* (Vienna: Verlag der Österreichischen Akademie der Wissenschaften, 1990), 72n48.

图 36　奥托·魏宁格

的！虽然试验只证实了我自己的理论，但是我还是没有从震惊中回过神来。如果我能确定没有其他影响因素就成了！”[1]在这封信中，我们可以发现作为男性化的科学主体的男同性恋与女性化的试验品之间的对峙。其中一边是医生冷酷的理论，另外一边是病人感激的情绪。魏宁格对于潜在的自我暗示感到焦虑的原因在于二者共 249
享同一个身体的事实（即使存在另外一种可能，即病人不是魏宁格本人，只是某位他明确指认的不知名的试验对象，上述结论依然成立）。他在信中继续写道：“无论如何，我必须继续给药[……]我的病人已经开始准备他的第一次性交。”[2]

人们在试图为两次世界大战之间的欧洲德语国家的学术思想建立基本框架时，总会关注这两份反思暴力和文明之关系的文本：其中一篇是西格蒙德·弗洛伊德的《超越快乐原则》（*Beyond the Pleasure Principle*，1920）另外一篇是诺贝特·埃利亚斯的《文明的进程》（*The Civilizing Process*，1939）。[3]人们把这两份文本视为这两位学者个人生涯的重要转折点，视为由这两位学者奠定基石的两大学科的学术研究的重要转折点。简单来说，正如文章标题所示，弗洛伊德《超越快乐原则》革命性地推动了学者跳出所谓的力比多经济（libidinal economy），即主体的动力源自对快乐的追求

---

1 Letter to Hermann Swoboda, April 11, 1902, in ibid., 73.

2 Ibid.

3 Sigmund Freud, *Jenseits des Lustprinzips*, in Freud, *Gesammelte Werke*, 13:3-69; Norbert Elias, *Über den Prozess*.

和对快乐之反面的回避。众所周知，在这篇文章中，弗洛伊德的观点是除了性幻想活动，死亡本能（Thanatos）也在独立活动。同时，埃利亚斯指出：“文明开化的进程”就是人类的历史，在这一过程中，人类的原始暴力并没有被压制，而是在分门别类的社会组织中得到了扬弃。暴力的规范化和组织化没有保障发展完善的文明免于暴力，也无法保障文明按照事先规划进行发展演变。相反，文明“表达出西方的自我意识”，这是通过区别而得以定义的概念——通过否定自身边界以外的未经开化的野蛮蒙昧，以对自身进行定义。在德语语境中，“文明”的概念（技术的、肤浅的、西方的、现代的）和“文化”的概念（艺术的、深刻的、德国的、历史的）之间的对立以各种不同的方式将上述观点变得更加复杂，埃利亚斯对此着墨甚多。当然，我们也可以在间战时期的重要学术论著中找到为数众多的围绕文明内部的暴力及其作用的讨论（例如弗洛伊德就在《文明及其不满》[*Civilization and its Discounts*]中对此发表过明确见解）。同时，我们也可能夸大了性欲本能/驱力和死亡本能/驱力等理论本身的崩溃。通常，人们认为，欧洲人民对有史以来最恐怖的战争[1]的体验是弗洛伊德对死亡本能的思考发
250 生变化的动力。这种观点具有一定合理性。同时，即使弗洛伊德假设力比多是暴力行为和暴力幻想的直接源头，他在第一次世界大战前发表的文章也多次表达过对于性的这一“旁支”的强烈意识。

1　指第一次世界大战。——译者注

在这本书开头，我们已经提出设想：只有通过深入解读各个章节罗列的大量材料，我们才能理解专业知识、自身认同以及有关暴力的文化幻想之间平行展开的互动关系。这些文本中的一幕幕大戏正是人们观察潜伏在所谓“暴力猛料/暴力的感觉”（violent sensations）之下的深层动力的最佳场景。总而言之，我们可以更多地讨论这一投射的过程——从极限人物的概念到暴力幻想再到一种替代性的未来的自我。

专家学者针对各种人物的身份认同——例如男性同性恋者、色情化的女性以及奸杀犯等——进行调查，这种调查的作用不只是所谓的“边缘化”（marginalization）和“他者化”（othering）。所有这些专门调查变得像大量以刺激大众消费为目标的、试图制造轰动的文本，在这些研究中，人们过度关注这些极限人物，而且人们强烈地倾向于把这些极限人物和野蛮、遗弃，特别是暴力等轰动性的幻想联系在一起。在每一个这样的角色身上，在我们这一著作本身提到的几乎每一个案例中，“极限人物”的身份认同总是伴随着一种有时处于戏剧性场景中的否定认同（disidentification）。在围绕这些极限角色的医学专家的讨论中，这种否定认同被称为“病理化”（pathologization），其具体做法是在从新闻报道到畅销小说等各种文本中，通过极度戏剧化的叙事，表达伦理道德层面的鄙视。在现代文明的理想主体和这些角色的关系中，暴力扮演了关键角色。按照这种范式，前者是现代性的代表，后者是被现代性排除在外的所谓流放者的典型。正如笔者在本书各章节中提出的观点，上述二者之间的关系不应该是二分关系，而应该是辩证关系。换句话说，上述二者周而复始地相互转化，其作用不在于标记并排除那些不容于规范化身份的“小圈子”（charmed circle），而是创造一个机会，让人们能够想象为理性化的自我或者已开化的自我重新制造“外部界限”（outer limits）的可能性。

根据性别身份认同的案例（或者威斯特法尔教授的所谓“性感知”），我们可以理解上述深层动力的复杂本质。“性倒错”（deviance）或者“性变态”（perversion）——边界性行为的案例——是性学和性学研究先驱从一开始就共同关注的议题，他们据此为性态划定了大致范围。如果我们认为这套陈词滥调视作定论而非一个问题，那么我们就认识不到下列现象：当时的人们如何通过对性倒错的主体的幻想来制造这样一种性的形象。这意味着人们没有认识到下列过程：被人们假定为正常的观察者和阅读者被迫去想象他们自己的内在生命是不稳定、原始以及兽性的，甚至是暴力而极端的，而且这既不是反常的性倒错的后果，也不是
251 堕落退化的后果，而是人之内在本质的产物。性似乎给阅读者提供了一种原初自我，自相矛盾的是，这种原初自我是一种释放，让人们摆脱自己的人格（脱离个性、脱离意志和义务以及所谓的“身份”）。如果我们没有考虑到这些叙述如何创造一种有关性的身份认同，而是去想象各种各样的对立，一边是倒错、变态、反常、暴力以及同性恋的性行为，另一边是正常、生育、爱情以及异性恋的性行为，我们就无法认识到其中的主体性的矛盾。

本书所追踪的各式边缘人物——精神错乱的犯罪者、同性恋、

卖淫者、奸杀犯以及狂热的犹太人等，人们对这些人物的构建之间显然存在着极具说服力的相似性。这既不表示这些角色都是完全相同的，也不表示涉及他们的暴力幻想是没有区别的。其实，这些案例的一个有趣的方面便是其中的多样性，或说差异性。在一定的程度上，这些角色和暴力之间的关联是值得怀疑的，比方说，他们到底是暴力的施害者还是暴力的受害者？没有奸杀犯是女性，桃色绯闻中沉迷性欲的惩罚总是死亡。不过，令人震惊的是，这些人物角色常常是颠倒的，仿佛这些人物被塑造出来不是为了揭露什么，而是为了释放暴力本身的原则。在讲活人祭祀的惊悚小说的章节中，通过观察反犹主义的控诉者的陈述和思想开明的基督教或犹太教信徒的陈述，我们可以看到双方的陈述是如何在形式上（甚至——在一种惊人的程度上——在内容上）相互复制的。就此案例而言，不同于思想开明的女权主义运动和同性恋解放运动，犹太社群的解放话语和犹太种族同化主义者的自我理解与人们对于“未开化的”（savage）反犹主义的攻击之间没有那么明显的相关性。在此处，前文相关章节中有时并不显著的文明开化的问题开始占据中心的地位，一边是秘密举行野蛮而暴力的仪式的共同体，另一边是即将爆发的普遍的愚昧无知和隐蔽的反犹思想，双方如同本体和镜像——双方都被迷信所蒙蔽，双方都嗜血成性。正如格里斯在其早期文本中的预言，在这些仪式活动所释放出的暴力的权力面前，非此即彼的指控中的事实显得黯然失色。

在本书开篇，我们勾画了大都市的矛盾，在后续章节中，大都市的矛盾在性幻想和暴力幻想中占据了中心位置。这种矛盾没有成为不可调和的张力，而是在人们的怀疑中不断生成，人们质疑文明本身就是堕落之源，堕落不但滋生了肉欲和暴力，而且使得性欲和暴力成为人们的避难所，让人们得以排遣对于日常生活的既成事实的厌倦。换句话说，这些表征既具有高度自我批判性质，亦
252 是对他者的逃避。当然，文化上的这种程度的自我批判（这可能是不自觉的自我批判）并不等同于一些保守主义精英知识分子的悲观主义文化思想或许多艺术家、文学家那种热衷于所谓的“堕落”的审美倾向。正如穆齐尔在一份精彩的对该时代的回顾性诊断中指出的那样，它用堕落的假象或颓废的表象装饰自己的作品是为了遮掩其中的乌托邦式的希望。这些幻想既是对于衰落的反思，也是对未来的展望。

由此看来，人们关注“退化”正是在呼吁人类继续演化，去拥抱作为覆盖在未来之上的面具的“堕落”。在前文各章节中，我们经常提到唯美主义和围绕“世纪末”的一系列其他经典术语。唯美主义的具体形式是追求纯粹：我们可以想到犯罪学家对于被剥去了动机的犯罪活动的执念，法医精神病学家对于脱离意志的犯罪行为的关注，专家学者围绕罪犯责任、先天性的同性恋、卖淫嫖娼或者犯罪行为等现象的争论。这些讨论都是当时人们的某种想象的众多碎片之一；人们试图根据这种想象来创造完美犯罪者和完美受害者——为“犯罪”而犯罪，试图从无情的就事论事的理性化进程中将那种英雄式的性倒错行为解救出来。这些特定形式的唯美主义拒绝用社会因素、历史因素以及其他结合了具体语境的因素来解释性倒错行为，甚至个人意志的因素也被排斥在外。因

此，他们总是回到“恍惚状态”（克拉夫特–埃宾早期痴迷的观点，法医学界对于这一观点的回应持续了几十年之久）——一种半清醒的状态，例如梦游、癫痫、酗酒、宗教狂热以及性狂暴等。纯粹型行动者、强迫型行动者以及“天生型”行动者是帮助人们解开犯罪、性或者暴力——这三者进而也许能为人们提供揭开自我的秘密的途径——之本质的关键。

众所周知，20世纪初的时代戛然而止，人们没有迎来乌托邦式的未来，而是遭遇了史无前例的暴力。在这些幻想中，世界末日一般的暴力比比皆是，指向极端暴力的强烈冲动体现出当时中欧社会的一种想象，人们认为，与这种想象联系密切的不是历史上的围绕宗教和幸福的审美花园，而是间战时期德国社会的右翼男性幻想。如果说这条联系体现出一条从19世纪的自我感知出发，到20世纪的血腥暴力结束的道路，那么一种对人们有所帮助的思路则是促使人们认识到，这条道路并不是唯一可能的轨道。如果我们严肃地思考这些自我感知——无论是那些崇尚科学的确定性和乐观性的思想，还是那些对文明衰退的警告——那么它们就会是为数众多的重新想象主体的可行途径。主体，它是一种已被严格限定，但在某种程度上又无法定义的事物。在某些情况下，它必须抛弃理性，进而驻足于情感的领域。

致　谢

这本书的研究内容接近几本书的研究内容。写作的时间相当漫长，制作的周期超出常规。当然，这样一个长期研究项目将会带来相当比例的需要感谢的对象。据我所知，许多个人和机构均对这本书产生了影响，其实，我没有能力罗列这些个人和机构的名字，不过这不妨碍我对这些帮助表达感谢。

虽然感谢自己的学生是例行公事，这种谢意可能略显空洞，但是关于这本书所涉主题的研究生讨论课影响了我，我希望它们也对我的学生产生了影响。他们的博士论文选题展现了教学、学习和研究的互惠关系：托德·艾特尔森（Todd Ettelson）的选题是男性气概和纳粹主义；马蒂·吕贝克（Marti Lybeck）的选题是魏玛共和国的女同性恋文化；克里斯汀·马奎尔（Kristin McGuire）的选题是德国和波兰的女性主义；杰伊·莱恩（Jay Layne）的选题是性欲杀人的文学修辞；罗斯·波林（Ross Bowling）的选题是魏玛时期柏林的感官猛料式新闻报道；克里斯腾·伦（Kristen Leng）的选题是世纪之交时期的德国和英国的性学研究和女性主义激进思想；萨拉·杰克逊（Sara Jackson）的选题是女性犯罪活动的具体呈现；安迪·卡文（Andy

Cavin）的选题是原始主义和现代性。我在这里只列举了和本书主题最高度相关的博士论文选题。其他许多学生的博士论文选题距离这个领域更加遥远，但是那些选题以许多其他方式对我的思考做出了贡献。我首先感谢他们。

随着研究的孕育和孵化，密歇根大学成为这本书的锚地。密歇根大学的朋友和同事对我意义非凡。卡特琳·坎宁（Kathleen Canning）是我博士生大家庭里的一位姐妹，吉奥夫·伊莱（Geoff Eley）是另一位通过其他方式加入这个博士生大家庭的成员。他们在共同教学、办读书小组、合作、开玩笑和争论的过程中，帮助我深入思考了这本书的主要问题。赫尔穆特·普夫（Helmut Puff）是我多年的好友和榜样，我们的关系亲密，他不仅研究德语文化，也钻研性的历史。他是这本书的理想读者之一。我、赫尔穆特·普夫和达格玛尔·赫尔佐格（Dagmar Herzog）合著的《〈性史〉之后》（*After the History of Sexuality*）也在本书草稿中留了下深刻的印记。密歇根大学的性史研究高超的学术水平为我的文本提供了大量知识。除了赫尔穆特，我还必须特别感谢大卫·哈普林（David Halperin）、盖尔·鲁宾（Gayle Rubin）和瓦莱丽·特劳布（Valerie Traub），因为他们是我的朋友和榜样。在我的其他许多同事中，我必须向鲁道夫·马拉扎克（Rudolf Mrázek）表达特殊的谢意，他是我哈布斯堡研究课题的合作者，他不像我的导师，更像我的守护天使，一位具有学术敏感性的伙伴。

虽然我没法列举密歇根大学德语系每一位成员的名字，但是我想感谢他们中的每一个人。在我20年以上的写作生涯中，他们是跨学科学术研究和高效合作的典范，而且弗兰科尔犹太研究中心（Frankel Center of Judaic Studies）的工作给我很多助益。除了上述这些机构的学术研讨会，笔者也曾在大名鼎鼎的密歇根大学社会转型比较研究工作组（Comparative Study of Social Transformation）和密歇根大学女同性恋、男同性恋、酷儿研究行动（Lesbian, Gay, Queer Research Initiative）等组织的研讨会上宣读过本书部分章节的草稿。第三章相关的部分内容分别以《当个人命运成为公共事件：维也纳的同性恋丑闻和社会秩序，1900—1910年》和《“梅维奥拉女爵”的愤怒：维也纳的小报报道和同性恋主体的出现，1907》为题发表过（“Where Private Fate Turns to Public Affair: Homosexual Scandal and Social Order in Vienna, 1900-1910,” in *Austrian History Yearbook* 38, [2007]: 15-24; “The Wrath of the ‘Countess Merviola’: Tabloid Exposé and the Emergence of Homosexual Subjects in Vienna 1907,” in *Sexuality in Austria*, ed. Güntner Bischof, Anton Pelinka, and Dagmar Herzog, Contemporary Austrian Studies, vol. 15 [Edison, Nj: Transaction, 2006], 31-48））；第一章的部分内容以德语发表，题目是《书写大都市：1900年前后的文学作品中的城市地下世界》（“Die Großstadt schreiben: Zur literaischen Unterwelt der Städte um 1900”, in *Kriminallitartur und Wissensgeschichte: Genres-Techniken-Medien*, ed. C. Peck and F. Sedlmeier [Bielerfeld: Transcript 2015], 115-127）。

这本书是基于档案馆和图书馆的学术研究。在这里我只列出了书中引用的部分相关文献（“参考文献”包括相关档案的完整列表)。我特别感谢下列图书馆和档案馆的工作人员：华盛顿国会图书馆、奥地利国家图书馆、维也纳大学图书馆以及密歇根大学图书馆。此外，下列机构和个人对我提供了不可或缺的帮助：伦敦惠康博物馆(Wellcome Library)档案部门的莱斯利·霍尔(Lesley Hall)，她为我提供了克拉夫特-埃宾的档案；印第安纳州布鲁明顿的金赛研究中心(Kinsey Institute)的肖恩·C.威尔逊(Shawn C. Wilson)，他为我提供了马格努斯·赫希菲尔德的“剪贴簿”；柏林马格努斯·赫希菲尔德学会(Magnus Hirschfeld Society)的拉尔夫·多斯(Ralf Dose)；维也纳市档案馆(Wiener Stadt-und Landesarchiv)的工作人员，他们为我提供奥地利的刑事审判的卷宗；当时仍然位于波茨坦无忧宫的橘园的柏林-勃兰登堡州档案馆(Berlin-Brandenburgisches Landeshauptarchiv)，那里收藏了柏林警察的档案。格拉茨城市档案馆、格拉茨大学档案馆以及施蒂利亚州立档案馆(the Graz city, university, and Styrian State archives)；德累斯顿卫生博物馆(Hygiene Museum in Dresden)和萨克森州档案馆(Saxon State Archive)；此外，匈牙利国立塞切尼图书馆(National Széchéniyi Library)的手稿收藏，其中包括几乎完整的卡尔·科特布尼文档。是所有这些档案馆和博物馆使本研究选题成为可能，此外，查阅这些档案本身也是一种乐趣。

一些研究基金为本书的研究和写作提供了支持：罗格斯历史分析中心(Rutgers Center for Historical Analysis)的研究经费、维也纳国际文化研究中心(International Research Center for Cultural Studies [IFK])的研究经费、美国学术团体理事会和美国大学协会

（American Council of Learned Societies and American Association of Universities）提供的国会图书馆约翰·W. 克鲁格中心（Library of Congress's John W. Kluge Center）的研究经费、密歇根大学的学术副校长办公室提供的密歇根人文学科学术研究奖金、密歇根大学历史系的学术休假奖金、密歇根大学人文学院的约翰·里奇院系奖金。2013—2014年，我在富布赖特基金会的资助下第二次去了优秀的维也纳国际文化研究中心，虽然这是在笔者完成这部著作的手稿之后，但是他们允许我一边从事后续的学术研究，一边重新扫描一些图片、核查一些文献。以下学术机构提供了其他一些在公开的讲座和讨论会上呈现这本书的机会：宾夕法尼亚大学、多伦多大学、俄亥俄州立大学、开普敦大学、纽约大学以及哥伦比亚大学（特别感谢凯瑟琳·勒博［Katherine Lebow］、杰夫·派克［Jeff Peck］、保罗·莱特［Paul Reitter］、莉莉安·魏斯伯格［Liliane Weissberg］以及拉里·沃尔夫［Larry Wolff］等人）。最后，感谢芝加哥大学出版社的道格·米切尔（Doug Michell），他是一位优秀的编辑，出版了一批近几十年来最好的——和最早——关于性的历史及相关领域的学术著作。在撰写本书的这些年间，我和他定期见面，一起听音乐、和啤酒、讨论。卡尔·瓦格纳（Kyle Wagner）帮助我们完成了本书付梓前的费时费力的书稿校对工作，我们感到十足有幸。

如果我没有提到那些每天为这本书提供了最多支持的人，那么我的致谢就不算货真价实的致谢。一条狗的寿命不够长，无法陪伴我走完研究和撰写这本书的全程，因此，我必须感谢我的两条狗——布克哈特和派，它们见证了我所有领悟和修改。在许多方面，这是我的书，也是埃里克的书；我在书的每一页里都能读到他。最重要的是，我此刻要感谢我亲爱的家人：埃里克、娜塔莉、本杰明、黛博拉、汤姆、托尼、莉亚、詹妮弗和迈克尔，本书献给和他们在一起的记忆。

参考文献

档案文献

奥地利

格拉茨

Archiv für die Geschichte der Soziologie in Österreich (AGSÖ)
Stadtarchiv Graz (SG)
Steiermärkisches Landesarchiv (StLA)
Universitätsarchiv Graz (UAG)

维也纳

Bundes-Polizeidirektion Wien, Archiv (BPW)
Österreichische Nationalbibliothek (ÖNB)
Österreichisches Staatsarchiv (Allgemeines Verwaltungsarchiv) (AVA)
Wiener Stadt- und Landesarchiv (WSL)
Wiener Stadt- und Landesbibliothek, manuscript division (WSLB)

德国

柏林

Berlin-Brandenburgisches Landeshauptarchiv (BBLHA, holdings transferred to LAB)
Geheimes Staatsarchiv Preussischer Kulturbesitz (GSPK)
Landesarchiv Berlin (LAB)

德累斯顿

Sächsisches Staatsarchiv Dresden (SSaD)

匈牙利

National Széchényi Library, Manuscript Collection, Budapest (NSL)

英国

British Library Manuscripts Division, London (BLM)
Wellcome Library for the History and Understanding of Medicine, Archives and Manuscripts, London (WLAM)

美国

Kinsey Institute for Research in Sex, Gender, and Reproduction, Archives, Bloomington, Indiana (KIRSGR)

当代期刊报纸（部分）

报纸杂志

Allgemeine österreichische Gerichtszeitung
Berliner Abendblatt
Berliner Gerichts-Zeitung
Berliner Lokal-Anzeiger
Berliner Morgenpost
Berliner Morgen-Zeitung und Tägliches Familienblatt
Berliner Tageblatt
Das Gericht: Unabhängige nationale Wochenschrift für Gerichtswesen und öffentliches Leben
Das interessante Blatt
Der Kriminalkommissär: Illustrierte Wochenschrift
Der Welten-Bummler. Interessante Illustrierte Zeitung
Deutsche Allgemeine Zeitung
Deutsches Volksblatt
Deutsch-soziale Blätter
Die Tribüne: Wochenschrift für Aufklärung, Belehrung und Unterhaltung (Berlin)
Die Zukunft (Berlin)
Illustrirte Wochenrundschau über das Berliner Leben
Morgen-Zeitung
Neue Detektiv-Zeitung: Illustrierte Kriminal-Wochenschrift
Neue Freie Presse (Vienna)
Neue Preussische Zeitung
Neues Wiener Journal: Unparteiisches Tagblatt
Oesterreichische Kriminal-Zeitung: Wochenblatt für öffentliches Leben, Kriminal- und Polizeiwesen
Oesterreichische Rundschau
Politisch-Anthropologische Revue: Monatsschrift für das soziale und geistige Leben der Völker
Tägliche Rundschau
Volks-Zeitung. Organ für Jedermann aus dem Volke
Vossische Zeitung. Berlinische Nachrichten von Staats- und gelehrte Sachen
Wiener Allgemeine Zeitung
Wiener illustrirte Kriminal-Zeitung
Wiener Morgen-Zeitung
Wiener Zeitung

专业期刊

Archiv für Kriminal-Anthropologie und Kriminalistik
Archiv für Psychiatrie und Nervenkrankheiten
Der Irrenfreund
Deutsche Juristen-Zeitung
Deutsche Zeitschrift für die Staatsarzneikunde
Geschlecht und Gesellschaft
Jahrbuch für sexuelle Zwischenstufen
Monatsschrift für Kriminalpsychologie und Strafrechtsreform
Sexual-Probleme: Zeitschrift für Sexualwissenschaft und Sexualpolitik
Wiener medizinische Blätter: Zeitschrift für die gesammte Heilkunde
Zeitschrift für die. gesamte Strafrechtswissenschaft
Zeitschrift für ärztliche Fortbildung
Zeitschrift für Sexualforschung
Zeitschrift für Sexualwissenschaft
Zeitschrift für wissenschaftliche Zoologie

当代专著、小册子、论文

Adler, Cyrus, and Isidore Singer. *The Jewish Encyclopedia: A Descriptive Record of the History, Religion, Literature, and Customs of the Jewish People from the Earliest Times to the Present Day.* New York: Funk and Wagnalls, 1901–6.

Altmann, Ludwig. *Hugo Schenk und seine Genossen.* Edited by Dr. Ludwig Altmann. Vol. 3, *Aus dem Archiv des grauen Hauses: Eine Sammlung merkwürdiger Wiener Straffälle.* Vienna: Rikola, 1925.

Anon. *Das Paradoxon der Venus Urania.* Würzburg: Stuber, 1869.

———. "Die Prostitution in Wien." *Oesterreichische Kriminal-Zeitung: Wochenblatt für öffentliches Leben, Kriminal- und Polizeiwesen* 1, no. 19 (August 26, 1907): 4–5.

———. Prozess des Mädchenmörders Hugo Schenk und seiner Genossen. Linz: S. Tagwerker, 1884.

———. Sechs Aktenstücke zum Prozesse von Tisza-Eszlar. Berlin: L. Simion, 1882.

Asher, David. "Schopenhauer and Darwinism." *Journal of Anthropology* 1, no. 3 (1871): 312–32.

Augspurg, Anita. *Die ethische Seite der Frauenfrage.* Munich: Köhler, 1894.

Baer, Abraham Adolf. *Der Verbrecher in anthropologischer Beziehung.* Leipzig: Thieme, 1893.

Bäumer, Gertrud, Agnes Bluhm, Ika Freudenberg, Anna Kraußneck, Helene Lange, Anna Pappritz, Alice Salomon, and Marianne Weber. *Frauenbewegung und Sexualethik: Beiträge zur modernen Ehekritik.* Heilbronn a. N.: Salzer, 1909.

Baumgarten, Emanuel. *Die Blutbeschuldigung gegen die Juden: Von christlicher Seite beurtheilt.* 2nd ed. Vienna: Steyrermühl, 1883.

Bebel, August. *Die Frau und der Sozialismus.* Zürich-Hottingen: Volksbuchhandlung, 1879.

Benedikt, Moriz. *Anatomische Studien an Verbrecher-Gehirnen: Für Anthropologen, Mediciner, Juristen und Psychologen.* Wien: Braumüller, 1879.

Berliner, A. *Gutachten Ganganelli's Clemens XIV in Angelegenheit der Blutbeschuldigung der Juden.* Berlin: Deutsch, 1888.

Bernheim, H., and Sigmund Freud. *Die Suggestion und ihre Heilwirkung.* Leipzig: Deuticke, 1889.

Bernstein, Eduard. "Aus Anlaß eines Sensationsprozesses." *Die Neue Zeit* Jg. 13, Bd. 2, no. 32 (1895): 171–76.
———. "Die Beurtheilung des widernormalen Geschlechtsverkehrs." *Die Neue Zeit* Jg. 13, Bd. 2, no. 34 (1895): 228–33.
Bertillon, Alphonse. *Identification anthropométrique: instructions signalétiques.* Melun: Impr. administrative, 1893.
Birnbaum, Karl. *Die psychopathischen Verbrecher: Die Grenzzustände zwischen geistiger Gesundheit und Krankheit in ihren Beziehungen zu Verbrechen und Strafwesen: Handbuch für Ärzte, Juristen und Strafanstaltsbeamte.* Enzyklopädie der modernen Kriminalistik 11. Berlin: Langenscheidt, 1914.
Bloch, Iwan. *Das Sexualleben unserer Zeit in seinen Beziehungen zur modernen Kultur.* Berlin: Marcus, 1907.
Bloch, Josef Samuel. *Acten und Gutachten in dem Prozesse Rohling contra Bloch.* Vol. 1. Vienna: Breitenstein, 1890.
———. *Gegen die Anti-Semiten: Eine Streitschrift.* Vienna: Löwy, 1882.
———. *My Reminiscences.* Vienna: Löwit, 1923. Reprint, New York: Arno, 1973. Citations refer to the 1973 reprint.
———, ed. *Talmud und Judentum in der Oesterr. Volksvertretung.* Documente der Aufklärung, vol. 3. [Vienna?], 1900.
Böhme, Margarete. *Tagebuch einer Verlorenen.* Berlin: Fontane, 1905.
Born, Paul. *Berlins dunkle Existenzen: Ernstes und Heiteres aus dem Leben und Treiben der Hauptstadt.* Berlin: Steinitz, 1893.
Braun, Lily. *Die Frauenfrage: Ihre geschichtliche Entwicklung und wirtschaftliche Seite.* Leipzig: Hirzel, 1901.
Bücher, Karl, Friedrich Ratzel, Georg von Mayr, Heinrich Waentig, Georg Simmel, Theodor Petermann, and Dietrich Schäfer. *Die Großstadt: Vorträge und Aufsätze zur Städteausstellung.* Jahrbuch der Gehe-Stiftung zu Dresden, Bd. 9. Dresden: Zahn und Jaensch, 1903.
Casper, Johann Ludwig. *A Handbook of the Practice of Forensic Medicine: Based upon Personal Experience.* Translated by George William Balfour, Vol. 3. London: New Sydenham Society, 1864.
———. *Klinische Novellen zur gerichtlichen Medicin: Nach eignen Erfahrungen.* Berlin: Hirschwald, 1863.
———. "Ueber Nothzucht und Päderastie und deren Ermittelung Seitens des Gerichtsarztes: Nach eigenen Beobachtung." *Vierteljahrsschrift für gerichtliche und öffentliche Medicin* 1 (1852): 21–78.
Daumer, Georg Friedrich, *Der Feuer- und Molochdienst der alten Hebräer als urväterlicher, legaler, orthodoxer Cultus der Nation.* Brunswick: Otto, 1842.
———. *Die Geheimnisse des christlichen Alterthums.* Vol. 1. Hamburg: Hoffmann und Campe, 1847.
Deckert, Joseph. *Ein Ritualmord: Aktenmässig nachgewiesen.* 3rd ed. Dresden: Glöss, 1893.
Delitzsch, Franz. *Rohling's Talmudjude beleuchtet.* Leipzig: Dörffling und Franke, 1881.
Dr. med. H. *Der Konitzer Mord: Ein Beitrag zur Klärung.* Breslau: Preuss und Jünger, 1900.
Eisler, Rudolf. *Wörterbuch der philosophischen Begriffe: Historischquellenmässig.* Berlin: Mittler, 1904.
Elberskirchen, Johanna. *Die Prostitution des Mannes: Auch eine Bergpredigt—Auch eine Frauenlektüre.* Zurich: Schabelitz, 1896.
Elias, Norbert. *Über den Prozess der Zivilisation: Soziogenetische und psychogenetische Untersu-*

chungen. 2 vols. Basel: Falken, 1939. Translated by Edmund Jephcott as *The Civilizing Process.* Oxford: Blackwell, 1994. Page references are to the 1994 translation.

Eulenburg, Albert. *Real-Encyclopädie der gesammten Heilkunde: Medicinisch-chirurgisches Handwörterbuch für praktische Aerzte.* Vienna: Urban und Schwarzenberg, 1894.

Ferri, Enrico, and Robert Ferri. "The Present Movement in Criminal Anthropology apropos of a Biological Investigation in the English Prisons: Charles Goring's *The English Convict: A Symposium.*" *Journal of the American Institute of Criminal Law and Criminology* 5, no. 2 (1914): 224–27.

Fischer-Dückelmann, Anna. *Das Geschlechtsleben des Weibes: Eine physiologischsoziale Studie mit ärztlichen Ratschlagen.* Berlin: Bermühler, 1901.

Foerster, Friedrich Wilhelm. *Sexualethik und Sexualpädagogik: Eine Auseinandersetzung mit den Modernen.* Kempten: Kösel'he, 1907.

Forel, Auguste. *Die sexuelle Frage: Eine naturwissenschaftliche, psychologische, hygienische und soziologische Studie für Gebildete.* Munich: Reinhardt, 1905.

Forster, Paul. *Mord, Totschlag oder Körperverletzung mit tötlichem Ausgang? Hypothesen zu dem geheimnisvollen Tode des Konitzer Gymnasiasten Winter.* Werdohl in Westfalen: Scholz, 1905.

Frederiksen, Elke. *Die Frauenfrage in Deutschland 1865–1915: Texte und Dokumente, Universal-Bibliothek.* Stuttgart: Reclam, 1981.

Freud, Sigmund. *Gesammelte Werke in achtzehn Bänden mit einem Nachtragsband.* Edited by Anna Freud, Marie Bonaparte, E. Bibring, W. Hoffer, E. Kris, and O. Osakowe. Frankfurt: Fischer, 1999.

Friedlaender, Hugo. *Interessante Kriminal-Prozesse von kulturhistorischer Bedeutung: Darstellung merkwürdiger Strafrechtsrfälle aus Gegenwart und Jüngstvergangenheit nach eigenen Erlebnissen.* Berlin: Barsdorf, 1910.

———. *Kulturhistorische Kriminal-Prozesse der letzten vierzig Jahre: Mit einem Vorwort von Rechtsanwalt Dr. jur. J. Werthauer.* Berlin: Continent, 1908.

Gagern, Carlos de. *Die Entwickelung der Frauenfrage.* Vienna: Verein Bildung, 1879.

Ghillany, Friedrich Wilhelm. *Die Menschenopfer der alten Hebräer.* Nuremberg: Schrag, 1842.

Görres, Johann Joseph von. *Die christliche Mystik.* 4 vols. Regensburg: Manz, 1842.

Gougenot des Mousseaux, R. *Le juif: Le judaïsme et la judaisation des peuples chrétiens.* Paris: Plon, 1869.

Gross, Hanns. "Besprechung: Der Blutmord in Konitz mit Streiflichtern auf die strafrechtliche Stellung der Juden im Deutschen Reich." *Archiv für Kriminal-Anthropologie und Kriminalistik* 1, no. 2 (1900): 217.

———. *Criminalpsychologie.* Graz: Leuschner und Lubensky, 1898.

———. *Gesammelte Kriminalistische Aufsätze.* 2 vols. Leipzig: Vogel, 1902–8. [*GKA*]

———. "Psychopathischer Aberglaube." *Archiv für Kriminal-Anthropologie und Kriminalistik* 9 (1902): 253–82.

Grunwald, Max. *Zur Psychologie und Geschichte des Blutritualwahnes: Der Prozess Simon von Trient und Leopold Hilsner.* Berlin: Calvary, 1906.

Hellpach, Willy. *Prostitution und Prostituierte.* Edited by Hans Landsberg. Moderne Zeitfragen 5. Berlin: Pan, 1905.

Herzl, Theodor. *Complete Diaries.* New York: Herzl Press, 1960.

Herzog, Johann Jakob, Albert Hauck, and Hermann Caselmann. *Realencyklopädie für protestantische Theologie und Kirche.* 3rd ed. Leipzig: Hinrichs, 1898.

Hirsch, William. *Genie und Entartung: Eine psychologische Studie.* Berlin: Coblentz, 1894. English translation as *Genius and Degeneration: A Psychological Study.* London: Heinmann, 1897.

Hössli, Heinrich. *Eros: Die Männerliebe der Griechen, ihre Beziehungen zur Geschichte, Erziehung, Literatur und Gesetzgebung aller Zeiten.* 1836, 1838. Reprint, Berlin: Bibliothek rosa Winkel, 1996.

Jäger, Gustav. *Die Entdeckung der Seele: Zugleich Lehrbuch der allgemeinen Zoologie.* Abt. 3, *Psychologie.* Leipzig: Günther, 1880.

Jaspers, Karl. "Heimweh und Vee brechew." *Archiv für Kriminal-Anthropologie und Kriminalistik* 35, no. 1/2 (1909): 1–116.

Karsch, Ferdinand. *Der Putzmacher von Glarus Heinrich Hössli (1784–1864), ein Vorkämpfer der Männerliebe: Ein Lebensbild, Quellenmaterial zur Beurteilung angeblicher und wirklicher Uranier.* Leipzig: Spohr, 1903. Reprint, New York: Arno, 1975.

Kayserling, Meyer. *Die Blutbeschuldigung von Tisza-Eszlár.* Budapest: Selbstverlag des Verfassers, 1882.

Kertbeny, Karl Maria, C. *Schriften zur Homosexualitätsforschung.* Edited by Manfred Herzer. Bibliothek rosa Winkel, Bd. 22. Berlin: Verlag rosa Winkel, 2000.

Kisch, E. Heinrich. *Die sexuelle Untreue der Frau. Erster Teil: Die Ehebrecherin: Eine sozialmedizinische Studie.* Bonn: Marcus und Weber, 1916.

Kornfeld, Hermann. "Gerichts-Aerzte." *Archiv für Kriminal-Anthropologie und Kriminalistik* 5, no. 2 (1900): 191–94.

Kraepelin, Emil. *Psychiatrie: Ein Lehrbuch für Studierende und Ärzte.* Leipzig: Barth, 1899.

Krafft-Ebing, Richard von. *Arbeiten aus dem Gesamtgebiet der Psychiatrie und Neuropathologie,* 3. Heft. Leipzig: Barth, 1897–99.

———. *Beiträge zur Erkennung und richtigen forensischen Beurtheilung krankhafter Gemüthszustände, für Aerzte, Richter und Vertheidiger.* Erlangen: Enke, 1867.

———. *Grundzüge der Criminalpsychologie auf Grundlage der deutschen und österreichischen Strafgesetzgebung.* Erlangen: Enke, 1872.

———. *Lehrbuch der Psychiatrie auf klinischer Grundlage für praktische Ärzte und Studirende.* 2nd ed. Stuttgart: Enke, 1883.

———. *Die Lehre von der Mania transitoria: Für Aerzte und Juristen dargestellt.* Erlangen: Enke, 1865.

———. *Psychopathia sexualis: Mit Beiträgen on Georges Bataille, Werner Brede, Albert Caraco, Salvador Dalí, Ernst Fuhrman, Maurice Heine, Julia Kristeva, Paul Kruntorad und Elisabeth Lenk.* Munich: Matthes und Seitz, 1997.

———. *Psychopathia sexualis, with Especial Reference to Contrary Sexual Instinct: A Medico-legal Study.* Translated by C. G. Chaddock from the 7th German ed. Philadelphia: Davis, 1895.

———. *Die Sinnesdelirien: Ein Versuch ihrer physiopsychologischen Begründung und klinischen Darstellung.* Erlangen: Enke, 1864.

———. *Die transitorischen Störungen des Selbstbewusstseins: Ein Beitrag zur Lehre vom transitorischen Irresein in klinisch-forensischer Hinsicht, f. Aerzte, Richter, Staatsanwälte u. Vertheidiger.* Erlangen: Enke, 1868.

Kraus, Karl. *Sittlichkeit und Kriminalität.* Vienna: Rosner, 1908. Reprint in *Schriften,* vol. 1. Frankfurt: Suhrkamp, 1987. Citations refer to the 1987 reprint.

Kurella, Hans. *Die Grenzen der Zurechnungsfähigkeit und die Kriminal-Anthropologie: Für Juristen, Ärzte und gebildete Laien dargestellt.* Halle: Gebauer-Schwetschke, 1903.

———. *Naturgeschichte des Verbrechers: Grundzüge der criminellen Anthropologie und Criminalpsychologie: Für Gerichtsärzte, Psychiater, Juristen und Verwaltungsbeamte.* Stuttgart: Enke, 1893.

Laurent, Achille. *Relation historique des affaires de Syrie: depuis 1840 jusqu'en 1842 . . . .* 2 vols. Paris: Gaume Frères, 1846.

Lessing, Theodor. *Der jüdische Selbsthass.* Berlin: Jüdischer Verlag, 1930. Reprint, Munich: Matthes und Seitz, 1984.

Lippert, Robert. *Anklagen der Juden in Russland wegen Kindermords, Gebrauchs von Christenblut und Gotteslästerung . . . .* Leipzig: Engelmann, 1846.

Lipschitz, Leopold, ed. *Christliche Zeugnisse gegen die Blutbeschuldigung der Juden.* Berlin: Walther und Apolant, 1882.

———. *Die Blutbeschuldigung gegen die Juden . . . .* Vienna: Verlag von Dr. Bloch's "Oesterreichischen Wochenschrift," 1883.

Lombroso, Cesare. *Entartung und Genie.* Edited by Hans Kurella. Neue Studien, Bibliothek für Sozialwissenschaft. Leipzig: Wigand, 1894.

———. *Kerker-Palimpseste, Wandinschriften und Selbstbekenntnisse gefangener Verbrecher . . . .* Hamburg: A.-G. Königliche Hofbuchhandlung, 1899.

———. *The Man of Genius.* London: Scott, 1891.

———. *L'uomo delinquente in rapporto all'antropologia, alla giurisprudenza ed alle discipline carcerarie, 1896–1897.* Torino: Fratelli Bocca, 1896. Translated by Mary Gibson and Nicole Hahn Rafter as *Criminal Man.* Durham, NC: Duke University Press, 2006.

Lombroso, Cesare, and Guglielmo Ferrero. *La donna delinquente: la prostituta e la donna normale.* Torino: Roux, 1893. Translated by Nicole Hahn Rafter and Mary Gibson as *Criminal Woman, the Prostitute, and the Normal Woman.* Durham, NC: Duke University Press.

Lukács, György. *Soul and Form: Essays.* London: Merlin, 1974.

Mader, Evaristus. *Die Menschenopfer der alten Hebräer und der benachbarten Völker: Ein Beitrag zur alttestamentlichen Religionsgeschichte.* Edited by O. Bardenhewer. Biblische Studien, vol. 14/5–6. Freiburg: Herdersche, 1909.

Martin, Justizrat zu Nürnberg. "Zum Process Sternberg." *Archiv für Kriminal Anthropologie und Kriminalistik* 6, no. 1 (1901): 182–87.

Marx, Karl, and Friedrich Engels. "Minutes of Marx's Report to the London German Workers' Educational Society on November 30, 1847." In Collected Works. New York: International Publishers, 1975.

Masaryk, T. G. *Die Bedeutung des Polnaer Verbrechens für den Ritualaberglauben.* Berlin: Hermann, 1900.

———. *Die Nothwendigkeit der Revision des Polnaer Processes.* Vol. 9/3, Sonderabdruck aus der Wochenschrift *Die Zeit.* Vienna: Die Zeit, 1899.

Meisel-Hess, Grete. *Das Wesen der Geschlechtlichkeit: Die sexuelle Krise in ihren Beziehungen zur sozialen Frage und zum Krieg zu Moral, Rasse und Religion und insbesondere zur Monogamie.* 2 vols. Jena: Diederichs, 1916.

Metta, K. *Wie belehren wir unsere Kinder in Schule und Haus über das Geschlechtsleben? Möller's Bibliothek für Gesundheitspflege.* Berlin: Möller, 1900.

Möbius, P. J. *Ueber den physiologischen Schwachsinn des Weibes, Sammlung zwangloser Abhandlungen aus dem Gebiete der Nerven- und Geisteskrankheiten.* Halle: Marhold, 1900.

Moll, Albert. *Die conträre Sexualempfindung: Mit Benutzung amtlichen Materials.* Berlin: Fischer's Medicinische Buchhandlung, 1891.

Mommert, Carl, Dr. Theol. *Der Ritualmord bei den Talmud-Juden.* Leipzig: Haberland, 1905.

Musil, Robert. *Gesammelte Werke.* 2. vols. Edited by Adolf Frisé. Reinbek bei Hamburg: Rowohlt, 1978.

———. *Der literarische Nachlass*. Edited by Friedbert Aspetsberger, Karl Eibl, and Adolf Frisé. Reinbek: Rowohlt, 1992. CD-ROM.

———. *Der Mann ohne Eigenschaften*. Erstes und zweites Buch. 15th ed. Edited by Adolf Frisé. Reinbek bei Hamburg: Rowohlt, 2001. [*MoE*]

———. *The Man without Qualities*. 2 vols. Translated by Sophie Wilkins. New York: Knopf, 1995. [*MwQ*]

———. *Precision and Soul: Essays and Addresses*. Translated and edited by Burton Pike and David S. Luft. Chicago: University of Chicago Press, 1990.Näcke, Paul. *Verbrechen und Wahnsinn beim Weibe: mit Ausblicken auf die Criminal-Anthropologie überhaupt; klinisch-statistische, anthropologisch-biologische und craniologische Untersuchungen*. Vienna: Braumüller, 1894.

Nathan, Paul. *Der Prozess von Tisza-Eszlár: Ein antisemitisches Culturbild*. Berlin: Fontane, 1892.

Nordau, Max Simon. *Die conventionellen Lügen der Kulturmenschheit*. Leipzig: Elischer, 1883.

———. *Entartung*. 2 vols. Berlin: Duncker, 1893. Translated by [Wm. Barry] as *Degeneration*. 6th ed. New York: Appleton, 1895.

Nussbaum, Arthur. *Der Polnaer Ritualmordprozess: Eine kriminalpsychologische Untersuchung au aktenmässiger Grundlage*. 2nd ed. Berlin: Hayn's Erben, 1906.

Olberg, Oda. *Das Weib und der Intellectualismus*. Berlin: Edelheim, 1902.

Ostwald, Hans Bergmann Klaus. *Männliche Prostitution im kaiserlichen Berlin*. Berlin: Janssen, 1991.

———. *Vagabunden: Ein autobiographischer Roman*. Schriftenreihe des Instituts für Sozialhistorische Forschung. Frankfurt:Campus Verlag, 1980. First published 1900.

Ostwald, Hans, ed. *Großstadt-Dokumente*. Berlin: Seemann, 1904–8.

Paul-Schiff, Maximilian. *Der Prozess Hilsner: Aktenauszug*. Vienna: Rosner, 1908.

Prätorius, Dr. jur. N. "Die Bibliographie der Homosexualität für das Jahr 1899, sowie Nachtrag zu der Bibliographie des ersten Jahrbuchs." *Jahrbuch für sexuelle Zwischenstufen* 2 (1900): 345–445.

Rickert, Heinrich. *Die Philosophie des Lebens: Darstellung und Kritik der philosophischen Modeströmungen unserer Zeit*. Tübingen: Mohr, 1920.

Ritter, Bernhard. *Zur Geschichte der gerichtsärztlichen Ermittelung der Nothzucht, Leichenschändung, Päderastie und Sodomie*. Erlangen: Enke, 1863.

Rohling, August. *Franz Delitzsch und die Judenfrage*. Prague: Reinitzer, 1881.

———. *Die Polemik und das Menschenopfer des Rabbinismus*. Paderborn: Bonifacius, 1883.

———. *Der Talmudjude: Zur Beherzigung für Juden und Christen aller Stände*. Münster: Russell, 1873.

Schauenstein, Adolf. *Lehrbuch der gerichtlichen Medicin mit besonderer Berücksichtigung der Gesetzgebung Österreichs und deren Vergleichung mit den Gesetzgebungen Deutschlands, Frankreichs und Englands: Für Ärzte und Juristen*. Vienna: Braumüller, 1862.

Schramm, Hellmut. *Der jüdische Ritualmord: Eine historische Untersuchung*. 3rd ed. Berlin: Fritsch, 1944.

Schrenck-Notzing, Albert von. "Beiträge zur forensischen Beurteilung von Sittlichkeitsvergehen mit besonderer Berücksichtigung der Pathogenese psychosexueller Anomalien." In *Kriminalpsychologische und Psychopathologische Studien: Gesammelte Aufsätze aus den Gebieten des Psychopatia sexualis, der gerichtlichen Psychiatrie und der Suggestionslehre*. Leipzig: Barth, 1902.

Schuchardt, Ernst. *Sechs Monate Arbeitshaus: Erlebnisse eines wandernden Arbeiters, Großstadt-Dokumente*. Berlin: Seemann, 1907.

Simmel, Georg. *Einleitung in die Moralwissenschaft: Eine Kritik der ethischen Grundbegriffe*. Berlin: Hertz, 1892.

Stern, Moritz, ed. *Andreas Osianders Schrift über die Blutbeschuldigung*. Kiel: Fiencke, 1893.

Strack, Hermann Leberecht, and Edward Glaser. *Das Blut im Glauben und Aberglauben der Menschheit: mit besonderer Berücksichtigung der "Volksmedizin" und des "jüdischen Blutritus."* Schriften des Institutum Judaicum in Berlin 14. Munich: Beck, 1900.

Sutor, Gustav, ed. *Der Konitzer Mord und seine Folgen: Ein Mahnruf zur Vernunft*. Berlin: Schildberger, 1900.

Tönnies, Ferdinand. *Gemeinschaft und Gesellschaft: Grundbegriffe der reinen Soziologie*. Leipzig: Fues, 1887.

Tresckow, Hans von. *Von Fürsten und anderen Sterblichen: Erinnerungen eines Kriminalkommissars*. Berlin: Fontane, 1922.

Ulrichs, Karl Heinrich [Numa Numantius, pseud.]. *Forschungen über das Räthsel der mannmännlichen Liebe*. 12 vols. 1864–1879. Reprint, Berlin: Verlag rosa Winkel, 1994.

———. *The Riddle of "Man-Manly Love": The Pioneering Work on Male Homosexuality*. Translated by Michael A. Lombardi-Nash. 2 vols. Buffalo, NY: Prometheus Books, 1994.

Von einem Junggesellen. *Nüchterne Betrachtungen über die Frauenfrage*. Neustadt a. d. Hdt.: Gottschick-Witter, 1894.

Von einer Frau. *Auch ein paar nüchterne Betrachtungen über die Frauenfrage*. Bad Ems: Sommer, 1894.

Weininger, Otto. *Geschlecht und Charakter: eine prinzipielle Untersuchung*. Vienna: Braumüller, 1903. Reprint, Munich: Mattes und Seitz, 1980.

———. *Über die letzten Dinge*. Vienna: Braumüller, 1907.

Wilmanns, Karl. *Zur Psychopathologie des Landstreicher*. Leipzig: Barth, 1906.

Wulffen, Erich. *Gauner- und Verbrechertypen*. Berlin: Langenscheidt, 1910.

———. *Sexualspiegel von Kunst und Verbrechen*. Dresden: Aretz, 1928.

二手文献、回忆录

Abrahamsen, David *The Life and Mind of a Genius*. New York: Columbia University Press, 1946.

Anidjar, Gil. "Lines of Blood: *Limpieza de Sangre* as Political Theology." In *Blood in History and Blood Histories*, edited by Mariacarla Gadebusch Bondio. Florence: SISMEL/Edizioni del Galluzzo, 2005.

Ankum, Katharina von. *Women in the Metropolis: Gender and Modernity in Weimar Culture*. Berkeley: University of California Press, 1997.

Appignanesi, Lisa. *Femininity and the Creative Imagination: A Study of Henry James, Robert Musil and Marcel Proust*. New York: Barnes and Noble, 1973.

Bachhiesl, Christian, *Zwischen Indizienparadigma und Pseudowissenschaft: Wissenschaftshistorische Überlegungen zum epistemischen Status kriminalwissenschaftlicher Forschung*. Münster: LIT, 2012.

Bahr, Ernst, ed. *Altpreußische Biographie*. Marburg/Lahn: Elwert, 1995.

Barsch, Achim, and Peter M. Hejl. *Menschenbilder: Zur Pluralisierung der Vorstellungen von der menschlichen Natur (1850–1914)*. Frankfurt: Suhrkamp, 2000.

Baumann, Imanuel. *Dem Verbrechen auf der Spur: Eine Geschichte der Kriminologie und Kriminalpolitik in Deutschland 1880 bis 1980*. Göttingen: Wallstein, 2006.

Beachy, Robert. *Gay Berlin: Birthplace of a Modern Identity*. New York: Knopf, 2014.

———. "The German Invention of Homosexuality." *Journal of Modern History* 82, no. 4 (2010): 801–38.

Becker, Peter. *Verderbnis und Entartung: Eine Geschichte der Kriminologie des 19. Jahrhunderts als Diskurs und Praxis.* Veröffentlichungen des Max-Planck-Instituts für Geschichte 176. Göttingen: Vandenhoeck und Ruprecht, 2002.

Becker, Peter, and Richard F. Wetzell. *Criminals and Their Scientists: The History of Criminology in International Perspective*, Publications of the German Historical Institute. New York: Cambridge University Press, 2006.

Beirne, Piers. *Inventing Criminology: Essays on the Rise of "Homo criminalis,"* SUNY Series in Deviance and Social Control. Albany: State University of New York Press, 1993.

Berding, Helmut, Diethelm Klippel, and Günther Lottes. *Kriminalität und abweichendes Verhalten: Deutschland im 18. und 19. Jahrhundert*, Sammlung Vandenhoeck. Göttingen: Vandenhoeck und Ruprecht, 1999.

Bersani, Leo. *The Freudian Body: Psychoanalysis and Art.* New York: Columbia University Press, 1986.

Biale, David. *Blood and Belief: The Circulation of a Symbol between Jews and Christians.* Berkeley: University of California Press, 2007.

Binder, Hartmut. *Kafka-Handbuch in zwei Bänden.* Stuttgart: Kröner, 1979.

Bland, Lucy, and Laura L. Doan. *Sexology Uncensored: The Documents of Sexual Science.* Cambridge: Polity, 1998.

Boelcke, Willi A. *Krupp und die Hohenzollern in Dokumenten: Krupp-Korrespondenz mit Kaisern, Kabinettschefs und Ministern, 1850–1918.* Frankfurt: Akademische Verlagsgesellschaft Athenaion, 1970.

Boym, Svetlana. *The Future of Nostalgia.* New York: Basic Books, 2001.

Broeckmann, Andreas. "A Visual Economy of Individuals: The Use of Portrait Photography in the Nineteenth-Century Human Sciences." PhD thesis, University of East Anglia, 1995. http://isp2.srv.v2.nl/~andreas/phd/.

Bronfen, Elisabeth. *The Knotted Subject: Hysteria and Its Discontents.* Princeton, NJ: Princeton University Press, 1998.

Brubaker, Rogers, and Frederick Cooper. "Beyond 'Identity.'" *Theory and Society* 29, no. 1 (2000): 1–47.

Burchell, Graham, Colin Gordon, and Peter Miller. *The Foucault Effect: Studies in Governmentality: With Two Lectures by and an Interview with Michel Foucault.* Chicago: University of Chicago Press, 1991.

Bynum, Caroline Walker. *Wonderful Blood: Theology and Practice in Late Medieval Northern Germany and Beyond.* Philadelphia: University of Pennsylvania Press, 2007.

Canning, Kathleen. *Languages of Labor and Gender: Female Factory Work in Germany, 1850–1914.* Ithaca, NY: Cornell University Press, 1996.

Caplan, Jane, and John C. Torpey. *Documenting Individual Identity: The Development of State Practices in the Modern World.* Princeton, NJ: Princeton University Press, 2001.

Caputi, Jane. *The Age of Sex Crime.* Bowling Green, OH: Bowling Green University Popular Press, 1987.

Certeau, Michel de. *Heterologies: Discourse on the Other.* Translated by Brian Massumi. Theory and History of Literature, vol. 17. Minneapolis: University of Minnesota Press, 1986.

———. *The Practice of Everyday Life.* Berkeley: University of California Press, 1984.

Chamberlin, J. Edward, and Sander L. Gilman. *Degeneration: The Dark Side of Progress.* New York: Columbia University Press, 1985.

Clark, Anna. "Twilight Moments." *Journal of the History of Sexuality* 114, no. 1/2 (2005): 139–60.
Cohen, Stanley. *Folk Devils and Moral Panics: The Creation of the Mods and Rockers.* Oxford: Robertson, 1980.
Cooper, Frederick. *Colonialism in Question: Theory, Knowledge, History.* Berkeley: University of California Press, 2005.
Déak, Ágnes. "Translator, Editor, Publisher, Spy: The Informative Case of Károly Kertbeny (1824–1882)." *Hungarian Quarterly* 39 (1998): 26–33.
Dean, Carolyn J. *The Frail Social Body: Pornography, Homosexuality, and Other Fantasies in Interwar France.* Berkeley: University of California Press, 2000.
———. *The Self and Its Pleasures: Bataille, Lacan, and the History of the Decentered Subject.* Ithaca, NY: Cornell University Press, 1992.
———. *Sexuality and Modern Western Culture.* Twayne's Studies in Intellectual and Cultural History. New York: Twayne, 1996.
Dean, Tim, and Christopher Lane. *Homosexuality and Psychoanalysis.* Chicago: University of Chicago Press, 2001.
Dienes, Gerhard Michael. *Gross gegen Gross: Hans und Otto Gross: ein paradigmatischer Generationenkonflikt.* Marburg: LiteraturWissenschaft, 2005.
Dienes, Gerhard Michael, and Ralf Rother. *Die Gesetze des Vaters: Problematische Identitätsansprüche: Hans und Otto Gross, Sigmund Freud und Franz Kafka.* Vienna: Böhlau, 2003.
Dijkstra, Bram. *Idols of Perversity: Fantasies of Feminine Evil in Fin-de-Siècle Culture.* New York: Oxford University Press, 1986.
Dickinson, E. Ross. *Sex, Freedom, and Power in Imperial Germany, 1880–1914.* Cambridge: Cambridge University Press, 2014.
Ellenberger, Henri F. *The Discovery of the Unconscious: The History and Evolution of Dynamic Psychiatry.* New York: Basic Books, 1970.
Eribon, Didier. "Michel Foucault's Histories of Sexuality." *GLQ* 7, no. 1 (2001): 31–86.
Evans, Richard J. *The Feminist Movement in Germany, 1894–1933.* London: Sage, 1976.
———. *The German Underworld: Deviants and Outcasts in German History.* London: Routledge, 1988.
———. *Tales from the German Underworld: Crime and Punishment in the Nineteenth Century.* New Haven, CT: Yale University Press, 1998.
Felski, Rita. *The Gender of Modernity.* Cambridge, MA: Harvard University Press, 1995.
Feray, Jean-Claude, and M. Herzer. "Homosexual Studies and Politics in the 19th Century: Karl Maria Kertbeny." *Journal of Homosexuality* 19, no. 1 (1990): 23–47.
Ferrell, Jeff, K. Hayward, W. Morrison, and M. Presdee, eds. *Cultural Criminology Unleashed.* London: GlassHouse, 2004.
Florence, Ronald. *Blood Libel: The Damascus Affair of 1840.* Madison: University of Wisconsin Press, 2004.
Foucault, Michel. *The History of Sexuality.* Translated by Robert Hurley. 3 vols. New York: Pantheon Books, 1978.
———. *I, Pierre Rivière, Having Slaughtered My Mother, My Sister, and My Brother: A Case of Parricide in the 19th Century.* Translated by Frank Jellinek. Lincoln: University of Nebraska Press, 1982.
———. *Politics, Philosophy, Culture: Interviews and Other Writings, 1977–1984.* Edited by Lawrence D. Kritzman. New York: Routledge, 1988.
Foucault, Michel, Valerio Marchetti, Antonella Salomoni, and Arnold I. Davidson. *Abnormal: Lectures at the Collège de France, 1974–1975.* New York: Picador, 2003.

Frankel, Jonathan. *The Damascus Affair: "Ritual Murder," Politics, and the Jews in 1840.* Cambridge: Cambridge University Press, 1997.

Frederiksen, Elke, ed. *Die Frauenfrage in Deutschland 1865–1915: Texte und Dokumente.* Stuttgart: Reclam, 1981.

Fritzsche, Peter. *Reading Berlin 1900.* Cambridge, MA.: Harvard University Press, 1996.

Galassi, Silviana. *Kriminologie im Deutschen Kaiserreich: Geschichte einer gebrochenen Verwissenschaftlichung.* Stuttgart: Steiner, 2004.

Gershoni, I., Y. Hakan Erdem, and Ursula Woköck. *Histories of the Modern Middle East: New Directions.* Boulder, CO: Rienner, 2002.

Geyer-Kordesch, Johanna, and Annette Kuhn. *Frauenkörper, Medizin, Sexualität: Auf dem Wege zu einer neuen Sexualmoral.* Dusseldorf: Schwann, 1986.

Gibson, Mary. *Born to Crime: Cesare Lombroso and the Origins of Biological Criminology.* Italian and Italian American Studies. Westport, CT: Praeger, 2002.

Ginzburg, Carlo. *Clues, Myths, and the Historical Method.* Translated by John Tedeschi and Anne C. Tedeschi. Baltimore: Johns Hopkins University Press, 1989.

Good, David F., Margarete Gradner, and Mary Jo Maynes. *Austrian Women in the Nineteenth and Twentieth Centuries: Cross-Disciplinary Perspectives.* Providence, RI: Berghahn, 1996.

Gould, Stephen Jay. *The Mismeasure of Man.* New York: Norton, 1996.

Groß, Johannes T. *Ritualmordbeschuldigungen gegen Juden im Deutschen Kaiserreich (1871–1914).* Zentrum für Antisemitismusforschung der Technischen Universität Berlin. Vol. 47, *Dokumente, Text, Materialien.* Berlin: Metropol, 2002.

Hall, Alex. *Scandal, Sensation, and Social Democracy: The SPD Press and Wilhelmine Germany 1890–1914.* Cambridge: Cambridge University Press, 1977.

Halperin, David M. *How to Do the History of Homosexuality.* Chicago: University of Chicago Press, 2002.

———. *One Hundred Years of Homosexuality: And Other Essays on Greek Love.* New York: Routledge, 1990.

Handler, Andrew. *Blood Libel at Tiszaeszlar.* East European Monographs. New York: Columbia University Press, 1980.

Harrowitz, Nancy A., and Barbara Hyams. *Jews and Gender: Responses to Otto Weininger.* Philadelphia: Temple University Press, 1995.

Hartston, Barnet. *Sensationalizing the Jewish Question: Anti-Semitic Trials and the Press in the Early German Empire.* Studies in Central European Histories. Leiden: Brill, 2005.

Haxthausen, Charles Werner, and Heidrun Suhr. *Berlin: Culture and Metropolis.* Minneapolis: University of Minnesota Press, 1991.

Herczl, Moshe Y. *Christianity and the Holocaust of Hungarian Jewry.* New York: New York University Press, 1993.

Hergemöller, Bernd-Ulrich. *Mann für Mann: Biographisches Lexikon.* Hamburg: Suhrkamp, 2001.

Herzog, Todd. "Crime Stories: Criminal, Society, and the Modernist Case History." *Representations* 80, no. 1 (2002): 34–61.

Hett, Benjamin. *Death in the Tiergarten: Murder and Criminal Justice in the Kaiser's Berlin.* Cambridge, MA: Harvard University Press, 2004.

Horn, David G. *The Criminal Body: Lombroso and the Anatomy of Deviance.* New York: Routledge, 2003.

Hügel, Hans-Otto. *Untersuchungsrichter, Diebsfänger, Detektive: Theorie u. Geschichte d. dt. Detektiverzählung im 19. Jh.* Stuttgart: Metzler, 1978.

Hull, Isabel V. *The Entourage of Kaiser Wilhelm II, 1888–1918*. Cambridge: Cambridge University Press, 1982.

Hundert, Gershon David. *The YIVO Encyclopedia of Jews in Eastern Europe*. New Haven, CT: Yale University Press, 2008.

Janik, Allan. *Essays on Wittgenstein and Weininger*. Studien zur österreichischen Philosophie 9. Amsterdam: Rodopi, 1985.

Jazbinsek, Dietmar. "The Metropolis and the Mental Life of Georg Simmel: On the History of an Antipathy." *Journal of Urban History* 30, no. 1 (2003): 104–6.

Johnston, William M. *The Austrian Mind: An Intellectual and Social History, 1848–1938*. Berkeley: University of California Press, 1972.

Jonsson, Stefan. *Subject without Nation: Robert Musil and the History of Modern Identity*. Durham, NC: Duke University Press, 2000.

Kaiser, Céline. *Rhetorik der Entartung: Max Nordau und die Sprache der Verletzung*. Bielefeld: Transcript, 2007.

Karthaus, Ulrich. *Der andere Zustand: Zeitstrukturen im Werke Robert Musils*. Philologische Studien und Quellen. Berlin: Schmidt, 1965.

Käser, Rudolf, and Vera Pohland. *Disease and Medicine in Modern German Cultures*. Western Societies Program occasional paper 30. Ithaca, NY: Center for International Studies, Cornell University, 1990.

Katz, Jonathan. *The Invention of Heterosexuality*. New York: Dutton, 1995.

Keilson-Lauritz, Marita. *Die Geschichte der eigenen Geschichte: Literatur und Literaturkritik in den Anfängen der Schwulenbewegung am Beispiel des Jahrbuchs für sexuelle Zwischenstufen und der Zeitschrift Der Eigene*. Homosexualität und Literatur 11. Berlin: Verlag rosa Winkel, 1997.

Kennedy, Hubert. *Karl Heinrich Ulrichs : Leben und Werk*. 2nd ed. Bibliothek rosa Winkel 27. Hamburg: MännerschwarmSkript-Verlag, 2001.

———. "Kertbeny and the Nameless Love." *Journal of Homosexuality* 12, no. 1 (1985): 1–26.

Kieval, Hillel J. "The Importance of Place: Comparative Aspects of the Ritual Murder Trial in Modern Central Europe." In *Comparing Jewish Societies*, edited by Todd M. Endelman, 135–65. Ann Arbor: University of Michigan Press, 1997.

———. "Neighbors, Strangers, Readers: The Village and the City in Jewish-Gentile Conflict at the Turn of the Nineteenth Century." *Jewish Studies Quarterly* 12 (2005): 61–79.

———. "Representation and Knowledge in Medieval and Modern Accounts of Jewish Ritual Murder." *Jewish Social Studies: History, Culture, Society* 1 (1994–95): 52–72.

———. "Ritual Murder (Modern)." In *Antisemitism: A Historical Encyclopedia of Prejudice and Persecution*, edited by Richard S. Levy, 605–8. Santa Barbara, CA: ABC-CLIO, 2005.

Krafft-Ebing, R. von. *Psychopathia sexualis: Mit Beiträgen on Georges Bataille, Werner Brede, Albert Caraco, Salvador Dalí, Ernst Fuhrman, Maurice Heine, Julia Kristeva, Paul Kruntorad und Elisabeth Lenk*. Munich: Matthes und Seitz, 1997.

Krietsch, Peter, and Manfred Dietel. *Pathologisch-Anatomisches Cabinet: Vom Virchow-Museum zum Berliner Medizinhistorischen Museum in der Charité*. Berlin: Blackwell Wissenschafts-Verlag, 1996.

LaCapra, Dominick. *History and Its Limits: Human, Animal, Violence*. Ithaca, NY: Cornell University Press, 2009.

Lamott, Franziska. *Die vermessene Frau: Hysterien um 1900*. Munich: Fink, 2001.

Leps, Marie-Christine. *Apprehending the Criminal: The Production of Deviance in Nineteenth-*

Century Discourse. Post-Contemporary Interventions. Durham, NC: Duke University Press, 1992.

Le Rider, Jacques. *Le cas Otto Weininger: racines de l'antiféminisme et de l'antisémitisme*. Perspectives critiques. Paris: Presses universitaires de France, 1982.

Le Rider, Jacques, and Norbert Leser. *Otto Weininger: Werk und Wirkung*. Quellen und Studien zur österreichischen Geistesgeschichte im 19. und 20. Jahrhundert 5. Vienna: Österreichischer Bundesverlag, 1984.

LeVay, Simon. *Queer Science: The Use and Abuse of Research into Homosexuality*. Cambridge, MA: MIT Press, 1996.

Lombroso, Cesare, Guglielmo Ferrero, Nicole Hahn Rafter, and Mary Gibson. *Criminal Woman, the Prostitute, and the Normal Woman*. Durham, NC: Duke University Press, 2004.

Lombroso, Cesare, Mary Gibson, and Nicole Hahn Rafter. *Criminal Man*. Durham, NC: Duke University Press, 2006.

Luft, David S. *Eros and Inwardness in Vienna: Weininger, Musil, Doderer*. Chicago: University of Chicago Press, 2003.

Matysik, Tracie. *Reforming the Moral Subject: Ethics and Sexuality in Central Europe, 1890–1930*. Ithaca, NY: Cornell University Press, 2008.

Mayhew, Henry. *London Labour and the London Poor*. Harmondsworth, Middlesex: Penguin Books, 1985.

McBride, Patrizia C. *The Void of Ethics: Robert Musil and the Experience of Modernity*, Avant-Garde and Modernism Studies. Evanston, IL: Northwestern University Press, 2006.

McGuire, Kristin M. "Activism, Intimacy and the Politics of Selfhood: The Gendered Terms of Citizenship in Poland and Germany, 1890–1918." PhD diss., University of Michigan, 2004.

Mearns, Andrew, and Anthony S. Wohl. *The Bitter Cry of Outcast London*. New York: Humanities Press, 1970.

Morrison, Wayne. "Lombroso and the Birth of Criminological Positivism: Scientific Mastery or Cultural Artifice?" In *Cultural Criminology Unleashed*, edited by Jeff Ferrell, K. Hayward, W. Morrison, and M. Presdee, 67–80. London: GlassHouse, 2004.

Mort, Frank. *Dangerous Sexualities: Medico-Moral Politics in England since 1830*. London: Routledge and Kegan Paul, 1987.

Mosse, George L. *The Crisis of German Ideology: Intellectual Origins of the Third Reich*. New York: Grosset and Dunlap, 1964.

Müller, Christian. *Verbrechensbekämpfung im Anstaltsstaat: Psychiatrie, Kriminologie und Strafrechtsreform in Deutschland 1871–1933*. Kritische Studien zur Geschichtswissenschaft 160. Göttingen: Vandenhoeck und Ruprecht, 2004.

Nitzschke, Bernd. *Männerängste, Männerwünsche*. Munich: Matthes und Seitz, 1984.

Nye, Robert A. "Heredity or Milieu: The Foundations of Modern European Criminological Theory." *Isis* 67, no. 3 (1976): 334–55.

Oosterhuis, Harry. *Homosexuality and Male Bonding in Pre-Nazi Germany: The Youth Movement, the Gay Movement, and Male Bonding before Hitler's Rise: Original Transcripts from Der Eigene, the First Gay Journal in the World*. Translated by Hubert Kennedy. New York: Harrington Park Press, 1991.

———. *Stepchildren of Nature: Krafft-Ebing, Psychiatry, and the Making of Sexual Identity*. Chicago: University of Chicago Press, 2000.

Payne-James, Jason. *Encyclopedia of Forensic and Legal Medicine*. Amsterdam: Elsevier Academic Press, 2005.

Peukert, Detlev. *The Weimar Republic: The Crisis of Classical Modernity.* New York: Hill and Wang, 1992.

Pick, Daniel. *Faces of Degeneration: A European Disorder, c.1848–c.1918.* Cambridge: Cambridge University Press, 1989.

Pynsent, Robert B. *Decadence and Innovation: Austro-Hungarian Life and Art at the Turn of the Century.* London: Weidenfeld and Nicolson, 1989.

Rémy, Jean, ed. *Georg Simmel: Ville et modernité.* Paris: L'Harmattan, 1995.

Repp, Kevin. *Reformers, Critics, and the Paths of German Modernity: Anti-politics and the Search for Alternatives, 1890–1914.* Cambridge, MA: Harvard University Press, 2000.

Rodlauer, Hannelore. *Von "Eros und Psyche" zu Geschlecht und Charakter.* Vienna: Verlag der österreichischen Akademie der Wissenschaften, 1987.

Röhl, John C. G., and Nicolaus Sombart. *Kaiser Wilhelm II, New Interpretations: The Corfu Papers.* Cambridge: Cambridge University Press, 1982.

Rosario, Vernon A. *Science and Homosexualities.* New York: Routledge, 1997.

Rowbotham, Judith, and Kim Stevenson. *Criminal Conversations: Victorian Crimes, Social Panic, and Moral Outrage.* Columbus: Ohio State University Press, 2005.

Schildt, Rudolf. "Das Ende einer Karriere: Entfernung des Amtsassessors Ulrichs aus dem Staatsdienst wegen widernatürlicher Wollust." *Capri: Zeitschrift für Schwule Geschichte,* no. 1/88 (1988): 24–33.

Schivelbusch, Wolfgang. *Disenchanted Night: The Industrialization of Light in the Nineteenth Century.* Berkeley: University of California Press, 1988.

Schorske, Carl E. *Fin-de-Siècle Vienna: Politics and Culture.* New York: Vintage Books, 1981.

Sedgwick, Eve Kosofsky. *Epistemology of the Closet.* Berkeley: University of California Press, 1990.

Sekula, Allan. "The Body and the Archive." *October* 39 (1986): 3–64.

Seltzer, Mark. *Serial Killers: Death and Life in America's Wound Culture.* New York: Routledge, 1998.

Sengoopta, Chandak. *Otto Weininger: Sex, Science, and Self in Imperial Vienna,* Chicago Series on Sexuality, History, and Society. Chicago: University of Chicago Press, 2000.

Sigusch, Volkmar, and Günter Grau. *Geschichte der Sexualwissenschaft.* Frankfurt: Campus, 2008.

Smith, Helmut Walser. *The Butcher's Tale: Murder and Anti-Semitism in a German Town.* New York: Norton, 2002.

Söder, Hans-Peter. "Disease and Health as Contexts of Modernity: Max Nordau as a Critic of Fin-de-Siècle Modernism." *German Studies Review* 14 (1991): 473–87.

Spector, Scott. *Prague Territories: National Conflict and Cultural Innovation in Franz Kafka's Fin de Siècle.* Berkeley, CA: University of California Press, 2000.

———. "Where Personal Fate Turns to Public Affair: Homosexual Scandal and Social Order in Vienna, 1900–1910." *Austrian History Yearbook* 38 (2007): 15–24.

———. "The Wrath of the 'Countess Merviola': Tabloid Exposé and the Emergence of Homosexual Subjects in Vienna 1907." In *Sexuality in Austria,* edited by Günter Bischof, Anton Pelinka, and Dagmar Herzog, 31–48. Edison, NJ: Transaction, 2006.

Spector, Scott, Helmut Puff, and Dagmar Herzog. *After the History of Sexuality: German Genealogies with and beyond Foucault.* Spektrum: Publications of the German Studies Association. New York: Berghahn Books, 2012.

Srebnick, Amy Gilman, and René Lévy. *Crime and Culture: An Historical Perspective.* Advances in Criminology. Burlington, VT: Ashgate, 2005.

Steakley, James D. "Iconography of a Scandal: Political Cartoons and the Eulenburg Affair." *Studies in Visual Communication* 9, no. 2 (1983): 20–51.

———, comp. *The Writings of Magnus Hirschfeld: A Bibliography.* Schriftenreihe der Magnus-Hirschfeld-Gesellschaft 2. Toronto: Canadian Gay Archives, 1985.

Steinberg, Holger, Dirk Carius, and Matthias C. Angermeyer. "The Tenth Anniversary of the Archives for the History of Psychiatry in Leipzig." *History of Psychiatry* 17, no. 4 (2006): 501–7.

Steinberg, Jonathan. "The Case of Herr Fritz Krupp." *Midstream: A Monthly Jewish Review* 13, no. 9 (1967): 10–19.

Stern, Edith. *The Glorious Victory of Truth: The Tiszaeszlar Blood Libel Trial, 1882–3: A Historical-Legal-Medical Research.* Jerusalem: R. Mass, 1998.

Stern, Fritz Richard. *The Politics of Cultural Despair: A Study in the Rise of the Germanic Ideology.* Berkeley: University of California Press, 1961.

Stewart-Steinberg, Suzanne. *Sublime Surrender: Male Masochism at the Fin-de-Siècle.* Ithaca, NY: Cornell University Press, 1998.

Stow, Kenneth R. *Jewish Dogs: An Image and Its Interpreters: Continuity in the Catholic-Jewish Encounter.* Stanford, CA: Stanford University Press, 2006.

Szasz, Thomas. *The Age of Madness: The History of Involuntary Mental Hospitalization, Presented in Selected Texts.* New York: Aronson, 1974.

Szporluk, Roman. *The Political Thought of Thomas G. Masaryk.* East European Monographs. New York: Columbia University Press, 1981.

Tatar, Maria M. *Lustmord: Sexual Murder in Weimar Germany.* Princeton, NJ: Princeton University Press, 1995.

Theweleit, Klaus. *Männerphantasien.* 2 vols. Frankfurt: Verlag Roter Stern, 1977–78.

Thies, Ralf. *Ethnograph des dunklen Berlin: Hans Ostwald und die "Grossstadt-Dokumente" (1904–1908).* Cologne: Böhlau, 2006.

Toaff, Ariel. *Pasque di sangue: ebrei d'Europa e omicidi rituali.* 2nd ed. Biblioteca storica. Bologna: Il mulino, 2008.

Veigl, Hans. *Morbides Wien: Die dunklen Bezirke der Stadt und ihrer Bewohner.* Vienna: Böhlau, 2000.

Verhey, Jeffrey. *The Spirit of 1914: Militarism, Myth, and Mobilization in Germany.* Cambridge: Cambridge University Press, 2000.

Verplaetse, Jan. "Moritz [*sic*] Benedikt's (1835–1920) Localization of Morality in the Occipital Lobes: Origin and Background of a Controversial Hypothesis." *History of Psychiatry* 15, no. 3 (2004): 305–28.

Vyleta, Dan. *Crime, Jews and News: Vienna, 1895–1914.* New York: Berghahn Books, 2007.

———. "Jewish Crimes and Misdemeanors: In Search of Jewish Criminality (Germany and Austria, 1890–1914)." *European History Quarterly* 35, no. 2 (2005): 299–325.

Wagner, E. J. *The Science of Sherlock Holmes: From Baskerville Hall to the Valley of Fear, the Real Forensics behind the Great Detective's Greatest Cases.* Hoboken, NJ: Wiley, 2006.

Wagner, Nike. *Geist und Geschlecht: Karl Kraus und die Erotik der Wiener Moderne.* Frankfurt: Suhrkamp, 1982.

Walkowitz, Judith R. *City of Dreadful Delight: Narratives of Sexual Danger in Late-Victorian London.* Women in Culture and Society. Chicago: University of Chicago Press, 1992.

Warner, Michael, and Collective Social Text. *Fear of a Queer Planet: Queer Politics and Social Theory.* Minneapolis: University of Minnesota Press, 1993.

Wetzell, Richard F. *Inventing the Criminal: A History of German Criminology, 1880–1945* .Chapel Hill: University of North Carolina Press, 2000.
Williams, Raymond. *The Country and the City.* New York: Oxford University Press, 1973.
Wiltenburg, Joy. "True Crime: The Origins of Modern Sensationalism." *American Historical Review* 109, no. 5 (2004): 1377–404.
Wolff, Kurt H. *The Sociology of Georg Simmel.* New York: Free Press, 1950.
Wolff, Larry. *Postcards from the End of the World: Child Abuse in Freud's Vienna.* New York: Atheneum, 1988.
Zimmermann, Clemens, and Jürgen Reulecke. *Die Stadt als Moloch? Das Land als Kraftquell? Wahrnehmungen und Wirkungen der Grossstädte um 1900.* Stadtforschung aktuell. Basel: Boston, 1999.
Žižek, Slavoj. *For They Know Not What They Do: Enjoyment as a Political Factor.* London: Verso, 1991.
———. *The Metastases of Enjoyment: Six Essays on Woman and Causality.* London: Verso, 1994.

索　引

斜体数字为图片页码

A

阿马拉，易卜拉欣 Amara, Ibrihim 202, *204*

埃尔伯基兴，乔安娜 Elberskirchen, Johanna 176

埃利亚斯，诺贝特 Elias, Norbert 9, 249

霭理士，哈夫洛克 Ellis, Havelock 124, 129

艾森门格尔，约翰·安德烈亚斯 Eisenmenger, Johann Andreas 223

案例研究（病例历史或者病史） case studies (case histories, *Kranken-geschichte*)：作为体裁的案例研究 as genre 126, 131；克拉夫特–埃宾对案例研究的说明 Krafft-Ebing's instructions for 126；《性病态》中的案例研究 in *Psychopathia sexualis* 123, 127-128；案例研究同自传的关系 relation of to autobiography 84, 87-88, 128；案例研究的感官猛料方面 sensational aspects of 84；案例研究的朦胧状态 of twilight states 121, 122；性学研究中对案例研究的利用 use in sexology 126；案例研究和福格特案件的相似性 Voigt's familiarity with 188；福格特对案例研究的个人看法 Voigt's personal 190

暗示理论 suggestion theory 52, 234

奥得河畔的屈斯特林 Cüstrin on the Oder 168-169

《奥地利犯罪报》 *Oesterreichische Kriminal-Zeitung* 146-158,

148, *149*;《奥地利犯罪报》的司法改革诉求 demands for legal reform 146, 147; 同性恋者对《奥地利犯罪报》的反应 homosexual responses to 147, 150-153, 154-156;《奥地利犯罪报》的鸡奸系列报道 pederasty series 146-147, 151-153;《奥地利犯罪报》对《奥地利帝国刑法》第129条（b）款的态度 position on Paragraph 129(b) 147, 153;《奥地利犯罪报》改版成为八卦小报 shift to tabloid journalism 146

《奥地利帝国刑法》第129条第（b）款 Paragraph 129(b) (Austrian penal code) 78n6, 141, 145, 147, 153, 159

奥地利议会 Reichsrat (Austrian Parliament) 216, 219, 232

奥尔伯格, 奥达 Olberg, Oda 177, 179

奥格斯伯格, 安妮塔 Augspurg, Anita 175-176

奥诺蒂, 格扎 Onódy, Geza 212, 219

奥斯特胡斯, 哈里 Oosterhuis, Harry 128

奥斯瓦尔德, 汉斯 Ostwald, Hans 18, 26-30, 184; 奥斯瓦尔德的文学技巧 literary technique of 27

B

巴布, 尤里乌斯 Bab, Julius 26, 28

巴克萨, 卡雷尔 Baxa, Karel 233

巴里, 约瑟夫 Bary, József 215-216, 217

巴西尼（穆齐尔小说的人物） Basini (Musil Character) 244, 246

柏拉图 Plato 153

柏林 Berlin 1, 18, 20, 24, 26, 28; 柏林的解剖学收藏 anatomical collection in 69n149; 柏林的波希米亚人 bohemians in 26; 柏林的犯罪博物馆 Crime Museum 67;《柏林的黑暗角落》里的柏林 in *Dark Corners of Berlin* 18; 柏林警察局的敲诈勒索和同性恋部门 Department of Blackmailers and Homosexuals 163; 柏林的民族志 ethnography of 28;

“大都市档案集”中的柏林 in *Großstadt-Dokumente* 26-27, 28, 29; 柏林的同性恋者 homosexuals in 27, 100, 164; 新闻媒体记录中的柏林 press accounts of 24, 166; 柏林的妓女 prostitutes in 27, 28-29, 181; 作为典型大都市的柏林 as quintessential metropolis 20, 29; 柏林的地下世界 underworld in 184-185

柏林大学病理学系 University of Berlin, Pathological Institute 217

《柏林的黑暗角落》(奥斯瓦尔德) *Dark Corners of Berlin* (Ostwald) 18

《柏林法庭新闻》 Berliner Gerichts-Zeitung (Berlin court news) 100, 105

柏林犯罪博物馆 Crime Museum, Berlin 67

柏林警察局的敲诈勒索和同性恋部门 Department of Blackmailers and Homosexuals, Berlin (Erpresser-und Homosexuellende-zernat) 163

《柏林生活每周评论画报》 *Illustrated Weekly Review of Berlin Life* (*Illustrirte Wochenrundschau über das Berliner Leben*) 23

拜尔, 阿道夫 Baer, Adolf 35, 36, 45

报纸 newspapers。**参见**: 新闻媒体(大众) press (mass)

暴力 Violence: 对儿童施加的暴力 against children 99-100, 101, 103, 113; 对妇女施加的暴力 against women 5, 10, 166-169, 181-182, 183-184, 187, 188-189, 235, 251; 暴力和同性恋的联系 associated with homosexuality 3, 76, 81, 82, 93, 100, 101, 103, 110, 250-251; 暴力和犹太人的联系 associated with Jews 3, 6, 251; 暴力和性的联系 associated with sexuality 5, 93, 100, 104, 113-114, 170, 196, 250; 作为

幻想的暴力 as fantasy 2, 14, 195-196, 250-252; 暴力的非理性 irrationality of 235, 穆齐尔提出的暴力概念 Musil's conception of 11-12; 穆齐尔的作品中的暴力 in Musil's writings 197; 作为隐蔽的暴力形式的出柜 outing as implicit form of 141; 暴力和理想化主体的关系 relation of to idealized subject 250; 作为感官猛料的暴力 as sensation 240; 源自利比多的暴力 stems from libido 250; 得到文明升华的暴力 sublimated by civilization 249; 超越当下的暴力 transcending the present 11

北德意志关税联盟 North German Confederation 94, 95-96

贝贝尔, 奥古斯特 Bebel, August 137

贝蒂永, 阿尔方斯 Bertillon, Alphonse 63, *64*; 阿尔方斯·贝蒂永的影响 influence of 65

贝尔, 劳拉 Beer, Laura 143

贝尔, 西奥多 Beer, Theodor 141-144, 145; 对西奥多·贝尔的指控 accusations against 141; 西奥多·贝尔案件和德雷福斯事件的比较 compared to Dreyfus 143; 对西奥多·贝尔的辩护 defense arguments 142-144; 警方对西奥多·贝尔的调查 police investigation of 144

贝尔格林, 路易斯 Belgerin, Louise 168

贝卡利亚, 切萨雷 Beccaria, Cesare 31, 34n53

本尼迪克特, 莫里茨 Benedikt, Moriz 45, 45n81, 225

比恩鲍姆, 卡尔 Birnbaum, Karl 46

比洛, 伯恩哈德·冯 Bülow, Bernhard von 161, 162

比亚尔, 戴维 Biale, David, 208

边界 borders: 关于边界的讨论 discourses about 8, 9, 11-12, 185; 向上流动和向下流动之间的边界 between upward and downward mobility 185; 边界和暴力的联系 violence

associated with 11。**亦可参见**边缘人格 Grenzfall; 边界状态 Grenzzustand
边界人物 border figures: 边界人物和暴力的联系 associated with violence 14; 作为返祖现象的边界人物 as atavistic 9; 作为边界人物的容器的城市 cities as host to 2, 6; 人们对边界人物的幻想 fantasies of 16; 边界人物的身份认同 identification with 244, 250; 边界人物和社会规范的关系 normative in relation to 8; 边界人物的人格 personality of 11; 刑事责任能力 Zurechnungsfähigkeit 45
边界状态 Grenzzustand (border state) 9
边缘化假说 marginalization thesis 3, 218-219
边缘人格 Grenzfall (borderline personality) 11
宾斯万格, 奥托 Binswanger, Otto 189
病史 Krankengeshichten 123, 126。**参见**案例研究 case studies
波米, 玛格丽特 Böheme, Margarete 185
伯恩, 保罗 Born, Paul 185
伯恩巴赫, C. Birnbacher, C. 131
伯恩海姆, 希波莱特 Bernheim, Hippolyte 234
伯恩斯坦, 爱德华 Bernstein, Edward 139
伯恩斯坦, 马克斯 Bernstein, Max 227, 228
不具备刑事责任能力 *Unzurechnungsfähigkeit* (criminal irresponsibility): 定义 definition 41; 专家在判断犯罪者是否具备刑事责任能力中的作用 expert's role in determining 42; 纳格尔案件中的不具备刑事责任能力 in Nagel case 44-45; 罗斯审判中的不具备刑事责任能力 in Rose trial 160; 不具备刑事责任能力和朦胧状态 and twilight states 123; 福格特宣称不具备刑事责任能力 Voigt's claim of 189; 扎斯特洛夫审判中的不具备刑事责任能力 in Zastrow trial

107。**参见**：刑事责任能力 *Zurechnungsfähigkeit*
布兰德，阿道夫 Brand, Adolf 153, 161, 162
布洛赫，约瑟夫·萨穆埃尔 Bloch, Josef Samuel 222-226, *224*, 228。**亦可参见**塔木德争议 Talmud Dispute

C

《超越快乐原则》（弗洛伊德） *Beyond the Pleasure Principle* (Freud) 249
《冲锋报》 *Stürmer, Der* 208
出柜 Outing：同性恋者的出柜 by homosexuals 155-156；社会主义者的出柜 by socialists 137, 141。**参见**：跨过尸体的道路 path over corpses

D

达尔文，查尔斯 Darwin, Charles 79, 80
大都市 *Großstadt* 4, 16, 23-30；对大都市的矛盾看法 ambivalence about 26；大都市和犯罪的联系 associated with crime 17-18, 20, 23-25, 30；作为典型大都市的柏林 Berlin as quintessential 20, 29；文化想象中的大都市 in cultural imaginary 17；大都市的定义 definition 22n12；专家对大都市的讨论 expert discourses on 30；大都市和现代性 and modernity 17, 21-22；对大都市的再现 representations of 29, 30；大都市的地下世界 underworld in , 23-25, 26, 30。**参见**大都市 metropolis
大都市 metropolis：人们对大都市的矛盾观点 ambivalence about 26；大都市和犯罪的联系 associated with crime 17-18, 20, 23-25, 30, 93, 184-185；作为典型大都市的柏林 Berlin as quintessential 20, 29；大都市的抽象概念和大都市的生活体验的对比 concepts of vs. lived experience 23；大都市和强奸、鸡奸的关系 connected to rape and

pederasty 84；作为文明创造物的大都市 as creation of civilization 22；作为危险的事物的大都市 as dangerous 185；有关大都市的话语 discourses on 1, 4, 21-30；作为舶来品的大都市 as exotic 185；专家对大都市的讨论 expert discourses on 30；大都市和现代性 and modernity 17, 21-22；大都市的新奇 novelty of 17, 21-22, 23；大都市带来的心理影响 psychological effects of 21-22；对大都市的再现 representations of 29, 30；齐美尔著作中的大都市 in Simmel 21-23；作为退化源头的大都市 as source of degeneration 251；大都市的地下世界 underworld in 23-25, 26, 30, 93, 184。**参见**大都市 Großstadt

"大都市档案集"（奥斯瓦尔德） *Großstadt-Dukumente* (Ostawald) 18, *19*, 26-30, 31, 32, 65, 184；作为民族志的"大都市档案集" as ethnography 28；"大都市档案集"的小品文风格 feuilletonistic style 29；作为混合体裁的"大都市档案集" as hybrid genre 28；"大都市档案集"中的主题 subjects in, 26-27, 28

大马士革事件 Damascus affair 202-203, 206, 208-211, 219

道姆 G. F. Daumer, G. F. 229-231

德国东方学会 German Oriental Society (Deutsche Morgenländische Gesellschaft), 225-226

德国国会 Reichstag (German Parliament) 137, 238, 238n89

德国社会民主党 German Social Democratic Party (SPD) 137

德国魏玛时期 Germany, Weimar 14, 163, 195

德雷福斯，阿尔弗雷德 Dreyfus, Alfred: 德雷福斯事件和贝尔案件的比较 compared to Beer 143；德雷福斯事件对希尔斯纳的影响 to Hilsner 232-233；德雷福斯事件对蒂萨兹拉尔事件的影响 to Tiszaeszlár case 215

德里奇, 弗朗茨 Delitzsch, Franz 226-228
德斯古德, 弗朗茨 Desgouttes, Franz 101
德意志帝国 German Empire 136; 德意志帝国的反犹主义 antisemitism in 231; 犹太人的解放 emancipation of Jews 218; 德意志帝国的统一 unification of 8
德意志帝国 Kaiserreich。**参见**德意志帝国 German Empire
德意志帝国国会 Parliament, German Empire。**参见**: 德国国会 Reichstag
《德意志帝国刑法典》第175条 Paragraph 175 (German penal code) 78n7, 131, 141, 145, 158-159, 162-163, 241, 243; 贝贝尔提出的废止该法条的动议 Bebel demands repeal of 137; 该法条的持续生效 persistence of 163
德意志帝国刑法法典第51条 Paragraph 51 (German penal code) 41
迪恩, 卡罗琳 Dean, Carolyn 14n20, 196
蒂萨兹拉尔(匈牙利) Tiszaeszlár (Hungary): 蒂萨兹拉尔的犹太人 Jews in 212
蒂萨兹拉尔事件 Tiszaeszlár case 203-204, 208, 212-220, 232; 作为返祖现象的蒂萨兹拉尔事件 as atavism 215; 蒂萨兹拉尔事件的背景 background 212; 蒂萨兹拉尔事件和德雷福斯事件的比较 compared to Dreyfus Affair 215; 蒂萨兹拉尔事件中的专家话语 expert discourse in 217; 蒂萨兹拉尔事件的法医学证据 forensic evidence in 217; 匈牙利议会对蒂萨兹拉尔事件的讨论 in Hungarian Diet 213, 216, 219; 新闻媒体对蒂萨兹拉尔事件的报道 press accounts of 215, 217, 219; 作为仪式杀人的蒂萨兹拉尔事件 as ritual murder 216; 作为感官猛料的蒂萨兹拉尔事件 as sensation 212, 215, 216

癫痫 epilepsy 9, 37, 42, 51, 128, 252; 癫痫和性欲杀人的联系 linked with *Lustmord* 189, 190; 癫痫作为病态 as pathology 123-124; 癫痫和不具备刑事责任能力 and *Unzurechnungsfähigkeit* 44; 福格特案件中的癫痫 in Voigt case 190

E

俄罗斯帝国 Russian Empire 220
《厄洛斯》（霍斯利） *Eros* (Hössli) 101
恩宁格事件 Enniger case 204-205
儿童 children：贝尔丑闻中的儿童 in Beer scandal 141-142, 144; 儿童的道德沦丧 moral corruption of 144; 儿童作为控方证人 as prosecutorial witnesses 142; 儿童作为娼妓 as prostitutes 12-13, 139; 儿童作为祭祀的牺牲品 in ritual sacrifice 6, 206-207, 125, 228-229; 对儿童的暴力 violence against 6, 53, 99-103, 105, 113, 141, 206-207

F

《发现灵魂》（耶格尔） *Discovery of the Soul* (Jäger) 97, 98, 99
法律专家 experts, judicial:《没有个性的人》中的专家 in *Man without Qualities* 43; 专家在判决刑事责任能力中的角色 role in determining *Zurechnungsfähigkeit* 42。**参见**（犹太人的）仪式杀人 murder, ritual (Jewtish); 刑事责任能力 *Zurechnungsfähigkeit*
《法医医学的临床故事》（卡斯帕） *Klinische Novellen zur gerichtlichen Medicin* (Casper) 86, 88
反犹主义者和反犹主义 antisemites and antisemitism：对血祭诽谤的指控 accusations of blood libel 216, 219-221, 251; 对反犹主义的抨击 attacks against 220-222; 有关犹太儿童献祭的说法 claims of Jewish child sacrifice 230; 作为

犹太人专家的反犹主义者 as experts on Jews 226, 227-228; 德意志帝国的反犹主义 in German Empire 231; 中欧地区的反犹主义的增长 growth of in central Europe 205-206; 哈布斯堡帝国的反犹主义 in Habsburg Empire 231; 希尔斯纳案件中的反犹主义 in Hilsner case 232; 匈牙利议会中的反犹主义 in Hungarian Diet 212, 216, 219; 反犹主义和人们对现代性的焦虑的关系 linked to anxieties about modernity 202, 206; 反犹主义者制造的感官猛料 produces sensationalism 234; 奥地利议会的反犹主义 in the Reichsrat 216; 俄罗斯帝国的反犹主义 in Russian Empire 220; 蒂萨兹拉尔事件中的反犹主义 in Tiszaeszlár case 212, 216-217, 219; 温特尔案件中的反犹主义 in Winter case 238, 239, 241

返祖现象 atavism: 犯罪者的返祖现象 in criminals 33, 34, 36, 37, 198; 作为返祖现象的犹太人 Jews as 239; 返祖现象和退化的联系 linked with degeneration 9, 46, 48; 返祖现象和思乡的联系 linked with homesickness 52; 返祖现象和大都市的关系 related to metropolis 4; 作为性犯罪的返祖现象 sex crimes as 170; 作为返祖现象的蒂萨兹拉尔事件 Tiszaeszlár affair as 215

犯罪 crime: 犯罪和大都市的联系 associated with metropolis (Großstadt) 17-18, 23-24; 犯罪和性的联系 associated with sexuality 199; 犯罪的案例研究 case studies of 53; 犯罪作为优生学的问题 as eugenics problem 198; 犯罪作为幻想 as fantasy 240; 犯罪和思乡 and homesickness 51-55; 犯罪的非理性动机 irrational motives for 235-237; 犯罪和退化的联系 linked with degeneration 49-50; 对犯罪的文学描写 literary depictions of 24, 28; 犯罪起源 origins of 4,

37, 37n63, 38, 50, 51, 55, 161, 191；新闻媒体对犯罪的记录 press accounts of 3, 23-24；朦胧状态制造的犯罪 produced by twilights states 123；犯罪作为现代性的产物 as product of modernity 24；心理学对犯罪的解释 psychological explanations for 51-55；犯罪作为谜题 as puzzle 54；犯罪作为感官猛料 as sensation 93；对犯罪的耸人听闻的新闻报道 sensational reports of 198。**亦可参见**性犯罪 crime, sex

《犯罪的男人》（朗布罗索） *Criminal Man* (Lombroso) 32, 35, 38, 39, *40*

《犯罪的女人》（朗布罗索） *Criminal Woman* (Lomboroso) 32

犯罪精神病学 psychiatry, criminal：犯罪精神病学和犯罪 and criminology 35, 54；犯罪精神病学对犯罪的解释 explanations for crime 52-55；犯罪精神病学的司法鉴定手段 forensic 53, 62, 191；格罗斯的犯罪精神病学著作 Gross's book on 62；犯罪精神病学在认定刑事责任能力中的作用 role in criminal responsibility (*Zurechnungsfähigkeit*) 44, 45, 61-62

犯罪人类学 criminal anthropology 4, 31-35, 55；犯罪人类学和考古学的比较 compared to archaeology 34；先天决定论者和社会环境论者之间的争论 determinists vs. socio-environmentalists 33, 34-37；犯罪人类学国际大会 international congresses 33；犯罪人类学和性欲杀人 and Lustmord 169, 198；犯罪人类学和犯罪学的关系 relation of to criminology 55。**参见**犯罪学 criminology

犯罪人类学国际大会 International Congress on Criminal Anthropology 33, 38

《犯罪人类学和刑事侦查学档案》 *Archiv für Kriminal-anthropologie und Kriminalistik* 58

犯罪小说 novel, criminal (Kriminalroman) 24, 184, 241

犯罪心理学 psychology, criminal: 刑事调查中的犯罪心理学 in criminal investigations 62; 希尔斯纳案件中的犯罪心理学 in Hilsner case 233-234; 作为跨学科知识的犯罪心理学 as interdisciplinary knowledge 61-62; 犯罪心理学对罪犯思想的测绘 mapping criminal mind 198-199; 作为某种犯罪性理学的仪式杀人审判 ritual murder trials as a kind of 235

《犯罪心理学》(格罗斯) *Criminalpsychologie* (Gross) 51, 51n101, 52, 62, 218

犯罪学 criminology: 犯罪学的古典学派 classical school 31; 犯罪学家把犯罪和天才联系起来 connects crime with genius 191; 犯罪学中的先天决定论 determinism in 32, 33; 先天决定论者和社会环境论者的争论 determinists vs. socio-environmentalists 33, 34-37, 38; 格罗斯对犯罪学的影响 Gross' s influence on 55, 56-57; 犯罪学和性欲杀人 and Lustmord 169; 先天本性和后天培养的争论 nature vs. nurture debate 6, 32-33; 犯罪学作为新的媒介 as new medium 38; 犯罪学的起源 origins of 31, 33-34, 55; 犯罪学的实证学派 positive school 31, 32-33, 34, 37, 42; 犯罪学和刑侦学的关系 relation of to criminalistics 57, 66; 从犯罪到罪犯的转向 shift from crime to criminal 31。**参见**犯罪人类学 criminal anthropology; 刑侦学 criminalistics

菲尔绍, 鲁道夫 Virchow, Rudolph 217

腓特烈大帝(普鲁士国王) Frederick the Great 81, 153

费里, 恩里克 Ferri, Enrico 35, 35n55, 37n60

费舍尔-杜克尔曼, 安娜 Fischer-Dückelmann, Anna 176

冯·卡尤斯侯爵 Cajus, Count von。**参见**老海因里希·冯·马查恩男爵 Maltzan, Heinrich von, Sr

弗雷尔，奥古斯特 Forel, Auguste 176, 178-179
弗里德兰德，本尼迪克特 Friedlaender, Benedict 153
弗里克，欧内斯丁 Frick, Ernestine 168
弗里施，彼得 Fritzsche, Peter 29
弗洛伊德，西格蒙德 Frued, Sigmund 129, 199, 234, 249, 250
福尔摩斯，夏洛克（柯南·道尔小说角色） Holmes, Sherlock (Conan Doyle character) 56, 60, 71, 217
福格特，克里斯蒂安 Voigt, Christian 10, 187-193；福格特的自传 autobiography 190-191；福格特的刑事责任能力的意识 awareness of *Zurechnungsfähigkeit* 193；福格特宣称自己不具备刑事责任能力 claims *Unzurechnungsfähigkeit* 189；福格特的谴责 condemnation of 192-193；福格特的自白 confession 193；福格特对姆斯布鲁尔的影响 influence for Moosbrugger 187, 190, 192；皮尔杀人案 murder of Peer 187；福格特对杀人案的个人记录 personal account of murder 188-189；福格特的自我辩护 self-defense 190-192；作为感官猛料的福格特案件 as sensation 187；福格特的朦胧状态 trance states in 189
福柯，米歇尔 Foucault, Michel 15, 31, 73, 85, 87, 89, 124, 184；对福柯的评论 criticisms of 80
福斯特，保罗 Forster, Paul 241-242, 243
妇女问题 woman question：女性主义者对妇女问题的主张 feminist arguments on 175-176；妇女问题和阶级的关系 linked to class 175；转化为“性问题”的妇女问题 shift to “sexual question” 176。**参见**：性问题 sexual question

G

感官猛料 sensation：作为感官猛料的贝尔丑闻 Beer scandal as 141, 145；作为感官猛料的血祭诽谤指控 blood libel accusations as 206, 209; 作为感官猛料的案例研究 case studies as 84; 感官猛料的内涵 connotations 103; 作为感官猛料的犯罪博物馆 crime museums as 69-70; 作为感官猛料的犯罪新闻报道 crime reportage as 24; 作为感官猛料的犯罪学的文本 criminalistics texts as 66-67; 作为感官猛料的犯罪者 criminals as 32, 38, 93; 使感官猛料理性化的努力 efforts to rationalize 240-241; 作为体裁的感官猛料 as genre 7; 作为感官猛料的哈登-奥伊伦堡事件 Harden-Eulenberg affair as 136, 141; 作为感官猛料的希尔斯纳事件 Hilsner case as 233; 感官猛料暗示的身份认同 implied identification in 104; 作为感官猛料的克虏伯丑闻 Krupp scandal as 140, 141; 作为感官猛料的性欲杀人 Lustmord as 170, 198; 作为感官猛料的《性病态》 *Psychopathia sexualis* as 129; 感官猛料和学术知识的联系 relation of to scholarly knowledge 129; 作为感官猛料的性 sex as 93; 作为感官猛料的性病理状态 sexual pathologies as 69-70; 作为感官猛料的头骨 skulls as 70-71; 作为感官猛料的蒂萨兹拉尔事件 Tiszaeszlár case as 212, 215-216; 作为感官猛料的沃伊案件 Vay case as 129, 133; 作为感官猛料的暴力 violence as 240; 作为感官猛料的福格特案件 Voigt case as 187; 作为感官猛料的扎斯特洛夫审判 Zastrow trial as 109

戈斯勒, 古斯塔夫·冯 Goßler, Gustav von 227

歌德, 约翰·沃尔夫冈 Goethe, Johann Wolfgang von 120, 199

格拉茨大学刑事侦查学研究所 University Criminalistics Institute (University Criminological Institute), Graz 58-59; 刑事侦查学研究所和格拉茨犯罪博物馆的关系 relation of to Graz Crime Museum 68-69

格拉茨犯罪博物馆 Crime Museum, Graz 68-70

格拉茨卡尔-弗朗茨大学 Karl-Franzens University, Graz 55
格里帕策，弗朗茨 Grillparzer, Franz 153
格里斯，约瑟夫·冯 Görres, Joesef von 113-114, 209, 231, 251；格里斯对暴力想象的关注 focus on violent imaginary 209；格里斯传播血祭诽谤的神话 propagates blood libel myth 206-207, 209
格伦瓦尔德，马克斯 Grunwald, Max 232-233
格罗斯，汉斯 Gross, Hanns 10, 49-50, 51-52, 54, 55, *56*, 57-59, 62, 63, 65-70, 120, 123, 177, 217, 233, 234；格罗斯对贝蒂永体系的应用 applies Bertillon's system 63；格罗斯的职业生涯 career 55, 57-59；格罗斯的犯罪博物馆 crime museum 67-68；作为犯罪学奠基人的格罗斯 as criminology's founder 55；格罗斯的退化理论 degeneration theory of 50；格罗斯建立刑侦学 establishes criminalistics 57；格罗斯建立格拉茨大学刑侦学院 founds University Criminalistics Institute 57-58；格罗斯的思乡理论 homesickness theory 51-52, 54；格罗斯的影响 influence of 65；格罗斯的媒体形象 press portrayals of 57；格罗斯发表《犯罪调查》 publishes *Criminal Investigation* 59；格罗斯和克拉夫特-埃宾的关系 relation of Krafft-Ebing 210；格罗斯关于温特尔案件的看法 on Winter case 237-238, 240, 241；格罗斯关于精神错乱的迷信的手稿 writing on psychopathic superstition 235-237
《古代基督教之谜》（道姆） *Geheimnisse des christilichen Alterthums, Die* (Daumer) 230, 231
《古代希伯来人的活人献祭》（吉拉尼） *Menschenopfer der alten Hebräer, Die* (Gillany) 229
古德曼，莫里茨 Güdemann, Moritz 223

H

哈布斯堡帝国　Habsburg Empire：哈布斯堡帝国的反犹主义　antisemitism in　231；哈布斯堡帝国的犹太人解放 emancipation of Jews　218；哈布斯堡帝国的民族边界 ethnic borders　8；哈布斯堡帝国的法典　legal code of　146

哈布斯堡帝国国会　Parliament, Habsburg Empire。**参见**：奥地利议会　Reichsrat

哈登，马克西米利安　Harden, Maximilian　136

哈登–奥伊伦堡事件　Harden-Eulenberg affair　117, 136-137, 141, 162-163；哈登–奥伊伦堡事件作为保守派的耻辱　as conservative disgrace　164；哈登–奥伊伦堡事件中的利奥波德·冯·米尔希特–胡勒塞姆的卡片文件　Meersscheidt-Hüllesem's card file in　164；维也纳人对哈登-奥伊伦堡事件的反应　Viennese responses to　145

哈尔曼，弗里茨　Haarmann, Fritz　10, 192

哈克，斯维恩　Hacke, Severin　227

汉克，埃米尔　Hanke, Emil　99, 101-106

汉克案件　Hanke case　101-105；警方对汉克案件的调查　police investigation　102, 103-105；新闻媒体对汉克案件的报道　press accounts of　105, 112；扎斯特洛夫的审判　trial of Zastrow　106-111。**参见**扎斯特洛夫，卡尔·冯　Zastrow, Carl von

贺拉斯　Horace　78

赫茨尔，西奥多　Herzl, Theodor　215

赫尔帕克，威利　Hellpach, Willy　180

赫希菲尔德，马格努斯　Hirschfeld, Magnus　26, 28, 78m7, 91, 97, 98, 145, 153, 156；哈登–奥伊伦堡事件中的希斯菲尔德　in Harden-Eulenberg affair　162-163, 165；罗斯审判中的希斯菲

尔德 in Rose trial 161
黑格尔，格奥尔格·威廉·弗里德里希 Hegel, Georg Wilhelm Friedrich 8, 80
黑珍珠 Black Pearl 152
怀旧 Nostalgia。**参见**：思乡 homesickness
幻想 fantasy：幻想作为文明的评论 as civilizational critique 6；关于罪犯的幻想 of criminals 32；关于退化的幻想 of degeneration 48；同性恋者作为幻想的源头 homosexuals as sources of 151, 242, 250；犹太人的仪式杀人作为幻想 Jewish ritual murder as 205, 215, 231；性欲杀人作为幻想 lust murder as 201, 250；第一次世界大战以前的幻想的源头 pre-WWI origins of 195-196；自我毁灭作为幻想 self-annihilation as 196；性犯罪作为幻想 sex crime as 166；性丑闻作为幻想 sex scandals as 117；城市地下世界作为幻想 urban underworld as 185；战争的幻想 of war 14, 252；魏玛时期的幻想的源头 Weimar origins of 195-196
恍惚状态 Dämmerzustand (twilight or trance state) 9；恍惚状态的案例研究 case studies of 121, 122；恍惚状态是犯罪和性倒错的而基础 as ground for crime and deviancy 123, 252；克拉夫特-埃宾的学说中的恍惚状态 in Krafft-Ebing 120-122, 123, 124, 252；恍惚状态和性欲杀人的联系 linked with Lustmord 189
《会饮篇》（柏拉图） *Symposium* (Plato) 97
《火炬》 *Fackel, Die* 135, 145
《火焰和古代希伯来人的摩洛克宗教仪式》（道姆） *Feuer-und Molochdienst der alten Hebräer, Der* (Daumer) 229-230
霍鲁贝克，弗朗茨 Holubek, Franz 223
霍斯利，海因里希 Hössli, Heinrich 90, 101

J

鸡奸 pederasty 77; 鸡奸和大都市的联系 associated with metropolis 84; 鸡奸的定义 definition 94; 有关鸡奸的专业话语 expert discourses on 94; 同性恋者对鸡奸对否认 homosexual disavowals of 86-87; 对同性恋的不当用词 misnomer for homosexuality 78, 78n6, 89, 156; 作为自然现象的鸡奸 as natural 80, 154, 155; 鸡奸的矛盾方面 paradoxical aspect of 79; 新闻媒体对鸡奸的描述 press accounts of 146-147, 151-153; 人们假定的鸡奸留下的身体痕迹 presumed somatic traces of 81-82, 83; 作为谜团对鸡奸 as puzzle 94; 作为非自然现象的鸡奸 as unnatural 78, 79, 81, 82。**参见**：同性恋 homosexuality

《基督教的神秘主义》（格里斯） *Christian Mysticism* (Görres) 113-114, 206-208

基督教徒 Christians：基督教徒对犹太人的仪式杀人的指控 accuse Jews of ritual murder 205, 207; 基督教徒和犹太人的冲突 conflict with Jews 207; 基督教徒不能与犹太人兼容的知识体系 incompatible knowledge system with Jews 209; 犹太律法中的基督教徒 in Jewish law 223; 基督教徒的有关血祭诽谤的文学作品 literature on blood libel 210-211; 基督教徒对仪式杀人指控的反驳 refute ritual murder accusation 228; 基督教徒对反犹主义者对犹太人的再现的再生产 reproduce representations by antisemites of Jews 251; 基督教徒对儿童献祭再次抬头所负的责任 responsible for revival of child sacrifice 230-231; 基督教徒关于仪式杀人的讨论 ritual murder discourse of 238-239

基斯林，拉比麦尔 Kayserlin, Rabbi Meyer 219

基瓦，希勒 Kieval, Hillel 206

吉拉尼，F. W. Gillany, F.W. 229
极限人物 liminal figures。**参见**：边缘人物 border figures
纪德，安德烈 Gide, André 79
妓女 prostitutes：妓女和暴力的联系 associated with violence 3；柏林的妓女 in Berlin 27, 28；雏鸡 child prostitutes 12-13, 139；作为罪犯同伴的妓女 as counter part to criminals 179-180；专家对妓女的讨论 expert discourses on 179-180；“大都市档案集”中的妓女 in *Großstadt-Dokumente* 28-29；妓女的内在本质 innate nature of 180, 186；男妓 male prostitutes 28-29；谋杀妓女 murder of 5, 10, 166-169, 181-182, 183-184, 187, 188-189；作为他者的妓女 as other 3；妓女的生理标志 physiological indicators of 179-180；作为堕落标志的妓女 as sign of degeneracy 179；对妓女的监控 surveillance of 29；妓女的类型 typologies of 28-29；作为地下世界之信号的妓女 as underworld signifiers 179；温特尔案件中的妓女 in Winter case 239
教育小说 Bildungsroman 191
阶级（社会的） class (social)：阶级和偏离的关联 associated with deviance 137；贝尔审判中的阶级 in Beer trial 142-144；阶级和犯罪 and crime 27；文明开化并非阶级的标志 cultivation not a marker of 191；阶级和退化 and degeneration 36, 180；同性恋通信者的阶级 of homosexual correspondents 147；阶级和性取向的联系 linked to sexuality 138；阶级和女性问题的联系 linked to woman question 175；阶级和权力的联系 relation of to power 139；对同性恋的再现中的阶级 in representations of homosexuals 157-158；卫生理论 theories of hygiene 49；阶级或男同性恋者 or urnings 243；阶级和刑事责任能

力 and Zurechungsfähigkeit 161; 对立统一 coincidentia oppositorum 23
《揭露犹太教》(艾森门格尔) *Entdecktes Judenthum* (Eisenmenger) 223
进步 Progress: 人们对进步的厌恶 aversion to 48; 进步和退化 and degeneration 46; 欧洲人对进步的自信 European confidence in 1, 17; 进步的脆弱性 vulnerability of 49
精神错乱 delirium: 精神错乱和犯罪者的刑事责任 and criminal responsibility 160; 脱离理智 escape from reason 114; 克拉夫特-埃宾对精神错乱的研究 Krafft-Ebings's research into 120, 124
精神错乱 dementia 11, 54
精神错乱 insanity: 精神错乱和性生活的联系 associated with sexuality 84, 92, 110, 124, 15; 自传中的精神错乱 in autobiographies 128; 先天性的精神错乱 congenital 123; 精神错乱的遗传影响 hereditary influence of 132, 188, 190; 精神错乱的冲动 impulsive 53, 54, 55; 克拉夫特-埃宾的精神错乱理论 Krafft-Ebing' s theory of 124; 精神错乱的法律解释 legal interpretation of 43; 精神错乱和天才的联系 linked to genius 49;《没有个性的人》中的精神错乱 in *Man without Qualities* 10, 11, 181, 197; 精神错乱是理性的对立面 opposite of rationality 169; 暂时性的精神错乱 transitory 121; 福格特案件中的精神错乱 in Voigt case 188, 190
警察 Police: 警察对同性恋者对登记 indexing of homosexuals 102, 106, 101, 141, 163-164; 警察对贝尔的调查 investigation of Beer 144; 警察对扎斯特洛夫的调查 investigation of Zastrow 103, 104, 105-106, 107; 警察对同性恋者的调查

investigations against homosexuals 102-103, 104, 105-106, 107, 144; 警察关于性欲杀人的报告 reports of lust murder 182; 蒂萨兹拉尔事件中的警察 in Tiszaeszlár case 217; 温特尔事件中的警察 in Winter case 239
救赎 redemption 12, 194
具备个人责任能力 *dispositionsfähig* (capable of individual responsibility) 84

K

卡斯帕，约翰·路德维希 Casper, Johann Ludwig 82-86, 87, 88, 161, 165; 卡斯帕的同性恋具有先天性的主张 argues for innate homosexuality 83, 85; 卡斯帕对同性恋主体的建构 construction of homosexual subject 85; 卡斯帕对塔尔迪厄的评论 criticisms of Tardieu 85; 卡斯帕对同性恋的身体指标的否认 denies somatic traces of homosexuality 84, 85; 卡斯帕对马查恩的日记的使用 use of Maltzan' s diaries 83-84, 86, 87
开膛手杰克 Jack the Ripper 166-167, 170, 184; 开膛手杰克和屈斯特林杀人案的类比 analogies to Cüstrin murders 168; 开膛手杰克和福格特案件的比较 compared to Voigt 187; 作为性欲杀手之典型的开膛手杰克 as paradigmatic lust murderer 169; 作为通俗连续剧的开膛手杰克 as serial melodrama 166-167
康德，伊曼努尔 Kant, Immanuel 80
柯南道尔，阿瑟 Conan Doyle, Arthur 56, 60, 71
柯尼茨杀人案 Konitz murder。**参见**温特尔案件 Winter case
科尔布医生（拜罗伊特精神病院） Kolb, Dr. (Bayreuth asylum) 190
科尼杀人案 Corny murder 103, 104, 105, 112

科特布尼，卡尔·玛利亚 Kertbeny, Karl Maria 4, 74, 76, 94, 95-99, 100-102, 107, 112, 124；科特布尼的背景 background 95, 96-97；科特布尼新造的术语“同性恋” coining the term *homosexual* 74, 95, 97, 98, 126；科特布尼的间谍活动 espionage activities 97；科特布尼对性学的影响 influence on sexology 98；科特布尼和耶格尔 and Jäger 99；科特布尼的同性恋除罪化建议 proposed decriminalization of homosexuality 95-96, 97；科特布尼的性别分类建议 proposed sexual taxonomies 98-99；科特布尼的假名 pseudonyms 95, 97；科特布尼的自我呈现 self-presentation of 98；科特布尼支持1848年匈牙利革命 support of Hungarian 1848 revolution 96；科特布尼的同性恋理论 theories of homosexuality 98；科特布尼关于扎斯特洛夫审判的观点 on Zastrow trial 112

科学人道主义委员会 Scientific-Humanitarian Committee 78n6, 145；科学人道主义委员会的恶名 disrepute 163；科学人道主义委员会和出柜保持距离 distances itself from outing 161；科学人道主义委员会对《柏林犯罪报》的鸡奸系列报道的反应 response to Kriminal-Zeitung pederasty series 156-157；科学人道主义委员会关于克虏伯丑闻的观点 views on Krupp scandals 140

克拉夫特-埃宾，理查德·冯 Krafft-Ebing, Richard von 69, 83, 92, 95, 116, 118, 120-124, *125*, 126-129, 132, 189, 252；克拉夫特-埃宾的档案 archives 128；克拉夫特-埃宾的背景 background 118, 120；克拉夫特-埃宾和同性恋者的通信 correspondence with homosexuals 128；克拉夫特-埃宾的评论 criticisms of 122-123；克拉夫特-埃宾对性欲杀人的定义 defined *Lustmord* 170；克拉夫特-埃宾的博士论

文 dissertation 118, *119*, 123；克拉夫特–埃宾早期的精神病学研究 early psychiatric research 118, 120；作为病态的癫痫 epilepsy as pathology 123-124；克拉夫特–埃宾对反常性行为对关注 focus on sexual abnormality 127；克拉夫特–埃宾对案例研究的说明 instructions on case studies 126；克拉夫特–埃宾的周期性精神错乱理论 periodic insanity theory 124；克拉夫特–埃宾和格罗斯的关系 relation of to Gross 120；克拉夫特–埃宾对精神错乱的研究 research into delirium 118, 120, 122；克拉夫特–埃宾对朦胧状态的研究 research into twilight states 120-122, 123；罗斯审判中的克拉夫特–埃宾 in Rose trial 158-159, 160-161。**参见**《性病态》 *Psychopathia sexualis*

克拉普林，埃米尔 Kraepelin, Emil 54, 55n111

克劳斯，卡尔 Kraus, Karl, 5, 117, 139, 141；克劳斯对贝尔审判的评论 criticism of Beer trial 142-143, 144-145；克劳斯对新闻媒体和当局的评论 criticisms of press and authorities 133, 136；克劳斯反对道德立法 opposes morality legislation 136

克虏伯，弗里茨（弗里德里希·阿尔弗雷德） Krupp, Fritz (Friedrich Alfred) 139-141, 145

《恐怖娱乐的城市》（沃尔科维茨） *City of Dreadful Delight* (Walkowitz) 13

库雷拉，汉斯 Kurella, Hans 37, 45, 46

跨过尸体的道路 path over corpses (Weg über Leichen)：布兰德对跨过尸体的道路的利用 Brand's use of 161；跨过尸体的道路的内在的暴力 implicit violence of 141；社会主义者的跨过尸体的道路 by socialists 137, 141。**参见**：出柜 outing

L

拉加德，保罗·德 Lagarde, Paul de 227, 228
拉卡普拉，多米尼克 La Capra, Dominick 15-16
莱布泽特，费迪南 Lebzelter, Ferdinand 146
兰斯贝格，汉斯 Landsberg, Hans 29n35
朗，弗里茨 Lang, Fritz 242
朗布罗索，切萨雷 Lombroso, Cesare 31-34, 38, 48, 49, 52, 176, 198；朗布罗索主张罪犯是返祖者 argues criminals as atavistic 198；作为犯罪幻想者的朗布罗索 as criminal fantasist 32；对朗布罗索的评论 criticisms of 32, 35-37；朗布罗索的先天决定论观点 determinism argument 32, 33, 37, 198；研究罪犯的民族学方法 ethnographic approach to criminals 33-34；作为退化产物的天才 genius as outcome of degeneration 49；朗布罗索的影响 influence of 37, 38, 49；多诺尔对朗布罗索学说的推崇 Nordau' s dedication to 47；朗布罗索关于妓女的观点 on prostitutes 179；朗布罗索的种族主义思想 racism 33
朗格希特，保罗 Langenscheidt, Paul 66
劳伦特，阿基里斯 Laurent, Achilles 210
类似性交 *Beischlafähnlich* (similar to intercourse) 159, 160
黎曼，卡尔 Liman, Carl 107
李斯特，弗朗茨·冯 Liszt, Franz von 30, 55, 58, 234
里尔事件 Riehl affair 146
灵魂迁移 Seelenwanderung (soul migration) 90-91
流浪者 Vagabondage 54
《流浪者》（奥斯瓦尔德） *Vagabonds* (Ostwald) 27
伦茨，阿道夫 Lenz, Adolf 59
《论有关仪式杀人的疯狂谣言的心理和历史》（格伦瓦尔德）

Zur Psychologie und Geshichcte des Blutritualwahnes (Grunwald) 233
罗林，奥古斯特 Rohling, August 210-211, 219；罗林对德里奇的攻击 attacks on Delitzsch 226；罗林和布洛赫的争论 dispute with Bloch 222-226；作为专家证人的罗林 as expert witness 212, 215。**参见**：塔木德争议 Talmud Dispute
罗斯，弗朗茨 Rose, Franz 159-160；对罗斯的指控 accusations against 159；罗斯的审判 trial of 158-161；罗斯的刑事责任能力 *Zurechnungsfähigkeit* of 160-161
洛温菲尔德，利奥波德 Loewenfeld, Leo 163

M

《M》（弗里茨·朗的电影） *M* (Lang film) 242
马查恩男爵，老海因里希·冯 Maltzan, Heinrich von, Sr. 83-84, 86-88, 126, 165
马克，费迪南 Maack, Ferdinand 52
马克思，卡尔 Marx, Karl 22, 71, 72, 230-231
马萨里克，托马斯·加里格 Masaryk, Tomáš Garrigue 232
麦尔，约瑟夫 Maier, Joseph 236
《麦克卢尔》 McClure's 57
卖淫 prostitution ：作为现代性之特点的卖淫 characteristic of modernity 180；女性主义者关于卖淫的看法 feminist arguments about 176；卖淫和退化的联系 linked with degeneration 49, 50, 176；新闻媒体对卖淫的报道 press accounts of 146；作为女人之本质的卖淫 as quintessence of woman 186；魏宁格关于卖淫的观点 Weininger's views of 180, 186
毛奇，库诺·冯 Moltke, Kuno von 162, 163
《没有个性的人》（穆齐尔） *Man witout Qualities* (Musil) 9-12,

42-43, 180-181, 192-193, 196, 197
梅雷德尔，罗莎 Mayreder, Rosa 5
梅塞尔–海斯，格雷塔 Meisel-Hess, Grete 5, 178, 179
梅维奥拉女爵 Merviola, Countess 147, 150-152, 153-155, 156
美学 aesthetics 13, 14, 16, 47, 139, 190, 192, 194, 197, 252
美学家 aesthetes 14, 139
朦胧状态 twilight state。**参见**：恍惚状态 *Dämmerzustand*
孟德尔（犹太作者） Mendel (Jewish author) 224, 225
《梦的解析》（弗洛伊德） Interpretation of Dreams (Freud) 171
迷信 superstition：作为迷信的血祭诽谤 blood libel as 237, 238-239, 241；犯罪者的迷信 in criminals 236；作为迷信对象的犹太人 Jews as object of 6, 7, 216, 232；精神病的迷信 psychopathic 235-237
谜团 puzzle (Räthsel)：作为谜团的犯罪 crime as 54；作为法医学比喻的谜团 as forensic trope 54；作为谜团的同性恋者/男同性恋者 homosexuals/urnings as 93-94, 127；作为谜团的鸡奸 pederasty as 94
米尔希特–胡勒塞姆，利奥波德·冯 Meerscheidt-Hüllesem, Leopold von 163-164
米斯纳（性欲杀手） Mießner (lust murderer) 167-168
摩尔，阿尔伯特 Moll, Albert 83n20, 162
摩洛克理论 Molochistic theory 228-229
莫比乌斯，保罗·尤利乌斯 Möbius, Paul Julius 176-177
莫姆特，卡尔 Mommert, Carl 230
莫斯布鲁格尔（穆齐尔小说角色） Moosbrugger (Musil character) 10-11, 42-43, 181, 187, 193, 197；莫斯布鲁格尔和开膛手杰克的比较 compared to Jack the Ripper 181；福格特对莫斯布鲁格尔的影响 influenced by Voigt 187, 190, 192

穆勒，艾米丽 Müller, Emilie 168
穆齐尔，罗伯特 Musil, Robert 5-6, 9-12, 13, 14, 180-181, 187, 190, 192, 196, 244, *246*; 穆齐尔退化 on degeneration 252; 穆齐尔关于世纪末的观点 on fin-de-siècle 194; 穆齐尔对魏宁格的影响 influence of Weininger 196; 穆齐尔对雄性-雌性综合的渴望 longing for masculine-feminine synthesis 197; 穆齐尔关于救赎的观点 on redemption 194; 日常生活和更高体验之间的紧张关系 tension between everyday and heightened experiences 197; 穆齐尔对暴力的利用 use of violence 197

N

纳粹德国 Germany, Nazi 208
纳格尔，鲁道夫 Nagel, Rudolf 44
奈克，保罗 Näcke, Paul 36-37
男人 men: 女人的对立面 alien to women 186-187;《性与性格》中的男人 in *Sex and Character* 174-175
《男性的幻想》（斯维莱特） *Male Fantasies* (Theweleit) 13-14, 195
男性同性恋者 Urning 89, 90, 94-95, 124; 男性同性恋者的身份认同表达 articulation of identity 108, 110; 男性同性恋者和犯罪的联系 associated with crime 111; 作为共同体的男性同性恋者 as community 110; 男性同性恋者和犹太人的比较 compared to Jews 91, 242; 作为离散共同体的男性同性恋者 as diaspora community 91; 警察登记的男性同性恋者 indexed by police 110; 作为自然事物的男性同性恋者 as natural 90, 111, 243; 作为非暴力人群的男性同性恋者 as nonviolent 112-113, 114; 具有三种性别的男性同性恋者 possessing three genders 111; 人们提出的男性同性恋者

的起源 proposed origins of 97；作为谜题的男性同性恋者 as puzzles 93-94；男性同性恋者的社会阶级 social class of 243；作为杀死温特尔的杀人犯的男性同性恋者 as Winter murderer 241-242。**参见**：同性恋者 homosexuals

内格尔，奥古斯特 Nerger, Auguste 181-184

尼采（性欲杀人案受害者） Nitsche (murder victim) 168

尼采，弗里德里希 Nietzsche, Friedrich 11-12, 22

尼斯弗洛，阿尔弗雷多 Niceforo, Alfredo 67n141

涅米迪，约瑟夫 Némedy, Joseph。**参见**：科特布尼，卡尔·玛利亚 Kertbeny, Karl Maria

努曼提乌斯，努曼 Numantius, Numa 88, 92, 115。**参见**：乌尔利克斯，卡尔·海因里希 Ulrichs, Karl Heinrich

努斯鲍姆，阿瑟 Nussbaum, Arthur 233, 234-235

诺尔多，马克斯 Nordau, Max 47-49

女人 women：作为男人之反面的女人 alien to man 186；作为道德承担者的女人 as bearer of morality 176；女人的贞洁 chastity of 178；被本质化为性的女人 essentialized as sexual 174；比男人低等的女人 as inferior to men 174-175；女人的内在天性 innate nature of 186；女人和男性主导 and male domination 176；莫比乌斯著作中的女人 in Möbius's work 177；对女人的夸张展示 sensationalized display of 170, 181-183；《性与性格》中的女人 in *Sex and Character* 174-175, 186-187；作为自然事物的女性性态 sexuality as natural 178；同自我实现联系在一起的女性性态 sexuality linked to self-fulfillment 176-178；对女人的暴力 violence against 5, 10, 166-169, 170, 181-182, 183-184, 187, 188-189, 235；妇女运动 women's movement 7, 175。**参见**：女性主义者 feminists

女性同性恋 lesbianism 129, 131

女性主义者 feminists 2；女性主义者关于女性特征的观点 arguments on female sexuality 176, 177, 178；女性主义者关于卖淫的见解 arguments on prostitution 176；保守派对女性主义者的评论 conservative criticisms of 179；女性主义者中的优生学的讨论 eugenics discourse in 178-179；女性主义者提出的关于“性问题”的修正 propose remedies to “sexual question” 178；女性主义者对莫比乌斯的回应 responses to Möbius 177；女性主义者对魏宁格的回应 responses to Weininger 176；选举权作为女性主义者的议题 suffrage as issue for 175。**参见**妇女 women

O

欧伦堡亲王，菲利普 Eulenberg, Philip, Prince of 145

P

裴多菲，山多尔 Petöfi, Sando 96

佩措尔德杀人案 Petzold murder 167-168

皮尔，约瑟芬 Peer, Josefine 187, 188-189

普林斯，阿道夫 Prins, Adolphe 36

《普鲁士法典》 *Preußisches Allgemeines Landrecht* 81

《普鲁士新报》 *Neue Preussische Zeitung* 164n103

普鲁士刑事法典第143条 Paragraph 143 (Prussian penal code) 78nn6-7, 99, 112

Q

齐美尔，格奥尔格 Simmel, Georg 1n1, 21-23；齐美尔和刑事责任能力 and criminal responsibility (Zurechnungs-fähigkeit) 41, 45；人们对齐美尔的评论 criticisms of 22；和诺多尔的观点类似的齐美尔的观点 similar to Nordau 48

齐默尔曼，威廉明娜 Zimmermann, Wilhelmine 168
启蒙运动 Aufklärung。**参见**启蒙运动 Enlightenment
启蒙运动 Enlightenment 9, 16, 18, 31, 49, 72, 99, 114, 211, 215, 219, 220
起源 origins：文明的起源 of civilization 201；犯罪的起源 of crime 4, 37, 37n63, 38, 50, 51, 55, 161, 191；文化悲观主义的起源 of cultural pessimism 177；精神错乱的起源 of dementia 54；性倒错的起源 of deviance 82；同性恋身份的起源 of homosexual identity 71, 77, 83, 92, 115；性欲杀手的起源 of lust murderer 170；精神疾病的起源 of mental illness 126；起源的叙事 narratives of 1, 92；寻找起源 search for 18, 83n20；性的起源 of sexuality 4, 5, 73, 77, 83, 92；主体的起源 of the subject 4, 201；同性恋者的起源 of urnings 97, 101, 115
《前进报》 *Vorwärts* 140
强奸 Rape 109；强奸和同性恋的联系 associated with homosexuality 81, 81n15, 82, 84, 101, 112；强奸和大都市的联系 associated with metropolis 84; contrast to *Lustmord* 强奸和性欲杀人的对比 169, 170
切巴斯基，奥努弗里 Cybalski, Onufri 241

S

撒丁岛的托马斯神父 Sardegna, Father Thomas de 202, *204*
萨德侯爵 Sade, Marquis de 99
塞菲特，埃德 Szeyffert, Ede 216
塞托，米歇尔·德· Certeau, Michel de 23
沙夫，莫里茨 Scharf, Moritz 212, *214*, 216
山茶花女士 Lady of the Camellias 152-153, 155
舍尔林，赫尔曼·冯 Schelling, Hermann von 227

社会主义者 socialists：社会主义者的出柜 outing as province of 137, 141；社会主义者对同性恋的观点 views on homosexuality 140
申克，雨果 Schenck, Hugo 167
神秘主义 mysticism 47, 113-114, 197, 206, 207
圣痕 Stigmata：罪犯身上的圣痕 in criminals 33, 34；非罪犯身上的圣痕 in noncriminals 36
虱子公主 Louse, Princess 152
施伦克–诺辛，阿尔伯特·冯 Schrenck-Notzing, Albert von 234
施罗萨里克，卡尔 Schloßarek, Carl 167
施尼茨勒，阿尔弗雷德 Schnitzler, Alfred 137
施虐癖 sadism 7, 113, 246；施虐癖和性欲杀人的关系 linked to Lustmord 189
施佩克，卡尔 Schippek, Karl 44
施特莱彻，尤利乌斯 Streicher, Julius 208
史密斯，赫尔穆特·瓦尔瑟 Smith, Helmut Walser 238
世纪末 fin de siècle：世纪末和真相的联系 associated with truth 194；世纪末和颓废 and decadence 1, 10, 13, 46, 194；世纪末的定义 definition of 17；穆齐尔关于世纪末的观点 Musil on 10, 194
世界以色列联盟 alliance Israélite Universelle 216
手淫（互相） onanism (mutual) 159-160
守旧主义 misoneism 48-49
叔本华，阿图尔 Schopenhauer, Arthur 77-80
思乡 Heimweh。**参见**：思乡 homesickness
思乡 homesickness (*Heimweh*)：作为自我暗示的思乡 as autosuggestion 52；思乡和犯罪的联系 linked to crime 51-55, 123

斯特拉克，赫尔曼·莱布雷希特 Strack, Hermann Lebrecht 227
斯滕伯格事件 Sternberg affair 139
斯托克，海伦娜 Stöcker, Helene 5, 179
斯托帕尔德，汤姆 Stoppard, Tom 97
斯沃博达，赫尔曼 Swoboda, Hermann 247
斯泽斯卡，卡尔 Skrzecka, Carl 107
索利莫西，埃斯特 Solymosi, Eszter 212, 213, 217

T

《他们自己的共同体》 *Gemeinschaft der Eigenen* 153, 161, 152
塔尔迪厄，奥古斯特·安布罗斯 Tardieu, Auguste 85, 87
《塔木德犹太人》 *Talmudjude, Der* 210-211, 219, 223; 德里奇对《塔木德犹太人》的评论 Delitzsch's criticisms of 226
《塔木德犹太人的仪式杀人》（莫姆特） *Ritualmord bei den Talmud-Juden, Der* (Momert) 230
塔木德争议 Talmud Dispute 223-226
《唐·卡洛斯》（席勒） *Don Carlos* (Schiller) 106
特尔莱斯（穆齐尔小说的角色） Törless (Musil character) 244, 246
特伦特的西蒙 Simon of Trent 206
滕尼斯，费迪南 Tönnies, Ferdinand 22n12
《跳蚤》 *Floh, Der* 133, *134*
同性恋 homosexuality: 同性恋作为异性恋关系以外的另一种选择 as alternative to heterosexual relationships 153; 同性恋和强奸的联系 associated with rape 81, 82; 伯恩斯坦对同性恋的攻击 Bernstein's attack on 139; 同性恋作为受到约束的关系 as bound (*gebunden*) 99; 文明作为同性恋的源头 civilization as source of 77; 作为堕落现象的同性恋 as decadent 139; 作为缺陷的同性恋 as defect 153; 作为可区

别类型的同性恋 as diacritical category 115；专家对同性恋的讨论 expert discourses on 80-89, 97, 140；曝光同性恋作为媒体报道的中心 exposure as central to 141；作为幻想的同性恋 as fantasy 242, 246；作为先天倾向的同性恋 as innate 82-83, 85, 86, 108, 113, 137, 140, 151, 154, 156, 247, 252；作为侮辱的同性恋 as insult 140；科特布尼的同性恋理论 Kertbeny's theories of 98；打击同性恋的法律 laws against 78nn6-7, 81, 95-96, 131, 137, 141, 145, 159-160；作为医学状态的同性恋 as medical condition 162；作为自然现象的同性恋 as natural 78, 79, 80, 85, 90, 92, 99, 111, 153, 155-156, 162；作为病态现象的同性恋 as pathological 92；鸡奸是对同性恋的不当用词 pederasty misnomer for 78, 78n6, 89, 156；人们假定的同性恋具有的身体痕迹 presumed somatic traces of 81-82, 83-85, 87；人们提出的治疗同性恋的方法 proposed cure for 156；人们对同性恋除罪化的提议 proposed decriminalization of 7, 92, 95-96, 97, 102, 137, 145, 156；叔本华的同性恋理论 Schopenhauer's theories of 77-79；作为秘密的同性恋 as secret 137；作为腐化源头的同性恋 as source of corruption 140；作为非自然现象的同性恋 as unnatural 78, 79, 81, 82, 110；威斯特法尔的同性恋的精神病学模型 Westphal's psychiatric model of 73-74

同性恋（科特布尼的术语） homosexualism (Kertbeny's term) 98

同性恋者 homosexual：科特布尼新造的术语 Kertbeny's coining of term 74, 95, 97, 98, 124；同性恋者的意思 meaning of 137

同性恋者 homosexuals 2, 73-115；作为美学家的同性恋者 as aesthetes 139；同性恋者和性倒错的联系 associated with deviancy 86, 92-93, 100, 116, 126, 145; 同性恋者和精神错乱的联系 associated with insanity 110; 同性恋者和暴力的联系 associated with violence 3, 76, 81, 82, 93, 100, 101, 103, 110, 113-113, 239; 作为共同体的同性恋者 as community 86, 89, 91, 100, 110, 145, 150-151, 155, 157-158; 同性恋者和犹太人的比较 compared with Jews 91; 同性恋者之间的冲突 conflict between 155; 对异性恋正统性的评论 critique of heteronormativity 156; 作为文化幻想的同性恋者 as cultural fantasy 5,5 76; 作为流散的共同体的同性恋者 as diasporic community 89, 90, 91, 115; 打击同性恋者的规训措施 disciplinary measures against 2, 80; 对同性恋者的处决 execution of 101; 作为性学研究重点的同性恋者 focus of sexology 116; “大都市档案集”中的同性恋者 in *Großstadt-Dukumente* 26-27, 30; 警方制作同性恋者目录 indexed by police 102, 106, 110, 141, 163-164; 作为过渡形式的同性恋者 as intermediate form 247; 作为非暴力者的同性恋者 as nonviolent 112-113, 114; 作为他者的同性恋者 as other 3; 同性恋者的个人记录 personal accounts by 86-87, 88, 127-128, 147, 150-153, 154-156, 158-159; 警方对同性恋者的调查 police investigations against 102-103, 105-106, 143; 新闻媒体对同性恋者的记叙 press accounts of 7, 100, 103, 104, 108-109, 140, 146-158; 人们假定的同性恋者的生理状态 presumed physiology of 82-85, 87;《性病态》中的同性恋者 in *Psychpathia sexualis* 127-128; 作为谜题的同性恋者 as puzzles 93-95, 127; 同性恋者对新闻媒体的攻击的回应 response to press attacks 147, 150-153, 153-156, 158; 涉及同性恋者的丑闻 scandals involving 5, 104-111, 136-137, 139-140, 141-144, 158-161; 作为秘密社团的

同性恋者 as secret society 157-158；作为性身份的同性恋者 as sexual identity 2, 4, 5, 73, 80, 86-87, 88-92, 100, 101-102, 108-109, 110, 128, 150-151, 153-154, 158, 160；同性恋者的亚文化 subculture of 84, 86；魏宁格学说中的同性恋者 in Weininger 247；魏宁格宣扬的对待同性恋者的方式 Weininger advocates treatment for 247；女性化的同性恋者 as womanish 99, 112, 157-158。**参见**男性同性恋者 urning

颓废 decadence：颓废和美学 and aesthetics 14, 252；颓废和同性恋的联系 associated with homosexuality 139；文化悲观主义作为颓废 cultural pessimism as 177；世纪末作为颓废 fin de siècle as 1, 10, 13, 46, 194；穆齐尔关于颓废的观点 Musil on 194；新闻报道作为颓废 news report as 184；颓废作为正常的对立面 opposition to normality 194

退化 degeneration：退化的模糊意义 ambiguous meaning of 46；退化作为返祖现象 as atavism 9, 46, 48；退化作为自我诊断的话语 as auto-diagnostic discourse 49；文明面对退化 civilization faced with 20, 49, 50；退化作为偏离常态 as deviation 46；退化和优生学 and eugenics 178；专家对退化的讨论 expert discourses on 46-50；退化作为幻想 as fantasy 48；天才作为退化的产物 genius as product of 49；退化中的遗传因素 hereditary factors in 46；退化和犯罪的联系 linked with crime 49-50；退化和刑事责任能力的联系 linked with criminal responsibility (*Zurechnungsfähigkeit*) 45；退化和同性恋的联系 linked with homosexuals 100；退化和卖淫的联系 linked with prostitution 49-50, 176, 179, 183；退化和下层阶级的联系 with the lower classes 36；退化的修辞含义 metaphorical meanings of 46-47；大都市作为退化的源头 metropolis as source of 251；穆齐尔关于退化

的观点 Musil on 252；诺多尔关于退化的观点 Nordau on 47-48；退化的生理后果 physiological effects of 47, 48；退化作为现代性的产物 as product of modernity 47-48, 50；退化作为罪犯的标志 signs of in criminals 33, 37
托夫，阿里尔 Toaff, Ariel 208n10

W

王尔德，奥斯卡 Wilde, Oscar：王尔德的审判 trial of 117, 138-139；伯恩斯坦关于王尔德的社论 Bernstein' s editorials on 139
威尔曼斯，卡尔 Wilmanns, Karl 53-54
威尔斯，路易斯 Wirth, Louis 29
威廉二世 Wilhelm, Kaiser, II 117, 136, 164, 227
威斯特法尔，卡尔 Westphal, Carl 73-74, 75, 87-89, 100-101, 103, 107, 110, 116, 118, 127, 161, 165, 250；威斯特法尔对乌尔利克斯的评论 critiques of Ulrichs 110；威斯特法尔的同性恋精神病模型 psychiatric model of the homosexual 73-74, 87-89；威斯特法尔对乌尔利克斯的作品的利用 use of Ulrichs's work 88-89；扎斯特洛夫审判中的威斯特法尔 in Zastrow trial 107
唯美主义 aestheticism 13, 139, 192, 194, 252
维尔登，宝林 Wilden, Pauline 168
维也纳 Vienna："大都市档案集"中的维也纳 in *Großstadt-Dokumente* 27, 29；维也纳的同性恋社区 homosexual community in 145, 150-151, 155；维也纳的犹太人社区 Jewish community in 216；维也纳的新闻媒体 press in 166；维也纳市民对哈登-奥伊伦堡事件的反应 responses to Harden-Eulenberg affair 145；维也纳的性亚文化 sexual subcultures in 146

《维也纳汇报》 *Wiener Allgemeine Presse* 219
维也纳精神病学和神经学协会 Vienna Association for Psychiatry and Neurology 50
《维也纳日报》 *Wiener Tagblatt* 133, 135
魏玛共和国 Weimar Republic。**参见**：德国魏玛时期 Germany, Weimar
魏宁格，奥托 Weininger, Otto 5, 6, 10, 13, 14, 49, 171-175, 173, 176, 194-195, 196, 200, 201, 247, 248, 249；类似优生学的魏宁格的观点 similar to eugenics 186；魏宁格的自杀 suicide 171, 183；魏宁格关于女人的理论 theories on women 174-175, 186-187；魏宁格对同性恋的观点 views on homosexuals 247；魏宁格对卖淫的看法 views on prostitution 180, 186。**参见**：《性与性格》（魏宁格） *Sex and Character* (Weininger)
温特尔案件 Winter case 237-243；作为犹太人仪式杀人的温特尔案件 as Jewish ritual murder 238-242；作为感官猛料的温特尔案件 as sensation 240
文德，玛丽 Wende, Marie 167
文化 Kultur：文化和文明的区别 distinct from *Zivilisation* 9；作为雄性的文化 as masculine 247
文明 civilization：文明中的反文明的本能 anti-civilizational instincts in 199；文明的概念 conception of 9, 10-11；人们对文明持有的矛盾观点 contradictory views of 20；文明和文化之争 vs. culture 249；作为文明之产物的颓废 decadence as product of 139, 193；文明和退化 and degeneration 20, 46-50；作为人们对文明的评论的幻想 fantasy as critique of 6；作为女性化事物的文明 as feminized 174-175, 183；作为文明之创造物的大都市

metropolis as creation of 22; 文明衰退的叙事 narrative of decline 195; 文明中的前文明人物 pre-civilized figures in 52; 文明和野蛮 and savagery 17; 文明作为同性恋的来源 as source for homosexuality 77; 对文明的打击 strikes against 201; 暴力的升华 sublimates violence 249; 福格特对文明的调用 Voigt's invocation of 190; 魏宁格的文明理论 Weininger's theory of 171, 174-175
《文明的进程》(埃利亚斯) *Civilizing Process, The* (Elias) 249
《文明及其不满》(弗洛伊德) *Civilization and Its Discontents* (Freud) 250
《我们文明的常见谎言》(诺尔多) *Conventional Lies of Our Civilization* (Nordau) 47
沃尔科维茨, 朱迪斯 Walkowitz, Judith 13, 183
沃伊, 桑德尔(萨罗塔) Vay, Sándor (Sarolta): 背景 background 129, *130*, 132, *134*, *135*; 专家对沃伊的讨论 expert discourse on 131; 对沃伊的法律诉讼 legal case against 131; 新闻媒体对沃伊的报道 press accounts of 129, 133;《性病态》中的沃伊 in *Psychopathia sexualis* 129, 132; 作为感官猛料的沃伊, as sensation 129, 133; 沃伊的性别身份认同 sexual identity of 132-133
乌尔里希(穆齐尔小说的角色) Ulrich (Musil character) 10-11, 181, 192-193, 197
乌尔利克斯, 卡尔·海因里希 Ulrichs, Karl Heinrich 4, 73, *74*, 87-88, 89-94, 97, 99, 100-102, 108, 109-112, 113-114, 116, 118, 124, 126, 165, 207; 乌尔利克斯建构同性恋主体 constructs homosexual subject 90, 92, 93; 乌尔利克斯的评论 criticisms of 92, 110; 乌尔利克斯对扎斯特洛夫的评论 criticisms of Zastrow 113; 威斯特法尔著作中的乌尔利克斯

in Westphal's work 88-89; 扎斯特洛夫审判中的乌尔利克斯 in Zastrow trial 108, 109-112, 113
乌托邦 Utopia: 犯罪学中的乌托邦 in criminology 63; 乌托邦和颓废 and decadence 194-196, 252; 乌托邦和暴力幻想 and fantasies of violence 2, 4, 231; 穆齐尔作品中的乌托邦 in Musil 10-11, 197; 乌托邦和暴力犯罪者 and the violent criminal 197-199; 乌托邦和魏宁格 and Weininger 195
无家可归 homelessness。**参见**流浪者 vagabondage
《物种起源》(达尔文) *Origin of Specifies* (Darwin) 80

X

希尔斯纳, 利奥波德 Hilsner, Leopold 232, 237; 马萨里克对希尔斯纳的辩护 Masaryk's defense of 232; 希尔斯纳的心理学 psychology of 236
希尔斯纳案件 Hilsner case 231-235; 希尔斯纳案件和德雷福斯事件的比较 compared to Dreyfus affair 232, 233; 希尔斯纳案件的犯罪心理学 criminal psychology in 233-234; 专家对希尔斯纳案件的讨论 expert discourses about 232-233; 格罗斯关于希尔斯纳案件的观点 Gross on 236; 作为感官猛料的希尔斯纳案件 as sensation 233
希特勒, 阿道夫 Hitler, Adolf 208
鲜血陶醉 Blutrausch (intoxication of blood) 114, 207
《现代的时代问题》 *Moderne Zeitfragen* 29n35
《现代刑事侦查学百科全书》(朗格希特) *Enzyklopädie der modern Kriminalistik* (Langenschiedt) 66-67
现代性 modernity: 作为性犯罪时代的现代性 as age of sex crime 169; 与犹太人有关的现代性焦虑 anxieties linked to Jews 202, 215; 现代性和犹太人的联系 associated with Jews 195, 202; 对现代性的厌恶 aversion to 48-49; 罪

犯作为现代性的镜像 criminals as mirrors of 65；现代性和退化 and degeneration 47-48；作为女性化事物的现代性 as feminized 174-175, 183, 195；作为意识形式的现代性 as form of consciousness 8-9；现代性和大都市 and metropolis (*Großstadt*) 17, 20, 21；现代性制造犯罪 produces crime 24；妓女作为现代性的特点 prostitutes as characteristic of 180；性作为现代性的特征 sexuality as a feature of 174。**参见**：守旧主义 misoneism

新历史主义 New Historicism 13

《新时代》 *Neue Zeit, Die* 139

新闻媒体（大众） press (mass)：反犹新闻媒体 antisemitic 143n65, 164n103, 215, 217；贝尔丑闻中的新闻媒体 in Beer scandal 141, 143；新闻传媒制造的感官猛料 contributes to sensationalism 234；新闻媒体中的犯罪报道 crime reports in 3, 23-24, 44-45, 105；新闻媒体对性的关注 focus on sex 104, 136；新闻媒体对暴力的关注 focus on violence 104；新闻媒体中的汉克案件 Hanke case in 104, 105-106, 112；作为同性恋者的公共领域的新闻媒体 as homosexual public sphere 155-156；新闻媒体中的同性恋者 homosexuals in 7, 100, 103-104, 108-109, 140, 146-158；新闻媒体中的开膛手杰克 Jack the Ripper in 166-167；克劳斯对新闻媒体的评论 Kraus's criticisms of 133, 136；克虏伯丑闻中的新闻媒体 in Krupp scandal 139-140, 141；新闻媒体中的纳格尔案件 Nagel case in 44-45；新闻媒体对鸡奸的描述 pederasty accounts in 146-147, 151-153；新闻媒体对卖淫的描述 prostitution accounts in 146；新闻媒体和感官猛料 and sensationalism 7, 103；新闻媒体中的性犯罪 sex crimes in 166-167, 168, 183-184；蒂萨兹拉尔事件中的新闻媒体 in

Tiszaeszlár case 215-217, 219; 沃伊案件中的新闻媒体 in Vay case 129, 133; 福格特案件中的新闻媒体 in Voigt case 192; 扎斯特洛夫审判中的新闻媒体 in Zastrow trial 108-109, 110-111

《刑警及其辅助学科》 *Kriminalpolizei und ihre Hilfswissenschaften, Die* 67

《刑事调查》(格罗斯) *Criminal Investigation* (Gross) 59-61; 《刑事调查》中的犯罪博物馆的想法 crime museum idea in 68

刑事责任能力 criminal responsibility。**参见**刑事责任能力 Zurechnungsfähigkeit

刑事责任能力 *Zurechnungsfähigkeit* (criminal responsibility) 41-46, 252; 刑事责任能力在18世纪的缺席 absence in eighteenth century 41-42; 刑事责任能力的阶级考虑 class considerations of 161; 刑事责任能力的定义 definitions of 41, 160; 构建刑事责任能力的难度 difficulty establishing 55; 专家在裁决刑事责任能力中的角色 experts' role in determining 42, 45, 55; 刑事责任能力和退化的联系 linked to degeneration 45; 刑事责任能力和性欲杀人 and *Lustmord* 171; 《没有个性的人》中的刑事责任能力 in *Mann without Qualities* 43; 纳格尔案件中的刑事责任能力 in Nagel case 44; 起源于个人意志的刑事责任能力 origins in individual will 161; 用于判定刑事责任能力的身体测量 physical examination for 42; 罗斯审判中的刑事责任能力 in Rose trial 158, 159-161; 性丑闻和刑事责任能力 sex scandals and 117; 齐美尔著作中的刑事责任能力 in Simmel 41; 福格特对刑事责任能力的见解 Voigt on 191; 扎斯特洛夫审判中的刑事责任能力 in Zastrow trial 106, 107-108, 113, 114。**参见**：不具备刑事责任能力 *Unzurechnungsfähigkeit*

刑侦学 criminalistics：心理学在刑侦学中的应用 application of psychology to 62；刑侦学的发展 development of 57；刑侦学的百科全书 encyclopedia of 66-67；希尔斯纳案件中的刑侦学 in Hilsner case 236；刑侦学的体制化 institutionalization of 58-59；刑侦学博物馆作为训练设施 museum as training device for 68-69；刑侦学和犯罪学的关系 relation of to criminology 57, 66；刑侦学耸人听闻的方面 sensationalist aspects of 65-66；刑侦学的技术 techniques of 59-61, 62, 65, 66, 71；蒂萨兹拉尔事件中的刑侦学 in Tiszaeszlár case 217。**参见**犯罪学 criminology

性 Sexuality：性和犯罪的联系 associated with crime 199；性和精神错乱的联系 associated with insanity 113-114, 124；性和暴力的联系 associated with violence 5, 93, 100, 104, 113-114, 170, 196；女性性态和性欲杀人的概念 conceptions of female sexuality and *Lustmord* 171；创造规范 creation of norms 77；性和堕落 and degeneracy 4, 5 (**参见**：deviancy 性倒错)；有关性的专家话语 expert discourses on 116；作为现代性之特征的性 as feature of modernity 174；有关性的医学话语 medical discourses on 4, 5；提供来某种原始自我的性 offers a primordial self 251；公共空间和私人空间的边界 public-private boundaries 5；作为公共空间和私人空间之联系的性 as public-private link 137-138；性和精神错乱的关系 relation of to delirium 120；性和朦胧状态的关系 relation of to twilight states 121；自我的释放 release of selfhood 251；作为感官猛料的性 as sensation 93；作为自我取消的性 as undoing of self 196；魏宁格的性理论

Weininger's theory of 174
《性病态》(克拉夫特–埃宾) *Psychopathia Sexualis* (Krafft-Ebing) 116, 118, 121, 123, 127-128;《性病态》中的女性同性恋 lesbianism in 129;《性病态》的文学特质 literary quality of 123;《性病态》的出版 publication 127, 128;《性病态》的读者反响 reception of 128; 作为感官猛料的《性病态》 as sensation 129;《性病态》中的性别性倒错 sexual abnormality in 127;《性病态》中的沃伊案件 Vay case in 129, 132
性丑闻 sandals, sex: 性丑闻和性生活的联系 associated with sexual life 133; 打破了公共空间和私人空间之分隔的性丑闻 as breaking down public-private divide 142; 作为专家和公众之间的桥梁的性丑闻 as bridge between expert and public 116-117; 作为文化幻想的性丑闻 as cultural fantasy 117; 专家对性丑闻的讨论 expert discourses on 117; 作为再现形式的性丑闻 as form of representation 117; 哈登–奥伊伦堡事件 Harden-Eulenberg affair 136-137, 141, 162-163; 克虏伯丑闻 Krupp scandal 139-141; 性丑闻和内在情感的联系 linked to interior sensibility 103-104, 133; 新闻媒体对性丑闻的报道 press accounts of 106, 108-109, 129, 133, 136-137, 140; 性丑闻产生同性恋身份认同 produces homosexual identity 117; 罗斯审判 Rose trial 159-161; 性丑闻和性精神病学 and sexual psychiatry 117; 沃伊审判 Vay trial 129, 133; 扎斯特洛夫审判 Zastrow trial 104-111; 性丑闻和刑事责任能力 and *Zurechnungsfähigkeit* 117
性倒错 deviancy 4, 5, 250; 性倒错和阶级的联系 associated with class 137; 恍惚状态作为性倒错的基础 Dämmerzustand as ground for 123; 专家对性倒错的讨论

expert discourses on 6,8, 73-74, 92-93; 性倒错作为幻想 as fantasy 250; 性倒错是性学研究的重点 focus of sexology 116; 性别表达作为性倒错 gender performance as 131; 同性恋和性倒错的联系 homosexuals associated with 86, 92-93, 100, 116, 126, 145; 性倒错和奥斯卡·王尔德 and Oscar Wilde 139; 新闻媒体对性倒错的记录 press accounts of 104; 性倒错和性行为的联系 sexual behavior linked to 80, 82, 117

性犯罪 crime, sex: 作为幻想的性犯罪 as fantasy 166; 性犯罪与现代性的关系 relation of to modernity 169。**参见**: 性欲杀人 Lustmord

《性经验史》(福柯) *History of Sexuality* (Foucault) 15, 15n21, 73, 87, 89, 89n38

性精神病学 psychiatry, sexual : 同性丑闻一起出现的性精神病学 emerges with sex scandals 117; 克拉夫特–埃宾和性精神病学 Krafft-Ebing and 118-120; 莫比乌斯 Möbius 177n24

性问题 sexual question 176-178。**参见**: 妇女问题 woman question

性学研究 Sexology 2, 4, 5, 15, 94; 性学研究中的案例研究 case studies in 126; 对性学研究的评论 criticisms of 122-123; 性学研究的产生 emergence of 116, 118; 有关同性恋的专业知识 expertise in homosexuality 162, 163; 性学研究的法医学起源 forensic origins of 118; 性学研究的谱系 genealogy of 118; 同性恋者对性学研究的关注 homosexuals' focus of 116; 科特布尼对性学研究的影响 Kertbeny's influence on 98; 性学研究和性欲杀人 and *Lustmord* 169; 作为提出身份认同之平台的性学研究 as platform for identity claims

133；作为性学研究奠基著作的《性病态》 *Psychopathia sexualis* as founding work 118
《性与性格》（魏宁格） *Sex and Character* (Weininger) 5, 12, 171-175, 172, 180, 186；作为反女性主义作品的《性与性格》 as antifeminist 171；《性与性格》中的性别二分法 gender binary in 173-174；《性与性格》中的犹太人 Jews in 194-195；《性与性格》的结构 structure of 173；《性与性格》中的女人 women in 174
性欲杀人 Lustmord 6, 10, 166-171；对妓女的性欲杀人 against prostitutes 166-169；作为返祖现象的性欲杀人 as atavism 170；性欲杀人案件的切巴斯基杀人案 Cybalski murder as 241；克拉夫特–埃宾对性欲杀人的定义 defined by Krafft-Ebing 170；专家对性欲杀人的讨论 expert discourses on 168-170；人们对性欲杀人的痴迷 fascination with 197-198；世纪末的性欲杀人的起源 fin-de-siècle origins of 170-171；《没有个性的人》中的性欲杀人 in *Man without Qualities* 181；有关性欲杀人的个体记录 personal accounts of 188-189；新闻媒体对性欲杀人的报道 press accounts of 166-167, 168, 183-184；人们对性欲杀人现象的识别 recognizing phenomenon of 169；作为感官猛料的性欲杀人 as sensation 170, 182；有关性欲杀人的感官猛料式记录 sensational accounts of 198；恍惚状态激发性欲杀人 spurred by Dämmerzustand 189；癫痫激发性欲杀人 spurred by epilepsy 189, 190；施虐癖激发性欲杀人 spurred by sadism 189；性欲杀人和刑事责任能力 and Zurechnungsfähigkeit 171。**参见**：性犯罪 crime, sex
性欲杀人 murder, lust。参见性欲杀人 Lustmord
匈牙利议会 Diet, Hungary 212, 216, 219

雄性原生质（魏宁格） M principle (Weininger) 173-174, 186-187。**参见**《性与性格》（魏宁格） *Sex and Character* (Weininger); 雌性原生质 W principle

酗酒 alcoholism 35, 37, 42, 123, 126, 128, 183, 188, 189, 190, 252

《学生特尔莱斯的困惑》（穆齐尔） *Young Törless* (Musil) 12, 197, 244, *245*

血祭诽谤 blood libel：近似反驳的对血祭诽谤的指控 accusations similar to refutations 221, 222; 居于纳粹党世界观中心的血祭诽谤 central to Nazi worldview 208; 招致诉讼的刑事案件 criminal cases put into motion 210; 作为外来事物的血祭诽谤 as foreign import 219; 人们对犹太人实施血祭诽谤的指控 Jews accused of 6, 210-211, 212, 216, 219-220, 221, 223-225, 228, 232, 238, 241, 243, 251; 中世纪欧洲的血祭诽谤 in medieval Europe 208no10; 中世纪的血祭诽谤现象 as medieval blood libel phenomenon 206; 作为农民传说的血祭诽谤 as peasant legend 215; 作为人们对现代性的反动的血祭诽谤 as reaction to modernity 205, 215; 血祭诽谤的重新出现 reemergence of 2, 202-203, 204-205, 207, 209, 210, 211; 人们对血祭诽谤的反驳 refutations of 206, 219-221, 226, 219-221, 226, 233; 罗林的指控 Rohling's accusation of 223, 224; 作为感官猛料的血祭诽谤 as sensation 206, 209, 211; 作为迷信的血祭诽谤 as superstition 237, 239; 血祭诽谤产生的多种类型 typologies produced by 235。**参见**：犹太人 Jews; （犹太人）的仪式杀人 murder, ritual (Jewish)

Y

雅斯贝尔斯，卡尔 Jaspers, Karl 52-54

亚里士多德 Aristotle 58

耶格尔，古斯塔夫 Jäger, Gustav 96-98, 99, 124
耶利内克，阿道夫 Jellinek, Adolf 223
野蛮 Savagery：野蛮和犹太人的联系 associated with Jews 239；野蛮和文明 and civilization 17, 219；野蛮幻想 fantasies of 250；内含于性的野蛮 inherent in sexuality 113；作为仪式杀人标志的野蛮 as mark of ritual murder accusation 220
一神论（犹太教） monotheism (Jewish)：一神论的伦理 ethics of 221；犹太教的活人献祭禁令 prohibition of sacrificial practices 229, 230
《伊西斯和奥西里斯》（穆齐尔的诗歌） “Isis und Osiris” (Musil poem) 197
医学专家 experts, medical：医学专家对犯罪和思想的讨论 discourses on crime and homesickness 51-55；医学专家对同性恋的讨论 discourses on homosexuality 80-86, 87-89, 92-93, 126, 155；医学专家对病理学和解剖学的收藏品的利用 use of pathological-anatomical collections 69；医学专家关于鸡奸的观点 on pederasty 94；扎斯特洛夫审判中的医学专家 in Zastrow trial 107
异性恋 heterosexuality：作为可区分类型的异性恋 as diacritical category 115；科特布尼关于异性恋的主张 Kertbeny’s arguments about 112-113；作为不受束缚的关系的异性恋 as unbound (*ungebunden*) 99, 112
异性恋者 heterosexuals：异性恋者和性倒错的联系 associated with deviancy 112；异性恋者和暴力的联系 associated with violence 112, 113；异性恋者中的恐同思想 homophobia in 156；性欲过剩的异性恋者 as hypersexual 99
异性恋正统性，同性恋者对异性恋正统性的评论 heteronor-

mativity, critique of homosexuals 156
异种恋的性取向（兽交） heterogenalsexualism (bestiality) 98
易北，莉莉·冯 Elbe, Lily von 162
优生学 eugenics：犯罪作为优生学的问题 crime as a problem of 198；优生学家对退化的讨论 discourses on degeneracy 178；女性主义话语中的优生学 in feminist discourse 178-179；优生学和魏宁格的关系 relation of to Weininger 186
犹太教饮食律法 *kashruth* 221
犹太人 Jews：犹太人杀戮儿童的记录 accounts of child killing 206-207, 215, 228-229； 犹太人和儿童献祭的联系 associated with child sacrifice 228-231, 232；犹太人和犯罪的联系 associated with crime 100, 202；犹太人和现代性的联系 associated with modernity 6, 195, 202, 205, 215, 219；犹太人和仪式杀人的联系 associated with ritual murder 202, 207, 208, 211-212, 215, 217, 219, 238-242；犹太人和感官猛料的联系 associated with sensationalism 164；犹太人和暴力的联系 associated with violence 3, 6, 251；对犹太人的血祭诽谤的指控 blood libel accusations against 6, 210-211, 212, 216, 219, 220-221, 223-225, 228, 232, 238, 241, 243, 251；作为嗜血者的犹太人 as bloodthirsty 221, 241；布达佩斯的犹太人社区 Budapest community 219；犹太人和同性恋者的比较 compared to homosexuals 91, 100；犹太人和基督教徒的冲突 conflict with Christians 207；保守派对犹太人的鄙视 conservative contempt for 164；侵犯犹太人的刑事案件 criminal cases against 210, 227, 233；犹太人的解放 emancipation of 218；作为幻想的犹太人 as fantasy 205；犹太人的民间记忆 folk memories of 206；德国东方学会中的犹太人 in German Oriental Society 226；不能同基督教兼容的犹太人的知识体系 incompatible knowledge system with Christians 209；作为他者的犹太人 as other 3；对犹太人的迫害 persecution of 243；作为未开化者的犹太人 as pre-civilized 203,

219, 220, 239；关于犹太人的迷信 superstitions about 6, 7, 216, 232；假想中的犹太人的反基督教偏见 supposed anti-Christian bias 210, 223；蒂萨兹拉尔事件中的犹太人 in Tiszaeszlár case 212, 215-220；犹太人对《塔木德》的陌生 unfamiliarity with the Talmud 225；维也纳的犹太人社区 Viennese community 216；魏宁格对犹太人的看法 Weininger's view of 195。**参见**血祭诽谤 blood libel；（犹太人的）仪式杀人 murder, ritual (Jewish)

（犹太人的）仪式杀人 murder, ritual (Jewish)：近似反驳的对仪式杀人指控 accusations similar to refutations 221, 222；关于仪式杀人的天主教文献 Catholic literature on 210-211；中欧地区民间想象中的仪式杀人 in central European imaginary 211；作为仪式杀人的切巴斯基杀人案 Cybalski murder as 241；专家对仪式杀人的讨论 expert discourses in 209-210, 217-218, 227-228；作为幻想的仪式杀人 as fantasy 205, 215, 231, 237；作为世纪末现象的仪式杀人 as fin-de-siècle phenomenon 208；作为仪式杀人指控的希尔斯纳案件 Hilsner case as accusation of 231-235；人们指控犹太人实施仪式杀人 Jews accused of 6, 210-211, 212, 216, 219-220, 221, 223-225, 228, 232, 241, 243, 251；仪式杀人和大都市犯罪的联系 linked to metropolitan crimes 237；仪式杀人和犹太人逾越节的联系 linked to Passover 207, 224-225, 230；纳粹提出的仪式杀人指控 Nazi accusations of 208；仪式杀人的真相问题 question of truth 209；对仪式杀人的反驳 refutations of 219, 220, 221, 233；仪式杀人作为对基督教徒的迫害的反应 as response to Christian persecution 207；罗林提出的仪式杀人指控 Rohling's accusation of 223-225；舍尔林对仪式杀人的调查

Schelling investigation into 227-228; 作为感官猛料的仪式杀人 as sensation 206, 209, 211; 作为仪式杀人的蒂萨兹拉尔事件 Tiszaeszlár affair as 215, 216; 作为仪式杀人案例的温特尔案件 Winter case as example of 238-242。**参见**: 血祭诽谤 blood libel; 犹太人 Jews
育珂摩耳 Jokai, Maurus (Mor) 96
预审法官 magistrates, investigating (Untersuchungsrichter) 57, 60-61

Z

"再来一个" One Too 155-156
泽布斯特, A. 冯 Zerbst, A. Von 23-24
扎斯特洛夫, 卡尔·冯 Zastrow, Carl von 101, *102*, 103, 104-111, 207; 扎斯特洛夫明确提出的同性恋身份 articulates homosexual identity 102; 扎斯特洛夫的背景 background 106; 扎斯特洛夫的辩护意见 defense arguments 108, 111; 专家对扎斯特洛夫的讨论 expert discourses about 106-107; 扎斯特洛夫的遗传影响 heredity influence of 107; 扎斯特洛夫的同性恋行为 homosexual acts 103; 作为民间俚语的扎斯特洛夫的名字 name as slang term 112; 作为被动同性恋者的扎斯特洛夫 as passive (Weibling) urning 111; 警方对扎斯特洛夫的调查 police investigation into 103, 104, 105-106, 107; 新闻媒体对扎斯特洛夫的报道 press accounts of 106, 108-109; 成为科尼杀人案嫌疑犯的扎斯特洛夫 suspect into Corny murder 104; 扎斯特洛夫的审判 trial 106-111, *109*, 113, 117; 乌尔利克斯有关扎斯特洛夫的观点 Ulrichs's view of 113; 扎斯特洛夫对乌尔利克斯的文本的利用 use of Ulrichs's texts 108; 扎斯特洛夫的刑事责任能力 *Zurechnungsfähigkeit* 106, 107-108, 113。**参见**: 汉

克案件 Hanke case
《真实的雅各布》 *wahre Jacob, Der* 137, *138*
正常性取向（科特布尼的术语） normalsexualism (Kertbeny's term) 98。**参见**：异性恋 heterosexuality
正常性取向者（科特布尼的术语） normalsexual (Kertbeny's term) 96, 97; 正常性取向者和性倒错的联系 associated with deviancy 112; 正常性取者向和暴力的联系 associated with violence 112。**参见**：异性恋者 heterosexuals
芝加哥学派（城市社会学） Chicago School (urban sociology) 29
指纹鉴定法 dactyloscopy。**参见**：指纹识别 fingerprinting
指纹识别 fingerprinting 63, 187
《中间性别形态年鉴》 *Jahrbuch für sexuelle Zwischenstufen* 153
昼游症 trance state。**参见**：恍惚状态 *Dämmerzustand*
主体（同性恋） subject (homosexual)：作为同性恋主体之源头的身体 body as source of 92; 卡斯帕建构的同性恋主体 Casper's construction of 85; 同性恋主体的建构 construction of 73, 80, 90, 100; 同性恋主体的定义 definition of 80; 有关同性恋主体的专家话语 expert discourses on 162; 在性丑闻在制造同性恋主体中的作用 role of sex scandals in producing 117; 乌尔里希建构的同性恋主体 Ulrich's construction of 90, 92-93, 100
主体性 subjectivity：罪犯的主体性 criminal 32n41, 187-188, 192; 主体性和精神错乱 and delirium 122-124; 福柯论述的主体性 in Foucault 15, 15n21, 89n38; 主体性与科学和政治的联系 linkage to science and politics 165; 主体性的矛盾 paradox of 251; 性主体性 sexual 87, 88, 92, 158; 主体

性和魏宁格 and Weininger 195, 244
专家学者 experts 6, 7; 反犹主义者作为专家 antisemites as 227-228; 专家之间的竞争 competition among 42-43, 45, 106-107; 专家学者和新闻媒体的竞争 competition with press 7; 专家对刑事责任能力的讨论 discourse about criminal responsibility (*Zurechnungsfähigkeit*) 42, 43-44; 专家对罪犯的讨论 discourses about criminals 31-33, 34-36, 38, 106-107; 专家对思乡的讨论 discourses about homesickness 51-55; 专家对性的讨论 discourses about sexuality 74, 76, 116; 希尔斯纳案件中的专家 in Hilsner case 232-233; 专家关于同性恋主体的观点 on homosexual subjects 162-163, 250; 专家对城市成活的兴趣 interest in urban life 28, 30; 专家和犹太人的仪式杀人 and Jewish ritual murder 209-210, 217-218, 227-228; 纳格尔案件中的专家 in Nagel case 44; 专家对病理化的观点 on pathologization 250; 舍尔林调查中的专家 in Schelling investigation 227-228; 性丑闻中的专家 in sex scandals 117; 塔木德争论中的专家 in Talmud Dispute 225-226; 蒂萨兹拉尔事件中的专家 in Tiszaeszlár case 217; 福格特案件中的专家 in Voigt case 188-190, 192, 193; 扎斯特洛夫审判中的专家 in Zastrow trial 106-107, 111
专业知识 Knowledge, expert。**参见：**专家学者 experts
自恋（手淫） monosexualism (masturbation) 98
自我 self: 自我的概念化 conceptualizations of 2, 6, 11, 14-15, 22; 作为解放形式的自我 as form of emancipation 7; 作为规范的自我 as normative 8; 原始的自我 primordial 251; 通过性得以释放的自我 release through sexuality 251; 齐美尔学说中的自我 in Simmel 22; 通过性得以取消的自

我 undoing through sexuality 196。**参见**：主体（同性恋）subject (homosexual)
自由军团 Free Corps 14, 195-196
罪犯 criminals：罪犯和天才的联系 associated with genius 191；罪犯作为返祖现象 as atavistic 33, 37, 198；犯罪小说中的罪犯 in crime fiction 198；癫痫患者作为罪犯 epileptics as 123；专家对罪犯的讨论 expert discourses of 31-33, 34-37, 38, 42, 50, 51-55, 62-63, 106-107, 111, 123, 188-190, 192, 193；有先天禀赋的罪犯 as inborn 32-33, 37, 50, 198, 252；本能的罪犯 as instinctual 199；对罪犯的文学再现 literary representations of 24-26；朗布罗索学说中的罪犯 in Lombroso 32-34, 38, 198；对罪犯的测量 measurement of 63-64；罪犯的医学化 medicalization of 31, 35, 198；罪犯作为现代化的中介 as modernizing agents 65, 71；罪犯作为资产阶级的对立面 as opposite of bourgeois 26；罪犯的生理特点 physiology of 33, 35, 198；新闻媒体中的罪犯 in the press 23-24, 44；罪犯作为刑法的制造者 as producer of criminal law 71；妓女作为罪犯的对应者 prostitutes as counterparts to 179-180；心理学对罪犯的解释 psychological explanations for 62-198-199；罪犯作为精神病患者 as psychopathic 235；读者对罪犯的身份认同 readers' identification with 26；罪犯作为感官猛料 as sensation 32, 38；罪犯作为退化的标志 signs of degeneration in 33, 36, 37, 191；对罪犯的社会环境层面的解释 socioenvironmental explanation of 35-37；罪犯的朦胧状态 twilight states in 199；罪犯分类 typologies of 191。**参见**刑事责任能力 Zurechnungsfähigkeit
《罪犯的自然历史》（库雷拉） *Naturgeschichte des Verbrechers* (Kurella) 37

图书在版编目（CIP）数据

启蒙与颓废：世纪末时期柏林和维也纳的地下世界 /
(美) 斯科特·斯佩克特著；沈辰成译. -- 上海：上海
三联书店，2025. 8. --ISBN 978-7-5426-8927-6

Ⅰ. K516.03

中国国家版本馆CIP数据核字第2025T72V99号

启蒙与颓废：

世纪末时期柏林和维也纳的地下世界

[美] 斯科特·斯佩克特（Scott Spector） 著
沈辰成 译

责任编辑 / 苗苏以
特约编辑 / 梁静怡
封面设计 / 周伟伟
版式设计 / 周伟伟
责任印制 / 姚 军
责任校对 / 王凌霄

出版发行 / 上海三联书店
（200041）中国上海市静安区威海路 755 号 30 楼
邮 箱 / sdxsanlian@sina.com
联系电话 / 编辑部：021-22895517
发行部：021-22895559
印 刷 / 山东临沂新华印刷物流集团有限责任公司

版 次 / 2025 年 8 月第 1 版
印 次 / 2025 年 8 月第 1 次印刷
开 本 / 889mm × 1194mm 1/32
字 数 / 318 千字
印 张 / 14.75
书 号 / ISBN 978-7-5426-8927-6/K・839
定 价 / 88.00 元

如发现印装质量问题，影响阅读，请与印刷厂联系：0539-2925659

Violent Sensations: Sex, Crime, and Utopia in Vienna and Berlin, 1860–1914,
by Scott Spector, ISBN: 9780226196787

版贸核渝字（2021）第 290 号